牛背明君
光武大帝

杜政宁 著

民主与建设出版社
·北京·

© 民主与建设出版社，2020

图书在版编目（CIP）数据

牛背明君：光武大帝 / 杜政宁著. —北京：民主与建设出版社，2020.12
　ISBN 978-7-5139-3240-0

　Ⅰ.①牛…　Ⅱ.①杜…　Ⅲ.①汉光武帝（前6-57）—传记　Ⅳ.①K827=342

中国版本图书馆CIP数据核字（2020）第193838号

牛背明君：光武大帝
NIUBEI MINGJUN：GUANGWU DADI

著　　者	杜政宁
责任编辑	王　颂　郝　平
封面设计	张合涛
出版发行	民主与建设出版社有限责任公司
电　　话	（010）59417747　59419778
社　　址	北京市海淀区西三环中路10号望海楼E座7层
邮　　编	100142
印　　刷	三河市腾飞印务有限公司
版　　次	2020年11月第1版
印　　次	2020年11月第1次印刷
开　　本	710毫米×1000毫米　1/16
印　　张	21
字　　数	333千字
书　　号	ISBN 978-7-5139-3240-0
定　　价	48.00元

注：如有印、装质量问题，请与出版社联系。

前　言

德行天下的牛背明君——光武帝刘秀,字文叔,荆州南阳郡蔡阳县人,祖籍是今天的湖北省枣阳市吴店镇白水村(皇村)。

"朝涉白水源,暂与人俗疏。鸟屿佳境色,江天涵清虚。目送去海云,心闲游川鱼。长歌尽落日,乘月归田庐。"李白的这首诗描述了刘秀故乡的田园风光。

白水村南有狮子山,山前有白水湖,山上有白水寺,被誉为"龙飞白水,松子神陂"的圣地,出了东汉世祖光武帝刘秀和更始帝刘玄两位皇帝,被称为"古帝乡"。白水寺有千年古建筑群,白水碑廊、丽华园、三马亭、光武书画院等特色景点,还有樱花园、紫薇园、茶花园和梅园,一年四季,绿树常青,花香四溢,美景如画。

白水寺殿前楹柱上书写着两副对联:"九月重阳白水重光阳光重重照白水,三代尚文真人尚武文武尚尚唯真人""中兴炎汉无意炎运汉运炎炎属无意,大学明道灵山明德道德明明在灵山",形象逼真地描绘出了刘秀的行事特色、历史功绩和人格魅力。中国五千年历史的天空,群星璀璨,最耀眼的是诞生了数百位皇帝。开创一朝事业、奠定百年基石的开国皇帝,因为具有惊心动魄的悬念与惊险、战争与和平、从虫到龙等种种传奇而被人深刻记忆。

《后汉书·光武帝纪》记载,刘秀"身长七尺三寸,美须眉,大口,隆准,日角"。意思是刘秀身高在175厘米以上,须眉摩登,高鼻梁、大嘴巴、宽额头,是位美男子。刘秀本是没落皇族,父亲当过县令,但是他九岁时父亲去世,王莽篡汉,失去生活来源。自小家贫,放牛种田,上学交不起生活费,与同学们合资买驴出租勤工俭学。文化程度较高,在首都游学太学三年,熟读《尚书》,经纶满腹,德才兼备。自己创业,白手起家,之初连一匹马都没有,只能骑着一头牛上战场。刘秀的领路人和主心骨即亲哥哥刘縯被杀,他竟能做到隐忍不发,夜里哭湿了枕头,白天仍能谈笑风生、若无其事,其坚韧和睿智非常人可比。面对唆使杀害大哥的仇人朱鲔,从大局出发,不计私仇,化敌为友,封其为侯爵,以德服人。在战胜强敌王郎时,刘秀发现属下不少人曾给王郎写信谋求出路或一官半职，收缴书信时连看都不看一眼，一把大火烧掉，让属下们感动不已，誓死跟定他打江山。

从放牛郎到明君，刘秀成长的传奇性太令人神往，故事的曲折性太让人惊讶，诸多的幸运与偶然更是让人称奇。铺天盖地的王莽军队，把一个小小的昆阳城层层围困得水泄不通。刘秀以一个书生的身份参加战争，在昆阳之战中勇当敢死队长，亲率12名敢死队员拼死杀出重围，搬来救兵，机智勇敢地内外夹击，指挥一万多人大破王莽百万敌军，成为中外战争史上创造奇迹的战神。当时河北割据势力很多，敌方不少战将，虽战败被俘，但他们心不死，还想逃跑或反抗，刘秀为安抚他们，有次独自一人不顾自身安危，到强敌铜马军帐篷里安抚，刘秀采取"推心置腹"的办法很快收复人心，得了个"铜马帝"称号。善于斗智斗勇，洞见万里、用兵如神，作为东汉第一军神，刘秀超凡的军事才能和不俗的政治智慧足以令冯异、岑彭、耿弇这样了不起的天才军事家都相形见绌，在万难之中独驱虎豹而成大功，难怪有汉史专家说："刘秀自己就是张良，就是萧何，就是韩信。"

在群雄并起的时代，众多枭雄都是求贤若渴，唯独刘秀能以其完美的人格和魅力脱颖而出，吸引了当时最优秀的人才团队，其卓越的领导力值得有志者认真学习。刘秀手下有二十八战将，个个武艺超群，他们誓死追随刘秀，为之立下无数显赫战功，刘秀和他们也亲密无间。国家统一后，刘秀对功臣的处理，既不像赵匡胤那么玩弄权谋，也不像刘邦、朱元璋等那样大肆残杀，搞兔死狗烹，大开杀戒。而是给予彰功云台的莫大荣誉，使众多功臣得以善终，君臣们都其乐融融。创业团队有始有终，十分罕见。刘秀对少数民族的安抚、对不同政治势力的统一策略也极具智慧。刘秀一生诸多神功伟业数不胜数，难怪明末清初思想家王夫之连连惊呼："光武之得天下，较高帝而尤难矣。""光武之神武不可测也！""三代而下，取天下者，唯光武独焉！""唯光武允冠百王矣！"

刘秀少年时许下"娶妻要娶阴丽华"的愿望，最后贤惠温柔的阴丽华做了自己的皇后，夫妻共同度过了幸福的岁月。因战争年代力量对比悬殊，政治联姻刘秀娶真定王刘扬外甥女郭圣通为皇后。刘秀与皇后阴丽华始终善待另一个皇后郭圣通及孩子们，孩子中有两个人即刘强刘庄当过太子，虽然皇后和皇储更迭，却和平过渡，友好交接，没有发生谋杀现象。刘秀对爱情专一，夫妻和美白头偕老，对比很多帝王三宫六院七十二妃拥有成百上千美女实属罕见。刘秀家庭和睦，良好的教育使孩子们在继承父业上避免了皇家常见的子孙相残的悲剧。

刘秀注重以德治国。刘秀以柔克刚，德泽后世，是泱泱华夏真正做到了修身、齐家、治国、平天下的第一人。身兼定鼎与中兴双重功业，刘秀为中国唯一。刘秀9岁丧父，15岁定居祖籍湖北舂陵，20岁左右赴首都长安求学，28岁在家乡起义，29岁领导了举世闻名的昆阳之战，31岁当皇帝并定都洛阳，做了三十多年皇帝。东汉王朝建立之初，刘秀以柔治国，大幅度精简行政机构，一次性精简合并四百余县，建立高效清廉的政府。他昭告天下："天地之性人为贵"。曾八次下诏解放奴婢，还改十税一为三十税一，轻徭薄赋，与民休养生息。大力发展经济，开启光武中兴盛世，让大国再次崛起。公元57年去世，享年62岁。无论是打开官方正史《东观汉记》《后汉书》以及其他史书，都让人惊讶刘秀是一个近乎完美的人，也是一个近乎完美的皇帝，他宽厚、仁慈、英明、俭朴，重感情而讲原则，武能打天下，文能治国家，他是中国两千年历史上最有修养的能文能武德行天下的极品皇帝。

刘秀是中国十大名君之一，从一个放牛娃到皇帝，一生充满了传奇，与他有关的成语故事有四十多个，如井底之蛙、披荆斩棘、旗鼓相当等，中国人耳熟能详，个个充满智慧。刘秀非常俭朴，在洛阳当皇帝时，还穿着没有染色的土不拉叽的原布衣服。刘秀下令全国不准向皇帝进贡珍奇异趣，而浪费老百姓的钱。刘秀的大臣也多廉政。刘秀乐此不疲的勤政作风、手不释卷的学习能力、推心置腹的为人之道、得陇望蜀的进取意识、有志竟成的坚强毅力等，都为中华民族核心价值观的形成提供了丰富的文化基因。东汉前期，"政教清明"，极大地促进了科学技术和生产力的发展，推动了文化教育的普及；铁制工具取代青铜工具得到推广，推动了生产力的进步。一大批科技、教育成果涌现出来，如张衡造地动仪和浑天仪、蔡伦造纸等，被载入中华文明的史册。

目 录

第一章　放牛种田　积善积德皇室裔 / 1

第二章　长安求学　俭以养德做学问 / 17

第三章　舂陵起兵　顺德者昌捕不道 / 30

第四章　骑牛将军　砥砺德行驰疆场 / 55

第五章　刘玄登基　离心离德藏杀机 / 75

第六章　昆阳大战　立功立德创奇迹 / 84

第七章　胞兄被害　以德报怨大丈夫 / 100

第八章　修建洛城　含养德性显才能 / 114

第九章　出巡河北　德才兼备敢担当 / 126

第十章　政治联姻　厚德载物封萧王 / 152

第十一章　指挥用兵　同心同德扫叛军 / 168

第十二章　登坛称帝　德被四海复汉室 / 196

第十三章　围攻洛阳　以德服人不计仇 / 206

第十四章　东征西讨　畏威怀德追穷寇 / 229

第十五章　皇室后宫　爱人以德化恩怨 / 273

第十六章　柔道治国　德行天下大风歌 / 294

第十七章　力倡教化　布德施恩润人心 / 306

第十八章　泰山封禅　德配天地铸丰碑 / 319

第一章
放牛种田　积善积德皇室裔

一、皇裔之谜

汉哀帝建平元年（公元前6年）十一月的一天，一驾两匹马拉的车，出了南阳郡城后，沿着一条大道向前驰去，车轴不时发出吱哟的响声，车后扬起纷纷黄尘随风飘散。

车上坐着朝廷诏封济阳令刘钦，限岁末赴任理事。皇命如山，不可有违。

南阳郡到济阳，路途上千里，不抓紧时间启程，恐怕误了期限，更何况夫人樊氏怀有身孕，预产期也在岁末。

刘钦吩咐家人差役，立即动手整理行装。收拾车辆，捆绑细软。

樊夫人拖着笨重的身子，出入内宅，指挥侍女仆妇挑选帛书竹简，装满了竹箧抬出去。廊檐下，排放着一大溜竹箧。她忙得鼻尖沁出细细的汗珠，仍不肯歇息。

刘钦带着两位公子各处检查着，一位是10岁的长子刘縯；一位是13岁的同族遗孤刘嘉。

他来到内宅，看见忙碌的夫人，劝阻道："有银子，到哪都能买，何必受累，带这么多的书。"

樊夫人用手理着鬓角上零乱的发丝，笑道："看惯的书，翻起来顺手。"

刘縯跳到樊夫人的身边，仰脸道："我就喜欢看母亲圈点过的书。"

樊夫人对刘钦说："怎么样？二比一，还是多带书好。"

刘钦笑了，连连摆手道："我不是不赞成多带些书。我是怕夫人累着，动了胎气，半路生孩子，天寒地冻的，可不好办。要不，你和女儿留下，待来年春暖花开，我派人来接。"

"咱们一家人，什么时候分开过。"樊夫人矜持地瞪了刘钦一眼，双手抚摸着高高隆起的腹部，说："乖乖懂事，不到任所，不会添麻烦的。"

一番忙碌，几番话别，车辆驶出了南阳春陵封地，马不停蹄地向济阳进发。

车辆奔驰着，坐在车上的刘钦回忆着自己不同寻常戏剧性的身世——

刘钦是汉高祖刘邦第八世孙，西汉第四任皇帝汉景帝刘启的后人。

汉景帝刘启与其父汉文帝刘恒开创了"文景之治"而名垂史册。

汉景帝刘启是汉文帝刘恒嫡长子，孝文皇后窦氏（即窦太后窦漪房）所生。刘启出生时，父亲刘恒在代国为代王。刘启在刘恒几个儿子中排行居中。刘恒为代王时，与代王后生有四子，刘恒未即位之前代王后便已去世。公元前180年，刘恒被拥立为皇帝，代王后所生四子都相继病死。刘恒即位数月，公卿大臣请立太子，而刘恒诸子中刘启最大，于是就被立为太子，母亲窦氏被立为皇后。

公元前157年农历六月，汉文帝去世。同年六月初九，太子刘启继承帝位，是为汉景帝，尊祖母皇太后薄姬为太皇太后，尊母亲皇后窦氏为皇太后。刘启在位期间，推行"削藩策"，削诸侯封地，平定"七国之乱"，巩固中央集权，勤俭治国，继续奉行"与民休息"政策，发展生产、减轻赋税。汉景帝在西汉历史上占有重要地位，他继承和发展其父汉文帝的事业，与父亲一起开创"文景之治"，并为其子刘彻的"汉武盛世"奠定基础，完成从文帝到武帝的过渡。

汉景帝刘启一次意外夜生活，改写汉史两百年。

刘启即帝位不久，心情高兴的时候，爱好除了美酒，就是美女。

汉景帝有个妃子叫程姬。程姬是汉景帝刘启还是太子时期就非常宠爱的一个妃子。她原本是刘邦后宫的一名宫女，刘邦死后，她被吕太后赏赐给了代国，又被代王赏给了太子刘启。

从级别上来看，姬的地位比夫人要低，能被皇帝宠幸的机会不多。有一天，汉景帝喝醉了酒，想要召程姬侍寝。据《史记·五宗世家》："景帝召程姬，程姬有所辟，不愿进，而饰侍者唐儿使夜进。上醉不知，以为程姬而幸之。"

第一章　放牛种田　积善积德皇室裔

对这段记载，颜师古注"不愿进"为有月事也。司马贞《史记索隐》引《释名》说："天子诸侯群妾以次进御，有月事者止不御，更不口说，故以丹注面目旳旳为识，令女史见之。"在古代，月事是隐讳的事情，耻于直接表达，为了管理方便，来月事便在脸上涂丹朱让女史官看。

意思是说，当时汉景帝召幸程姬，适逢程姬有月事，不愿进侍，就把侍女唐儿加以装扮，代替自己去服侍景帝。景帝醉酒不知内情，误以为来人就是程姬，就宠幸了唐儿。由此，《史记》这段故事还产生了一个典故——"程姬之疾"，后来就被统一用来指代女子来月事一事。

不过从那以后，汉景帝还是高高在上的皇帝，而这个和他风流一夜的唐侍女依然是如往常一样伺候着自己的上司程姬，这一夜的意外并没有给她的生活带来什么实质性的改变。

刘启装糊涂，当不知道吧。当时，他对那唐侍女也没有任何承诺。

唐侍女下身争气，别的女人有的久幸不孕，她被皇上临幸一次就鼓起了肚皮，无论如何，也是个龙种。

唐侍女怀孕了，为景帝生下一个小帅哥。

刘启一看，这事不好再隐瞒，唐侍女也算为汉室的繁衍立下一功，这才封唐侍女为唐姬，你也和程姬一个待遇吧。

唐姬给景帝刘启生下的这个儿子，叫刘发。

景帝有十四个儿子，比较有名的，像后来的汉武帝刘彻，还有刘备挂靠的中山靖王刘胜。

对刘启来说，刘发只是十四个儿子中的一个，由于他的出生太意外，母亲身份太低微，所以这个儿子从生下来那天起，就想着赶紧打发他，打发得越远越好。所以他把刘发封为长沙王，当时的长沙是荒蛮之地。

刘发生母只是程姬的侍女唐姬，唐姬也不得汉景帝厚爱，刘发封国长沙土地不广。

长沙定王刘发远在千里之外的南方长沙，非常思念自己的母亲。因此他每年都要挑选出上好的大米，命专人专骑送往长安孝敬母亲，再运回长安的泥土，在长沙筑台。年复一年，从长安运回的泥土筑成了一座高台。每当夕阳西下之时，

刘发便登台北望，遥寄对母亲的思念之情。他筑台望母，心存孝心，所以，"定王台"也被人们称为"望母台"。定王台在现在的湖南省长沙市浏正街南侧的小巷深处，是历朝文人到长沙后必去揽胜的地方。

刘发这一去，就是十三年，奇迹来了。

公元前142年，汉景帝刘启过寿，举行了一场盛大的酒会。十四个儿子从四面八方赶来，欢聚在长安。

在酒会上，汉景帝刘启让自己的儿子们表演节目助兴。

轮到长沙王刘发上场了，他用手举袖口，似抬非抬，缩手缩脚。大家笑坏了。

汉景帝刘启也生气了，叫停。寿宴上这么跳也不吉利。

刘发开口说话了，说得从容、巧妙，"儿臣的长沙国地域狭小局促，不能回旋"。

汉景帝刘启听刘发这么一说，倒是笑了，一高兴就给刘发又划了武陵、零陵、桂阳三个郡，好好练去吧。从此，刘发将自己的属地从一个"卑湿贫国"变得幅员千里。

车辆奔驰着，坐在车上的刘钦继续回忆着……

时序轮到大汉王朝第四代第五任皇帝，是汉景帝刘启的儿子即汉武帝刘彻，是西汉时代最强盛时期的总代表，掌政54年，是我国历史上一位具有雄才大略的皇帝。

汉武帝生于公元前156年，是汉景帝刘启中子。其母王氏在怀孕时，汉景帝刘启尚为太子。王氏梦见太阳进入她的怀中，告诉汉景帝后，汉景帝说："此是贵征兆。"刘彻还未出生，他的祖父汉文帝就逝世了。汉景帝刘启即位后，刘彻出生，他亦是王氏唯一的儿子。

公元前153年，刘彻以皇子的身份被封为胶东王。公元前150年6月6日，刘彻之母王氏被立为皇后，公元前150年6月18日，刘彻7岁，被册封立为太子。刘彻成为太子与其母孝景王皇后和其姑母馆陶公主刘嫖有很大关系，王氏许诺让刘彻迎娶刘嫖之女陈氏，因此在储位之争中得到刘嫖支持。公元前141年正月，景帝逝世。公元前141年3月9日，太子刘彻16岁，即皇帝位，是西汉第七位皇帝（含前后少帝）。

汉武帝在位54年（公元前141年—公元前87年），在政治上，创设中外朝制、刺史制、察举制，颁行推恩令，加强君主专制与中央集权。在经济上，推行平准、均输、算缗、告缗等措施，铸五铢钱，由官府垄断盐、铁、酒的经营，并抑制富商大贾的势力。文化方面，"罢黜百家，独尊儒术"，并设立太学。对外，汉武帝采取扩张政策，除与匈奴长年交战外，还破闽越、南越、卫氏朝鲜、大宛，又凿空西域、开丝绸之路，并开辟西南夷。此外，还有创设年号、颁布太初历等举措。但他崇信方术、自奉奢侈，兼以穷兵黩武，引发统治危机，晚年爆发巫蛊之祸，后因对外扩张受挫而颁《轮台诏》。汉武帝开创了西汉最鼎盛最繁荣的时期，也是中国封建王朝第一个发展高峰。他的雄才大略、文治武功，使汉朝成为当时世界上最强大的国家，他也因此成为中国历史上最杰出的君主之一，奠定了汉王朝强盛的局面，还开辟了辽阔的疆域，奠定了汉地的基本范围。

汉武帝采取了一个新的办法，叫推恩令，把王国分为几个侯国，让诸侯王的子孙依次分享封土，地尽为止，把"恩"推下去，这样一来，西瓜就越切越小，王国就缩小了，朝廷直辖土地就扩大了。

因为"削藩"是个敏感词汇，下面的王都知道，是减法，汉武帝在名义上没有进行任何的削藩，却起到了比削藩还好的效果。

从此，"大国不过十余城，小侯不过十余里"。大国也顶多是十几个城市，小的王侯也就管十余里。这样一来，汉室子弟往后的发展可能爷爷是省长，孙子就变成乡长了。

中山靖王刘胜，有一百二十多个儿子，他的家业传到儿子那里，就一下被分成了一百二十多份。

长沙王刘发的儿女也不少，有十几个，家业再大，不够这么分的。所以，刘发的家业传到后代，越发没什么可分的了。

刘发的第十三个儿子叫刘买，被封为舂陵侯。侯比王降了一级，刘买的小儿子叫刘外，官最大当到郁林太守，不再享有王侯待遇了。

刘买到舂陵仅四年便去世，被谥为舂陵节侯。其嫡长子刘熊渠袭封为第二代舂陵侯，在位56年去世，被谥为舂陵戴侯。其嫡长子刘仁继位，为舂陵孝侯。

刘外的儿子叫刘回，最高任职巨鹿都尉，比太守官又降了。

刘回长子叫刘钦，只封个济阳令；次子刘良，只封个萧县县令，官位越做越小。

自春陵孝侯刘仁以湿地为由迁居南阳后，郁林太守刘外这一春陵侯的支系，便在南阳白水乡生息发展起来了。随着家族不断繁衍、分化，到刘钦一代，只能担任县令这样的小官，其家族已从先世的贵族世系中脱离出来了。由于同春陵侯家族还保持着宗亲关系，刘钦的家族在迁居南阳白水乡后，凭借着春陵侯的地位，在当地还具有一定的影响。到刘钦、刘良之后，他们的儿子们却都与官宦无缘，因为此时王莽篡汉，贬抑刘氏，刘姓一族，大都沦为平民。

载着刘钦上任的车轮轧着积雪，发出清脆的声响……

路程一天天在缩短，车辆进入济阳地界。济阳位于鲁西北平原的南部，是山东省会济南的近郊县，南靠黄河，西邻齐河县，北依临邑县和商河县，东接惠民县。因其位于古济水之北，故名济阳。济阳小城不大，但是地处中原，紧靠黄河，文化悠久。相传黄帝、蚩尤曾途经县境，黄帝的儿子青阳氏死后便埋葬在此地的青陵岗。在西周时期，其西部属卫国，东部属戴国。在东周王朝春秋时期，春秋五霸首霸齐桓公在葵丘会盟诸侯，便在济阳境内。

公元前6年十二月中旬，刘钦一行到了济阳府。但见府舍低矮，屋角挂着蜘蛛网，粗陋的公案上落满了灰尘，显得十分清冷破旧。天刚黑，樊夫人腹痛如刀绞——临产前的预兆。侍女仆妇慌了，公子刘縯、刘仲，小姐刘黄、刘元，都是生在绮绣帐里。

济阳府舍，墙壁透风，怎么能迎接新生儿？偏偏乌云漫布，纷纷扬扬地下起了大雪。侍女仆妇走马灯似的向刘钦禀报，不是缺这个，就是少那个。刘钦也认为府舍不显，徘徊犯难。

妻子快生小伢，县衙房舍阴暗潮湿，对产妇坐月子不利，弄不好会让母子生出病来。

二、 放牛种田

刘钦琢磨着，刘家祖上汉武帝刘彻在位时，常巡视郡国，并去泰山封禅，其经过驻足的地方，都修建了行宫。

第一章　放牛种田　积善积德皇室裔

当年汉武帝刘彻巡视郡国，济阳城中就有汉武帝的行宫，是八十多年前修的，建在高墩上，干燥通风，比破旧潮湿的县衙房舍强多了。

于是，刘钦命人到离县衙不远的汉武帝遗留下来的行宫，清除垃圾，冲洗干净，拉上帘缦，让妻子搬到行宫去临产，让生下的孩子沾上汉武帝龙种的灵气，成就一番事业，拯救刘氏江山。

按说，帝王的行宫只能帝王与随从住，其他人不得擅自进住，弄不好犯欺君之罪，刘钦让妻子到行宫生孩子，自当别论。

因为时过境迁，西汉王朝已历经二百年，汉武帝也逝世八十多年。其后又经历汉昭、宣、元、成等四代皇帝，江河日下，一代不如一代，汉朝气数快尽，刘氏江山快被改姓易主。这当儿，刘钦身为一县之长，让妻子在断壁残垣的行宫生孩子，并无人过问。

公元前6年腊月的一个冬夜，天地间一片苍茫。陈留郡济阳县，雪落无声，人们大都沉沉入睡。济阳县令官邸里，却灯火通明，一片繁忙。一个房间里，传出低低的呻吟，几个接生婆打着灯笼，忙忙碌碌、慌慌张张地快步在房间进进出出的。

刘钦的妻子躺在床上，因临产的阵痛发出一阵紧似一阵的吟声，刘钦揪心如焚，坐立不安。

刘钦吩咐人烧热水，看到接生婆急匆匆地进房来，他焦急的神色稍稍缓和下来，松开了紧握妻子的手。他安排几个接生婆要好好侍候夫人生产，有什么事情要立即回报。然后，他又走到床边小声安慰了妻子几句，就退出了卧室，去书房等候了。

"哇——哇——"不一会儿，行宫传出了第一声婴儿的啼哭，响亮有力的啼声犹如凤鸣鹤唳，在夜深人静中向远处飘荡，在亮丽清新的月色中久久不息。时间是公元前6年十二月初六之夜（公元前5年1月15日）。

麦收时节，因人祸天灾，很多地方颗粒无收。不过济阳县却获得丰收，有一块麦地里，有根麦茎上居然长出九个麦穗。那时候的人对祥瑞有着莫名的敬畏和向往，一旦有稀奇的事发生，人们相信这是一个吉兆，九数为大，黄色为贵。祥瑞是大家心里的寄托，是一种期待。

刘钦看着麦穗，脸上又露出惊讶；见这株麦禾，茎秆粗壮，叶条宽大，麦株顶部，茎分九穗，好似莲荷盛开。刘钦用手捻摸九穗，但觉穗穗籽粒饱满，浑圆厚实，整个麦穗沉甸甸的，比一般的麦穗重好多。刘钦愈惊讶说："果然好一株金穗，堪称千古奇观呀！"左右僚属无不赞叹，有的说："一般的麦子只是独穗，而这株竟有九穗，真是千古少有！"有的说："九是吉祥之数，这是个好兆头！"众人说："这个九数——这是县令大人治县有功，天降喜祥以示褒奖啊！"刘钦说："刘某何能，此是百姓勤劳，上天眷顾，才有这丰收盛景啊！"

高兴之余，回家看着眉清目秀的小家伙，刘钦非常喜欢，给儿子起什么名字呢？他想起祥瑞嘉禾，受到启发，谷物吐穗不是叫"秀"吗？有一句农谚不也是说"六月六，看谷秀"，干脆给孩子取名叫"秀"吧，给第三个儿子取名秀，正应嘉禾之兆。古汉语中的秀，是植物吐穗开花，多指庄稼抽穗饱满丰实之意。

儿子咿呀学语，蹒跚起步，正在府衙院内地里干活的刘钦，掰下一穗青麦，逗弄着儿子，说："给，这是青麦，可以吃的。"儿子拍着手，趔趄着摔倒。

樊夫人问道："不教儿子诵诗识字，却认什么庄稼？"

刘钦哈哈笑道："管子曰：'仓廪实而知礼节。'稼穑，也是人生的一课。从前，高祖也种过地。"

樊夫人反驳说："高祖为人，隆准而龙颜，美须髯。常有大度，不事家人生产，才创下汉朝赫赫帝业。"

刘钦拍拍儿子，说："夫人言之有理，我教稼穑吏治，夫人教礼仪诗书，我儿必成大器。"

刘钦的妻子樊娴都，是南阳郡望族樊重的女儿，温柔贤惠，知书达理，还是一位平凡而伟大的母亲。她给丈夫生下三个儿子：刘縯、刘仲、刘秀；还生下三个女儿：刘黄、刘元、刘伯姬。

孩子上学时，没有请私塾先生，六个儿女和侄子刘嘉的礼仪诗书，都出自她手，或许受了她的影响，孩子们遇事谦恭明理。

愁生不愁长，转眼间，刘秀会走路了。

时值汉哀帝下诏改元"太初"，调任一批地方官吏，刘钦调任汝南郡南顿令，全家人随任迁到南顿县城（即今河南项城县北五十里）。

第一章　放牛种田　积善积德皇室裔

刘钦工作之余，给儿子开辟了演武场，供他们操习武艺，跑马射箭。刘秀年纪小，只是观看，或回家听母亲讲故事。

刘秀最喜欢听后稷的故事，种植庄稼，发现五谷。

有时候，刘秀在父亲县衙，注视其父处理公务，或随父亲到县衙外照看田园的禾苗。

刘秀看到自己丢进泥土的种子发芽而高兴，看到金黄的稻谷而欢笑。

"刘秀，你不练武不习文，大好的时光往稼穑园里跑，你自己说说，这是不是你的错？"刘钦脸色温和，但语气中透出不容置疑的严厉。

"爹呀，您不是经常说，民以食为天，吃饭是大事。当今天下，各地灾荒不断，路上到处都是逃荒的难民。我接近穑稼，务求根本，孩儿觉得并没什么不好。"刘秀白皙的圆脸一扬，一副据理力争的模样。

"文叔，其实你说得未尝没有道理。不过天下灾荒，以一人侍弄稼穑怎可挽狂澜于既倒？当年项羽说过，不学一人敌，要学万人敌，就是讲究胸有大志，才能实现男儿抱负。这样，你把你大哥教你的拳脚阵法演练一遍给我看看！"刘钦捋一把颌下短须慢慢说。

"好，练就练！"刘秀拿起父亲专门为他量身制作的短杆刀，自顾自地练起来。刀刃上下纷飞，呼呼作响的风声中，搅得地下草叶左右飞旋，阳光时不时溅起白光一片，惊得刘縯兄弟个个目瞪口呆，张开嘴巴合不拢。一通刀法练习完毕，刘秀缓缓收刀，走到父亲旁边，额头上溢出一层汗珠。

太不可思议了，刘縯、刘仲和刘嘉在原地愣神半天，怎么也想不出，他什么时候练得这么好。

刘钦微微一笑："文叔，刀要得还算不错。不过兵贵实战，我看还是你哥哥们更胜一筹，还要好好向他们请教。"刘秀恭敬地点点头，表示听明白了。

刘秀口头上说听明白了，实际舍不得庄稼，因他的名字农业味很浓，"性勤于禾稼穑"。

在山青水秀的田野上，刘秀牵着一头牛，在太阳下辛勤耕作，汗珠从他宽广的额头流下，微风吹来，庄稼像绿色的海浪连绵起伏。

刘秀以放牛种庄稼为业，业余时间，也喜欢游侠，性格也很豪爽，只是没有他大哥那样张扬。他还非常关心民生，哪个地方有个坏人，哪个地方的官当得好坏，他都很了解。

刘縯只知道不种田地的刘邦做了西汉开国皇帝，却不知道放牛种田的弟弟刘秀后来做了东汉开国皇帝。历史有巧合，历史不会重演。

刘钦一年多前从济阳县令调任南顿县令，没多久即感到身体不适，遂辞官回老家静养。天时不济，蝗虫旱灾，难民流离。刘钦思虑国事家事，身心交瘁，一病不起，积劳成疾。经多方医治，刘钦的病没有康复，日重一日，不能进食，骨瘦如柴，最终油尽灯熄。

刘钦的死对家庭是沉重的打击，失去生活来源的樊娴都及孩子没办法在南顿生活下去。

本来宗室子弟，还可以按时领到皇粮。王莽篡位，西汉灭亡了，天下改朝换代，汉代的宗室子弟一下成了遗老遗少，天下不姓刘，改姓王了，不能再吃皇粮了，得自谋生路。

三、 举家返乡

父亲刘钦去世那年，刘秀才9岁。

刘府上下到处都是白色，过道里摆满了灵幡，十余面白色帐幔在风中飘荡张扬，搅得人心慌意乱。

没日没夜的忙碌，丧事终于办完了。这天傍晚时分，樊娴都让刘福召集家人，商量返回家乡的事情："老爷临终前说过，他不在了，这里无依无靠，住下去也没意思。倒不如搬回舂陵老家去，那儿有我们的一些田产，勉强可以度日，不然坐吃山空也不是办法。再说刘家族人都住在那里，彼此也好有个照应。"

众人纷纷点头表示同意。府中家具等杂物，能带的则带，带不走的就要卖出去。这样又折腾了好几天。

终于忙活完了，樊娴都让刘福和刘贵招呼儿女们准备起程。一切单纯而忧伤，和风徐徐中，一行人默默无语，走上了返乡的道路。

刘家上上下下十几口，返回舂陵老家，刘钦的胞弟刘良听说哥哥一家返乡的消息，一面准备安葬事项，一面收拾房屋。

刘良早年曾被举为孝廉，做过萧城县县令。后来他深感于汉室颓败，臣强主

第一章 放牛种田 积善积德皇室裔

弱,不是好兆头,再加上自己是皇家后裔,将来一有风吹草动,自己必然先要惹祸上身。于是就上书托病,辞官归隐家乡。

刘良早就听说刘钦的儿女们个个颇有成就大业的志气,便希望能借助刘縯兄弟成就汉室的一番事业,倒也冲淡不少丧兄的哀伤。这个从小和哥哥刘钦非常亲密的弟弟,看着自己孤幼的侄子侄女们缺少照顾,便毅然决然地全接到自己家里,吃喝穿用,全自己包了;而且自己的孩子吃穿什么,侄子侄女们也吃穿什么,从不两样对待。

在刘良安排下,隆重而又不甚张扬地为刘钦举行了下葬仪式。忙忙碌碌中,秋风渐渐冷人肌骨,冬天来临了。

隆冬时节,白水堤上多了一块松柏苍郁之地,后面是一排简陋的草屋,在风中瑟瑟发抖。

依从古礼,为人子者要感谢父亲大恩大德,守孝三年。但寒暑之际,大多数人都受不了,往往搬回宅里,等春秋时节再尽孝道。

但刘縯兄弟却不满足于表面文章,他们坚持吃素穿素,天天忍受着寒风,为父亲扫墓守灵。年轻轻的就如此通情达理,深受同乡人的赞赏。

刘良每次远远地驻足观望,总要赞叹地颔首,"好,孺子可教!"

樊娴都是个识大体的女人,她只是以一个母亲的身份关心孩子,却没从这一点上想过他们的前途。

刘良有事来找樊娴都,他坐下来慢慢对嫂子说,"再三观察,宗室子弟已成年者,唯縯儿兄弟可成大事。在他们之前,子侄辈如刘赐、刘玄、刘稷、刘社都闲在家里。我想让他们跟随刘縯兄弟学文习武,将来一旦天下有变,强者可以乘势而上,弱者可以明哲保身,咱们做长辈的也算是尽心尽力了。"

樊娴都知道小叔一向很有见识,听他这么一说,也觉得单凭刘縯兄弟未免势单力薄,能联合起其他族兄弟,一方面势力大增,再者也算替族里做点事儿,当下便答应了。

刘良见嫂子如此支持,便立刻回去召集孩子们。

从此,旷野墓地不再孤寂,每天都是人喊马叫,刀戈撞击声不绝于耳。

三年时光匆匆流逝,父亲的孝期终于守完,他们兄弟搬回家中。刘縯默默地想，爹不在了，什么事情就由我挑起来，于是他主动向母亲提起，托媒人搭桥牵线，在舅父樊宏的撮合下，订下一门亲事。

等各种礼仪一一完备后，双方选下黄道吉日，择定良辰佳时，拜堂成亲。人逢喜事精神爽，母亲紧锁的眉头稍稍舒展开了一些。儿媳过门以后，对待全家上下都很谦和，特别是对婆婆樊娴都更是细心周到，形影相随，如同亲生女儿一般。刘縯为娶到贤妻而欢欣，更为母亲脸上难得的一笑而宽慰。

没多久，大女儿刘黄和二女儿刘元相继出嫁了。儿女们一个个长大成人，樊夫人看在眼里喜在心上。

刘秀回到老家舂陵后，面朝黄土背朝天，放耕牛，干农活，日出而作，日落而息。草铺横野六七里，笛弄晚风三四声。归来饭饱黄昏后，不脱蓑衣卧月明。

原野里绿草如茵、晚风吹拂；未见牧童人影，已闻笛声悠悠，时续时断，随风飘扬。脑海里浮现的是牧童骑牛背，短笛横吹的模样。主角是一个小小放牛郎刘秀。小小放牛郎养成了刘秀吃苦耐劳的性格。

一年春上，刘秀跟村里娃子们一路，带着干粮到山里放牛，晌午，刮起西北风，人冻得直发抖，刘秀跟娃子们一起，躲在一个山洞里吃干粮。刘秀说："要是这儿有个锅灶，把馍馍热热吃，那该多美呀！"

洞里原本没有锅灶的，刘秀一说，不晓得从哪冒出来一台灶，一口锅，一伙毛猴子高高兴兴没法说，拾柴的拾柴，生火的生火，三下五除二，把馍馍炕热了。娃子们看到刘秀说话算话，都听他的。

刘秀每天放牛，总要带一本书，牛吃草，他看他的书。这一天，他正在看书，忽然下起了雨，娃子们衣裳都打湿了，刘秀的书也水直滴，他生气地说："鬼老天爷，紧下个啥，把我的书也打湿了，你晴下不行？"刚说罢，雨停了。

太阳出来了，娃子们跑去晒太阳，刘秀把书摊在一块石板上，不一会儿就晒干了。至今，在枣阳皇村附近的山上，还留有刘秀当年的煮饭屋和晒书台。

刘家湾后山上有座庙，庙里有个老和尚，两个小和尚。这一天，刘秀在山上放牛，只见两个小和尚坐在山门外哭哭啼啼，刘秀忙上前问："两个小师傅，你们哭啥呀？"小和尚一五一十地把事情缘由说了一遍。

原来老和尚要做斋，刚出外化缘去了，一会儿便要回来，要他俩把庙里庙外

第一章 放牛种田 积善积德皇室裔

每个旮旯缝里都要打扫干净。这庙里有几十间房子，还有一百多个大小神像，一时怎么能打扫得干净呢？两个小和尚没得门儿，只好坐在山门外哭了起来。

刘秀忙上前劝说："小师傅不要啼哭，我来帮你们打扫。"

刘秀走进庙堂，大叫一声："大神小神，扫地出门。"说过只见一百多大小神像都各自从座位上向门外挪去。

刘秀和两个小和尚连忙掂起家伙，把庙内庙外扫了个干干净净。打扫完毕，两个小和尚望着刘秀，心想，你把它们赶出门外，看你咋再把它们弄进去。

只见刘秀双手叉腰，又叫了一声："大鬼小鬼，各就各位！"不一会儿，那一百多个神像只一忽闪，又回到了自己的座位。放牛娃刘秀这般奇，令两个小和尚对他赞叹不已。

刘秀还未成人，就会耕田，精耕细作，勤于管理。所以，年年庄稼长得特别好。每到收获时节，满田谷子穗大粒壮，沉甸甸、黄橙橙、金灿灿的，十分喜人，惹得左邻右舍羡慕不已。

时不时地有几个短衫露腿的农夫扛着锄头，戴着斗笠从这片农田旁经过，向这片良田投来了艳羡的目光。

麦田一旁的小路上，刘秀骑着一头黄牛缓缓经过，手里还拿着一本书聚精会神地看着。刘秀颇为忠厚，脸上总是带着一缕谦和的微笑，看起来比他的年龄更为深沉。

两个农人刚巧从一旁经过，对着刘秀笑道："阿秀，又去集市上贩粮了？"

刘秀，放下手中书本，顺手摸了摸束在腰间那刚从集市上贩粮回来赚得的满满一袋子钱，低下头微笑道："是啊，李大哥、刘大伯，我家的田收成还可以，反正自己家人也吃不了那么多粮，干脆贩一些粮给小妹置办嫁妆。"

刘秀骑着那头黄牛在两名农人面前缓缓经过，又拿起手中书本，手不释卷，老黄牛还时不时地甩甩尾巴，看上去像个高高在上的皇帝。

两名农人看着刘秀远去的身影，不禁互相对视了一眼，摇了摇头，无奈地笑了笑，私下议论起来……

"唉……你看看人家刘秀家的田，怎么就长得那么好啊？"

逐渐骑牛远去的刘秀给两名农人留下了一个伟岸的背影，令人艳羡不已，都夸刘秀是个好后生。

那时，舂陵一带有个恶霸，名叫韩虎，游手好闲，好吃懒做，仗着自己会一点拳脚，在当地专干一些欺男霸女、抢人钱财之事。三乡五邻，无不恨之入骨，却又无可奈何。一日，韩虎和一帮狐朋狗友游逛到白水村，看到一片金黄的谷子，十分眼馋，就勾结了一帮歹徒前来哄抢。

时值刘秀和家人刘稷正在田里劳作，准备收割。忽见有人来抢自家的谷子，便上前制止。这帮歹徒非但不听劝阻，反而大打出手。主仆二人哪里是这帮人的对手呢。只有招架之功，没有还手之力。眼看到手的谷子被人抢走，刘秀气得直跺脚，却又无济于事。

就在这时，忽然从南边来了位白衣女子，那女子的个头不高，身材瘦小，皮肤白皙，龙眉凤眼，十分精神。着一身白衣，脚穿白鞋，头扎白绫，腰间佩带一把银色短剑，骑一匹白色大马，论个头和她骑的那匹骏马极不协调。但看这女子的一身打扮，便知她是江湖侠女，会路见不平，拔刀相助。

说时迟，那时快，只见那女子像飘一样地来到田间，翻身下马，三拳两脚便把那帮地痞打翻在地，他们一个个屁滚尿流不能动弹，为首的韩虎见状，很是不服，手持一把寒光闪闪的利剑向那女子刺来，面对来势汹汹的韩虎，白衣女子不闪不避，更不胆怯，反而迎着利剑伸手轻轻一抓，那利剑就到了她手里，随即又轻轻一弹，那利剑刺向韩虎右臀，韩虎哪见过这阵势，惊恐万状，心想今天算是遇到克星了，慌忙捂着屁股连忙逃跑，其余的流氓地痞也逃之夭夭。

此景此情，刘秀看得真真切切，心中暗自佩服，但又不知所措。那白衣女子走到刘秀面前，轻言细语道："你可是刘文叔么？"

刘秀慌忙起身道："正是在下，多谢姑娘搭救之恩，敢问姑娘尊姓大名？怎么知道小可？"

姑娘道："小女子杜静，久闻文叔不但胸怀大志，侠肝义胆，知书达理，一表人才，而且做得一手好农活，今日路过此地一见，果然名不虚传。因见歹徒抢谷子，又见你被打，心想，必定是你刘文叔了，故而冒昧相问，没想到竟在这里相遇。"

刘秀道："姑娘见笑了，刘秀区区小民，无惊人之处，不值得姑娘如此夸奖。

第一章 放牛种田 积善积德皇室裔

我连自己的庄稼田都保护不了，谈何大志。"

姑娘含笑接着道："自古立大业、成大事者心胸开阔，志向远大，还需有一身硬功夫，才有号召力。像你这样怎能号召人马，又怎能成大事，岂不空有大志。"

一席话说得刘秀面红耳赤，无地自容，平时自练拳脚上不了档次，自愧不已。心想，这女子深明大义，精于世道，武功高强，绝非一般女子。片刻，那女子试探性地问道："文叔若不嫌弃，小女子愿献雕虫小技。"

说是雕虫小技，岂知这小女子剑法厉害。刘秀一听，连忙作揖道："姑娘若亲授在下武艺，实乃三生有幸，苍天造化，在下先行拜师礼了。"

白衣女子传授给刘秀的剑法叫"人剑五式"，共有五招。第一招叫"人微言轻"，第二招叫"人面兽心"，第三招叫"人老珠黄"，第四招叫"人仰马翻"，第五招叫"人定胜天"。

这五招剑法要求习者在练习时心无杂念，否则，练不出上乘功夫。但如果练成这五招剑法，在武林中从此也是一代豪杰。白衣女子教刘秀练熟剑法后，竟飘然而去，再未会面。

刘秀自从得了白衣女子密传剑法以后，便冬练三九，夏练三伏，一有空闲，就跑到村东边小山旁的一处平地上练习。他对于"人剑五式"的一招一式，一个细小的动作，甚至一个很小很小的细节都一丝不苟地反复琢磨练习。练了一遍又一遍，演了一招又一招。渴了喝一口河水，累了，坐在水边上休息一下再练。如此这般寒来暑往，花开花落，不知练坏了多少剑，用了多少块磨剑石。功夫不负有心人，经过数年的苦练，他的剑法已练到炉火纯青、出神入化的境界，剑技已不在白衣女子之下，使之能助他成就伟大功业。

父亲不在了，作为长子的刘縯理应挑起生活的重担，但他生来有远大志向，最大爱好是结交天下豪杰，畅谈天下大事，不屑于料理家中的田地，对农活没有一点兴趣。

刘縯比刘秀年长十岁，豪情万丈，自认为：大丈夫生于天地之间，本应顶天立地，岂可久居人下！我刘縯就是要匡扶汉室，成就一番大业！

刘縯妻子章氏常抱怨刘縯：不老老实实过日子，整天就知道惹是生非，异想天开！咱们一家人早晚会被你害惨。

刘縯常瞪着眼睛看章氏，摇着头，无奈道："女人头发长见识短！"

在刘秀的印象中，刘縯是一位侠肝义胆的大哥，身材魁梧，浓眉大眼，相貌堂堂，一身布衣短打，头上束着帻巾，颔下皆是胡须，带着一股粗犷之气。他性情刚毅，慷慨有大节，喜欢结交四方豪杰。有的时候，刘縯为了交朋友，不惜抛家舍业，倾身破产。在当时，刘縯已经是南阳一带的一号人物，别的不说，最起码短时间内聚集百八十号兄弟举事没问题。

家中所有的农活只能由二弟刘仲和三弟刘秀承担。刘仲是个老实巴交的人，只会埋头种田，其他一概不问。

刘秀知道大哥的性格和志向，只好和二哥一起，默默挑起生活的重担，勤劳持家，让大哥在外面风光。刘家也慢慢从父亲逝去的阴影中走了出来。

第二章
长安求学　俭以养德做学问

一、勤工求学

季节轮替之间，时光弹指而过，天凤年间（公元14年），刘秀到了20岁，按照习俗行完冠礼，就是成人了。

刘縯对刘秀说，如今你已长大成人了，再不能放牛种田浪费时光了，我身为长兄，要负起督导之责。你现在有两个选择，要么娶一乡姑过日子，要么入太学读书。对刘秀来说，对新野美女阴丽华的相思，只能埋在心底，作为男儿，应先立业后成家。于是，他选择到长安读太学，以此改变人生。

正好刘秀舅舅樊宏来家中闲坐，说外界纷纷传言王莽已经不满足摄皇帝，他一边安排心腹大臣联名上奏，威逼当今皇上禅位，一边调兵遣将，准备软的不行就来硬的。总之刘家江山就要日落西山了。

樊宏感慨地说，可惜咱们现在如同井底之蛙，消息闭塞。应该派个人到京城当作耳目才好。但让谁去，却是个大问题。

大家相对默坐，樊宏忽然说，遍观整个宗族子弟，有胆有识者莫过刘縯，但他遇到事情过于急躁，不肯容忍，太刚则易折，这是一大不足；其余的，或勇力不够，或耽于安乐，都不让人放心。

唯独刘秀，别看平日里不声不响，其实肚子里的道道倒不少。这孩子秀在内，拙在外，隐忍不发，或许哪天能一鸣惊人。

刘良也点头说，刘秀这孩子我看是条潜龙，不妨就叫他去京城游历一番。樊娴都听他两人把刘秀抬得这么高，一时竟捉摸不透刘秀是否真如他们所说。

有天姐夫邓晨来到舂陵，找到了正坐在地头看书的刘秀，说："三弟，看你这么好学，姐夫还真的钦佩。不过，我看你一年到头也就是翻来覆去地看这三四本书，能学到多少？你不如到长安拜个高人，把四书五经及各类史传都系统学习一遍，必使你的素养知识大大提高。家里的田地不用担心，有你大哥二哥，还有你姐夫我抽空来帮忙耕种。你到长安投拜哪位老师我都给你打听好了——长安讲学讲得最好的中大夫许子威先生，许多年来教授了不少门徒，可以说桃李满天下。学个两年三年回来，你也该娶媳妇了，是吧？"

刘秀脸一红，笑说："啊，这个不忙。大丈夫当以事业为重。"

邓晨说："如果事业有成，男儿何患无妻？不过话得说在头里兄弟，将来你相亲的时候，一定得让姐夫当参谋——要那品德好美丽富贵的姑娘，一般相貌平平的丫头，不用考虑。"

刘秀又红着脸一笑："好，全由姐夫做主。"

刘秀到长安求学的事就这么定下来了。叔叔、哥嫂们听说后都挺高兴，小妹伯姬更是跳着脚拍手称赞。

樊娴都虽然不大放心，但打心眼里喜欢。

接连几天，樊娴都细心地替他收拾行李，每一件衣服都要检查好几遍，唯恐哪儿没有缝好。

刘秀看着油灯下的母亲，想着关山万重，前几天被激荡起来的雄心忽地又沉了下去，他甚至不想走了。但箭在弦上，又不得不发。

刘秀默默地垂下头，心情变得异常沉重。刘府上下立刻都知道了刘秀要游历京师的消息，惊讶之余纷纷过来劝勉。

怀着对未来的憧憬，刘秀甩掉牛尾巴，扔下锄头，告别母亲及兄弟姐妹，踏上千里之遥的求学之路。送到村口，母亲没有多说话，只是紧紧地拉着刘秀的手不肯放，眼睛里含着泪水，竟无语凝噎。长这么大，刘秀还是头一次出远门。

大哥刘縯、二哥刘仲、小妹刘伯姬都来到村口相送，依依不舍。大姐刘黄也特意从娘家赶了过来，二姐夫邓晨和二姐刘元也特意从新野赶过来，他们都是为了送刘秀一程。刘秀的族兄刘稷、刘嘉等人也纷纷前来相送。

刘秀这一去长安上太学，很有可能几年不回家，只能等完成了太学的学业再回乡了。于是，刘秀这一走，刘家的老少爷们儿是举家相送。

一连几天，风和日丽，正是出门行路的大好时节。刘秀、韩生，相伴而行。

第二章 长安求学 俭以养德做学问

书童刘斯干和文峰年龄相仿,更是天真烂漫无忧无虑,跟在主人身后有说有笑,并不觉得旅途劳累。

穿过河南平原,道路逐渐崎岖起来。有时候峰回路转,山道盘旋,景色和家乡更是不同,大家四顾不暇,不觉间已出南阳地界,进入到弘农郡。

路途遥远,走之乏力,怎么办呢?当时有马的骑马,有牛的骑牛。但牛马价格不低,一般买不起。而有钱的人家多买些牛马,出租创收。

上学路上,刘秀想买匹骡马,一来出租,搞点学费,二来自己走累了偶尔骑一骑。

上学读书,由于家庭经济条件不好,没有本钱,买不起坐骑,他与同行的韩同学商量。韩同学憨厚,家庭殷实,手有余款。

刘秀说,买骡马既出租,又当坐骑,赚钱分红,赔本算我的。

韩同学想了想,赚钱能分红利,赔本找老家父母要,行吧。

韩同学掏出钱点了点,买不起骡马,顶多买头毛驴。

刘秀就跟韩同学合伙买了一头驴,拉着驴车,边去长安,边在路上用驴车搞经营,搞点运输,挣点生活费,这表现出他很好的经营头脑。

京师长安气派不凡。进入到雄伟的清明门,宽阔的街道横亘在眼前。城中店铺林立,商贾云集。刘秀等人本来自恃见识不少,但面对如此繁华景象,他们仍然被这宏伟的气象深深震撼了。

更特别的要数霸城门,那里有西域胡市,热闹非常,那些穿着奇装异服叽哩呱啦说话的西域客商和使节聚集在一处,让你简直怀疑到了外国。

太学的老师称博士,博学多能,除了教书,还要制礼、藏书、议政。

太学的学生来源也很复杂,年龄、学识、家庭出身差别很大。

与刘秀几乎同时在太学求学的有他的堂兄刘嘉、表兄来歙,还有好友严光、朱祐、强华及小老乡邓禹。

这一天,刘秀在太学游荡,看见前面一群学生扎堆议论:"知道吗?今年从南阳来了个厉害学子。"

刘秀以为这是说自己,有点不好意思,还没发挥实力,名声怎么传开了?他快步走过人群,怕被人认出来。

并没有人认出他,不一会儿,有人发出一阵轻叫,看,那就是他。

刘秀暗喜,摆出一副傲然神态,却发现大家视线都向前望去。他倒要看看,来了怎样一位了不起的人物，尚未入学，便让新老生仰慕。

来人不过是一个瘦弱的六尺男童，正换牙齿。

刘秀不免有些失望，但人群已议论开来。

"对，就是他，邓禹，字仲华，南阳新野人，今年只有13岁。"

"可不，有史以来最年幼的太学生，据说他在《诗经》上造诣很深。"

"听说连许多博士都自愧不如，还是祭酒登门相邀，这小子才来太学的"。

对人群投来不同的目光，邓禹看在眼里，不快不慢地走着，来到刘秀面前时，他行礼说："莫不是舂陵刘文叔？"

刘秀心生疑虑，含糊呼应一声。邓禹却说："咱在新野，常听族人提及刘兄，今日相见恨晚。"

刘秀说："仲华是新野人，咱的姐夫也是新野人，而且恰巧也姓邓，不知仲华可否认识啊？"

邓禹听罢，连忙道："哦？文叔兄的姐夫叫什么名字？"

刘秀答道："邓晨，字伟卿。"

邓禹听罢，连忙一拍大腿，哈哈大笑道："嗨，邓晨啊，那是我堂兄。"

邓晨，南阳新野人。邓晨的祖上世代为年俸二千石的高官。曾祖父邓隆，官至扬州刺史；祖父邓勋，官至交趾刺史；父亲邓宏，官至豫章都尉。邓晨当初娶了刘秀的二姐新野长公主刘元为妻。公元22年（地皇三年），南阳饥荒，各家门客多为盗贼，刘秀与家人到新野避乱，住在邓晨家里，互相很是亲密。邓晨乘机对刘秀说："王莽悖乱暴戾，盛夏杀人，这是上天要他灭亡的时候了。你是刘氏家人应建功立业呀！"刘秀笑着不答话。

刘秀和邓禹一见如故，竟然还有这层远亲关系，更亲热了。

邓禹是位童子，开口却老成，刘秀不由嬉笑说："小小年纪何必老气横秋。"

听了刘秀的话，邓禹不生气，大声说："读书，你不如我，处世，我不如你。禹年幼识浅，日后还请文叔关照。"

邓禹说话很直爽，刘秀不便发火，加上姐夫邓晨这层关系，他喜欢邓禹这位小弟。从此以后，比刘秀小七岁的邓禹就成了刘秀的小兄弟，两人关系日趋亲密，形影不离，他们经常在课余时间讨论一些国家大事，也参加一些课余活动。

二、 拜师读书

刘秀进太学当日，拜太学大夫许子威为师傅。许老师本来是汉家的中大夫，

第二章　长安求学　俭以养德做学问

二十多年前，眼见王莽由一个无名小辈进入朝廷，然后在他的太后姑姑王政君的一手提携下，一步步走向权力的最高峰。而这时，包括许子威在内的好多汉朝小官，他们根本无能为力，只好弃官从教。许先生六七十岁了，虽然须发全白，但红光满面，精神矍铄。许先生一见刘秀，也不觉吃了一惊，暗想：小伙子好相貌啊，我教了那么多门徒，还从没见过这么好面相的。此后几天，又有几个年轻人来投拜许先生，于是刘秀、邓禹、严光、强华、贾元这五位年轻人，在许先生门下开始了两年的求学生涯。刘秀习学《尚书》。邓禹拜江翁为师，专攻《诗经》，严光则潜心研读《春秋》《左传》。

太学是当时的最高学府，这里汇集着各类书籍，分不同的课业，且每一门都有名师讲授点评。太学是汉代出现的设在京师的全国最高教育机构。西汉早期，黄老之学盛行，只有私家教学，没有政府设立的传授学术的学校。汉武帝罢黜百家定儒一尊之后，采纳董仲舒的建议，始在长安建立太学。最初太学中只设五经博士，置博士弟子五十名。从武帝到新莽，太学中科目及人数逐渐加多，开设了讲解《易经》《诗经》《尚书》《礼记》《公羊传》《谷梁传》《左传》《周官》《尔雅》等的课程。汉元帝时博士弟子达千人，汉成帝时增至三千人。王莽秉政，为了树立自己的声望，并笼络广大的儒生，在长安城南兴建辟雍、明堂，又为学者筑舍万区。博士弟子达一万余人，太学规模之大，实前所未有。武帝到王莽，还岁课博士弟子，入选的可补官。

刘秀进入太学，更觉天下好书汇集于此，读也读不完，愈显得自己见识浅薄，愈加勤奋刻苦，不知疲倦，日日用功，夜夜挑灯。收获有三：开阔了视野，太学是政治学院，直接面对皇帝和政治，刘秀在此有了政治远见；增长了才干，京城市井繁华，刘秀不读死书，他与同学凑钱买了一头驴，出租给别人，赚钱补贴生活，此事虽小，创意却新；积聚了力量，他结识了很多同学，如严光、邓禹、张堪、刘嘉等，友谊深厚，这些人后来都成为他打天下的得力助手。

刘秀上太学要花的钱，只能自己挣！自给自足，或者叫勤工俭学。说到挣钱，刘秀很快又把目光锁定在那辆驴车上。驴车不仅可以载人，也可以帮人运货。于是，刘秀、朱祐，还有他们几个家庭条件不是很好的同学韩匡、景衡等人便利用课余时间轮流驾着驴车出去拉活，帮人送货，用赚的钱维持在长安上太学的花销。上课时有分散注意力。

刘秀聆听起老师许子威的朗朗读书声，还眯着眼睛，摇着头，嘴角微微上扬,一副很惬意的样子……

"克明俊德,以亲九族。九族既睦,平章百姓。百姓昭明,协和万邦。"

就在刘秀神游天外,仿佛做了一个很长的梦的时候,许子威却突然闪到了他的身旁:"刘秀,你来解释一下这句话的含义!"

"啊?老师……我……"

许子威好像发现了刘秀正在走神,所以故意点他的名。刘秀却仿佛如梦初醒,刹那间回过神来,一头雾水,磕磕巴巴地说道:"老师……我没听清,你能再说一遍吗?"

许子威的老脸一下子便耷拉下来,沉沉地叹了口气,无奈地说道:"邓禹,你来给他解释一下这个问题。"

邓禹这个眉清目秀的稚嫩少年缓缓起身,语气平缓,自然地答道:"克明俊德,以亲九族,是说公正能发扬才智美德,使家族亲密和睦。九族既睦,平章百姓,家族和睦以后,又辨明百官的善恶。百姓昭明,协和万邦,百官的善恶辨明了,又使各诸侯国协调和顺。"

许子威的脸上这才露出了一副笑脸,点了点头,满意地对邓禹说道:"好,答得不错。"

刘秀目光诧异且惊奇,他紧紧地盯着邓禹,可别看他年龄小,已经能诵诗了。他才思敏捷,满腹经纶,号称"新野神童"啊!

刘秀和邓禹的关系愈加深厚。刘秀认准了邓禹这个新野神童就是他将来要干一番大事业的强力帮手,而邓禹也有识人之明,他断定刘秀绝非凡夫俗子。于是,邓禹就成了刘秀身边最忠实的小兄弟,二人经常"出双入对",一起游学,一起闯祸,一起谈论天下大事。

太学生的日常生活也颇丰富多彩,充实有趣。读书读得累了,可以玩投骰等游戏,也可以在林阴小道旁花草丛生处,和朋友对弈聊天。还可以习字或绘画。如果想看看外面的花花世界,想出去散散心,就约上几个好友逛街,看热闹。日子过得挺有滋味。

太学学宫门前就是京城最热闹繁华的长安街。长安街虽然毗邻学宫,但学宫墙高院深,能把一切嘈杂和喧嚣拒之宫外,太学生的学习环境还是比较安静的。学习之道,一紧一松,在绿阴掩映花木交错的地上歇一歇,不失为一种缓解疲劳的方法。

第二章　长安求学　俭以养德做学问

闲暇之余，刘秀经常去后院的一条小径上溜达。那条小径两旁树立了圣贤孔子和他的七十二贤人弟子的石像，仿佛这里有圣人指点，可以让他思路敏捷，少绕弯路，顺利地揣摩出书中的真义。

太学也并不像刘秀原先想象的风平浪静、神圣纯洁。时间稍长，他发现，这里也有你争我抢，聚众闹事，甚至大打出手的现象。

那天刘秀正在吟咏诗书，不知从哪里蹿过来几个小混混模样的人来。为首的一个胖子歪戴头巾，如同骤然发迹的屠夫。

刘秀感到事情不妙，这几个人都是王氏子弟，还有一个是王莽的孙子，平时在太学里不习诗书，依仗权势，横行霸道，连老师们也让三分，刘秀赶紧向林外走去。

谁知，这伙人是冲着他来的，拦住他的去路。几个王氏子弟中，年轻公子是王莽之孙，王临之子王吉。刘秀只好含笑施礼："小的不知王公子驾到，请恕罪。"

王吉冷笑道："姓刘的，你以为还是刘姓的天下，敢与王爷我论同窗之谊？今天要你姓刘的跪倒在小爷的脚下。"

刘秀不会轻易受辱，面对王吉正色道："同是太学生，岂有下跪之理？"

王吉气得脸发青："姓刘的，你不下跪，休怪小王爷不客气，小子们，给我打。"几个侍从听从王吉指令，蜂拥而上。

刘秀见势不妙，慌忙钻进小树林中躲闪，侍从们一时抓不到他。本来，刘秀跟大哥习武多年，对付这几个侍从不在话下。可他不想露一手，把事闹大，能忍则忍，免得失去读书机会。

王吉见几个侍从抓不到刘秀，气得直跺脚，骂道："全是饭桶，快给我上，打刘秀一拳赏银十两。"几个侍从听说有赏，一齐朝刘秀冲上去。

刘秀只躲闪，不敢还手，时间久了，躲闪不及，脸上身上挨了几拳几脚，鼻青脸肿，牙齿出血。照这样打下去，非被打死不可。

"住手！"忽听林外有人喊道。侍从一齐停下。严光、邓禹、强华、朱祐正往这边走来。四人见刘秀被打，吓了一跳。

邓禹吃惊地说："刘兄受伤了。"严光安慰说："文叔，有我们在，谁也不敢欺负你。"强华、朱祐一面安慰刘秀，一面怒视王吉等人。

王吉心里打个冷战，十年前他的伯父即王莽长子被迫服毒自杀，他知道太学生厉害，可眼下骑虎难下，只得喊道："大胆狂生，若再对小爷无礼，休怪我不客气。"

几个侍从以为又要动手，又一齐围了上来。

眼看又要斗架，忽然林子路边传来一声威严的呵斥声："给我住手。"

刘秀等人一看，心中高兴。原来是老师许子威来了。他是一代儒学名家，连王莽也非常尊敬他。

许子威走到双方之间，脸色愠怒道："太学圣地，岂是争强斗胜的场所，真是有辱斯文。"双方互相论理。

许子威打断他们的争执，生气地说："今日之事，就此了结，若再发生，休怪老朽上奏新君。"双方只好各自返回太学。

许子威看到刘秀，关切地问："文叔，没事吧？"

"没大碍，老师！"刘秀安慰老师似的笑笑。

刘秀跟在许子威身后，眼看就要到督学处门口了，许子威突然站住，和蔼地说："文叔，刚才只是演戏罢了，世事如此，单凭公道二字实在难以说清，得忍耐时须忍耐哟！"

刘秀立刻明白过来许子威的良苦用心，眼泪夺眶而出。再想想老师刚才那种关切的语气如同父亲一般，更是泣不成声，扑通跪倒在地，满面泪水地抬脸说："多谢恩师照拂，学生知道以后该怎么做，一定不负恩师苦心！"

"明白就好，来，起来！"许子威双手扶起刘秀，"老夫观你行闻你言，你是老夫所有教过的学生中最有才气的一个，也是最有气度的一个，将来定成大器，老夫自信不会看走眼。相信这一天很快就会来临，你必不会久为人下。"

刘秀低下眉说："老师，学生惭愧，我也没什么大的志向，回到家里，也就是勤于稼穑，种麦植稻而已；其他的，学生还真没想到要干什么。"

许子威说："刘秀啊，在你们几个同学里面，你是最有前途的。不说别的，先看看你的长相，须眉皓齿，隆准日角，这可是大福大贵之相啊——你这种长相可是帝王之相，贵不可言啊！"

刘秀羞愧地低下头："老师，看您说的，学生都无地自容了。"

许子威说："不单单是你的长相，就你的性格而言，也可以说是一个非常之人。老师经过观察，发现你外柔内刚、藏而不露，表面看似弱，其实内中十分坚强，遇到关键时刻，你一定会露出英雄本色！而且，你为人宽厚，待人真诚，极具领袖风采——你看看你的这几位同学,哪个不喜欢不敬重你?这都是你将来成就大业的固有条件。另外,你还有一个固有条件别人更不能比——你姓刘,是汉室之胄!现在人心思汉,百姓向刘,都希望你们刘氏再出来一统天下!所以,老师希望你回家后把心思放在恢复汉朝、重建高祖基业的大事上,而不要光想着种地。"

刘秀听后只是低着头不说话,邓禹严光几个人也都只是张着嘴看着老师和刘秀交谈。

许子威继续说:"更何况,你们南阳的刘氏非常多,要招聚起人来非常容易;只要号令一起,必然万人呼应。老师敢说,将来反莽复汉的第一杆大旗必从你们南阳举起!一遇时机,你刘文叔肯定会脱颖而出,一鸣惊人的,到时候你不想卷入都不可能。还是那句话,颠覆莽贼,中兴汉业,就靠你们这些刘氏子弟了。"

离开许老师,刘秀又遇见强华。他个子不高,刀条脸,一见到刘秀,满脸怪异之色。

强华,东汉儒生,刘秀在长安太学时的同学,与刘秀、邓禹、严光三人结成好友,刻苦钻研谶纬之学,为刘秀举事创业提供舆论支撑。

强华问:"你了解自己吗?"

刘秀说:"我当然了解自己。"

强华摇摇头:"不,你不了解自己,你额头中央突起,此为日角,是帝王之相,说不准,你日后可以做帝王。"

刘秀笑说:"面相之说,不足为凭。"

强华说:"你不相信相术,是否相信预言的谶书?"

刘秀说:"信如何,不信如何?"

强华说:"我来太学,不是学什么六经,是来长安找一本谶书。"

刘秀说:"你找谶书,与我无关。"

强华说:"很可能与你有关,这本叫《赤伏符》的谶书不寻常,据说王莽篡汉,必不长久,刘氏将复兴,再受天命。而刘氏新帝王的姓名,听说写在这本谶说上。"

刘秀说:"皇上在位,你莫乱讲。"

强华说:"人意不如天意,谶书说王莽必亡,你不是汉室之后吗?新的帝王,说不定是你呢?"

刘秀说:"遇事要小心,不要乱说,万一传出去,会杀头的。"

强华说:"我入太学之前的那些真本事啊,都是恩师蔡少公教的。而恩师正是严光的师兄,所以我理应叫严光一声师叔啊。他天文地理,经史子集,无一不通,无一不晓,才华横溢,淡泊名利,学富五车,品德高尚。"

刘秀心想,这严光是自己的同学,一位世外高人,将来秀若起兵反莽,拜他为军师,岂不是势如破竹旗开得胜。

强华说:"三十年河东,三十年河西,等着瞧吧。我会想办法找到这本神书。"

刘秀说:"但愿如你所言,不过不能光靠书本,识时务者为俊杰。"

三、 金吾美妻

一天午后,刘秀、邓禹、强华、严光、朱祐五人相伴,游遍京都长安。高祖创业,定都长安,经过惠、文、武、昭、宣、元、成等八帝修建,规模巨大,建筑宏伟。

秦亡汉兴,咸阳被毁后,代之而起的为汉代的长安城。汉长安城就在渭水南岸,和秦咸阳隔水相望。长安本秦之乡名,秦时有兴乐宫。汉高祖五年(公元前202年),在兴乐宫基础上修治长乐宫,七年建未央宫,自栎阳迁都长安。萧何又主持修建了太仓和武库。汉惠帝元年(公元前194年)开始修建长安城墙。汉武帝太初元年(公元前104年)兴建北宫、桂宫、明光宫、建章宫,开凿昆明池和上林苑,前后历时90年。城墙全部用黄土夯筑而成,高12米,宽12~16米;墙外有壕沟,宽8米,深3米。因城墙建于长乐宫和未央宫建成之后,为迁就二宫的位置和城北渭河的流向,把城墙建成了不规则的正方形,缺西北角,西墙南部和南墙西部向外折曲,过去称长安城"南为南斗形,北为北斗形",或称为"斗城"。全城共有12个城门,每门三个门道。东面自北而南为宣平门、清明门、霸城门,南面自东而西为覆盎门、安门、西安门,北面自西而东为横门、厨城门、洛城门,西面自北而南为雍门、直城门、章城门。城内主要建筑群有长乐宫、未央宫、北宫、桂宫、武库等。未央宫由前殿、椒房殿等40余个宫殿组成。

至高无上的王权政治文化成为长安城的主流文化,它是皇权和贵族权力的集中体现。城内有八街九陌,街道宽阔,布局整齐。大街与城门相连,各个城门有三个门道,每个门道各宽八米,减去两侧立柱两米,实宽为六米。在城门内发现当时的车轨痕迹,宽为1.5米,可知每个门道能容纳四辆车,三个门道可容12辆车并行。西汉时的长安街十分宽阔,可以同时跑马、跑车。王莽为了表示功劳高过汉朝诸位皇帝,依照《周礼》,重新修治长安街,使得长安街更加宽阔,中间是新朝皇帝出行的御道,两旁种着树木。

忽听前面一阵锣声响过,有人扯着嗓门儿高喊:"执金吾大人到!行人回避!"

街上的行人也纷纷让到道边。只见一队执戟卫士走在最前面,脚步整齐,身上铠甲叮当作响。再往后是执长刀马队,个个神气活现,在百姓眼里宛如天神。马队过后才是侍卫皇帝的军校官员执金吾。车上坐的正是王莽的执金吾王邑。王邑和王舜一样,都是王莽的从兄弟,当年都为王莽篡汉立下了汗马功劳,是王莽最亲近倚重的人。令王邑高兴的是,王舜三天前刚死,他毫无疑问地要接替王舜的大司空职务,成为皇主陛下的第一号重臣——昨天散朝时,皇主专门把他留下,告诉他说:王邑啊,王舜已去,朕遍观朝廷,就只有你接他的职位了。所以他这两天心情特别舒畅,坐在车上,也比往日威风了好几倍。

只见车骑仪仗,整齐威风,前呼后拥下,身穿甲胄的执金吾骑着装饰华丽的高头大马,衣甲在阳光下熠熠闪着金光。

执金吾王邑眼高于顶,根本不正视路旁行人。执金吾的职责就是巡视检查维持秩序,保证皇上出行时不能出差错,以免折煞了新皇帝的威风。

站在人群中,刘秀目不转睛,全神贯注地盯着执金吾王邑大将军。执金吾的威风凛凛给刘秀留下深刻印象,他感觉自己此刻如此卑微而渺小。同样是堂堂男儿,凭什么人家就虎视眈眈俯瞰众人,而自己却只能仰视人家的尊贵容颜?王侯将相,宁有种乎?皇帝轮流做,明年到我家。

刘秀忽然这么想,心头猛然一动,忘情地脱口大声说道:"仕宦当做执金吾,娶妻当得阴丽华!"说完后自知失态,红了脸低下头。

严光就站在旁边,听见平时内向的刘秀竟然"口出狂言",不禁啧啧顺嘴说道:"真看不出原来贤弟也是个多情种子。不过,无情未必真丈夫,有爱才是大英雄,看来你一声不响,心里却志向远大。我早就看出来,贤弟绝非平常之辈,只要不懈努力,瞅准机遇,出头之日恐怕是不远了!"

听他这样说,刘秀又想起许子威的话,心头一振,在人声嘈杂中说:"多谢严兄吉言。"

执金吾,位同九卿,为守卫京师尤其是皇城的北军的最高统帅。更为通俗地讲，基本上类似于近现代的中央卫戍部队司令。西汉时执金吾（中尉）的权力很大，担负京城内的巡察、禁暴、督奸等任务，掌北军，和掌南军守卫宫禁的卫尉相为表里。执金吾出行时，统骑兵二百人，持戟甲士五百二十人，前呼后拥，光耀无比。"群僚之中，斯最壮矣"，就是说文武百官之中，谁的声势也不能同他（执金吾）相比。故还是读书学生的刘秀感叹说：做官就要做执金吾这样的官，娶妻就娶阴丽华那样的美人。

执金吾队伍缓缓而过，渐渐远去，敲锣吆喝声和马蹄响动归于沉寂。人们纷纷散开，刘秀仍伫立在原地，出神地久久凝望，回忆着头次见阴丽华的情景。

阴丽华是南阳郡新野县人，刘秀在去长安求学前，有一次在新野县姐夫邓晨家，听说阴丽华很漂亮，而且是有名的漂亮。

一天，刘秀与姐夫邓晨在南湖边散步，突然，湖汊的荷花中传出一阵银铃般的笑声。刘秀闻此笑声，顿时骨软筋麻，走不动了，脚下不由自主地向荷塘边移去。

邓晨忙对刘秀说："不知是谁家美妹在荷花中戏耍，小弟有兴趣，前去看看。"

刘秀两眼紧盯着荷花丛中的一叶扁舟上的几位少女，脚步是越来越快，闻姐夫邓晨之言，边走边说："荷花丛中藏佳人，真是仙境！"

刘秀来到湖边，两眼紧盯着荷花丛中小船上一名最为靓丽的少女，只见她身体娇小玲珑，容颜妩媚，细致的眉蛾，披藏娇羞，涂朱抹丹，喷香环馥，站在船头上，藏在荷花中，真个是人如花、花如人。

刘秀惊叹道："中原女子好美呀。"

刘秀的身高七尺三寸，换算一下也就是一米七五左右，不高也不矮，但他的身材非常匀称，身上没有一丝赘肉，穿上长袍，往风里一站，衣袂飘飘，大有玉树临风之美感。另外刘秀的五官也很标致，皮肤白皙，眼睛可以说话，当然也可以放电，他的美与中国第一美男潘安类似，按照现在的标准，属于花样美男型。

船中的少女听到岸边有人说话，抬头一看，见是一个美少年，嘻嘻笑道："怎么样，没见过漂亮女孩？"

刘秀闻言大吃一惊，心里想：中原女子怎么如此泼辣，对生人说话竟如此口无遮掩？

刘秀吃惊，有一个人比他更吃惊，他就是陪同刘秀游湖的姐夫邓晨，因为他发现,船中说话的少女不是别人,正是新野最美女孩阴丽华。

阴丽华从小天姿聪颖,被爹娘视若掌上明珠,除随乳母习学女红之外,还有专人教习文章及琴棋书画,闲暇之余,常带着侍女仆人习学弓箭、划船与游泳。表面上阴丽华是个温柔娴静的女子,可骨子里却有巾帼不让须眉的男儿气概。

刘秀叹道:"久闻阴丽华是才女,今日望见,果真是大开眼界。"因而就暗恋上了。

刘秀的理想,当时没有办法实现。"仕宦当做执金吾"就不用说了,刘秀没有当官的机会,种田当做老黄牛还差不多。"娶妻当得阴丽华"也不现实。

阴丽华出生在一个显赫的家族。阴氏家族是曾经辅佐了齐桓公成就了一代霸业的"千古第一相""春秋第一相"管仲之后。到了第七代子孙管修的时候,从齐国迁居楚国,被封为阴大夫,以后便以"阴"氏为姓。秦末汉初,阴家举族迁到了新野。

阴氏家族是当时南阳新野的豪门大户。阴家所占有的土地达七百余顷,车马和奴仆的规模可以同当时分封的诸侯王相比。虽然富甲一方,但是因为阴氏在秦、西汉时期已经数百年没有出过高官显宦,因此并没有什么政治势力。

阴丽华虽然有着富足的家境,但却并未能像其祖先那样安享太平盛世。阴丽华所生长的时代,是一个被班固称为"天地革命"的大变革、大动荡时代。

阴家是名门望族,刘秀虽然也算宗室子弟,但是彻底衰败了,门不当户不对。要是去提亲,肯定会被说是癞蛤蟆想吃天鹅肉。所以,刘秀烦恼极了。但是,这些烦恼都不能让刘秀屈服。

刘秀入太学第三年,几乎成了驻京办事处头目。每年春秋两季,南阳当地的达官贵人,都会亲临长安,参加朝请。这些人在南阳呼风唤雨,到了京城长安,没人买账。在他们茫然无助之时,刘秀主动为他们奔走,疏关系,走门路,南阳官吏们特别高兴。

刘秀这三年最重要的收获并不是学习成绩,而是开阔了眼界,知道了外面的世界很精彩,种田的日子很无奈。

机会总是光顾那些有准备的人,是金子总会发光。时势造英雄,时来运转,一飞冲天。

第三章
舂陵起兵　顺德者昌捕不道

一、王莽篡汉

汉高祖刘邦起兵反秦，路过芒砀山时，挥剑斩杀了一条拦路的大蟒蛇。这蟒蛇就是王莽的前身。当晚刘邦宿营在山上，梦见蟒蛇来缠他，还呼叫着"还我的命！"刘邦信口说道："到平地时再还。"汉朝江山传到汉平帝（地）时，王莽将女儿嫁给平帝。继而王莽篡位，谋杀了平帝。这就是"高祖斩蛇，平帝还命"的典故。

西汉自宣帝以后，元、成、哀、平四个皇帝都极端荒淫腐朽，朝廷大权落到外戚手里。

汉元帝皇后王政君的几个兄弟，王凤、王商、王音、王根四人以及侄王莽，先后担任大司马的职务。

大司马在当时是掌握政务及军事重权的高官。其他一些重要官职和刺史郡守，也都出于王氏门下。王氏集团从上到下形成一股势力。

王政君母亲李氏是魏郡李家的长女。李氏本是王禁正妻，后因她妒嫉诸妾，与王禁离异，改嫁给河内郡的苟宾为妻。

李氏怀着王政君时，梦见一轮月亮扑入自己的怀中。王政君长大后，性情温顺，学会了妇人之道。到十四五岁时貌美聪慧，原先许嫁一户人家，可男方突然死了，后来东平王纳她为妾，但还没入门东平王就死了，他的父亲觉得很奇怪，便派人为女儿占卜，占卜者说："因她是梦月入怀的，所以此女贵不可言。"于是王禁让女儿学习各种才艺，在她18岁时将她献入宫中为家人子。

王政君入宫一年多，皇太子刘奭宠爱的司马良娣病故，良娣临死前说是有其他姬妾咒她于死，从此太子郁郁寡欢，又迁怒其他姬妾，不与她们接近。

汉宣帝刘询知道太子怨恨姬妾，便让皇后在后宫挑选适合的宫女送给太子。皇后挑了五个女子，其中包括王政君。当太子到皇宫时，对这五个女子兴致缺乏，但又不想违逆皇后的懿旨，便说："其中有一个人可以。"这时因为王政君坐得最靠近太子，且打扮素雅，所以大家都以为太子就是属意王政君，将她送到太子宫，刘奭与王政君成了夫妻。太子原本已有姬妾十多人，但长年以来一直都没怀孕，而王政君成为太子妃后，一夜之间竟然怀孕了，这使宣帝非常高兴，甘露三年（公元前51年）王政君分娩生下一子，那年她才21岁。汉宣帝亲自为皇孙取名为刘骜，字太孙，时时带在身边。

黄龙元年（公元前49年），汉宣帝驾崩，刘奭即位为帝，是为汉元帝。先封王政君为婕妤，三天之后升她为皇后。她是中国历史上寿命最长的皇后之一，其身居后位（包含皇后、皇太后、太皇太后）时间达61年（公元前49年—公元13年在位）。

王莽生于汉元帝初元四年（公元前45年），字巨君，出身于贵族官僚家庭。祖籍东平陵（今山东历城县东）。曾祖父王贺在汉武帝时做过绣衣内史，祖父王禁做过廷尉史。王禁的次女王政君，即王莽的姑母是汉元帝的皇后。

王莽出世的时候，他的姑母王政君已做了四年的皇后。王氏宗族凭借外戚地位，已在汉朝中央到地方形成盘根错节的势力。

王莽的父亲王曼，是元后王政君的同母弟，由于死得早，没有能得到封爵，寡居的母亲只是在宫中侍侯太子。王莽自小并没有什么荣宠。

王氏家族是当时权倾朝野的外戚世家，王家先后有九人封侯，五人担任大司马，是西汉一代中最显贵的家族。族中之人多为将军、列侯，生活侈靡，声色犬马，互相攀比。唯独王莽独守清净，生活简朴，为人谦恭；而且勤劳好学，师事沛郡陈参学习《论语》。他服侍母亲及寡嫂，抚育兄长遗子，行为检点，作风严谨。对内侍奉诸位叔伯，十分周到，对外结纳贤士。王莽就是这个大族中的另类，世人眼中的道德楷模，很快声名远播。

在权势显赫的王氏大家族中，王莽根本不能和父辈做了大将军、封了侯的叔、伯、兄弟们相比。对执掌朝廷大权的叔、伯们，更是小心翼翼，恭敬备至。成帝阳朔三年（公元前22年），伯父大将军王凤得了重病，王莽一刻不离地伺候在病榻旁边，亲尝汤药，一连几个月不解衣带，蓬头垢面，竭尽了孝心，深得王凤的好感。王凤便让他做了黄门郎（侍从皇帝、传达诏命的郎官）。不久又擢升为射声校尉（掌领善射武士的军官）。这一年，他才24岁。

永始三年（公元前16年），元后让成帝追封王曼为新都哀侯，而由王莽袭爵为新都侯。并晋升骑都尉光禄大夫侍中（皇帝的宿卫近臣），成了皇帝身边有影响的权臣。这使王莽的仕宦生涯，向前迈出了重要的一步。

刚过30岁的王莽，声望不仅超过了他的同宗同辈的贵族子弟，甚至压倒了他的叔伯父们。但王莽表面上毫无骄矜的神色，而是更加机敏地捕捉一切时机，沽名钓誉。王莽的声誉越来越大，官爵和封号也越来越高。

只要黄袍还未加身，只要在通向皇帝宝座的道路上，还存在着公开的或潜在的竞争对手，而他暂时尚不能必操胜券时，王莽总是善于伪装。

每逢灾荒，王莽改吃素食，并暗示左右去报告元后，让元后下诏劝他还是要经常吃肉，为了国家爱护身体。王莽就是这样巧于用心计。

为了扩大和巩固自己的权力，王莽又挖空心思把自己的女儿立为皇后。

在得到宰衡之后，王莽又制定一系列笼络知识分子的措施。汉平帝元始四年（公元4年）年底，他下令在京师大兴土木，修筑明堂（古时天子宣明政教的地方）、辟雍（官办学校）和灵台（观天象台），为知识分子盖了大批住宅，安置好他们的生活。

王莽还网罗了全国有特异本领的人一千多个，他们来自三教九流的社会各个阶层。他们对王莽感恩不尽，自然也把影响带到全国各地。

元始五年（公元5年），王莽又在明堂举行了盛况空前的汉宗室远近祖先神主的合祭大典，诸侯王、列侯、汉宗室贵族共一千多人参加助祭。就在这次大合祭盛典的前后，朝廷收到了吏民四十八万七千五百七十二人的上书，参与大合祭的诸侯、王公、列侯和宗室也纷纷到元后跟前叩头进言，对王莽自然又是一片的赞美之声！

汉宣帝死后，外戚势力除王氏这一门外，许氏、丁氏、傅氏、卫氏这几家也有相当雄厚的政治力量，一直是王氏集团争夺权力的劲敌。

在同丁、傅外戚集团斗争中，王莽失败了，丢掉了好不容易争到手的大司马大将军的官位。朝廷还罢免了一批王根和王商引荐的官吏。

王氏外戚势力大大削弱。这无疑对王莽是一个极大的打击。王莽蛰居南阳长达三年之久，但他并未因此消沉。

王莽回到封国不久，他的第二个儿子王获杀了一个奴婢，这在奴婢问题十分严重的西汉末年，并不算得一回事。

王莽却十分严厉地加以斥责，并下令王获自杀偿命，他用儿子的命换取爱惜奴婢的美名。王莽还用小恩小惠赢得了更多人的拥戴。王莽处心积虑地积聚着力量，准备新的反扑。

第三章 舂陵起兵 顺德者昌捕不道

哀帝的昏庸无道，丁、傅外戚集团结党营私、作威作福所造成的政治上的腐败，又为王莽卷土重来创造了条件。

王莽的党徒不断为王莽大唱赞歌，向哀帝上书，迫使哀帝于元寿元年（公元前2年）下诏让王莽重返京师。

第二年哀帝寿终正寝。他没有儿子，丁、傅两太后也已先后死去，元后随即以太皇太后身份出来收拾局面。她到未央宫收取皇帝印玺后，立刻下权，将权力全部交给了王莽。王莽重新掌握大权，毫无顾忌地在宫内外实行无情的报复。

王莽想要摘取皇冠，最后还有他姑母元后王君政这一关。元后，是王氏外戚集团的核心人物。为巩固自己的地位，她全力扶植王氏宗族势力，她的政治命运与王氏外戚集团的兴衰扭结在一起。

王莽相当懂得讨好王政君，先是上言、尊王政君姊妹王君侠为广恩君、王君力为广惠君、王君弟为广施君，并且都领汤沐邑，姊妹们遂日夜赞誉王莽的美德。王莽又知道王政君虽是妇人，却也讨厌待在深宫中，便举办许多可以让王政君外出的活动。就连王政君的侍女之子生病，王莽也前去亲自侍候。

多年来，元后在外戚本家中选中了王莽。王莽也始终借重元后这个后台。他们在共同政治利益的基础之上，互相依存，互相利用。

元始五年（公元5年），王莽上下出手，又是吏民几十万人上书，又是王公贵族的纷纷劝进，又是党徒爪牙上千人的联名请求，元后只好给他加赏了"九命之锡"。古时天子赐与大臣最高的礼器。后世权臣自己议九赐，意味着要篡位。

这次封赏，是王莽代汉自立的先声。这年十二月。王莽趁平帝生病，下毒害死年仅14岁的小皇帝。为了不引起激变。他没有直接登上龙座，而是搞了一个缓冲，推出汉宣帝的玄孙、年仅两岁的广戚侯子婴继承帝位，自己"摄皇帝"。不久，逼使元后下诏，让自己朝见她时自称"假皇帝"。

众人请求王莽效法周公辅佐周成王的故事，王政君认为不可，但无力阻止。王莽遂辅佐孺子婴，自称是摄皇帝，厌恶他的人很多。王政君听闻后说："众人所见者略同，我虽是一妇人，也知道王莽这样做必定会给自己招来灾祸，这种行为万万不可。"但王莽又更以各种祥瑞之兆作为天命，自立为帝，并将这些符瑞告诉王政君，王政君大惊。

为了登基当皇帝，王莽指使那些追名逐利之徒分别将齐郡新井，巴郡石牛，扶风雍石这些符命献进了未央宫，放出风"摄皇帝当真"（即王莽应当真皇帝）。梓潼人哀章，平时行为不端，好说大话，还在王莽居摄时，他就偷偷地做了个铜盒，分两格。一格上写"天帝行玺金匮图"，一格上写"赤帝行玺某传予黄帝金策书"。黄昏时,他身穿黄衣,一口气跑到汉高祖刘邦的祀庙,把铜盒交给守庙的仆射官,转身就走。

仆射感到事情不寻常,立即报告给王莽。谁知这么一个无赖之徒异想天开的政治赌博,竟押到了王莽的心坎儿上。

第二天一早,王莽就来到高祖庙拜受了铜盒,随后戴上皇冠去见元后,向她表明不敢违背高祖刘邦的天命,决定接受高祖的传国金策,即真天子位。不等元后允诺,王莽就来到未央宫前殿,发布他即天子位、改国号为"新"的诏书。

始建国元年(公元9年),王莽篡汉建立新朝,便让安阳侯王舜去向太后索取玉玺。王政君怒骂:"你们父子一家承蒙汉家之力,才能世世代代都得到富贵,既没有报答他们,又在他人托孤之时,趁机夺取国家,完全不顾恩义之道。为人如此,真是猪狗不如,天子怎么会有你们这种兄弟!而且如果你们自以为得到天命而成为新皇帝,想要改变正朔服制,就应该自己做新的玉玺,流传万世,为何想要得到这个亡国的不祥玉玺?我不过是个汉家的老寡妇,随时都可能会死去,所以想要拿这颗玉玺陪葬,你们终究是得不到的!"王政君随即痛哭流涕起来,旁人也跟着垂泣。

王舜虽感到悲哀,但过了许久还是说:"臣等已经无话可说了,但王莽仍然一定要拿到传国玉玺,太皇太后您能到死都不拿出来吗?"王政君知道王莽是要威胁她,便将传国玉玺取出,砸到地上给王舜,为此传国玉玺还崩碎了一角,并说道:"我已经老死了,有你们这样的兄弟,我们王家是要灭族了!"王莽得到玉玺后非常高兴,在未央宫为王政君置酒设宴,大肆庆祝。立自己的妻子为皇后,立儿子王临为皇太子,又处置了西汉王朝帝统的最后一个代表孺子婴。

王莽后来改王政君称号为"新室文母太皇太后",并说既然汉朝已灭,太皇太后不得再侍奉元帝,遂毁元帝庙,改为"文母篹食堂"。因为王政君还在世,不便称庙,便称为长寿宫。

王莽置酒请王政君到长寿宫。王政君前往,见元帝庙已被废弃,大惊。她哭着说:"这是汉家的宗庙,皆有神灵存在,是犯了什么罪让你毁掉!假设鬼神无知,修庙有什么用?如果有知,我原本是人家妃妾,怎能辱没先帝之庙来作为我用食的地方?"她又私下向左右侍从说:"此人侮慢神灵,怎能长久得到上天保佑!"于是酒会不欢而散。

自从王莽篡位后,知道王政君怨恨自己,常常刻意讨好王政君,但王政君却越来越不高兴。王莽将汉朝制度都改去,汉朝本来穿黑貂衣,王莽就改为穿黄貂,又将汉正朔伏腊日也改去。但是王政君却命令自己的官属穿黑貂衣,并且在汉朝的正腊日时独自与左右一起相对酒食。

始建国五年二月初三（公元13年2月3日），王政君逝世，享年84岁，与汉元帝刘奭合葬渭陵。

王莽掌权之初，得到了一部分人的拥戴，也遭到不少人的反对。王莽曾召请新都相孔休，想任命他为国师，遇孔休杜门谢客。大司空彭宣、王崇，光禄大夫龚胜，太中大夫邴汉等也请乞骸骨，谢官归里。以后，在他专权期间，一面大封其亲信，多达395人，一面将刘氏宗族诸侯王32人，王子侯181人废黜，其代汉野心逐渐暴露。因此，刘氏宗族及贵族官僚相继起兵反抗是必然的。

王莽当政后，面临着严重的社会危机。他为了缓和阶级矛盾，打出《周礼》的旗号，宣布实行改制。号为新政，却是复古。首定国家经济政策，立井田制度，奴婢私属，五均赊贷，六筦政策，即把盐、铁、酒、币制、山林川泽收归国有，一系列改革，充满理想；但是百姓未受其利，先受其害，且改革步骤太快，朝令夕改，使百姓官吏不知所从。"王田""私属"，影响了大地主、官僚及商人的利益，加上刘姓宗室失去权位，自然引起不满和抵制。

王莽看不起边疆诸国，野蛮无文明，削王为侯，致使边疆乱起，王莽对此非但不作反省，派了十二个将军，调集全国三十万军队，分六路出兵，发动规模空前的讨伐匈奴的战争，持续了将近十年，劳民伤财，怨声载道，潜伏的社会危机愈益严重。

王莽却用搜刮来的民财肆意挥霍，大兴土木，修建庙宇。他还托言古时皇帝纳一百二十女致神仙，将民间女子大批选入宫中，供其淫乐。

沉重的徭役，战争的骚乱，残暴的刑罚，以及混乱的改制，使人民越来越认清了王莽伪君子的丑恶嘴脸。大规模的农民起义，在全国风起云涌般地掀动起来。

二、君子好述

刘秀三年完成学业，没有成为京漂，也没有成为打工仔，而是成为一个回乡知识青年，回乡放牛种田。刘秀依然过着种田、卖粮的生活。整天面对着的是大海一样的庄稼地，他自己也知道，命运中存在着不一定，他在等待机会。

刘秀是一个读书、种田的乖孩子，他的造反，是他哥哥刘縯带出来的。

刘秀家因为大哥的门客，没少出事。不管怎么说，刘秀家在当地也算是一股势力。尤其是刘縯强势，"不事家人居业，倾身破产，交结天下雄俊"。其宾客为"小盗"，这"小盗"就是从事打家劫舍的活动，经常惹事。

刘秀听到风声，不愿背黑锅，跑到新野县姐夫邓晨家。

邓晨收留刘秀，除了是舅弟，自己娶了刘秀姐姐刘元，亲情难却，还有一个重要原因。

邓晨喜欢刘秀，不单单是到家里地里和他见见面说说话，有时还带他去逛蔡阳城和新野城。

邓晨说："三弟，今天我叫你见一位高人。"

刘秀说："高人？什么高人啊？"

邓晨说："这个人姓蔡，名少公，上知天文，下知地理，三教九流，无所不晓，是咱南阳首屈一指的高贤之士。当然了，你以前就知道闷着头读书放牛种地，哪知道人家这样的人呢。"

蔡少公，刘秀听到这个名字就立时想了起来，此人是他同学强华的师父，也是同学严光的师兄，想必很有才华，做出来的预言应该也会让人信服。刘秀说："既然人家是这样的高人，人家的门槛很高吧？"

邓晨说："放心，我是蔡府的常客，他家经常一大堆一大堆的人，都是南阳境内饱读诗书的人物。这些人天天在一起谈天说地，评议时政，在这里可以知道不少事。"

恰好这时刘縯也来了，听说有高人，刘縯便拉着刘秀和邓晨匆匆忙忙地赶去蔡少公的住处。

快到中午，邓晨只好在集市上买了几个炊饼，三个人边啃着炊饼边赶路。

三人到达蔡少公住处，蔡少公下榻的地方已经堆满了人。当时，蔡少公高居首位，刘秀粗略一数，大概有三四十人，把这间不算小也不算大的房间围得是水泄不通，齐刷刷的眼睛就盯着中间的蔡少公，众星捧月一般。

而那个受众人追捧的蔡少公看上去其貌不扬，只是一个约莫60岁的小老头，个子不高，干瘪，精瘦，满脸皆是皱纹，留着花白的胡须，头上束着帻巾，身穿褐色布衣，实在看不出有什么过人之处。

邓晨在人群中冲蔡少公笑着摆了摆手，算是打了个招呼，没想到这老头子竟然只是简单地点了点头算作回应。

邓晨连忙拉着刘秀和刘縯找了个地方坐下，听蔡少公讲他那些所谓的"时评报告"。

刘秀对蔡少公的第一印象，后世当街算命的老头也不过如此吧。

只见蔡少公双手合十，闭上眼睛，有些神神叨叨地说道："天垂象，见吉凶，圣人象之。今老夫夜观天象，紫微星发亮，北斗星南移，不久必有真龙天子降世。"

"看来，当今圣上未必是真龙天子。"

"唉……你们说，这真龙天子究竟会是谁呀？"

房间里刹那间爆发出一阵阵喧闹声，议论声不绝于耳。

刘縯抓紧时间说："久闻先生大名，神机妙算，特请先生指点迷津。"

蔡少公望着各位，满脸悲悯说："你们年轻，不应算命，一旦算了命，反而畏首畏尾，束缚手脚。"

刘縯说："先生只管讲来，我们听一下，请莫推辞。"

蔡少公叹道："人命有三，即正命、随命、遭命，你们要问哪一命？"

刘縯说："三命有何区别？"

蔡少公说："正命在父母，随命在本人，遭命在天。天不可问。"

蔡少公绕半天圈子，等于什么也没说。刘縯不死心，恳请多说几句。

蔡少公长叹一声说："诸位想问的，是这天下日后是谁的天下。"

刘縯被点破心事，恳请先生明示。

蔡少公说："我听到了句谶语，刘秀有帝王之相，日后要做皇帝。可是这个刘秀究竟在哪儿，或者出生了没有，还真的不好说。天下名叫刘秀的人很多，究竟是谁，只有天知道了。虽说命中注定，也需艰苦努力，天上不会白白掉馅饼。"

邓晨和刘秀一听这话，立刻惊异地互看一眼。

邓晨说："蔡公怎么也这么说？这个刘秀不但早出生了，而且就在长安，还做着王莽的大官呢——王莽的国师、嘉新公刘秀不就是其人嘛！"

刘縯瞪大了眼："国师公刘秀，不但才华盖世，更是刘氏后人。这个'再受命'者，很可能就是他。"

蔡少公摇头："我看不可能。国师公虽然是刘氏后人，可他的原名不叫刘秀，叫刘歆，刘秀是他后改的名字。何况，他为了巴结依附王莽，为了自己的荣华富贵，竟然连祖姓也改了——他现在不叫刘秀，叫王秀了，怎么可能是他呢？"

邓晨说："对，少公先生说得对。这个王秀只是王莽的奴才，他有几个胆子敢取代他的主子？"

刘秀说了一句："嘉新公王秀，为了自己的富贵荣华，出卖祖宗，助纣为虐，充其量只不过是王莽的帮凶而已，哪来的天子之命？那句谶言所说的刘秀，莫非是说我？"

刘秀说的几句话有似炸雷，将在场的人全震慑了，都呆呆地盯着这个长相俊气的小青年看。

有的哄堂大笑，这位放牛娃庄稼汉能做皇帝？只当是茶余饭后的笑料而已。

蔡少公一听，立刻睁大了眼，重新盯着刘秀呆呆地看。原来这小青年也叫刘秀啊！

一直目不转睛盯着刘秀看的蔡少公，这时醒过神来，起身对邓晨说："你内弟果真叫刘秀？"

邓晨说："他一出生就叫刘秀，这不会有假。"

蔡少公说："我刚才又仔细看了这个年轻人，我敢断定，他就是谶言中的那个刘秀，不能有错！你内弟隆准日角，须发如画，耳廓大而圆厚，这是帝王之相啊！"

邓晨说："他是长得好，可他毕竟是个农家俗子，平时在人前连句话也不敢多说的。"

蔡少公说："今天当着大家的面，他目光坚毅，沉着淡定，一字一句，掷地有声，我看出来了，这个年轻人外柔内刚，极具胆略，平时不显山露水，关键时刻必见英雄本色！你等着看吧，他将来必定统领天下！"

邓晨说："这么说他将来真的能重兴汉室？"

蔡少公说："时间能证明一切，不到十年，能见红黑！"

刘秀当为天子这句话，邓晨信了，经过多年的细心观察，邓晨觉得刘秀不仅有学问，而且有胆识，有抱负，应变能力强，待人处事温文尔雅，以诚待人，完全是个能干大事的人。看来，俺这个三弟十之八九就是将来的天子！牢记心里，成为信念，追随左右，历十数年。

上巳节是古代的遗俗，每逢春季，三月三，风和日丽，景色旖旎。

在家里憋闷了整整一个冬天，终于能出来透口气了，新野城内城外的人们，无论男女老少，都约好了似的，来到山坡上和清清小河边，或席地而坐，或四下闲逛，此刻连隐身深闺的大家小姐和平常百姓女儿也不用避讳，这是人们最开心的季节。

阴丽华不喜欢那些人看人的热闹，她领着丫头小燕，径直来到城外。草地上，她拿着团扇，正与丫头小燕时而你追我赶，时而追逐花丛中纷飞的蝴蝶。

阴丽华跑累了，忽然就势坐在草地上。望着小姐忽然恍惚而充满忧郁的眼睛，小燕嘻嘻一笑，凑到阴丽华耳边，悄声说："小姐在想某位公子吧？"

"看你这妮子，真是越大越没规矩了，当心我揍你。"阴丽华正要举起拳头照小燕背上捶打，却被小燕灵巧地闪到一边。"看，还说没有？脸都红了呢！嗯，叫我猜猜，谁有这么大福气呢，应该就是刘三公子吧？"

第三章 舂陵起兵 顺德者昌捕不道

这话正说到心坎处，况且周围就她们两个，阴丽华忽然满脸严肃认真地说："小燕，你说，那刘三公子仪貌堂堂，又知书达理，看他那模样，不但温文尔雅，似乎还隐含着许多忍而不发的东西，的确称得上是个好男儿。"

话音未落，她突然发现不远处的小树林里隐约闪过一张熟悉的面孔。"刘三公子！"阴丽华失声叫道，一边紧张地张望着，一边情不自禁地起身朝小树林寻去。

小燕叽叽喳喳地说："小姐也不想一想，刘三公子这时候正在长安求学，怎么可能会出现在这里？我看是因为小姐太思念他的缘故，才产生了幻觉。"

"小姐这样苦苦寻觅，是在找我吗？"一个男子的声音从后面传来，阴丽华眼前一亮，她急忙转过身，张口正要说话，刹那间脸上的笑容僵住了，眼前的这个人不是心中的他，而是一个满脸胡须的胖子，正色眯眯地朝自己身上打量。

阴丽华心知不妙，勉强极力保持镇静，不理睬对方的问话，拉起小燕转身疾走。

"哎，小姐，你一直苦苦寻找的不就是我吗？不陪大爷我乐一乐就走，能忍得下心吗？"那家伙嘴上不干不净地挑逗着，大踏步跑到前边，伸胳膊拦住了两人的去路。

阴丽华情知遇上了地痞无赖，故作严厉地呵斥："你，青天白日的，调戏良家姑娘！"

"就是，你赶紧走开，要不，我可要喊人啦，抓到官府里一顿板子打你个半死！"小燕心里也是胆怯，但还是挥舞双手护住阴丽华。

"哟嗬，我的美人儿，连本大爷都不认识。我就是新来的游徼大人。"说着一步步凑上来。听到有人吵嚷，附近游玩的人立刻围上来。

大家一听那人自称是游徼，仿佛扎了刺，想管闲事的又都悄悄往后退出几步。

游徼官职不算大，相当于派出所所长吧，却早已是臭名远扬。因为据说他在新朝有后台，连新野的县令也让他三分，更何况是这些经不得一点变故的普通老百姓。

见大家束手不动，游徼知道众人都怕自己，就更加嚣张，放心大胆地凑上来。

"你们还愣着找死呀，还不把小姐给我请回去！"

话音刚落，从人群中走出两个着淡青色丝绸短衣的奴才，二话不说，一左一右地扯拉阴丽华。

阴丽华死命挣扎，却身不由己地被推搡着。

"住手！"就在这时，突然从人群中传来一声大吼。

在众人期盼的目光中，走来一位英俊挺拔的青年，英气中带着儒雅。

"刘三公子！"慌乱中，阴丽华还是看清楚了，惊叫一声，怀疑自己是否又看花眼。定睛仔细再看，那脸庞，那气宇，不是他又能是谁？顷刻间，阴丽华热泪满面。

乍听吼叫，游徽暗吃一惊，待看清走过来的不过是个年轻儒生，立刻放下心来，耀武扬威地迎上去。

不料对方理直气壮地上前两步，高声说："光天化日之下胆敢强抢民女，你就不怕天理不怕王法吗？"

"王法？哈哈，你跟我说王法？"游徽指自己鼻尖，"大爷我，就是这儿的王法！制定王法的，就是大爷我王家，你听懂了吗？"

"笑话！新朝刚刚建立，皇上三令五申，禁止官吏曲解条令。当初皇上大义灭亲，连自己亲生儿子也要绳之以法，你算得了什么？平日鱼肉乡里，横行霸道，今日又强抢民女，是人还是王八？我前几日在太学还亲耳聆听皇上训旨。如果遇到地方上有歪曲新朝法令狐假虎威的人，可以专递奏章，一经查实，严惩不贷！对于这样的人，大家说，该怎么处置？"

听眼前这个年轻人说自己是太学生，刚在京城里见过皇上，大家似乎恍然大悟，怪不得人家敢挺身而出，原来不是一般人呀！有人撑腰，百姓也胆大起来，纷纷起哄："这家伙不是人！""真是个大王八！""赶紧给皇上写奏章吧，处置了他！"

游徽瞪着凶狠而虚弱的目光，指着周围的人声嘶力竭："快，废物！还不把这小子给我打成肉酱！看他再胡言乱语！"

正和阴丽华拉扯不休的两个家奴，虽然情知众怒难犯，但也只得硬着头皮丢开阴丽华，气势汹汹朝刘秀逼来。

刘秀后退两步，朝人群大喊："诸位乡亲父老，我从京城太学回来时，已经奉了新朝皇上旨令，为非乡里的，按法令治罪之外，群殴无罪！咱们人多力量大，难道还怕他们？与其白受气，索性自己先惩治了他们，等我禀奏了朝廷，大家都护法有功！"

此时已经群情激愤，又听他说奉朝廷旨意，更多的人宁可信其有，刚才跃跃欲试的，早已按捺不住胸中怒火，有胆气的已经带头拳打脚踢地扑上去。

游徽被挤在人堆中，分不清谁是谁，只看见漫天里都是拳影，身上被冰雹一般猛砸。

刘秀趁乱钻出人群，见阴丽华正站在河边，顾不上多说，拉起她的手就往林木深处走，一直到听不见人声的地方才停下来。这时阴丽华才发现自己的手紧紧捏在刘秀手里，顿时羞红了脸。

刘秀却没注意到，满是爱怜地责备说："阴小姐，你一个年轻女子，乱跑什么？即便非得出来，也应该多带家人才是，遇着歹人该如何是好？"

"遇着歹人也不怕……不是有刘三公子相救吗？"阴丽华绯红着脸说。

刘秀有些面红心跳，讪讪地说："我一直仰慕小姐，至于为什么只一面之缘就如此仰慕，我也说不清。"刘秀深情地望着阴丽华明亮的双眸，终于鼓足勇气。

阴丽华暗想自己何尝不也是这样，不是冤家不聚头，真是前世的冤家哟！但一时间，又不知该如何表达此时的心情，忽然想起来问："公子不是正在长安求学吗，怎么会在这里？"

"说起来一言难尽哪！"刘秀长叹口气，摇摇头说："不怕小姐笑话，长安求学三载，本指望能求得出人头地，不料王莽篡汉。"

阴丽华知道刘秀的苦楚，她很想给他一点慰藉。但自己也实在不知该怎么做，只好强作笑脸："公子不必难过，方才你和那个恶人斗智斗勇，确实了不得。刘公子将来必定不是常人。天高任鸟飞，海阔凭鱼跃，公子何愁没有出路？"

刘秀勉强笑笑："其实道理我也明白。况且我本意也并非要在新朝谋个一官半职。可我仰慕的一位小姐曾说过，绝不嫁白衣女婿的。为了她，我也得想办法出人头地才行。"

"难道，你是为了我，你这个傻瓜，竟然把那些话当了真？"

刘秀满脸阴郁："不错，那位女子就是阴小姐。只可惜，我没能达到目的，还是一介平民。"说着，失落地摇了摇头。

"公子！"阴丽华一脸严肃，"小女子的意思被公子曲解了。我之所以这样讲，并非为贪图富贵，只希望我的郎君是一个胸怀天下的大丈夫。想不到公子竟肯如此为小女子付出，我真的不知该怎么说，也不知道怎样报答公子的一片痴情。"

阴丽华双目含情地望着刘秀俊秀的面孔，刘秀一听又惊又喜。

刘秀知道，阴丽华曾发过非将军不嫁的誓言，誓言不能改变，还是一介草民的自己又如何向她求亲呢？自己作为前朝的宗室子弟，宗庙被毁，前途被阻，欲求封王侯做将军，别无他路，只有推翻新朝暴政匡复汉室，才有出头之日。一系列遭遇，使他渐渐萌生反莽之心。

听了阴丽华的一席话，刘秀坚定了自己的信念。他温柔地扶着阴丽华的双肩，缓缓而坚定地说："小姐，放心！刘秀绝对不会辜负小姐厚望的，只是苦了小姐。"

阴丽华却不让他继续说下去："公子快不要这样说，只要能等刘公子凯旋，再长时间我也心甘情愿。"

"丽华！"刘秀说不上来是感动还是欣慰，再次将她拥入怀中。

正当两人缠缠绵绵难舍难分时，忽然丛林中传来一声叫喊："小姐，你在哪儿呢？该回府啦！"

阴丽华听出这是小燕的声音，两人执手相望，默默无语，心中纵有千万个难分难舍却又无可奈何。沙沙的脚步声越来越近，眼看小燕就会找到这里。

夕阳西下，鸟儿归林。游人相互传唤，成群地踏上回家的路。不得不分手，刘秀解下自己的玉佩，赠给阴丽华，长吟《周南·关雎》诗作别：

关关雎鸠，在河之洲。

窈窕淑女，君子好逑。……

大意是说：关关和鸣的雎鸠，相伴在河中的小洲。那美丽贤淑的女子，是君子的好配偶。

阴丽华拔下自己发髻上的金钗，回赠刘秀，并以《卫风·木瓜》诗作答：

投我以木瓜，报之以琼琚。

匪报也，永以为好也。……

大意是说：你将木瓜投赠我，我拿琼琚作回报。不是为了答谢你，珍重情意永相好。

哪个少年不多情，哪个少女不怀春？"仕宦当做执金吾，娶妻当得阴丽华。"人生不能没有追求，不能没有情感。仕宦与娶妻，就是刘秀的双翅，在人生的寰宇中，他将展翅翱翔。

三、谶语奥秘

刘秀自父亲去世返回家乡，在白水村生活了多年，他同族人、乡邻一起日出而作，日落而息，勤于稼穑，善于经营，每年夏、秋大忙后，便利用农闲时间，赶着牛车把谷物等农产品运到新野、南阳销售，增加家庭收入，成了一名粮食贩子。

刘秀有一次到宛城卖谷，遇到除蔡少公之外又一位高人，名李通，字次元，南阳郡人。

第三章 舂陵起兵 顺德者昌捕不道

李通家族世代以经商著名。李通的父亲李守,居家如处官廷。李守开始时跟着国师刘歆办事,喜好天文历数和预言凶吉的图谶之学,担任新朝的宗卿师。李通担任五威将军从事,后来出任巫县县丞,有能干的名气。

新朝末年,百姓忧愁怨恨,因为家里很富足,是乡中第一,因此不想做官,李通就自动辞职回家,研究谶语。

谶书是用隐语或预言,多假托神仙的预言来预示将要发生的事情,在老百姓中很有市场。符命与它类似,借助一些刻字的石头等物件,讲一些先兆,预见将要发生的事,老百姓对这些很感兴趣。

陈胜吴广发动农民起义,鱼腹藏书"大楚兴,陈胜王",则是一种符命。

玩谶书符命很吃香,用来忽悠人理直气壮,通俗易懂,方便实用,野心家需要,老百姓相信,因而很有市场,受到很多人追捧。

刘秀生活在谶书符命盛行泛滥的时代,他本人逐渐重视,后来还把它作为十分重要的思想武器运用自如。

李通祖上世代经商,钱赚多了,改行研究星历图谶,谶语是应验的预言,往往被理解成上天的指示。

李通的父亲李守做上了王莽新朝的宗卿师。李守的师傅、当朝国师刘歆通过一本叫《赤伏符》的奇书,推算出了一句谶语:

刘秀发兵捕不道,四夷云集龙斗野,四七炎际火为主。

这句谶语,最关键的意思,就是未来要做皇帝的,是一个叫刘秀的人!这条谶语不是刘秀自己造出来的,而是当时的国师刘歆研究出来的。

刘歆,字子骏,后改名秀,字颖叔,出居长安,为汉高祖刘邦四弟楚王刘交的后裔,刘向之子。

刘歆少年时通习今文《诗》《书》,后又治今文《易》和《谷梁春秋》等。以能通经学、善属文为汉成帝召见,待诏宦者署,为黄门郎。汉成帝河平三年(公元前26年),受诏与其父刘向领校"中秘书"(内秘府藏书),协助校理图书。

建平元年(公元前6年),刘向去世,他复任中垒校尉,大司马王莽举为侍中太中大夫,迁骑都尉、奉车光禄大夫,复总领五经,继父未竟之业,部次群书。

刘歆和王莽是青年时代的朋友,两人相识相交四十五年,可谓志趣相投、情意深重的好兄弟,俩人还成了儿女亲家(刘女嫁王子)。刘歆年轻时不得志,全靠王莽一手提携,王莽能建国称帝,刘歆功不可没。新朝建立后,刘歆位列四辅，成为王莽集团核心中的核心。最显赫的"四辅"里就包括国师、嘉新公刘歆。当然，这时他早已经改名为刘秀。

刘歆精通天文历法，算出"汉室当复兴，刘秀当为天子!"所以为自己改了名。刘歆改名是在汉哀帝刚刚继位的建平元年（公元前6年），原因是汉哀帝名叫刘欣，"欣""歆"二字读音相同，做臣子的必须要避讳。而几乎在刘歆改名的同一年，南阳那位未来的真命天子刘秀也呱呱坠地。

王莽上台后，将附和自己的汉朝宗室一律赐姓为"王"，唯独国师公刘歆因是儿女亲家，仍然保持原来的姓氏。

刘歆与王舜、甄丰是王莽最得力的羽翼，这几个人只是赞成王莽辅政，并不认可他代汉自立。其中甄丰性格刚强，与其子甄寻善于炮制符命，就是替老天爷传话，动不动就天父附体，代表神祇跟凡人对话。

王莽能够上位，甄氏父子的"符命"出力大，效果好。但王莽一旦上了台，在他的眼里，甄家的特权反而成了套在自己头顶上的"紧箍咒"。过了河，必须拆掉桥板，否则别人也会踩着你的足迹接踵而至。

甄丰父子对王莽赐给的"更始将军"一职相当不爽，甄寻替爹出头，向王莽发布了一项新的"符命"：仿效周朝建立后周公、召公东西分治的旧典，要求王莽将陕西分为两块，设置左右二伯进行管理，由甄丰担任右伯。

这回不爽的轮到王莽了。他很不情愿，但权衡再三，决定让步，同意了这个建议。尝到了甜头，甄寻决定顺手为自己捞点好处。他相中了王莽的女儿、汉平帝的未亡人"黄皇室主"，于是不等他爹赴任，又下了一道"符命"：黄皇室主应当嫁给甄寻为妻。

王莽气疯了。为了收拢人心，他四处宣扬女儿是前朝皇后，是"天下之母"，甄寻这么做，明摆着是想做"天下之父"啊！

给脸不要脸，那就开撕吧。结果甄丰自杀，甄寻跑到山里当了一年道士，还是被捕获。坑完爹的甄寻，接着又坑朋友，刘歆的儿子隆威侯刘棻以及弟弟刘邑、刘奇被他供出，牵连入狱。

刘歆眼睁睁看着亲人被牵连，心如刀割。他深知王莽心狠手辣，连亲儿子都忍心杀死，何况这些人。

这时，道士西门君惠找到卫将军王涉，说道："你听说那条传言了吧，刘歆上应天意，当成大事，我们应当做点什么才行。"王涉官迷心窍，立马跑来找刘歆、大司马董忠，商量劫持王莽，还政于汉。

当时朝廷的大军和赤眉军在陈昌展开激战，莽军大败，廉丹、汝云、王隆等大将战死，王匡仓皇逃走，生死不明。

农民起义军势力越来越大，这年四月，王莽派太师王匡和更始将军廉丹率十万大军从长安出发，经定陶、无盐南下，征讨赤眉军。

在这次大战中，为了同官军相区别，农民军将自己的眉毛染红，此后，这支队伍便被称为赤眉军。

刘歆冷笑了一声，道："果然不出我所料。"接着说道："民谣传闻，宁逢赤眉，不逢太师，太师尚可，更始杀我。"

刘歆想：那王匡、廉丹率领十万大军东征，沿途烧杀抢掠，无恶不作。而樊崇的赤眉军讲究纪律，规定谁杀死百姓就要被处死，谁伤害百姓就要受罚。如此天壤之别，百姓当然宁愿拥护赤眉军那些反贼，也不肯拥护朝廷的正规军。朝廷既然失了民心，还怎么能打胜仗呢？

刘歆沉思了一会儿，暗想：王莽，我奉你为圣人，拥立你继承大统，是我当初瞎了眼。没想到，你刚愎自用，凶狠暴虐，一意孤行。眼下国难当头，你又所用非人，导致东征大败。看来，这天下崩塌，江山易主只在转瞬之间了！王莽这头蠢猪可不要怪我，即使我今天不杀你，天下人也会将你碎尸万段，为了咱们辛辛苦苦建立起来的大新帝国，我只有先把你杀了，再收拾这个烂摊子。因为，你根本就不会做皇帝，你做皇帝只会天下大乱，招来百姓无尽的谩骂，只有我才是真天子！

想到这里，刘歆与王涉流着眼泪鼻涕表达诚意，刘歆这才确信他俩的真心，于是他同意入伙。不过，刘歆又对他俩说了句"东方必成"。什么意思呢？就是说，这个"刘秀"不是我，而是指南阳刘秀！

于是三人达成一致，将发动政变由刘歆取代王莽，变成劫持王莽，投降南阳刘秀。

虽然达成一致，但在行动日期上，刘歆坚持一定要等到"待太白星出"。那个年代是儒生们最迷信的时期，刘歆本人对"谶纬学说"更是迷信得无以复加。但就是这个等待太白星的过程，使政变功败垂成。

董忠为了使政变成功的几率大一点，他策反了一名叫孙伋的司中大赘，结果孙伋向王莽告了密。事情泄露，一干人等悉数被抓。

对于董忠，王莽恨得牙痒痒，让武士用斩马剑将他砍成两段，并将他家族全部杀死。

对于如何处置刘歆，王莽却犯了愁。他倒不是舍不得这份友谊，只是现在内忧外患，众叛亲离，如果"四辅"都背叛了自己，那还怎么镇得住场面？

在王莽的暗示下，73岁的刘歆选择了自杀。王莽隐瞒了实情，对外宣称刘歆死于疾病。刘歆的长子刘叠依然被留在了王莽身边任职。

假刘秀自杀了，他要是知道后来果然有一个叫刘秀的放牛种田庄稼汉得了天下，心里或许好受一些。至少，自己的学术权威也得到了验证吧。

刘歆有很多学生，其中有一个高足叫李守，又制作出了另一句话：

刘氏当兴，李氏为辅。

不光是刘秀要当天子，而且刘家的王朝要重新兴起，辅佐刘家的，是李家的人。李守把这话告诉了儿子李通。

李通选择回家闲住，可能还有一个重要原因，就是父亲告诉他的这谶语。他没事就在家琢磨，越琢磨，越觉得"李氏为辅"和自己有关系。当然，要"李氏为辅"，必须先找到"刘氏当兴"的人，才能辅助他们成大事。

李通想："眼下天下大乱，新莽必定灭亡，汉室必定复兴。而南阳的刘氏宗室中，只有刘縯、刘秀兄弟乐善好施，又能团结人，咱们李家要多多笼络刘氏兄弟，共同谋划大事啊。"

李轶点了点头，说："堂兄，其实我也是这么想的。"

李通想明白了，这"刘氏当兴"很可能指的就是南阳的刘縯、刘秀兄弟。

有一天，刘秀去宛城贩粮，却遇到了麻烦事。一大帮人将刘秀给堵在了巷子里，看架势有点像后世的地痞小混混拦路打劫。只不过，这一次不是官兵，而是一个富家公子，带着十几个家丁。

领头的那个富家公子看上去二十开外，中等身材，有些消瘦，但骨骼嶙峋，像是习武之人，身穿棕褐色短衫，腰间悬挂佩剑。而那十几个家丁手里也都拿着家伙，有的配刀，有的干脆在路边捡了根棍子握在手里，虎里虎气的，看样子有种寻衅滋事的味道。

刘秀见状，精神一下子便高度紧张起来，他手背青筋暴起，下意识地将手按在腰间的剑柄上，表情却是彬彬有礼道："敢问诸位拦住在下的去路，有何贵干？"

那名公子好像是觉得气氛有些紧张，竟然摆了摆手，让那些家丁都退后两步，自己走上前去，很有礼貌地对刘秀作揖道："敢问兄台可是南阳刘秀？"

不知道怎么地，刘秀跟这名贵公子接触的第一印象很不好，总觉得此人来者不善，刘秀矢口否认道："在下不是刘秀，你们认错人了。"说完，夺路便走。

没想到，那公子仍旧不肯善罢甘休，继续说道："你不必隐瞒，在下都已经查清楚了，你就是南阳刘秀，刘縯的三弟。在下李轶，宛城李家家主李通就是在下的

第三章 舂陵起兵 顺德者昌捕不道

堂兄。堂兄并无恶意,只是有些事情要跟你商议,请你过府一叙,不要推辞。"

刘秀摇了摇头,一脸无辜地说道:"你真的认错人了,在下的确不是刘秀。"

李轶见刘秀再三失口否认,渐渐失去了耐心,用有些责备和不满的语气接着说道:"刘秀,你就不要再装了,我堂兄可是诚意邀请,绝无恶意,你却百般推诿,究竟是什么意思?难不成,你是看不起我宛城李家吗?"

刘秀只好坦诚相告地说道:"实不相瞒,在下确是刘秀,只是今日卖谷子,没工夫。"

"价钱还不错吧!眼下天灾人祸,大多数人都已经吃不饱饭了,你倒好,竟然还有余粮拿到集市来卖钱。"李轶说。

"我是地道的农民,以种田为生。眼下南阳郡大旱,别人家的庄稼都枯死了,而我种的庄稼,每季都能有不错的收成,能自给自足,还有余粮拿到集市卖钱。现在抽不开身,还是改日再去李家登门拜访吧。"

李轶真的急了,他挡在刘秀身前,大声说道:"不行!今天,你必须跟我走一趟!"

刘秀万不得已,随李轶到了李通府上,受到热情接待。

刘秀一开始以为李通来找他,就是为了交个朋友,自己在落难之时,难得有人欣赏,李通拿出这句谶语来告诉刘秀的时候,刘秀开始有些犹豫。

李通和李轶是因为"刘秀当为天子"和"刘氏当兴,李氏为辅"这两条谶语想跟刘縯、刘秀兄弟合作,在这新莽即将完蛋的乱世竖起一杆造反的大旗,干一番大事业。

这么大的事情,刘秀不敢随意应承,只说谶语之事纯属谣传,天子什么的万万不敢当,而合伙起兵谋反的事他也做不了主,得回舂陵跟自己的大哥刘縯商量商量。

刘秀想,大哥刘縯是一个干大事的人,养着那么多门客,结交着许多江湖豪杰,等的就是一个干大事的机会。更关键的是,王莽现在确是不行了,天下大乱,新朝灭亡是早晚的事,于是刘秀才答应了李通商定一个起义的计划。

刘秀和李通劫持南阳太守的计划看似完美。出人意料,以少胜多,可以给起义开创一个良好的开端。但是,世事难料。

定下来计划之后,李通和刘秀开始分头行动。李通留在宛城,发动亲朋好友,组织武装力量,做准备工作。刘秀带着李轶回舂陵,去见刘縯。

和刘縯说好之后,刘秀又跟着李轶一起回宛城,和李通去做准备工作。到那里,才知道李通家出了灭门之祸——

李通的父亲李守,南阳宛城家族,世代以做生意著称,居家富逸。为人严厉刚毅，身长九尺，合今两米零九，高大威猛，容貌绝异，居家如官廷，最为看重礼节。李守在长安从政，官居宗师，主管宗室事务。李守初事国师刘歆，好星历谶记，但与刘歆嫌隙颇深。李通在宛城准备造反，事前并不敢告诉父亲，但李守多少也风闻一些。后来风声紧了，李守觉得不对，收拾东西准备逃跑。这时官居中郎将的同乡好朋友黄显来了，知道这个情况后就说："现在各处关卡守得这么严，你这么高的个子，到哪里不是众目睽睽，一眼就认出来了，你能跑到哪里去呢？"

李守说："那怎么办？就在这里等死不成？"

黄显说："我知道你也管不下你的儿子来。我给你出个主意，你一边向皇上报告这件事，一边派人通知你儿子，叫他赶快逃跑。"

李守说："哪有爹主动告儿子谋反的呢？"

黄显说："那不是为他好吗？你这一告，他只有找地方躲起来，不是就反不成了吗？现在各地造反的人那么多，这还没有真正反了的人，官府也管不了那么多，这样他反倒安全了。不用过多久，皇上又会大赦了，就彻底没事了。要是你不告他，他真的反了，不是更难保全吗？"

李守问："那皇上能宽恕我吗？"

黄显说："还是那句话，他不是还没有反吗？过去许多真反了的人，他们的亲戚只要明确表态、划清界线，皇上多半还不是从宽处理了？你儿子还没有真反，你就主动揭发，估计皇上是不会为难你的。"

李守听从了黄显的话，一面上书向王莽报告儿子准备谋反的事，一面派人通知李通逃跑。可奇怪的是，告发信送上去好多天了，一点动静都没有。每次上朝，李守都觉得皇上该找自己说点什么了，可他就是不找。

终于有一天，王莽叫李通出列，满脸怒火地问道："李守，你儿子准备造反，你知不知道？"

李守磕头说："逆子行为不检点，我也有所察觉。"

王莽说："那你怎么知情不报？"

李守大惊，说："回陛下，几天前，我已经上书向陛下禀报了呀？"

王莽说："你上的书在哪里？我怎么没有看到？"

李守急了，赶快说："请陛下明察，我真的报了。"

王莽怒道："查！"太监领命去了。

这一查就是半个时辰。李守跪在地下不敢抬头，汗流不止；王莽坐在上面怒气难平。终于，太监回来了，报道："启禀圣上，李守数天前确有诉状上呈，因处理不及，还未呈送圣上。现呈上，请圣上御览。"

王莽打开李守的上书一看，还真是老子告儿子交友不慎，与匪类来往，请地方官严加管束之类的内容。怎么处理这件事，王莽有点犹豫。

中郎将黄显趁机出列奏道："李守听说儿子行为不慎后，不敢隐匿或逃亡，严守为臣之道，主动向圣上检举自己的儿子，望圣上体察他的忠心。臣愿意押送李守去宛城，说服他的儿子投案自首。如果逆子不听劝说，就让李守就地北向自刎，以谢陛下的大恩。"

此时天下造反的人很多，牵连到朝中的三亲六戚的官员的也很多，根本处理不过来。所以王莽往往乐得顺水推舟地做好人。这李守的儿子还没有真正造反，父亲就主动检举他，赦免这样的人，对收服天下人心，还是很有好处的。听了黄显的话后，王莽有些心动了。

这时太中大夫费兴出列奏道："关于李守之子李通谋反之事，臣这里也有一本，请陛下御览。"王莽接过费兴呈上的奏章一看，却是前队大夫甄阜报上来的。上面列举了李通的条条罪状：

一是与舂陵叛逆交往甚密；

二是为族弟李轶、李松等人造反出谋划策；

三是自己也组织了一批人马，准备造反；

四是计划劫持甄阜和梁丘赐。

奏章中有一句话引起了王莽的注意，他问道："这李轶是什么人，敢自称五威将军？"

大司马董忠奏道："目前自建名号的叛逆为数不少。象新市的王匡、王凤，下江的王常、成丹、张昂等，都自称将军。舂陵反贼，不但自建名号，更是完全按国家军队的建制部署队伍，制作标识，并立'汉'字大旗。"

王莽惊道："你们以前不是报告，乱民的军队一无建制，二无名号，全是乌合之众吗？怎么现在变成这个样子？"

费兴奏道："最近的一批逆贼，如刘縯、李轶之流，已不是樊崇、力子都之流的愚民，只为了混口饭吃。这些人是富贵人家的子弟，饱读诗书，造反为的就是图谋大逆，圣上万万不可过于仁慈。"

王莽大怒道："费兴说得不错！流民作乱，可以说是因为日子不下去了；这富贵人家的子弟作乱是为什么？除了图谋大逆，还能有别的解吗？姑息这样的叛逆，后患无穷。把李守拉下去，斩立决！"

黄显忙下跪求道："圣上，臣愿以脑袋担保，李守对圣上绝无二心，请圣上开恩。"

王莽冷笑道："你刚才说要押送李守去宛城，一副公事公办的样子；现在露出了结党谋逆的真实面貌了吧？要是真的放你们去了宛城，你们还会回来吗？你既然用脑袋为李守担保，就把脑袋交出来吧！把黄显拉下去，斩立决！把李守在长安的全家老小斩立决！把在宛城的李氏一门统统斩立决！"

李守和黄显，连个解释的机会都没有，甚至连宫门都未能走出去，当场被人拖出大殿，斩下了首级。另外，李守在京城的家人，全部被杀，李家在京城的店铺，也全部被查封。

这天南阳太守甄阜正在整理公文的时候，一名官兵从外面急匆匆跑了进来，他分别向甄阜和梁丘赐拱手施礼，然后急声道："大人，圣旨到！"

听闻这话，甄阜和梁丘赐不约而同地站了起来，两人对视一眼，急匆匆地走出大堂，到了外面的庭院里，举目一瞧，正看到太中大夫费兴手捧圣旨，从外面走了进来。

甄阜和梁丘赐急忙跪地叩首。

费兴这次来南阳，带来的不是一份圣旨。圣旨是细数李家犯下的罪状，责令南阳郡府，将其满门抄斩，不得有误。

费兴这个人，是典型的铁面无私，六亲不认，无论哪个大臣犯了错误，只要被他知道，他肯定会在朝堂上进行弹劾。

李守在京城的人缘不错，但关键时刻，给予李守最致命一击的，就是这位费兴。

甄阜深知费兴的为人，当费兴的眼神扫向他时，他身子一哆嗦，躬身道："费大人，李通、李轶已经在宛城反了，此事很可能还涉及到舂陵的刘縯、刘秀兄弟……"

不等他把话完，费兴打断道："反贼有几人？"

"呃……回大人，李通、李轶有部下百余人，刘縯、刘秀有部下两三百人。"甄阜小心翼翼地回道。

"杀无赦！"费兴下达命令。

甄阜大开杀戒，南阳方面杀了李通的兄弟、宗族六十四人，都焚尸于宛县。

查出李通要谋反，并且报告王莽，捕杀李通全家的正是李通密谋要在立秋那天绑架的前队大夫甄阜。甄阜，王莽女婿甄邯的族弟，人称"寒面金铛嗅灵官"，阴狠歹毒，据说鼻子比狗还灵，丝毫不会放过任何蛛丝马迹。前队大夫甄阜，是杀害李通全家上下六十四口人的杀人狂魔。

第三章 舂陵起兵 顺德者昌捕不道

这时，刘縯已经没有了退路，必须立刻起义，发起战争。原来商定的计划没有办法再实行了，去宛城和李通会合的刘秀生死不明，刘縯还在舂陵，苦苦等待着刘秀的消息。

刘秀人没来，李通全家被杀的噩耗来了。刘家宗室子弟感到了空前的惊慌，整个家族到了最危险的时候。

李守的出事，彻底打乱了刘縯刘秀兄弟的计划。原本打算等舂陵、宛城、新野三地都做好充足的准备，然后再共同起事。宛城这边可直取郡城，舂陵和新野随后增援，起事的初期，他们就能出其不意、攻其不备地给予南阳郡府最致命的一击，使得南阳郡各地群龙无首，接下来的战事便容易许多。

可是现在，前期谋划的所有计划都泡汤了，舂陵、宛城、新野没有一个地方完成了准备，但受局势所迫，他们没有办法，只能硬着头皮仓促起事。

刘縯等不及了，再不行动就得出大事。他火速召集了刘家的宗室子弟，还有自己的门客，慷慨激昂地发表宣言："王莽暴虐，百姓分崩。今枯旱连年，兵革并起。此亦天亡之时。"

听了刘縯这番话，大家全吓坏了。都说："刘縯刘伯升，你这是要我们的命啊！造反是多大的罪过啊？李通家六十四口人被焚尸了，宛城都烧成火葬场了，你还想把舂陵改成坟茔吗？"

就在这时，人群中有人大吼了一声："复高祖之业，定万世之秋。"

众人循声望去，只见此人正是刘秀。他一出现，就扭转了不利的形势。且他所依仗的，竟然是自己的形象。

刘秀穿着深红色的袍子，戴着宽大的武官帽子，闪亮登场，风度翩翩。

刘秀在这种气氛的烘托下，趁势单膝跪在刘縯的面前，作揖道："秀愿誓死追随大哥，复高祖之业，定万世之秋！"

刘稷趁势高声呐喊道："誓死追随伯升大哥，复高祖之业，定万世之秋！"

这一带头，一时间，"复高祖之业，定万世之秋"的声音开始回荡起来，声如滚雷，滔滔不绝，大势已然不可逆转。

刘縯见状连忙扶起刘秀，拍着他的肩膀哈哈大笑道："好兄弟！"

尽管刘縯将舂陵的刘氏宗亲统统召集起来，宣布要起义反莽，迎来的却又是一片反对之声。尽管刘稷、刘伯姬、刘仲、朱祐、刘嘉、李轶等人一直在给刘縯压阵帮腔，但奈何反对之声一浪高过一浪，局面一度难以把住。

刘秀一出现，场面上的气氛和风向标竟然悄然发生了改变，众人开始议论纷纷……

大家见刘秀这身打扮,大吃一惊,很快安下心来,相互说道:"连文叔平时文雅厚道的人也起来造反,我们怕什么?"

在乡邻看来,刘家三公子心怀仁义道德,温文尔雅,聪明能干,仗义疏财,是个值得信赖的小伙子。在大家心目中,他人品好,学历高,有本事,处事周密,办事稳当,值得信任。

而刘秀内心深处,早已储满了火山的熔岩,这是一种温度极高,可以融化万物,而又悄然涌动的岩浆。

刘秀全身武装,准备大干一场的样子,增强了大家的信心。舂陵子弟们很快安下心来。

四、 舂陵起兵

舂陵历史悠久,秦设蔡阳县,属南阳郡管辖。经西汉汉元帝批准,设置舂陵侯国。东汉光武帝诏令,改舂陵乡为章陵县。北魏道武帝登国年间,改为广昌县。隋文帝为避太子杨广讳,改广昌县为枣阳县,始有其名,其后多次变更(1983年10月,实行市管县体制,枣阳属湖北襄樊市管辖)。

枣阳不仅是刘秀的成长地,更是他的发祥地。公元22年十一月,时年28岁的刘秀,同大哥刘縯打着"复高祖之业,定万世之秋"的旗号,发动舂陵子弟七八千人举事,因这支起义军在舂陵起兵,史称"舂陵兵",又因以复兴汉室为口号,故又称"汉军"。

刘秀和大哥刘縯的部队号称"柱天都部"。这支部队的"擎天柱"并不是刘秀,而是刘秀的大哥刘縯。

当时全国有很多支起义部队,刘秀和刘縯的这支部队,有一个其他部队都不具备的特点:整个部队是以舂陵这边的刘家宗室子弟为核心组建的,全都是一家老小,兄弟姐妹远亲近亲,一起上战场。

这支部队里有刘秀的大哥二哥,大姐小妹。刘秀的二姐刘元和二姐夫邓晨,从新野带来了一批人会合在一起。整个柱天都部就是一个兄弟连加亲友团。

这支舂陵军是男女老少混合的队伍,所有舂陵子弟都是拖家带口参战的,很多人都没打过仗,甚至缺乏最起码的军事训练。起义之初,舂陵军的人员装备非常差劲,好多人没有铠甲、兵器,拿着农具、锄头、棍棒就参战了。而官军却都是训练有素、披坚执锐、有丰富作战经验的正规军,双方在战斗力上没有任何可比性。

就起义本身这件事,刘秀的叔父刘良就不同意。刘秀9岁就失去父亲,和哥

第三章 春陵起兵 顺德者昌捕不道

哥姐姐寄养在刘良家,对于刘秀来说,刘良既是叔父又是养父。而且,刘良还是春陵宗室的长老,在整个刘家德高望重,听说刘秀要造反,他大怒。刘良在宗室里是很有话语权的。

刘秀想,叔父一向光明磊落,教诲我们要匡复汉室之志。如今举事在即,将无退缩之理,更不会做出对不起刘氏宗族的事,叔父态度不明,于大事不利。

想到这里,刘秀直奔叔父府上,朝祠堂走去。

刘良在祠堂给祖宗上香,磕头说道:"列祖列宗在上,不肖子孙刘良求保佑儿辈举兵顺利,反莽成功,复兴汉室,拯救天下。"

刘秀跟着进了祠堂,听了叔父之言很是感动,忍不住哭泣起来。

刘良听到刘秀哭声,怒斥道:"枉读圣贤之书,不知礼仪,见了祖宗为何不跪?"

刘秀站着抽泣说:"先祖创立汉室,称帝封王,何等威仪,侄儿无能,一介草民,眼见江山易主,无力复兴,有什么脸面拜见列祖列宗。叔父不是要告官吗,为何还不动身?"

刘良"呸"了一声,说:"你以为叔父是那种见利忘义之辈?我是怕你们冒险送死,诈你们罢了。你们要起兵,叔父也只有跟你们捆在一起,家中财产全部充作军费吧。"

刘良态度鲜明,言语中肯定年轻人踊跃参军,刘秀满意地笑了。

起义之际,刘秀的母亲患了重病,樊娴都躺在病榻上,正安详地闭目静养。唯有此时,她那柔弱而操劳不息的身躯犹如婴儿般沉静,那祥和的表情仿佛正沉浸在淡淡的喜悦中。

刘家众兄弟一头扑到榻前,铁血汉子们此刻再也坚强不起来。刘縯抬起脸,看看平日如此熟悉的娘,才几天没见,而此刻却似乎有些陌生。他的心如刀绞般疼痛。

刘秀跪在大哥身后,他的心在无声地滴血。看着母亲那温和而深邃的双眸,他无比惭愧。为成就大汉基业,母亲在背后不知做了多少牺牲。

想到这里,刘秀抑制不住懊悔自责,上前一步,趴在母亲身边,泪如泉涌。刘秀这一哭,刘縯也忍不住哭出声来,其余兄弟顿时抽噎成一片。

樊娴都已经非常虚弱,但此刻她心里很清楚,她知道儿子们的处境,要么直入青云,要么万劫不复。

樊娴都抖动嘴唇,尽量抬高声音说:"你们都起来。该忙什么就忙去。縯儿,秀儿,你们是家中的顶梁柱,兄弟姊妹日后生活也要靠你们张罗,难得你们懂事，我和你爹在九泉之下也安心了……"

刘縯兄妹听娘这样说，分明是遗嘱了，哀痛之情愈抑愈强。大家泪水糊住眼睛，只顾用衣袖擦拭。过了片刻，不见娘接着往下说，感觉有些奇怪，凑上前看，樊娴都已经合上双眼，安详地离开了这纷乱无常的人世。

灵堂前，刘縯、刘秀、刘仲、刘黄、刘元、刘伯姬等兄妹，长跪不起。几天来的悲痛，已经使大家欲哭无泪，默默地任历历亲情往事在思绪中飞扬。

一个将校跑入灵棚内，先跪在刘縯身后，给太夫人跪拜一下，随即小心翼翼地禀报："将军，新市军、平林兵都派人来报信，说他们大军已经向新军营寨移动，请将军如约带兵前去接应。请将军训示，迅速发兵。"

正满面悲伤无精打采的刘縯闻听这话，霍然挺立起身子，犹豫不决地像是对周围的人，又像是自言自语地缓缓说："娘操劳一辈子，按说咱们应该守孝三年才是，即便眼下形势危急，也不能把娘扔下不管吧?!"说着这话，眼泪不觉又涌了出来。

刘秀等人见大哥这样说，自然不敢辩解，只得陪着流泪。

樊宏站在旁边，焦虑顿时化为激愤，大踏步过来厉声呵斥说："縯儿，没想到你竟然这么糊涂，大战在即，你也不想想孰轻孰重？你犯糊涂不要紧，这么多将士的性命都掌握在你手上啊！你有娘，他们难道就没有娘？你为你娘尽孝心耽误了大事，他们就得因此而丢命！"

口气凌厉地说出这番话，见刘縯面红耳赤地低下头，樊宏也觉得指责得有些过分，缓和了一下语气："你娘的丧事，你们兄弟不必操心，一切由我和你叔父代办。我想，九泉之下你娘不但不责怪你们兄弟，还会高兴。"

刘縯听樊宏这般训教，仿佛被人狠狠打了一个耳光，从里到外火辣辣的，马上起身冲向帐外。

刘秀兄弟跟在后边，临出灵棚时，向樊宏作了长长一揖，意思是就拜托舅舅了。

刘縯率领众兄弟赶赴营地，立刻召集八千子弟兵集合待命，悲哀中士气反而别样高涨。

刘秀知道，这就是哀兵必胜的道理。他想，娘为他们付出的实在太多了，就连她的去世，也要为自己的事业增添一点力量。

第四章
骑牛将军　砥砺德行驰疆场

一、杀奔长聚

被推举为柱天都部的刘縯，率舂陵子弟兵八千人马，浩浩荡荡向长聚方向急进。"西击长聚，光武初骑牛，杀新野尉乃得马。进屠唐子乡，又杀湖阳尉。"这里所说的长聚就是现在枣阳的寺庄，唐子乡就是现在的枣北唐子山下的太平镇。

在人马杂沓的急行军队伍中，最引人注目的便是刘秀。众大将都有自己的坐骑，实在没有坐骑的，便和士兵一道徒步前进。

唯有刘秀，骑着那头大黄牛，夹杂在队伍中，像模像样地要冲锋上阵。

众将士见刘秀和那大黄牛在军中十分惹人注目，一个个忍不住哄堂大笑。就连主帅刘縯，以为刘秀不过随便说说，没想到竟然真的要骑牛上阵了，也禁不住抿嘴笑起来，哀伤心情倏忽缓解许多。

刘秀见大家看着自己发笑，并不介意，爱惜地抚摸着大黄牛肥厚的脖子。

刘稷说，当年黄飞虎骑五色牛冲锋陷阵，帮助西伯侯姬昌打下周朝天下。道家祖师李耳骑着一头青牛，得道成仙。如今文叔骑牛上阵，说不定也能建功立业，名留史册呢！

话音刚落，又是一阵哄笑，笑声里充满了善意。大家纷纷交头议论，说刘秀真是奇人，不定将来要做出什么更奇的事情呢！

在舂陵军走出舂陵二十多里的地方，前面一支大约由两千人组成的队伍浩浩荡荡地向这边开了过来，阵容齐整，不像是农民军，倒有点像官军。

刘縯见状，大惊，认为自己的舂陵军刚刚走出舂陵就要迎来第一场战斗，还是一场遭遇战，要小试牛刀！

刘縯赶忙列阵迎敌。

没想到，那领军的大将竟然是阴识！

刘縯见状，感到很高兴，连忙走上前去，抓住阴识的双手哈哈大笑道："次伯贤弟助我，我刘縯真是如虎添翼啊！"

阴识的这两千门客，在舂陵军中人数已然不少，而且还都是青壮年，装备还十分精良。

这个时候，邓晨也在新野召集门客，聚众起兵，响应刘縯、刘秀兄弟，刘、邓、阴三家站在了一个战线上。

邓晨因为谋反被当地官府焚烧了祖屋，掘毁了祖坟。邓家的一个族人就对邓晨的决定非常不满，开始埋怨道："咱们家本来家境富足，不愁吃穿，你为什么偏偏要跟着老婆的娘家人往火坑里跳呢？"

史上历来造反的人都是那些吃不饱饭的农民，邓晨不想做一个只会混吃等死的富二代，他有自己的理想和信念，他要实现自己的梦想。

队伍在急行军，探马快马加鞭地赶回来，一直冲到刘縯面前，拱手禀报："刘将军，前面五六里处发现大队新军，人数约一万人。"

这是他们自起事以来，正儿八经地第一次遇到新军。空气顿时紧张起来，大家都不说话。

刘秀催牛上前，走到一个土坡上，手搭凉棚登高眺望，果然看见不远烟尘腾起处，一片军旗高扬，黑压压的军马夹杂着尘土浪涛般涌来。

刘秀急中生智，调转牛头，先看一眼大哥，然后面对八千军士，大声呵令："我们和友军已经按计划把新军围困到这里，咱们要斩灭新军，开个好头。来呀，擂鼓进军！"

隆隆战鼓骤然间震天敲响，众将士在舂陵长期演练，早已是蓄势待发，加快脚步冲向前。

新军守将甄阜、梁丘赐早已做好防备，增添许多兵力。战场由新野开始转移至长聚。

长聚是战略要地，聚积着新军大量军用物资，所以这一战万分关键。

第四章 骑牛将军 砥砺德行驰疆场

因为时间紧迫,新野尉冯正劲临时调动新野官兵与游徼韩虎,共同增援长聚。令冯正劲没料到的是,他们杀奔长聚,没有和平林兵、新市军交手,倒先碰上了舂陵刘家兄弟。

刘稷和朱佑没有坐骑,而冯正劲人高马大,来往冲突动作迅速,因此很容易对付他俩。连碰几个照面,刘稷和朱佑竟没占到丝毫便宜。

刘秀在旁边瞥见,暗暗发急正想冲上去来他个三打一。不料,就在这关键时刻,他的大黄牛却不听使唤了。

事先刘秀并没考虑到,大黄牛虽有蛮力,而且和自己配合很是默契,但它并没有参加过战阵演练,在战场上没有经验。

看到人山人海地聚成一堆,大喊大叫杀声震天,大黄牛不知道发生了什么,胆怯地有些畏缩,对冲上来的人马左闪右躲,不管刘秀如何费力地鞭打,牛的倔脾气就是不往人群中钻。

眼看冯正劲越战越勇,手中长矛抡起来如风车一般,二人越发不是对手。

再不上手,这家伙就要跑掉了,若是他这次跑掉,不但以后很难有机会再对他围困攻击,而且这样一员猛将,对汉军肯定是个很大的威胁。

情急之下,刘秀迫不得已,对心爱的大黄牛下了狠心,咬咬牙一鞭抽打在黄牛臀部。大黄牛冷不丁挨了主人一鞭,眸的一声长啸,不管前方有人没人,不顾刀光剑影在眼前晃动,低下脑袋,直冲过去。

冯正劲正和刘稷朱佑厮杀得聚精会神,猛不防有个怪物横冲过来,吓他一大跳。没等看仔细,刘秀已经贴到他跟前,手持大刀忽地劈下来。

血光迸溅中,冯正劲莫名其妙地已经身首异处。刘秀来不及高兴,被大黄牛驮着依旧没命地继续向前冲,简直控制不住。

忽然看见前面有一匹青骊马,马背上的新军将领已经叫人拉下来杀掉。他赶紧抓住这个机会,在大黄牛即将接近青骊马时,双脚用力一蹬,纵身跃到那马背上。望着发疯一样跑开的大黄牛,刘秀长舒一口气,苦笑着摇摇头。

刘家汉军虽然人数相对较少,但是个个如初见世面的牛犊,毫不畏惧,让新军疲于应付,节节败退。

就在这时,忽听不远处吼声震天,战鼓声震耳欲聋。仔细望去,分明是平林兵和新市军的旗帜。

游徼韩虎见状大惊,眼看败局已定,韩虎闪过一个念头,还是先逃命要紧,于是调过马头就要逃跑。

然而堂堂将军,甲胄分外显眼,在万众瞩目下,逃跑谈何容易?韩虎略一有动作,他的想法立刻被刘縯看出来。机不可失,刘縯策马奔至韩虎面前,横刀立马,挡住去路。

此刻兵败如山倒,人心惶惶不安,韩虎难免分心,一不留神,挨了刘縯一枪,扑通掉下马来。

没等他翻身爬起,早被败退下来的自己人踩踏在脚下。眨眼间,堂堂新军大将成了一摊肉泥。主帅接连战死,又被两股势力夹在中间,新军逃无可逃,大家正好乐得解脱,纷纷扔下刀枪投降,归顺了汉军。

这次攻占长聚,既快又狠,给了新军一记重创。同时,也使汉军士气大振,一扫先前犹豫仿徨局面。

战斗告捷后,汉兵首领刘縯和平林兵陈牧、廖湛,新市兵主帅王匡、王凤、朱鲔、马武等人,在刘秀介绍下,相互垂拳相见。大家走进临时搭建起来的营帐中,商议下一步进军计划。

刘縯知道,刚经过一场激战,应该趁此机会休息休息,养精蓄锐。但他又有个心思,新军虽然受了损失,其实并没消耗掉多少元气,他们说不定正组织更大规模的兵力前来围攻。而且,湖阳离长聚不过三十里地,既已攻下长聚,湖阳便是下一目标。

根据安排,刘秀和刘稷、朱佑、刘终为一路,率领一部汉兵从侧面进攻湖阳。按照计划,他们的任务是先占领新军的粮仓,阻断其粮食供给,从而给其他进攻将领创造条件。

前去打探消息的士兵回来禀报,湖阳的新兵在加固城防。刘秀不禁皱一下眉头,本想快刀斩乱麻,打他个措手不及,但现在人家已经防备,如何实施作战计划,就成了一个问题。

见刘秀踌躇,刘终忽然诡秘地一笑:"文叔,碰到难题了吧?我想好了一个对策。"

说着附在刘秀耳边,说出自己的计划。刘秀当即表示认可,可是又摇摇头叹口气。刘终知道他是对自己的安全不放心,一拍胸脯,满是英雄气概地向刘秀承

第四章 骑牛将军 砥砺德行驰疆场

诺:"没事,我知道怎样保护自己。放心,你们就等着看好戏吧!"

刘终准备停当,冲大家挥挥手:"你们也赶紧做好准备!"

告别众将,刘终单枪匹马向前一阵飞奔,很快闯入湖阳城门外。只见湖阳城门紧闭,吊桥高挑,城谍处三五成群地聚集着全副武装的士兵,正张弓搭箭向远处张望。

刘终知道,一定是长聚之战新军惨败,湖阳新军闻风丧胆,加紧了防卫。他暗暗得意自己未卜先知,对胜利愈加抱有希望。

虽然这样想,刘终丝毫不敢大意,快马加鞭赶至城门下,隔着护城河向城上的守军大声高呼:"喂,守城的弟兄听着,我是江夏派来的使者,有军情向县令察报。军情关系重大,耽误不得!快让我进去!"

此时人人绷紧着一根筋,黑云压城的情况下,谁敢有一丝马虎?但听城下的小吏说是江夏来的人,奉了上司命令。耽误军情可是顶大帽子,谁也担当不起。立刻有人飞奔着前去禀明湖阳令。

湖阳令不敢大意,立刻和都尉一起,随兵卒来到城头。手扶墙砖向下俯视,果见一个新军小吏在城门外等候。没有大军尾随的迹象。这才略微放心,沉思片刻说:"先把他放进来,如果真有诈,凭他单枪匹马,也不会折腾到哪里去!"

吊桥吱吱扭扭放下来,城门慢慢闪开一条缝。刘终人马冲进去,紧接着城外树林里、草丛中、河沟下,突然冲出无数汉兵,呐喊着向城门进攻。

见此场景,湖阳令早就魂飞魄散,语无伦次地发出微弱的命令:"放刀投降,快!"说着身子软下去,再也站不起来。

此役几乎未动一兵一卒,更无血肉相残,兵力不但无损,反而士气更高,汉军人数也增加许多。

湖阳县城物产丰富,城中坐落着好几个河南分派到各地的官署府衙,藏着大量金银珍宝。

新市兵和平林兵都是穷苦百姓出身,生平没见过这么多耀眼的财宝,再加上出来卖命,本来就是为了混口饭吃,弄些钱花花,面对这些宝物,眼珠都红了,恨不得一把抢过来,都归自己所有。

两军的将士争论的焦点就是瓜分财物的问题,还差点打了起来。春陵军这边的观点是应该把财物平分,因为春陵军功劳大,而新市军、平林军的观点是按照人头均分，他们对于舂陵军功劳大的观点没做反驳，算是默认了，但是觉得自己这边死的人多，应该得到相应的补偿。

如果是按照人头均分的话，舂陵军这边肯定会吃很大亏，因为联军加起来差不多有十万人，舂陵军总共也就一万人，也就是说只能分到十分之一。

这可就太不公平了，苦活儿、累活儿都是舂陵军干的，凭什么只能分一点点！

哄抢财物过程中，难免会你多我少，吵闹厮夺。街上乱糟糟一片。不但平林兵和新市兵为争夺财物大打出手，舂陵汉军也纠缠在一块，闹腾得不亦乐乎。

正在这时，有人高声喊叫："三将军来了！"

刘秀先是走到新市军、平林兵面前，伸手拉起几个还躺在地上的士兵，帮他们拍打泥土，含笑说："兄弟们，有道是不打不相识，现在大家已经相识了，就不必再打了。刘秀管教不严，约束部下不力，给大家赔罪了。"

刘秀来到舂陵汉军面前，忽地变了脸色，厉色训斥："你们是高祖子孙、汉室宗族，如今王莽篡汉，试问天下有多少城池，多少金银财物都被王莽强行霸占，你们怎么不去争去抢？兄弟如手足，财物如粪土，仁义值千金，兄弟都没有了，要财物有什么用！"

刘氏子弟被刘秀一场训斥，不但严厉，而且入情入理，大家仔细一想，也觉实在急昏了头，未免太荒唐，一个个羞愧难当，低着脑袋，一声不响地把抢到手的财物送到新市兵和平林兵面前。

那些平林兵和新市兵见状，刘秀虽然教训别人，自己又何尝不是如此？现在把东西送到手上，反而更加不好意思，红着脸推让起来。

刘秀三言两语，温文尔雅，不但春风细雨般化解了三军的矛盾，而且使士气高涨，各队士兵关系更加融洽。

根据目前局势，刘縯的下一目标已基本确定，由新市兵为主力来攻打棘阳。

棘阳是南阳郡的一个属县，在宛城南边不远，是宛城南面的一个重要屏障。

棘阳县的县宰岑彭，无论治政还是领兵都很有一手，手持一杆九耳环刀，身背暗器"扑风镖"，所向披靡。

棘阳只有守军不到三千，而汉军来了数万之众，岑彭知道敌我力量悬殊，但他还是想试一试敌军的水准，万一是一群乌合之众呢？以前又不是没遇到过数千

第四章 骑牛将军 砥砺德行驰疆场

精兵歼灭数万反贼的例子。

副将在城墙上远远地望见了联军，便对岑彭说道："将军，贼军兵临城下了，咱们怎么办？"

岑彭斩钉截铁地答道："不要慌，随我出城迎敌！"

刘稷一拉缰绳，将马止在距离岑彭五十米远的地方，用那杆厚重的铁枪指着岑彭，厉声说道："我乃汉军先锋刘稷，汝是何人？"

岑彭竟然没有答话，而且面目肃然，丝毫不动。

刘稷大怒，一记寒枪狠狠地刺了过去，岑彭却是挥舞着手中大刀轻描淡写地一挡，稳稳当当，只是银耳狮子骢的马蹄四下动了几下，便将刘稷的寒枪挡了回去。岑彭却依然纹丝不动，而刘稷却觉得自己手中的枪微微颤动了几下。

岑彭无心恋战，在短短两天内，汉军就将棘阳小城攻下，守将彭岑从北门杀出一条血路，逃向宛城追寻妻小。汉军则趁胜占领了棘阳，还缴获了许多军需物资。

这时有一个人的到来，让刘縯、刘秀兄弟更加喜出望外，这个人就是李通。李通全家上下六十四口人都被杀了，只剩下李通、李轶、李松三人，当时李家全家被杀，李轶在舂陵军中，李通和李松逃了出来，下落不明，现在出现在棘阳，真是令人高兴。

汉军在休整，刘秀建议说："李通约我举事，眷属因我刘氏而亡，李通也是将佐之才，把妹妹伯姬许配给他，郎舅之亲，更为可靠。"

刘縯赞同，就让刘秀征询小妹意见。

刘秀有两个姐姐和一个妹妹，大姐刘黄躲避缉捕，在乡下寡居，二姐刘元死于乱兵之中，只有待字闺中的小妹伯姬随军。

伯姬说："母亲去逝丧期之际，又在南征北战之中，怎好说儿女私情。"

刘秀说："非常时期就做非常之事。李通仪表堂堂，文武全才，与我共图大事，选婿，就要选这样的男子汉。"

伯姬红了脸，问："三哥，你已经二十九岁了，为什么不娶妻？"

刘秀说："我的心事你知道，我与阴丽华有约，现在不是时候。先把妹妹的终身大事办了吧。"

择定吉日，刘縯主婚，刘秀和王常为证婚人，李通与刘伯姬共结百年之好。

宛城，李通府邸。府门前，到处都是熙熙攘攘的人群，马车从街头排到街尾，井然有序，路旁皆是维持秩序的士兵，涌动的人群络绎不绝。

李通因为全家都被甄阜给杀了，这"高堂"一时间也没有了合适人选，没办法，只能将父亲李守的牌位拿出来摆在椅子上。

洞房景色，敞亮精致。

李通和刘伯姬端坐在榻上，李通掀开刘伯姬的红盖头，却是发现刘伯姬正一脸娇媚和幸福的旖旎味道，不禁笑道："伯姬妹妹，咱们成亲了。我喜欢你，是因为想要和刘家联姻，共同反莽。"

刘伯姬低头娇羞说："通哥，你知道吗，伯姬第一眼见到你，就爱上你了，这可能就是情人眼里出西施、有缘人终成眷属吧。"

李通笑着说："伯姬，我见到你也心动，你品德好、善良温顺、参战勇敢，你就是我命中的另一半。今生今世都只爱伯姬妹妹一人，海枯石烂，白头到老！"

刘伯姬听罢，脸颊酡红，细长的脖颈上面浮现一片红云，小巧玲珑的耳垂都变成了淡粉色。

李通坏笑着说道："伯姬，今日是咱们的洞房花烛夜，春宵一刻值千金，这良辰美景，咱们切不可辜负了。在古代有四大喜事，久旱逢甘霖，他乡遇故知，洞房花烛夜，金榜题名时。而古人讲究的是成家立业，所以成亲是一个转折点。"

月明星稀，皓月当空，微风轻轻吹佛，树叶哗哗作响。李通和刘伯姬在洞房神游天外，水乳交融，好不快乐……

喜上加喜，起兵不久，汉军队伍规模也越来越大，发展到了十万人。

下一目标准备攻打宛城。

二、 血染宛城

汉军屡战屡胜，正浩浩荡荡地行进在去宛城的途中。

宛城，古城名，位于今河南省南阳宛城区城区部分，位于南阳白河（古称淯水）北岸。"宛"是南阳最早的地名之一，宛反映了盆地的地貌特征。宛城号称"小长安"，不但富裕，更是通衢要地，攻取宛城，也就有了安身立命的地盘。

自从三军合兵，加之新野宗族子弟和阴识所率乡勇的加入，兵力日益强盛。

流星探马飞驰到主帅刘縯面前，在马上拱手道："大将军，前方不远处，发

第四章 骑牛将军 砥砺德行驰疆场

现有大批新军向我军方向移动。人数不少,应该在十万人上下!"

刘秀一惊,见大哥沉吟不语,忙说:"大哥,人数过倍则避之,人数相当则击之,兵法上讲得明明白白。据当前形势,敌军十万,我军还不足六万。即便我军也有十万,能不能轻易取胜还得考虑。更何况力量如此悬殊,不能硬拼!"

刘縯依旧沉默着思索对策,同时也想听听其他将士有什么看法。

刘稷抢过话头说:"文叔言过了,兵法上说,战贵在气,气盛则战胜,气败则战败,兵力对比并不是胜负的唯一因素。如果就此一鼓作气干他一家伙,给新军一个下马威,也是个好事情!"

刘縯内心是想痛快杀他一场的,只不过自己是主帅,不便于大呼小叫地要出战。听刘稷反驳刘秀,似乎立刻找到了拼杀的依据,笑呵呵地对大家说:"我看稷兄说得有道理。甄阜号称十万大军来震慑我们,要我们乖乖地打退堂鼓。哼,办不到!我们不可轻敌,但也不可惧敌。如今我汉军子弟以一当十,岂可错过?"

见主帅这样说,许多将领立刻响应。刘秀虽然焦急,却说不出什么。见没人提出异议,刘縯满怀信心地把长矛一举,高吼:"弟兄们,发兵宛城!"

一阵急行军,走不多远,正和汹汹而来的新军狭路相逢。

在距离宛城不远,一个叫小长安的小村落,甄阜和梁丘赐正率领官兵隐藏在山林之中,设下埋伏等待着刘縯、刘秀的到来。

甄阜的官军多是骑兵,又以逸待劳,他们可以利用熟悉的地形和有利的天气,有组织地伏击和围歼义军。

当刘縯率领大军行至小长安附近时,双方一交手,汉军就兵败如山倒。

不出半个时辰,汉军支撑不住,四散着败退。敌军趁势猛冲,深入后部眷属车队中,如狼入羊群,一阵肆意砍杀,哀号连天,景象惨不忍睹。

汉军被打得大败,刘秀在混战中"单马遁走",一个人骑着一匹马往外跑,幸好他现在有马骑了,要是还骑着老黄牛,肯定连牛一起被宰了。

就在逃跑的路上,刘秀看到了一个人,他的妹妹刘伯姬。刘秀有两个姐姐,两个哥哥,就这么一个妹妹,刘秀赶紧让自己的妹妹上马,两个人"共骑而奔"。

刘秀带着妹妹,两个人骑着马跑,马的速度也慢了很多。大雾之中,刘秀也没有什么方向感,只知道往前跑,后面白花花一片是追兵。

没跑多远,刘秀看到前面渐渐散去的大雾中,有几个熟悉的身影,是他的二姐刘元，正带着三个女儿跌跌撞撞往前跑。

刘秀的二姐对他很好，他落难时避吏新野，就住在二姐家。二姐夫邓晨对他的起义也是非常支持，带着族人和门客，有一千多人前来投奔，一家老小都来了。所以，这时刘秀见到二姐，他赶紧从马上下来，让二姐上马。

二姐说："马只有一匹，你们救不了我们，你们快逃命吧，总比都死在这里要好啊。"她们娘仨都骑上去，人活不了，马都得累死。

刘秀还在犹豫，后面的追兵就来了。他别无选择，只好上马，带着妹妹狂奔。

刘秀的二姐和三个外甥女，都被敌人杀死了。骑在马上的刘秀肯定知道身后发生的一切，但他一点办法也没有，也许，他唯一能做到的，就是对刘伯姬说："妹妹，抱紧我，别回头。"

宛城一战，刘秀的二哥也被杀害了，几十名宗室子弟也都死在了密雾中。其中，刘秀的叔父刘良的妻子和两个儿子都死在了战场上。

刘秀躲避莽军追杀，他四处逃跑，跑着跑着，来到吴店肖湾境内。这时他腹中饥饿，口中干渴，全身一点力气也没有，忽觉得两眼一黑就倒下去了，待醒来的时候太阳已经下山了，察看了一下四周没有什么动静，便悄悄摸到附近的村庄里，胡乱找了点吃的，赶忙躲到村外一个瓜棚里，准备好好睡上一觉，第二天再跑。此时的他，连日奔跑，十分疲劳，躺下就睡着了。这时旁边的小水荡里，一群群大蛤蟆"咯……咯……""呱……呱……"地叫个不停。一阵阵小蛤蟆浮在水面上你追我，我追你，蹦过来，跳过去，嬉戏玩耍，扑通，扑通打着水响，大蛤蟆躲在草丛中蹦上蹦下，追赶着蚊虫，嗵……叭……，这些声音交织在一起，犹如千军万马的厮杀声。

这时，刘秀睡得正香，忽然做了一个梦，梦见被王莽追杀，腰酸腿痛，怎么也跑不动，眼看就要被追上，吓得出了一身冷汗，大叫一声惊醒了，连忙翻身坐起，定神细听，周围并无动静，只有水荡里的蛤蟆仍"咯……咯……""呱……呱……"地叫，静心细想，原来是蛤蟆的叫声，吓死我了，就随口说了一句："叫啥叫，到别处叫去。"他这一说，水荡里的蛤蟆像士兵听从长官指挥一样，扑通、扑通都跳走了，而且也不再叫了。刘秀在这里说了一句话后，蛤蟆就不会叫了。直到现在，这小水荡里不但没有蛤蟆，即便有也不会叫唤。后来人们就叫它无蛙哑巴荡。

第四章 骑牛将军 砥砺德行驰疆场

王莽军捉拿义军领袖刘秀，刘秀骑马奔跑，来到枣阳吴店东赵湖村，村前有条滚河奔流而去。河两岸孤零零地隆起两个山包，如同一刀切开的两半圆蒸馍，人们称它为"磨剑山"。刘秀持剑截拦厮杀，因寡不敌众，人也杀累了，剑也杀钝了，退到东赵湖的一座山上时，发现门板大的一块糙石摆在面前。走投无路的刘秀，一见糙石，雄心再起，嗖地一声拔出佩剑，在糙石上嚓嚓嚓地磨了三三见九下，顺手拔下一根长发，放在剑刃上试一下锋利与否，微风一吹，刃上的长发断成两截。

刘秀站在山顶，拭目以待。这时莽军已追至山北脚下，乱糟糟地高声呐喊："刘秀休逃，赶快投降！"只见刘秀把宝剑一挥，一道白光横空，万钧霹雳巨响，咔嚓一声，将那山劈为两半，中间闪出一道河流，水流湍急，大浪滚滚而去，吓得莽军兵退四十五里。"龙飞白水水长流，白水千年话不休。河滚井歪天公意，花落草枯汉家丘。"这是诗人对滚河传说故事的概述。枣阳吴店有一条波涛汹涌的大河，由东向西奔流不息，人们叫它白水。因发生过一件惊天动地的大事变，自那以后，人们开始改"白水"叫"滚河"。

刘秀和兄长前两次交战大胜王莽军，因而，这次攻城莽军早有预防，经过一天一夜的厮杀，双方伤亡惨重。第二天，舂陵军虽浴血奋战，终因寡不敌众，结果被莽军大败，死伤过半，剩下的部分各奔东西，四处逃命。为了保存实力，刘秀率领剩下的舂陵军逃往家乡，准备暂避一时。他们刚至白水边，还未及喘息，王莽军随后追赶上来。望着黑压压的追兵，刘秀吓得脑门直冒冷汗。

前有白水拦路，后有王莽追兵，刘秀心想，今天必死无疑。情急之中，他勒紧马缰，连声大呼："天若助我，河水滚沸。"随即，猛抽三鞭，策马过河，掷剑处即成深潭，从潭中喷出数丈高的水柱，霎时白浪滔滔，热气腾腾，而跑在白水岸边的莽军，一见此景惊恐万分。瞬间，天气骤变，电闪雷鸣，狂风夹着灰沙漫天遍地而来。河水夹着泥石，像一条巨蟒不停地滚动，滚过去，扭过来，已将莽军淹死半数，所剩兵士连忙调转马头往回逃窜。

此情此景，刘秀在狮子山顶看得真真切切，心中大悦，大呼："真是天助我呀。"

这个时候，刘縯仍然在率领汉军的主力部队攻打宛城，已经打了一个多月也没打下来。

刘秀想，这守将岑彭也真是奇怪，当初他在棘阳的时候，几乎没怎么打就跑了，愣是把棘阳城拱手让给汉军，现在怎么死守宛城，就是不肯投降，也不逃跑。刘秀隐约中就感觉岑彭是一员猛将，更是一员良将，一种发自内心的欣赏和喜欢，心想等刘縯拿下宛城，一定要设法收服了他。当然岑彭弃棘阳，守宛城的原因大都是因为棘阳城小，城墙破旧，粮草也不多，而宛城城墙高大坚实，城中尚有粮草，所以棘阳不可守，而宛城可守。

刘縯围城数月，城中粮食用尽，甚至出现人食人之事。五月，岑彭只好献城投降。诸将都要求杀死岑彭，被刘縯阻拦。刘縯爱惜岑彭有将才，而且为人忠义，名声也不错，于是劝刘玄赦免岑彭，说道："岑彭是宛城的守将，尽心职守是他的职责，如今我们做大事业，应该表彰这样忠义的人。不如将岑彭封官，以表彰后来的人。"于是封岑彭为归德侯，使他隶属于刘縯麾下。

三、 联合决战

由于刘秀他们兄弟姐妹的力量太单薄，所以从起义一开始，刘縯就做了一个决定，联合义军部队一起战斗。义军有一个特点，属于绿林军的分支。

绿林军，来自于一个地名，叫绿林山，位于湖北省京山市绿林镇。数万义军屯聚绿林山，大概发生在王莽天凤五年。这一年，荆州爆发了大蝗灾，遮天蔽日的蝗虫吃尽麦秸，吃尽禾稻，连地下的根茎都恨不得咬出来啃掉。此前由于官府逼迫，赋税繁重，百姓家家饥贫，加上这次蝗灾，百姓们更觉得没法活了。好在荆州地处江汉，水网密布，湖畔野泽之中，遍生着一些水生植物，如莲藕野荸荠菱角之类，还可以采挖出来填肚子。因为蝗虫再狠，也不敢钻进泥水里去啃咬这些东西。百姓们谢天谢地之后，便纷纷下到泥水里采挖莲藕野荸荠菱角当粮食，一时还不致饿死。

这些东西是有数的，采挖不多久就渐渐稀少了。不想饿死的老百姓一看这些东西越来越少，就都争着抢河沟，占湖面，泥水里的吵嘴打架便不断出现。但谁也没想到，正是由于这种争吵打骂，才引发了一场规模巨大的农民暴动。

暴动的发源地在新市县，也就是现在湖北的京山县，其地在大洪山西南数十里。新市湖泽较少，可采挖的野荸荠也就少，野荸荠毕竟有限，一旦没饭吃，野荸荠就珍贵了。为了得到它，很多人不惜代价去抢。因而争抢打斗的现象也就

第四章 骑牛将军 砥砺德行驰疆场

多。到后来,这种打斗竟发展到族群与族群之间的打群架,情况非常严重。

由于灾荒和王莽政府的腐朽,出现了大量没有饭吃的难民。因为抢野荸荠,经常出人命。这事得有人管,政府那么昏庸,顾不上管,有两个人出现了,一个叫王匡,另一个叫王凤。这两个人出头,主持公道,维护秩序。最初就形成了一个几百人的组织,绿林军就算是起步了。

光靠野荸荠还是不够吃,他们开始打家劫舍。队伍越来越庞大,发展到七八千人。时不时出来干一票,干完后"藏于绿林中",藏在绿林山里面,占山为王。

公元21年,王莽见绿林军的势力渐渐大了起来,感到了威胁,赶紧派荆州牧率两万官兵围剿绿林军,结果反被绿林军打得大败而逃。一时间,绿林军名声大振,很多人纷纷投奔绿林山,去那里落草。

抢得一个县的粮米,军资支撑不了许久。尤其是这两个多月来,山上又来了不少人,几百里之外的一些百姓闻说绿林山能吃饱饭,攻烧抢掠回来还能大碗喝酒,大块吃肉,大家在一起开心快活,于是无不向往,纷纷来投;有的还携家带口,男女老少好几口子进入绿林山。于是山上人马大增,兵卒男女绿林军一下增加到五万多人。

大头领王匡得知山寨的粮米又剩不多,只好召集众头领,商议出山攻抢。王常说,山上现在人太多了,攻抢一个小县也支撑不了多久。随县是个大城,我看不如东攻随县;把随县攻下来,可保半年粮米不缺。王凤说,不攻随县,就攻竟陵!

王匡等率众人马,围住城池蜂拥攻打,城上也顽强抵抗,城上城下拼杀激烈。冲进城中的绿林军早把城门打开,于是王匡众人驱兵大进,杀入城中。除了挥刀砍杀,绿林军最主要的还是抢东西。不单单是官府,城中的官员富户,甚至一些普通居民也难逃抢掠;城中鸡飞狗跳,哭喊声震天。有个头领张卬闯进百姓家里祸害人家的大姑娘小媳妇。

绿林山这回攻破竟陵,又抢得钱帛、粮米、牛羊等不少,山寨中又大碗喝酒,大块吃肉,连续庆贺三天;大小头领们更是大称分金银,小斗量珠宝,忙得不亦乐乎。绿林山的众头领们谁也没想到,他们安逸快活的日子走到了头,一场灭顶之灾正向他们悄悄袭来。

一场大瘟疫在绿林军内部疯狂传播，也就俗话讲的发人瘟，当时也没有什么疫苗，不到数日，整个绿林山病死了一大堆人。使盘踞绿林山的绿林军遭受灭顶之灾。横尸遍野，尸臭味压过了骚臭味而成为绿林山的流行味。

面对满山的尸体，活着的人，没人愿意再留在这恐慌之地。

后来几个管事的"大哥"开了个会，觉得大家各自带着些"兄弟"向外围发展，老待在一起那不把这帮"兄弟"给折腾死。所以就做了如下分工：

王常、成丹带一号人向西进入南郡，后称"下江军"。

王匡、王凤带一号人向北进入南阳，后称"新市军"。

后来平林人陈牧、廖湛为了响应王匡王凤，在平林起兵，自号"平林军"。刘秀和刘縯开始联合的部队是新市军和平林军。

下江军的绿林军部队，首领王常，字颜卿，本是鄂县人，其父王博在汉成帝、汉哀帝时期，移居颍川郡舞阳县（今河南舞阳县）。王莽末年，王常为弟报仇，隐其名籍"亡命江夏"，成了一个江洋大盗。公元17年，王凤、王匡等起兵于云杜绿林（今湖北京山北大洪山）中，称为"绿林军"，聚众数万人。王常加入绿林军后，被任命为副将，攻打邻近各县。公元22年，王常和成丹、张卬分兵进攻南郡兰口，号称下江军。王常是这支部队的急先锋，作战很勇敢，打了不少胜仗，在部队里威信很高。

刘縯要亲自去见下江军渠帅，以便尽快达成联合。事不宜迟，和众将告别后，刘氏兄弟匆匆上马，趁月黑风高，神不知鬼不觉地出了城，急速向宜秋方向奔驰而去。

相距宜秋将近四百里，刘縯和刘秀不分昼夜，快马加鞭，丝毫不敢耽搁。到第二天黎明，两人灰尘满面，精疲力竭，终于赶至宜秋下江军军营。

通报身份，进得营寨，但见一座座帐篷整齐排列，扛枪巡逻的士兵一队队地往来走过，显得很有秩序。远远听见演兵场上喊杀声震天，一眼就能看出，下江军军纪很好，而且兵力不弱，这更让刘縯充满希望。

从营帐屏风后边闪出几员将领，为首三个大高个子，显然就是下江军渠帅了。刘縯和刘秀紧走几步，抱拳作揖。王常、成丹、张卬趋步上前，边还礼边说："久闻春陵汉兵柱天都部的威名，今日才得识英雄风采，果然不凡！"

下江军的一把手是王常，二、三把手分别是张卬和成丹。王常还是有些学问

第四章 骑牛将军 砥砺德行驰疆场

和见解的,在军中的威望也非常高,可张卬、成丹二人那就是只会打打杀杀,斗大的字都不认识一箩筐。

谈判的地点就在下江军的军营中,刘秀对王常的第一印象非常好,他胆气十足,看上去三十多岁,留着一撮小胡子,很有领导气质,还温文尔雅,谦和待人,说话都带着一种谦恭的味道。

五人相让着入帐。刚刚坐定,刘秀乘势先来个开门见山:"诸位将军,如今王莽篡汉,残虐天下,不合时宜地胡乱变法,百姓深受其害。纵观天下,反莽义军比比皆是,三位渠帅举义兵,诛强暴,威名远扬。这次我们弟兄慕名而来,就是想与贵军合兵一处,共讨国贼,但不知尊意如何?"

众人对棘阳那边形势早有耳闻,听后并不感到吃惊。王常立刻高兴地说:"好,这个想法好。单指易折,握手成拳,这是明摆着的道理。久闻春陵汉军威名,现又与新市军、平林兵合为一处,兵力日益壮大,接连打了几个漂亮仗,新军闻风而逃,已经轰动大江南北,将来必成气候。我下江兵想与你们合兵还来不及,岂料刘将军亲自登临,这不就是要风得风,万事遂心吗!"

张卬却满脸不情愿,慢腾腾地说:"好事自然是好事,但以张某之见,还不如各自为战。船小好掉头,机动灵活,能打就打他一下,打不了咱就躲开,便于保存实力,让新军奈何咱们不得。"

张卬兜头泼一瓢冷水。刘秀挺身而起,俊秀的脸上显出少有的严峻:"张渠帅如果仅为保存实力而各自为战,那如果面对集中优势兵力进攻的新军,渠帅该如何做呢?我们义军之所以起兵作战,其目的不是单纯为防御,更是要彻底打垮王莽政权,还百姓一个安宁,还世间一个公平,只有这样,才是英雄所为,否则只能算是山林草寇,还望众渠帅斟酌!"

王常忙打圆场说:"说话不要耽误吃喝,喝酒!张渠帅说得有理,但顾虑未免过多。我经常听人说起,刘氏兄弟是言而有信之人,当今豪杰翘楚,而非奸雄之辈,这一点,两位不必多虑,尽管放心。如果合兵,大家拧成一股劲,势力大增,这样一来,拿下王莽的时日也就为期不远了。至于王莽被推翻后,天下的格局会怎样,那就非人力所能预料,人生短短几十载,咱们何必考虑万万年,岂不是白费脑筋?"

一席话合情合理,两人接连点头,已有动摇之意。成丹叹口气说:"唉,这是实话，一辈子就喘几十年的气，咱也别费那么多心思了，走一步说一步吧。横竖也当了几天够本了。他们刘家兄弟若真的成了大事，能想起咱们这点恩德，给咱们一官半职的，我也就满足了！"

商议已定，王常笑容满面地说："刘将军，我们已决定，与舂陵汉军合兵共同抗敌。将来推翻王莽重建大汉江山，别忘了给弟兄们分一份好处。"

成丹、张卬也热情洋溢地拱手说："以后咱们就是一家人，有什么难处尽管提，下江兵必会倾力相助。"

自打一进门，刘秀就觉得这次联盟十有八九是成了，因为王常跟刘縯，他们必然是一路人。

跟绿林军结盟之后，刘秀打心眼里只觉得马武看上去还算顺眼，其他人多少心里膈应，而王常却是刘秀看了顺眼的第二个人。

刘縯、刘秀本来是来结盟的，可王常不仅愿意结盟，而且心甘情愿认刘縯当大哥。刘縯非常高兴，他紧紧地握住王常的手，笑着说道："将来如果我们刘家得了天下，一定要与各位英雄共享荣华！"

宛城遇到挫败后，刘縯、刘秀联合了下江军，一个包括舂陵军和新市、平林、下江军在内的新的军事联盟成立了，这个军队统称为"汉军"。全军上下，士气高涨。一个个摩拳擦掌，要和王莽的部队决一死战。

在中军大帐议事的时候，刘縯询问众将士如何打法时，刘秀指着地图上蓝乡的位置说道："大哥请看，眼下甄阜、梁丘赐的粮草辎重全都屯在蓝乡，而甄阜的主力部队已经渡过了黄淳水，蓝乡必然防守空虚，咱们奇袭蓝乡，夺取敌军的粮草辎重，定能一战成功！"

刘縯担心，奇袭蓝乡，需要渡过两条河，如果兵马太少，怕打不赢蓝乡的敌军，兵马太多，又怕惊动沘水岸边的甄阜十万大军。

刘秀听罢，斩钉截铁地说道："大哥，秀只要一千轻骑兵，趁夜渡河，绝不会惊动甄阜的大军。"

刘縯当即决定，由自己和刘秀、李通、邓晨、朱祐、刘稷几人率领一千兵马在除夕夜渡河，奇袭蓝乡，阴识、刘伯姬、刘嘉等人留守棘阳。

刘縯在公元22年的最后一天，阴历大年三十除夕夜，派了一支奇兵，"潜师夜起，袭取蓝乡"。

第四章 骑牛将军 砥砺德行驰疆场

五更天刘秀率一千军率先奔出棘阳城，去蓝乡焚烧敌军的粮草。莽军有千把人，看护着一大片粮食囤和一百多个草料垛。"除夕夜"不但将官喝得酩酊大醉，兵卒也喝得东倒西歪，天快黎明了都还在呼呼大睡；即便是轮值的几个哨卒也都抱着枪躺在草窝里做着美梦。汉军一边抬脚踢踹这些莽军一边大喝："汉军来了，快滚起来投降！"莽军这才大梦方醒，慌忙爬起来时，冰凉的刀枪早搁在他们脖子边，只好乖乖投降。于是千名护粮莽军，就这样被汉军轻松活捉投降。

刘秀下令，不管是原来的弟兄还是新加入的弟兄，大家赶快将粮草装车，然后往南运去棘阳。众军得令，开始搬粮的搬粮，推车的推车，不到半个时辰，就装了粮米六百车，草料两百车。

刘秀派出送信小校把"喜讯"报告给刘演等大将，说文叔将军临时改变烧粮计划，将"焚烧"改为"缴获"，获得敌军的全部粮草军资。谁想敌将岑彭忽然赶到，要将粮草抢回宛城。但是我们的两员猛将马武、刘稷恰好这个时候也赶来了，打得岑彭狼狈逃去。于是三位将军引着长长的粮草车队，向棘阳这边赶回来了。众汉将听了都不相信似的瞪大了眼："啊？原来文叔将军没有烧粮，把粮草全缴获了？这可比烧掉粮草强一万倍呀！"王常大笑着说："昨天咱们还说烧掉粮草是第一大功，谁想今天不烧粮草才是第一大功！刘三弟估计是看到敌军的南北两营大火冲天，知道敌军必败，这才随机应变，把粮草全缴获下来了——有了这八百车粮草，咱们还怕什么？刘三弟，真非常人呀！"

期间，紧跟在刘秀一千人后面的是刘赐、刘嘉的二百人，出城后则直奔甄阜的大营北面，去放火烧他的寨栅营帐。李通堂弟李松、李汎哥俩率二百军出城后即向城东南的梁丘赐大营疾速飞奔。此营离棘阳城也就三四里，眨眼就到。呼呼的北风中，二百放火军士按照李松事先的吩咐，在接近寨边前就已东西一线分散开飞扑上去，点燃草把，奔到寨边焚烧敌军的寨墙木栅，或者干脆将窜着火苗的草把扔到寨里的帐顶上。于是火借风势，风助火威，敌寨的寨栅营帐一时间呼呼都着了。

当看到前面的火光冲天而起时，李通不禁激动地大喊一声："冲啊，杀进去，活捉梁丘赐！"拍马挺枪先向前杀去。邓晨、李轶不用说也是激动万分，也挺着枪拍马向前杀去。身后三千余军兵更像是早已憋足了劲，一个个高举起刀枪，呐喊着向前杀去。

· 71 ·

当满寨里哭喊声大起的时候，睡在中军大帐里的莽将梁丘赐被惊得一骨碌爬起，营寨被烧，这里面肯定是不能待了。只有立即撤到寨南开阔地上，重整起人马，再与贼军拼死厮杀。于是对几个亲兵喊："快去向众军喊话，都去寨南开阔地上集结，避开这火势，然后与贼军决战！"亲兵得令便火速跑去了。梁丘赐随后提枪翻身上马，向着寨南奔突而来。

敌军在通天的火光下从寨南门乱糟糟地涌出，向这边的开阔地奔来。刘秀大喊一声："弟兄们，冲上去，杀！"不等刘秀话声落，刘稷早拍马飞上前去，横着大戟大喝："狗日的你们哪里去？给老子拿命来！"

梁丘赐魂飞魄散。他没想贼军寨北放火，寨南堵截，看来是贼军精心策划的突然袭击呀！

刘稷拍马闯进敌阵，舞着大戟啪啪啪啪乱砍乱刺，敌军刹那间鬼哭狼嚎躺倒了一大片。不过莽军毕竟有数万人，就是排着溜地砍杀那也要杀一会儿的，何况他们手里也有刀枪。于是在梁丘赐等将佐的喝喊斥骂下，纷乱的莽军开始稳住阵脚回身抵抗。没等他招呼到部将，身背后早喊声大起——李通、邓晨、李轶等率军杀到了！

梁丘赐见大势已去，只好拨转马头，夹杂在乱军里向东狼狈而逃。可是就那么巧，没等他跑出三五丈，只听刺斜里一声喊："梁丘贼休走，认得我李通么？"

梁丘赐不认识李通，没一点交情。所以甄阜梁丘赐在得知李通"造逆"后才对他的家小痛下杀手，全部诛除，是以两边结下了不共戴天的血海深仇。

梁丘赐吓得魂都没了。于是慌忙向身后喊："快，快给我挡住李通！"喊罢伏身在马鞍上，向着前边加鞭快逃。而身后正是他的几个亲兵护将，闻听只好回身来挡李通，李通也只好挥枪与这几个兵将恶战。正在这时，只听背后喊："次元哥，我来了！"——正是李通的二堂弟李松。

李通、李松各拍战马，挺枪向前又追："梁丘贼，看你逃得脱！"就在梁丘赐打着马越跑越远的时候，他的坐下马忽然呼地栽趴于地，嗵地将他抛到了地上。无数双人马的脚蹄从梁丘赐身上踩踏过去。等李通、李松赶到跟前，身穿甲胄的梁丘赐早被踏扁了。

就在刘秀、李通、邓晨、王常、马武等几路汉军将棘阳城东南梁丘赐部杀得一败涂地时，刘縯、王匡、陈牧等三路汉军也早闯入城西北甄阜的大营，将阜军

第四章 骑牛将军 砥砺德行驰疆场

杀得稀里哗啦。随着"杀呀，活捉甄阜！"的震天吼声，数不清的汉军已经蜂拥杀到了近前。中军的莽军惊慌，只好挺着刀枪上前阻挡，两边喝喊激战。随后中军以北的各部莽军也陆续赶来，在甄阜的叱喝下涌上前助战。汉军虽然攻势凶猛，但莽军越聚越厚，一时也难以突破。

就在两边胶着在一起奋力拼杀时，忽然北面火光大起，数丈高的火头乘着风势翻腾呼啸着滚滚而来，转瞬间烧到了敌军背后——不用说，这是刘赐刘嘉等在敌营北面放火成功！这火来得太大太突然了，毫无防备的莽军骤然间大乱。更令莽军叫苦的是，由于风大，呼呼燃烧的营帐被吹破撕裂开，一块块"火布"凌空飞起，又翻卷着啪啪降下，直拍到众莽军的头上身上，烧得众莽军哭喊嚎叫满地滚。

奔逃出寨的莽军自然都向北逃，刘縯正在追杀搜索，猛然看见敌人的乱军中有一个小老头正佝偻着身子仓皇而逃。刘縯一眼就认出，这不是别人，正是他们最凶恶的仇敌甄阜！于是拍马挺枪追上去，大喝："甄阜老贼，看你哪里逃！"

甄阜回头惊看，不觉两腿都软了——来将正是汉军第一主帅刘縯刘伯升！甄阜再迈不动步了，咕咚一声栽趴于地，再也没能爬起来。

刘縯亲手活捉甄阜，李通激动地说："刘主帅，谢谢您，现在梁丘赐、甄阜这俩恶贼，总算活捉了一个！梁丘赐那小子的贼头，加上甄阜的贼头，一并祭奠亡魂！"大家都笑："这俩新莽的恶狗，总算一个也没跑掉。"

听说甄阜和梁丘赐打了败仗，王莽的另一支部队来了，这支部队的主将叫严尤，是王莽的纳言将军。严尤一看，南阳太守都死了，就想带兵占领宛城。

面对严尤这支部队，刘縯这次也玩了个破釜沉舟。

刘縯也把锅砸了，借着刚打完胜仗后高涨的士气，一鼓作气，在育阳拦住敌军，打败了严尤，斩首三千多人。这就叫走别人的路，让别人走投无路。取得几次胜利后，汉军可以说是声名大振。

各路义军为了消灭王莽，才走到了一块，订立一个联军盟约也是情理之中的事。各路将领都支持盟约，只有申屠建另有想法，原来一直盼望着王匡们与刘氏起冲突、起摩擦，并最终将刘縯等干掉，自己好执掌大权；但没想到，这个王常竟对刘縯忠贞不二。不过，刘縯、刘秀文武兼备，胸怀韬略，且又相貌堂堂，英雄一表，这样的人不当皇帝谁当皇帝？而刘玄，短小黑瘦，畏畏缩缩，三脚踹不出个屁来。申屠建想到这，也支持盟约。

一个大堂里，摆好了香案，点上了火烛。香案最中间，摆放了"上天大帝之神位""汉高祖先皇之神位"两副牌位。烛光香火，神主牌位，一派肃穆庄严。各位将领依次站成几排。盟约由刘赐撰写，他是汉室宗亲，论辈份是刘秀的族兄。年轻时为了报兄仇而杀官，带侄子亡命江湖，后参加舂陵起义，更始政权时，历任光禄勋、大司徒、丞相、前大司马，先后受封为广信侯、宛王。更始败亡之后，归顺刘秀，先后受封为慎侯、安成侯。

刘赐见众将站好，两手捧着拟好的盟约，迈步走到香案前，弯腰拜了三拜，然后跨步站到香案一侧，开始捧起盟约高声诵读：

高皇奋起，大汉垂基，二百余载，极隆天地。逆贼王莽，篡窃神器。祸乱国家，涂炭万民。今我诸部，纠合起义，誓灭莽贼，拯国救民。凡我同盟，齐心协力，必无二志，死而后已。有渝此盟，天神记之，必坠其命，无克遗育。皇天后土，祖宗英灵，并皆明鉴！

"臣等誓守此盟，至死不渝！"

盟罢誓，众将纷纷站起——这种"盟誓"似乎又增加了大家的"亲气"，于是众将便开始热烈地握手鼓励。看这劲头，天要灭莽，天要兴汉，看来是谁也挡不住的啊！

第五章
刘玄登基　离心离德藏杀机

一、刘縯功高

汉军诸将以兵多无主，不便统一，想立刘氏为主，借以人望，号令天下。南阳豪杰，都拟立刘縯，独新市平林诸头目，畏惧刘縯威明，选一个庸懦无能便于控制的人物，奉为汉帝。

这人也是刘氏宗室，与刘縯兄弟系出同支，曾在平林军中，列入头目，号为更始将军，生性懦弱，无勇无谋。双方争执激烈。

刘縯与刘秀在南阳起事以后，面临的军事形势十分严峻。此时虽然绿林军民发展壮大，新市兵、平林兵两支人马已发展到南阳。但是，南阳郡的大部分还掌握在新朝官军手中，新市、平林的势力只在南阳的南部边缘活动，刘縯明白，行动稍有不慎，就有被消灭的危险。仅靠自己这支队伍单枪匹马地发展，显然是不行的，必须投到绿林军中去，走共同发展的道路，才有自己这支队伍的前途。

刘縯与刘秀前往新市、平林军中联络。到新市、平林军中，与其领袖王凤、陈牧等联系，表示了联合对敌的愿望。新市、平林正急于向北发展，以便在南阳打开新的局面，对在南阳地区颇有影响的刘氏宗族的合作自然竭诚欢迎。

王常说："王莽篡弑，残虐天下，百姓思汉，故豪杰并起。今刘氏复兴，即真主也。诚思出身为用，辅成大功。"

刘縯说："如事成，共掌天下！"

王常被说得口服心服，五体投地，表示决心追随刘氏兄弟共创大业。

双方合军一处，开始了共同对王莽官军的作战行动。他们联军进击长聚，与官军作战。义军并力西进，攻克唐子乡（今湖北枣阳市），杀死湖阳（今河南唐河南）都尉。接着全军奋力北进，攻克棘阳（今河南南阳市）。

公元 23 年正月甲子，刘縯将全军分为六部，借助黑夜的掩护，分进合击，一举夺取官军的后勤基地，"尽获其辎重"。第二天早晨，刘縯兄弟率兵自西南方向攻击甄阜军，下江军自东南方向攻击梁丘赐军，双方拼死搏斗，激战时，梁丘赐阵脚先乱，士卒溃逃。甄阜军见状，顿时也失去抵抗的勇气，纷纷逃窜，义军紧追不舍，逃散的官军被逼至黄淳水边，欲渡无桥，欲战无力，被杀或溺水死亡者近两万余人，甄阜、梁丘赐也被杀死。这一战是刘氏兄弟与绿林军联合作战取得的一次重大胜利，不仅消灭了王莽在南阳的精锐之师，而且夺得了大批军器粮秣，更令绿林军上下认识了刘縯兄弟的卓越的军事谋略与指挥才能。

刘縯的功劳大，是刘縯最早把南阳的宗室子弟集合在一起，宣布起兵造反，所以，对于目前这支汉军来说，他有首义之功。

刘縯几乎参加了每一场战斗，是战斗的指挥者和决策者，一直没有闲着。育阳一战打败严尤后，他马上又带军包围了宛城。

连日征战，刘縯劳心劳力，已是疲惫至极。好在眼下处于风浪的间隙，瞅住这个机会，舒舒坦坦睡个懒觉，直到日上三竿，仍然酣睡不醒。侍卫兵卒跑到床前，见刘縯睡得正香，犹豫一下还是喊一声："柱天大将军，刘三将军求见。"

刘縯尚未穿戴整齐，刘秀已经走进来，看看满脸睡意的大哥，抱歉地笑笑："我有件事，特向大哥禀报，事情说急也不急，说不急倒也真有点急，还是不宜迟的好"。

"怎么，有军情吗？"刘縯瞪大眼睛，疑惑地问。

"大哥，我发现近来新市兵、平林兵的将领聚会频繁，神神秘秘的，好像有什么见不得人的勾当。虽然只是猜测，但防人之心不可无，还是注意些为好。"

刘縯立刻有些气愤，抬高声音："君子坦荡荡，小人长戚戚。我刘伯升做事光明正大，无愧于心，何惧小人非议？我最讨厌拉帮结派，有什么说到明处嘛！"

刘秀见刘演激动起来，忙扯他一把，指指门外，悄声叮嘱道："不管怎么说，在这是非之时，大哥还是小心为好。"

两人正说着，一名新市兵卒跑进来报告："禀柱天大将军，王渠帅、朱渠帅、陈渠帅请您马上升帐，说有重要事情商议。"

刘縯正在气头上，毫不掩饰地叫嚷："还没攻下宛城呢，还没占领长安呢，他们就这样气焰十足！有什么事情先来说一声，让兵卒通报，算怎么回事？我看他们根本就不把我这个主帅放在眼里！"

见刘縯当着新市兵咆哮，刘秀忙息事宁人地劝慰说："大哥不要这样，人多

第五章 刘玄登基 离心离德藏杀机

口杂，传出去容易引起误会。不管怎么说，总要以反莽大局为重。王凤既然有事相商，就立即升帐，看到底是什么事情。"

刘縯发泄几句，冷静一想，眼下王莽未灭，义军的团结比什么都重要。而现在几股势力撮合在一起，团结基础很脆弱，千万不能因小失大，引起内乱。刘縯摇晃着脑袋吩咐下去，立刻升帐。

中军大帐内，汉军各部将帅全部到齐，紧张气息弥漫整个帐中。刘縯端坐在中央，注视着王凤问："今日王渠帅急着升帐议事，不知有何要事？"

王凤早有准备地说："刘大将军，我军打着振兴天下的旗号，虽然接连获胜，但也只是在南阳一带周旋，反莽灭新任重道远。所以在下认为，将军既然要匡复汉室，就应及早推立汉裔，分封官职，建立国号，和王莽新朝分庭抗礼。早日实现复汉大业。"

刘縯听他一口气说完，顿起疑惑。长期以来，王凤、朱鲔等各路将领一向对刘氏心存芥蒂，唯恐刘家重新做了皇帝挤兑他们。

这次他们为何对恢复汉室如此积极？莫非其中有诈？但不管怎么想，毕竟和自己的愿望相符，刘縯还是很高兴，从椅上欠起身子，微笑着说："王渠帅想要推立刘氏，恢复汉室，果然深明大义。只是为时过早。如果我军把时间耽搁在建立朝廷上，王莽必会加紧宛城的防守。不如先以攻打京邑为大业，等时机成熟后，建立朝廷之事再作定夺。"

听刘縯这番大论，确实有道理，众人缄口不语。直率的朱鲔却不管这些，既然事先大家商量好了，就按商量的路子往下走。他黑着脸站起身："议立天子之事，还得看众人的意思。咱们也不用拐弯抹角，我提议，立更始将军刘玄为天子，不知各位渠帅意见如何？"

受王凤和朱鲔指使的平林兵、新市军还有部分下江军将领，七嘴八舌，纷纷表示同意立刘玄为天子。而舂陵汉军深知刘玄的为人，同时刘縯又是众望所归，坚决反对。争执不下，中军大帐乱成一团。

邓晨代表舂陵汉军叫嚷说："就是立皇帝，也轮不到刘玄。他有什么战功，有多少威望？现在明摆着柱天大将军战功卓著，威名远扬，要立皇帝，为何不立他？"

刘稷更是愤愤不平："刘玄这几年在军中默默无闻，怎么立皇帝时突然冒出来，不知朱渠帅是如何想的？照你们的说法，不论功劳名望，随便拖出一个姓刘的就可做皇帝？恐怕你们在刘玄身上花费了不少工夫吧？还是刘玄在你们身上花了不少工夫？"

朱鲔心直口快，脑子一根筋，王凤等人教给自己的话方才已经说完，现在见大家交口指责自己，一时哑口无言，站在两派中间很是尴尬。

正不知所措，王凤开口说："我等情愿拥立刘氏恢复汉室，已经很难得了，也算对得起刘家。柱天大将军却要阻拦，莫非将军也有南面称尊之意？若有的话，不妨直接说出来。"这分明是避开刚才的话题，矛头直指刘縯本人了。

王常拍拍桌子："诸位，诸位，咱们举兵反莽，是为了天下太平，百姓乐业。议立天子是关乎天下众生的事，非同儿戏。大家要以天下苍生为念，一定要本着公允之心，不能以一己之私而有所好恶！"

众人向来敬重王常，顿时安静许多。只是他这话囫囵吞枣，并不能解决实际问题。见气氛开始冷淡，王凤有意要再掀起声势，以便浑水摸鱼，讥嘲地说："那么，以王渠帅之意，本着公允之心，我们应如何推举呢？"

王常想了想说："现在确实不是时机。但如果必须有个结果，我认为应该唯功劳和能力来定人选。大家聚在一处这么长时间了，彼此应该心知肚明，到底该选谁，大家说了算。"

王凤不耐烦地瞥一眼王常，转向众人："既然这样，我倒有一条妙计，大家公开表决，诸位看怎么样？"

实在没办法，只得如此。众人都答应。殊不知，王凤、朱鲔等人早已笼络了新市、平林、下江等众将领，显然优势在王凤一方。

明知这是他们在耍把戏，怎么玩都在他们的股掌中，直爽的刘稷再也看不下去，索性破口大骂："姓王的，姓朱的，你们在这儿假充什么公允，原来是你们早就串通一气！你们为什么极力要推举出刘玄，不是刘玄想当皇帝，而是你们想当太上皇！"

朱鲔大怒，噌地跳上桌子，顺手抽出长剑，剑锋指着刘稷大吼："好你个混账小子，你他娘的算老几，这里也有你说话的地方？有本事你再说一遍，爷爷一把捏得你两头出屎！"

既然撕破了脸皮，双方将领都本能地握住剑柄，剑拔弩张，几乎一触即发。刘秀见此情景，情知这样下去将会造成无法预料的后果。不用新军来攻，他们自相残杀一场，两败俱伤，大家全完蛋，几年的辛苦付之东流。来不及多想，刘秀赶忙上前劝阻，使劲给刘縯使眼色。

刘縯见刘秀神情，冷静下来，似乎什么都想明白了，砰砰地拍着桌案放开嗓门儿呵斥说："如此大吵大闹，成何体统？有话一个个说，再有喧哗放肆者，军法从事。"

汉军立皇帝的过程，充满斗争，并不是刘縯和刘玄之间的斗争，而是汉军里面的宗室子弟力量和绿林军力量的斗争。双方都希望能找到一个代表和维护自己最大利益的人，让这个人来当皇帝。

绿林军平常放纵惯了，军纪比较涣散，觉得刘縯过于严厉，而刘玄比较懦弱，容易控制。所以，他们决定立刘玄而不立刘縯。

宗室子弟肯定是愿意让刘縯当皇帝，新市军和平林兵都不主张立刘縯，只有下江军的王常愿意立刘縯。但是下江军里面也有分歧，除了王常之外，别的将领也不希望立刘縯。所以刘縯就处在了劣势。

二、 刘玄其人

刘玄，南郡蔡阳（今湖北枣阳西南）人，自称是西汉皇裔，汉景帝刘启之子长沙定王刘发之后，刘秀的族兄。

早年间，因弟弟被人杀害，刘玄为了给自己的弟弟报仇，结交了一批门客。这些门客也都是亡命之徒。

有一次，刘玄和这些门客们在家里喝酒，邀请了一个地方上的小官——游徼，相当于一个乡派出所所长，大家一起喝，喝多了之后，刘玄的这些门客就唱歌，"朝烹两都尉，游徼后来，同调羹味"。

这歌词挺有意思，可以这么解："早晨起来，我们在锅里烹了两个都尉，游徼是后来的，不如也扔进去，调汤味。"

游徼听了之后，大怒。心想："你们这是什么人啊？我大小也是乡派出所所长，你们当着我的面就这么唱，竟然敢把我当调料用。"就和这些门客吵了起来。哪知道刘玄这些门客才不管这一套，把游徼按住揍了一顿。

这下坏了，刘玄为弟弟报仇的事办不成了，自己也被牵连进去。刘玄避开官府抓捕从舂陵逃到平林（今湖北随县东北）。但是官府不能不理，执法人员就抓了刘玄的父亲。

为了救父亲，刘玄想了一个办法：诈死。他找了一具尸体，说自己死了，棺材里面的这个人就是我。当然，不是他自己对官府说的，要是他自己说的，就不是诈死了，成诈尸了。

官府听说刘玄死了，就放了他的父亲。当然刘玄也不能在家里待着了，只能和一名女子流落江湖，在新市一个镇上住了下来。

一天，绿林军人马来到镇上，一名生得膀大腰圆，满脸的横肉的绿林兵把破衣烂衫的刘玄从一间宅子里推出来，他双手掐着腰，笑无好笑阴阳怪气地说道：

"小子,你这座宅子,老子看上了!不想死,就有多远给老子滚多远!"

刘玄坐在地上,呆呆地看着面前的这些大汉,好像整个人都吓傻了。

这时,与刘玄一同流落的女子从宅子里跑出来,跪坐在他的身边,看看那名魁梧壮汉,哭喊道:"你们绿林军也不能强抢民宅吧!"

"民宅?"魁梧壮汉哼笑出声,说道:"你夫君为官府做事,可没少欺压百姓吧?这座宅子,还指不定是你们怎么抢来的呢,老子今天没杀他,已经算便宜他了!"

说着话,他走到刘玄近前,垂目瞥了他一眼,向旁吐了口唾沫,而后他目光一转,看着那名女子,嘿嘿笑道:"小娘子长得还挺漂亮的!"说着话,他伸手还在少妇的脸上摸了一把。

见状,周围的大汉纷纷大笑起来。少妇羞愧难当,一个劲地向青年后面躲,而刘玄坐在地上,愣是一声都不敢吭。

刘玄在新市混了几年还不错,经营好几家店铺,绿林军的人说他帮着官府做事,倒也不是无的放矢,在新莽朝廷推均田令的时候,刘玄的确帮着官府收了不少的地,从中也发了一大笔横财。

不过刘玄终究不是官府的官吏,绿林军占领新市后,他也没受到牵连。他以为自己没事了,结果绿林军的人还是找上门来,硬是要霸占他的宅邸。

绿林军的成分基本都是最底层的平民,大多都是流民、流寇,对于官员、士族、有钱的商贾,天生就带着仇视心理,认为自己的日子过不下去,不得不提着脑袋造反,都是被他们这群人逼的,对这些人,绿林军又哪会客气?

而刘家曾经都是皇族宗亲,虽然王莽篡位之后,刘家人开始失势,但家底还是很厚的,绿林军所过之地,刘家宗亲自然成了被打击的对象,纷纷遭殃。

所以在新市、平林一带,很多刘家宗亲相继逃到舂陵,投靠刘縯,也就可以理解了。

坐在地上的刘玄,突然爬了起来,然后整了整身上的衣服,屈膝跪地,向前叩首,说道:"在下刘玄,愿加入绿林军,随绿林弟兄,共同反莽,纵然肝脑涂地,在所不惜!"

刘玄的举动,让他身边的女子傻了,在场的大汉们也都傻了。为首的魁梧壮汉愣了片刻,下意识地问道:"你……诈降?"

"在下真心投靠绿林,倘若有半句虚假,五雷轰顶,天诛地灭!"

刘玄这誓言可够毒的,绿林军众人面面相觑,都不知该如何是好了。魁梧壮汉挠了挠头发,说道:"那……那你跟我们走一趟吧!"

第五章 刘玄登基 离心离德藏杀机

绿林军头目王匡、王凤曾经授意过，只要有人自愿加入绿林军，那就是绿林弟兄，非但不能阻拦，不能往外推，还要以礼相待。

刘玄闻言，立刻从地上站起，对身边的女子小声交代了几句，而后他跟着绿林军一行人等快步离开了。

没想到事情会出现这种戏剧性的转变，刘玄本是受绿林军欺凌的人，结果摇身一变，眼瞅着要成为绿林军的一员了。

在一般人的印象中，刘玄就是个胆小懦弱的人，实在难以想象，以他的胆量竟敢去参加绿林军。

不过有的人对刘玄这个人的看法截然相反，刘玄表面谨小慎微，好像性情懦弱，实则心狠手辣，又机敏狡诈。刘玄做出了现在对他最有利的选择。

情况已经很明显，绿林军的人不仅对刘玄家的宅子感兴趣，对他的女人更感兴趣。

如果刘玄选择反抗，那无疑是自寻死路，如果他不反抗，就只能眼睁睁看着自己的宅子被夺、女人受辱，所以当机立断，投靠绿林军，这是对他最为有利的选择。通过刘玄的反应，也不难看出这个人反应之机敏，做事之果决。

加入了绿林军部队，刘玄先是在队伍中干安集椽，就是负责募兵工作的一个小官，刘縯和绿林军合并后，他也参加了这几场战斗，号更始将军。

在刘縯还在宛城打仗时，绿林军就已经商量好了立刘玄，之所以立刘玄，也是他们所做的一个妥协。刘玄也是宗室子弟，不是绿林军的草根将领。刘玄在绿林军里干过，在宗室子弟里和绿林军关系最紧密，所以绿林军的将领认为，我们立刘玄，大家都说得过去。

刘縯得知这个结果，当然是完全不同意的。但是他也考虑到，目前的形势自己并不占优。所以在春陵的会上，他说了一番话，不是说不能立刘玄，而是说我们暂时没有必要立皇帝。

那些支持和不支持刘縯的，一时也没有别的话说。

明摆着，绿林军的势力绝对压过了宗室子弟的势力，刘縯必须要妥协。他不能也拔出剑来敲地，不能和张卬拼命。他的命还要留着实现自己的抱负。皇帝依然是由刘家的宗室子弟来当，但是这个人是绿林军出身的刘玄。

刘縯不得不压住怒火，继续心平气和地说："既然是匡复汉室，我们也不必争执。只愿今后大家为同一个目标继续努力。好了，今日之议已决，就立圣公为尊。择日登基。"说罢转身走出大帐。

刘稷等人还是不服，但没了刘縯作主，谁也说不出什么。王凤得意地笑笑：

"怎么样？咱们很快就有皇帝了。皇帝那可是有生杀大权的，大家还是小心点的好！"见没人搭腔，这才满意而去。

刘秀却不无担忧地说："锋芒太露，未必是好事，这样易遭奸人忌恨，容易碰钉子，还是小心为好。"说罢似乎无意地看刘縯一眼："大哥，你以后也要留意。"

三、 登基分封

诸将决议立刘玄，就在淯水岸上，筑起一坛，择期吉日，行登基大典。

西汉末年社会危机严重，刘家江山岌岌可危，还没有完全失去民心，大多数人都希望通过整顿吏治重新稳定社会。王莽篡汉后，废除汉家制度，托古改制，朝令夕改，使人民陷于水深火热之中。民心思汉，人人盼望"刘氏复兴"。

当绿林军壮大起来后，必须确立一个领袖人物才能解决"兵多而无所统一"的问题，而"立刘氏以从人望"也是大家的共识。当时绿林军中西汉宗室可供选择的人选有刘縯、刘玄等人。刘縯才能出众，胸怀大志，本是最合适不过了，但绿林军诸将"乐放纵，惮縯威明，贪玄懦弱"，竟然拥立刘玄为帝。

刘玄是刘氏皇室中一个平庸的成员，毫无雄才大略和帝王资质，只因是西汉皇族，才被当时的历史潮流卷入到反新起义的队伍中来。

刘玄是皇族成员，平林起义军在反王莽斗争中需要借助刘氏宗族的号召力，便于公元23年正月拥立刘玄为"更始将军"。随后平林兵与绿林军合并，并于这年的二月初一在淯水（今河南南阳白河城南淯水之滨）上沙中将更始将军刘玄推上皇帝宝座。

到了二月十三，寒气突袭，密云不雨，而汉军营地却热闹非凡，大小将领聚在高坛四周，"汉"字大旗竖立在高坛正中，颇有些气势。典仪官礼服整齐，宣读王匡起草的告天下臣民恢复汉室檄书。

宣读完毕，刘玄头戴冠冕，身穿吉服，在先导官引领下，祭告天地、先祖，一切程序过后，刘玄慌乱地坐上高坛正中的御座。义军诸将渠帅，一齐跪伏在地，齐声山呼："万岁，万万岁！"从此，一个以汉为名的小朝廷建立了，与京邑长安的王莽政权形成两朝对峙局面。

刘玄胆小懦弱，本是凡人一个，根本不是领袖之才。当他被众将拥立为帝，南面而立，接受群臣的祝贺时，战战兢兢，"羞愧流汗，举手不能言"。

习惯于对人低三下四的刘玄，突然在众目睽睽之下被尊为皇帝，一时受宠若惊，竟羞愧流汗，双手发抖，紧张得说不出一句话来。竟忘记了自己是在高坛

第五章 刘玄登基 离心离德藏杀机

上,见大家向他叩拜,忙起身向台下众将士满脸憨笑,鞠躬弯腰作回礼。

张卬作为左侧护卫,对刘玄耳语道:"陛下坐好,别理会他们。快说话!"

见张卬脸色阴沉,刘玄结结巴巴地问:"说……说什么?"

"说顺天应人,恢复汉室。"

刘玄连忙点头:"在下……在下顺应天命,今日登基复兴汉室。"

张卬见刘玄这么不上台面,不禁有些恼羞成怒,上前一步,站在宝座前边,挺直胸脯庄重宣布:"汉室复兴,新皇登基,建元更始元年,大赦天下,分封诸将!"

说罢,转身从刘玄手中抢过草拟好的诏书,大声宣布:"复兴汉室,新皇陛下诏曰:拜刘良为国老;王匡为定国上公;王凤为成国上公;朱鲔为大司马;陈牧为司空;刘縯为大司徒;王常为廷尉;刘稷为抗威将军;刘秀为太常偏将军……"

许多义军将领目睹此状,都心存不服。其实大家心里明白,这所谓的诏书都掌握在王凤、朱鲔等绿林军将帅手中,诏书上的内容其实就是他们的意思,只不过借了刘玄的嘴说出来而已。诏书上册封的人物,没有多少功劳的占据了上位,而刘縯和刘秀拼死冲杀,才弄了个司徒和偏将,大家口上不说,心里都为刘氏兄弟不平。

刘縯表现出的是口服心不服。本来他威望最高,结果没能当上皇帝,很多豪杰也不服气,包括一些地方官员对绿林军信不过。

刘玄被绿林军的主要将领拥立为汉帝,建元更始,刘玄就是历史上的更始帝,庙号汉延宗,史称这一政权为玄汉。以区别于汉昌宗建世帝刘盆子的赤眉汉、河北王郎的赵汉。

本来刘玄这个皇帝当得就不踏实,绿林军那边对刘縯不放心,类似功高盖主的事,已经为刘縯埋下了祸根。

仅仅是被封为太常偏将军的刘秀,表现出的样子是欣然接受。刘秀心平气和,也没有四处去为大哥刘縯打抱不平,他知道没有这个必要。他现在也没有多么突出的表现,偏将军就偏将军吧,大小也是个将军,比过去放牛种田强多了,先把本职工作干好了,将来什么可能都有。

第六章
昆阳大战　立功立德创奇迹

一、大兵压境

王莽听说更始政权成立之后反抗朝廷，内心十分惊慌，知道让汉军这么折腾下去，可不是办法。

更始帝立，汉室朝廷复兴，方圆千里反莽义军纷纷赶来归附，不长时间，汉军兵力日益强大。一次早朝时，刘縯上奏更始帝："宛城地处隘口，乃兵家必争之地，现在被新军占据，挡住我军西进路线。若我军占据宛城，向南可通荆、襄，向西可图京都，向北可进洛阳。陛下宜早图之。"

刘玄表面上连连点头，实则搞不清楚宛城到底有多重要。不知所云，愣在那里，不知如何回答。

国老刘良见状，忙进言说："陛下，刘縯自起兵以来，屡战屡胜，对行军打仗了如指掌。依臣所见，不如由他指挥兵马，攻打宛城。"

刘玄向来钦佩刘縯有大将风度，当然对刘縯攻敌的本事也是信心十足。正要开口答应，话到嘴边忽然又咽了下去，斜视旁边辅政的朱鲔。显然等着人家给自己提醒该怎么处置。

刘縯见此情形，心已凉了半截，怒视着朱鲔，看他怎么指使傀儡。不过让刘縯及诸将想不到的是，朱鲔皮笑肉不笑地应声说道："刘国老说得是，在下也正有此意，大司徒定能胜任。请陛下从速颁布诏书吧。"

刘玄立刻高兴地宣布："那就将兵权交于刘縯，择日攻打宛城！"

刘縯得了诏令，风风火火赶回营中，召集将领商议攻取宛城的事情。大家摩拳擦掌，刘秀却有些顾虑："拥立皇上登基，耽搁了进攻宛城的最佳时机，恐怕……"

第六章　昆阳大战　立功立德创奇迹

经过这场变故，刘縯心情相当复杂。明知三弟分析得有理，但为了不挫伤众将士气，坚定地大声说："宛城扼住我军进攻长安的咽喉，我军志在必得。新军当然会死守，大家要有打恶仗的准备！"

刘縯率领汉军挥师北进，兵锋直指宛城。在这里他们遇到了严尤和陈茂所指挥的官军。严尤是王莽集团中颇具才干的将领，到荆州后，招兵买马，以原地方军为基干，很快组织起一支较有战斗力的部队，在同绿林军的战斗中取得了一些胜利。绿林军在取得对甄阜、梁丘赐军的胜利后，严尤、陈茂率兵赶来，准备在宛城附近与之进行大决战。

刘縯毫不畏惧，决心全力迎敌。他"陈兵誓众，焚积聚，破釜甑，鼓行而前"，以必死的决心，必胜的勇气，伴着隆隆的战鼓，督率全军冲锋。在淯阳（今河南南阳南）城下，与官军展开激战。起义军以一当十愈战愈勇，斩首3000敌兵。义军乘胜追击，将宛城团团包围。刘縯经此战，自称柱天大将军，从此威名远扬。王莽知道刘縯的名字与事迹后，公开悬赏：凡杀死刘縯者，奖励食邑五万户，黄金十万斤，并赐上公的官位。同时还下令长安的官署及天下乡亭的门侧堂上，一律画上刘縯的图像，每天令士卒射之，以发泄他的仇恨。后来，王莽还命人随便抓个百姓，就说是刘縯，游街示众后杀掉。说明刘縯已是一个让他寝食不安的人物了。

王莽面临北方赤眉、南方绿林两大起义集团的进攻，日渐焦虑不安，北方的赤眉与南方的绿林军，同为当时起义力量最强大的两支军队。当初王莽认为赤眉军声势更大，起义军几乎遍布北方各州郡，觉得形势更为严重，于是新莽王朝便把进攻的重点放在围剿北方的赤眉军，派出由太师王匡、国将哀章统率的精兵十余万用于对赤眉军作战。而以纳言将军严尤、秩宗将军陈茂他们拼凑的郡县军和临时招募的部队对付南方的绿林起义军。

当绿林军歼灭了甄阜、梁丘赐军，击败严尤、陈茂于南阳城下，接着刘玄称帝，公开提出恢复汉朝，建立更始政权之后，王莽才意识到南方的绿林起义军对新莽政权的压力更大，因而决定转移战略重心，一方面将进攻赤眉的主力军调到南方作战；一方面紧急调集各郡兵力，准备彻底消灭绿林汉军。

不就是几个草寇叛贼吗，何以如此厉害？情况已不容等待下去。王莽让人撞响景阳钟，召集群臣商量对策。

国师王仁慢吞吞向前一步，拱拱手声音细微地说："陛下，严尤将军上次出兵，行动过于迟缓，让贼人有机可乘。臣想，这次若再出兵，应当神速，打他个措手不及。臣以为王邑将军出征，必能消灭刘氏，请陛下斟酌！"

王莽满意地点点头，王邑是自己本家，毕竟能信得过。让他去攻打刘氏，确实很有把握。

王邑想如果真能成功，扭转了大新朝的乾坤，以后的荣华自然是不可限量，于是忙从座位上站起来，恭敬地回答："陛下，臣必定竭尽所能，虽万死而不辞！"

几乎就在同时，刘縯率领汉军已经到达宛城城下。刘縯与宛城守将岑彭，两人都是烈性汉子，互相对骂，你进攻我抵挡，喊杀声阵阵，城上城下伤亡都不小。

岑彭准备相当充分，防守十分严密。虽然汉军格外勇猛，却没占到什么便宜。就在双方对峙的时候，忽然传来消息，朝廷派大将剿匪总司令王邑率精壮新军百万，外加巨无霸的猛兽队伍，正向南阳扑来。

王邑的大队新军一到，自己前有坚城，后有强敌，腹背受敌，这可如何是好？刘縯在营帐中来回闷头踱步。

刘秀刚走进帐中，刘縯拉住他的手，刘秀说："等王邑率领大批兵马赶到，我军必定在劫难逃。应该分兵南北，先攻取宛城周围城邑。一来可以截断宛城外援，还可为我军衣食提供方便，又能扩大与敌周旋空间。我们可以从宛城的各个方位攻取，令他防不胜防。岑彭再强悍，也长不出三头六臂，瞅准他的防守空缺，一鼓作气，赶在王邑来到之前拿下宛城。攻取了宛城，王邑远道而来，打得过就打，打不过就坚守！"

"好，分析得有理。"刘縯点点头，命令擂鼓升帐，安排作战事宜。

大家正心里没底，听见主帅召唤，立刻赶了来。刘縯也不绕弯，把刘秀方才说的计划原样叙述一遍，紧接着分派任务。

南路汉军在陈牧、朱鲔率领下，趁敌军不备，迅速占据新野。新野是宛城南边的重镇，宛城的粮草大都通过新野转运而来。这就让岑彭感到折断了一条臂膀，痛心之余，士气大受影响。

北路汉军在王凤、王常等人率领下，加上刘秀格外卖力，也是势如破竹，所向披靡，没几天，定陵、郾城等周边城镇，都落入汉军手中，兵锋直指昆阳（今河南省叶县）。

这时刘縯指挥的大军正在宛城围攻守城之新朝军队，胜负未见分晓，但宛城已是兵少食尽，内无斗志，外无救兵，形势对新军极为不利。

昆阳囤积着新军的大批粮草，是岑彭据守宛城的另一个定心丸。

正因如此，刘秀对昆阳格外重视，大有志在必得之势。不过还没等到大规模

第六章 昆阳大战 立功立德创奇迹

攻城，城内的新军将领王翁、任光两人，仰慕刘秀威名，派亲信潜出城来，和刘秀联络，里应外合，杀掉守城主将箱锐，刘秀轻巧地占领了昆阳。

正当人们被接踵而来的好消息深深鼓舞时，一个出乎意料的军情忽然传来：新朝剿匪总司令王邑和他的心腹大将王寻，率百万大军已经逼近昆阳！

王莽为了编成对汉军作战的强大部队，特任命大司空王邑和司徒王寻为统帅，征调当时所谓精通63家兵法的人，充当军中的类似参谋的官吏，并任用长人巨无霸为垒尉，专门负责构筑营垒，将虎、豹、犀牛、象等凶猛野兽圈至军内饲养，以便在作战时放出来，震撼敌人。各州郡均自选精兵，由郡和牧守亲自率领，限期到洛阳附近集中，各地到洛阳的兵力达42万多人，号称百万大军。这些军队集中后，即开始向颍川开进。在颍川又会合了严尤、陈茂的部队，随即向昆阳方向进击。大军逶迤千里，粮草辎重不计其数。

探马把消息禀报上来时，汉军闻听每个人都目瞪口呆，怀疑是不是弄错了。

王凤呆立在城头，望着远处影影绰绰的人影，焦躁不安。想了半天，也拿不出什么主意，王凤长叹一声，转身走下墙头。迎面碰上几员将校，有原先绿林军的，有平林、下江等队伍的。

这些人远远望见王凤，好像遇见救星似的奔跑过来："王将军，这里就属将军官高，趁现在还来得及，赶紧下令撤吧。这样打下去，无疑是鸡蛋撞石头嘛！"

昆阳的汉军是归王凤领导的，王凤是绿林军的创始人之一，被封为成国上公，地位显赫，刘秀只是一个偏将军，所以在昆阳王凤说了算。刘秀怎么才能让自己说了算，这是他在昆阳之战中首先需要解决的问题。

汉军的统帅虽然为王凤，但由于王凤等人面对具有绝对优势的新莽大军，一度缺乏作战的坚定性，刘秀成了昆阳战役的重要决策人物。

王凤走下墙头，正要张口说话，忽然有个人影从营帐一侧跑过来，高扬手臂大喊："慢着，听我说两句！"

众人正等着王凤发话，大家好争相逃命。冷不丁一声吼叫，把众人吓一大跳，忙调转脑袋看去，原来是气喘吁吁的刘秀。

公元23年五月，王邑、王寻统帅的大军与严尤、陈茂会合后，即由颍川向昆阳前进，两三天即有十余万军队到达昆阳。统帅王邑立即下令围攻昆阳。纳言将军严尤根据以往作战的失利教训，认为不可把兵力用于昆阳这个既坚固又无碍大局的小城，大军应当直趋宛城，击破围攻宛城的汉军，则昆阳将不攻自破。

王邑听不进严尤的建议，傲气十足地说："我以前围攻翟义时，就因为没有能生俘他而受过指责，现在统帅百万大军，碰到敌人城池，竟绕道而过，不能攻下,这怎么能显示我们的威风!应当先杀尽这个城中的军民,全军踏着他们的鲜血,前歌后舞而进,岂不是更痛快吗!"于是王邑仍然坚持以十万大军围攻昆阳。王凤、王常等见新莽大军逐渐云集昆阳,形势十分严峻,刘秀所率三千骑兵在颍川西北遇见新军后,也引兵退回昆阳,加上汉军其他退入昆阳的一些零星部队,昆阳守军共约一万人。王凤等鉴于双方力量十分悬殊,对坚守昆阳信心不足,一些退入昆阳城中的官兵也惊惶失措,担心妻子儿女,想分散回去,各保存自己的地区。

刘秀看到这种情况便对大家说:"诸位将军,是走是留,自然各有各的见解。不过叫我说,其实这完全不是个问题。根本用不着费心去考虑,更不用再三讨论!"

王凤趁机插言,冷笑着调侃一句:"人家刀都架到脖子上了,他竟然还说不是个问题!"

大家顾不上附和,都想听听刘秀到底能说出什么高论来,或许这个机警的年轻人会找到更好的出路。

刘秀冲众人一拱手说:"目前我军兵粮缺,而城外又有强大之敌,如能集中力量抗击敌人,还有取胜的可能;如果分散各自回去,势必都不能保全。况且刘縯等攻打宛城,尚未得手,也无力挽救我们。昆阳一旦失守,不出一天,各部也必将被敌各个击破歼灭。现在如果我们不同心协力,存亡与共,同立功业,反而贪生怕死,能只顾各守自己的妻子财物吗?"

诸将领等听到刘秀这些话,大怒说:"你怎敢教训起我们来!"刘秀听了便笑着站起来。

刘秀声音更加洪亮:"大家试想一下,即使我们撤了,到了宛城,那又能怎么样?不出几天工夫,新军就会紧紧尾随着到宛城。王邑一旦接近宛城,必然要设法和城内取得联系,如果他们内外联合,我们新建的更始朝廷,必然覆没。反过来,如果我们能下定决心,坚守昆阳,或许能以少胜多。可见人数多,并不等于威力大。"

"我看,刘将军说得很有道理。现在弃城而去,不但保不了妻儿老小,连自身也难保。不如奋力一战,或许还有成功的希望。成败在此一举,万万不可错了主意!"不知什么时候,王常也来到人群中间,冲刘秀使劲点点头,目光灼灼,声音沉稳而坚定。

王常不但在下江军和部分绿林军中威望很高,而且喜好结交朋友,行侠仗义,人缘很好。听他也这样说,大家彻底信服。反正弃城也跑不掉,事到如今,

第六章 昆阳大战 立功立德创奇迹

只好定下心来守城吧！大部分打算逃亡的将士渐渐坚定了信心。

二、 突围搬兵

昆阳是一个军事要塞，是南阳郡东北方向的出入口。北上，西北通洛阳，东北就是黄淮平原。南下，整个南阳盆地一马平川，暴露无遗。所以这里是自古以来兵家必争之地。王莽要想剿灭南阳的汉军，昆阳是必经之处。

汉军在昆阳只有几千人，还不到一万人。一边是号称百万，另一边只有不到一万，强弱的悬殊实在太大了。

恰在这时候，前方的侦察兵来了，报告说："不好了，敌军马上就到城北，军队的阵营有好几百里，只见其首不见其尾。"

诸位将领一听，坏了，本来想跑，现在看来跑也跑不及了。怎么办呢？快把刘秀叫过来，他刚才慷慨激昂的，看看他有什么办法没有。

王凤等向来轻视刘秀，见当前情况急迫，才互相商量决定，请刘秀计划破敌之策。

刘秀指着地上用石头所摆的简易地形说："诸位请看，昆阳地形险要，易守难攻，我们只要能集中起几千精壮弟兄拼死把守，与新军周旋是没有问题的。而挑选出几千精兵，对咱们来说，也不是难事。大家不必惊慌，既不能畏敌，也不能轻敌！"

"刘将军，守城守城，难道只守不成？昆阳粮少兵寡，粮食最多也只能坚持一个月。看来我们不但要坚守，更要积极取得外援，内外联合，才能成功。"王凤做出实在不服气的样子，既显得自己极力主战，也掩盖了刁难之意。

刘秀语气沉重起来："要想取得外援，就得突围搬兵！但新军已经在城下部署，要突破层层叠叠的敌军兵营，绝非易事。"

新莽大军进到昆阳，即按照统帅王邑、王寻的命令，开始围攻昆阳城。新军为了显示其作战威力，把昆阳包围十层以上，设置了一百多座军营，军旗遍野，锣鼓之声于数十里之外都可以听到。

"让我试试！"见气氛实在沉闷，王常霍然站起身，短须抖动，"刘将军，让我冲杀出去调援兵，解昆阳之围！"

刘秀心里充满感激，在关键时刻，往往是这个豪爽仗义兄长般的人维护自己，可见门户壁垒并非完全不可以打破。如今成国上公王凤很明显的有逃跑意图，如果这个时节让王常出调援兵，王凤等人在城内就没了约束，他们要是胡来，后果不堪设想。

· 89 ·

"不行，这里面所有人都能去，唯有廷尉大将军不能去！守城与搬兵同等重要，要稳住昆阳军民！"刘秀有些着急，赶忙阻止。等说完了才觉得不大妥当，这样固然抬高了王常，但似乎也不免有贬低别人的意思。

刘秀忙换个口气，冲大家一拱手："在这昆阳城中，数来数去，还数我刘文叔最无用处。论文采不能口诛笔伐，论武艺难以驰骋疆场。我看，就由我当敢死队长，突围搬援兵吧！我如果能活着冲出去，一定尽快联络各路义军，早日来解救昆阳之围。坚守昆阳，就拜托各位将军了！"说完见众人都呆愣在那里，刘秀手握剑柄，大步向帐外走去。

走出一箭之地，大家才回过味来，面面相觑。忽然有人大喊一声，"刘将军，等一等"。刘秀转身看去，原来是偏将王霸。王霸跑到跟前，红着脸，激动得结结巴巴："刘将军，你一介书生，却临危不惧，末将实在渐愧。这样，我愿陪同将军，突围搬兵，也好有个照应。"

话音刚落，许多人紧随其后来到跟前，抢着说："末将愿意保护将军前去！""末将也去！"

目前王莽的大军已经兵临城下了，昆阳本来就人少，再派出一支人马，那守城的兵力不更弱了吗？另外，派出的人马能否突围出去，搬来救兵？如果不能，岂不更是白白损失了力量？所以最后派出去搬救兵的，只有十三个人。

这十三人里，有刘秀的二姐夫邓晨，有李轶，还有绿林军出身的将领马武，带头的是刘秀。可谓是决定汉军命运的十三个敢死队员。

由刘秀、王霸、任光、宋佻、邓晨等十三人组成敢死队突围，为了避免拖累，不带兵丁，只给每人挑选出一匹上好的快马。

他们装束整齐，把兵刃准备停当，身手敏捷地翻身上马，一溜风来到城南门内。守门士兵吱吱扭扭把门打开，吊桥也缓缓放下。空气空前紧张起来。

"各位将军，拼搏的时候到了，杀啊！"敢死队长刘秀一改书生意气，声音雄壮，粗壮大手中大刀高举，振臂高呼一声，十三骑风驰电掣，箭一般直射出南门。

"快来人哪，有人偷营！"一声声呼喊在乱哄哄的人潮中并没引起太大的反响。等对方开始阻拦时，刘秀他们已经冲出了一多半的路程。此时天色已经薄暮。

不一会儿，十三骑穿过了敌营中心，惊动的人也越来越多，喊杀声接连传来，以至惊动了北门。

新朝剿匪总司令王邑和王寻正在北门巡视巨无霸率领的兽群。

"不好了,南门有汉军杀入我大营,必是搬救兵去的。一定要将他们挡住,否则就是极大隐患!"新朝大将严尤飞骑而来,在中军大帐外跳下马,踉跄到营门口,冲王邑喊道。

"什么,汉军不坐着等死,还敢偷营?没看花眼吧?他们有多少人马?"困意十足的王邑不耐烦地问一声。

"大概有十多个骑兵!"严尤不能和王邑计较,忙气喘吁吁地回答。

"哼,我当天塌地陷了呢,竟然让严将军惊慌成这样!区区十几个骑兵,也想冲出我新军大营,简直不自量力!严将军,劳你传话下去,让南门新军就地阻截,其他兵马,没有我的命令不得妄动!"王邑很为自己虚惊一场而气恼,有心讽刺严尤两句,想想还是算了,打了个哈欠,在卧榻上躺下。

此时,南门外杀声一片。犹如惊涛骇浪中的扁舟,在人海中穿梭来穿梭去的十三个敢死队员的马上身上全是血,也分不清是自己的还是别人的,顺着盔甲蜿蜒流下,真真正正的一场血浴。

铁骑践踏,所过之处一片鬼哭狼嚎。天色昏黑,四下里但见人影幢幢,十三个敢死队员血头血脸,更显得如恶鬼降临,和前来阻拦的新军一打照面,不等交手令其先倒吸一口冷气。他们手中家伙一软,刘秀等人则硬生生地狠劈猛砍,场面惊心动魄。

杀出重围的敢死队长刘秀,搬救兵的工作并不顺利,到达定陵、郾城等地调集各地兵马时,一些将领贪惜自己的财物,想就地分兵留守,不愿赴昆阳增援。

刘秀对他们说:"今天如果能破敌,珍宝财物要比现在多万倍,我们的大事也可成功;如果我们为敌人所败,脑袋都保不住,还谈什么金银财物呢?"于是各营将士遂跟着刘秀、李轶等一齐向昆阳地区开进。这次搬救兵,对整场战役起了很关键的作用。

三、艰难守城

仅仅十几个骑兵冲出重围,在新朝剿匪总司令王邑看来,并没什么大不了,不过几个亡命之徒侥幸逃生而已。王邑命令,要一举拿下昆阳,然后迅速杀奔宛城。按他的估计,也就一两个月内,完全可以把这两股势力最大的叛匪消灭掉,凯旋接受封赏。

王邑带领王寻等人绕昆阳城外围驰骋一周,愈发感到小小昆阳城已经成了案板上的肉,只要一声令下,必然唾手可得。

正得意洋洋,追随在队伍后边的将军严尤纵马上前来到总司令王邑跟前,犹豫一下抱拳说："王司令，依在下看，昆阳城虽小，城墙高大粗厚，相当坚固。在下想，不如兵分两路，一面在这里围攻昆阳，另派一路兵马杀奔宛城。如果能把刘玄擒获，对贼兵自然是一个沉重打击，可令他们不战而降。宛城解围，不愁昆阳不降。"

王邑眯缝起眼睛，手将几跟短须摇头晃脑地说："严将军计策虽然绝妙，却未免麻烦。昆阳城指日可下，分兵干什么？如今我蒙皇上信任，统帅百万大军，结果连小小的昆阳城都拿不下，还要这样那样地施展计谋，传出去，那些人还不定要说什么呢。"

新军把几十丈高的云车推到城墙下，云车用厚重的木头搭建而成，比城墙还要高出一大截。有兵丁站在云车顶端，把城中防守情况看得一清二楚，挥动令旗指挥新军朝城内防守薄弱处进攻。另有人居高临下，从云车顶端张弓搭箭，向城内猛射。

城里的百姓要到井里汲水，没办法，只得卸下门板背在身上，挡住乱箭拼了性命去汲一桶水来。尽管都是挑了最厚的门板，仍时有让硬弓长箭穿透了木头受伤或死掉的。

汉军拥挤着往城墙下的藏兵洞里躲避，城头上几乎没了人。这下正合王邑的心意，他见云车上令旗上下摆动，立刻命令新军，架起云梯，往上爬！

新军如蚂蚁般爬上来，一些坚守在城头的汉军根本顾不过来，砍翻这边，那边已上墙头，情势非常危急。

王凤躲在大帐内不敢露面，群龙无首，陷于绝望。

王常急得直跳脚，风风火火冲到藏兵洞口，黑着脸大喝一声："弟兄们，现在人家就要杀到，是男人的，就别当缩头乌龟！痛痛快快杀他一场，总比死了还让人笑话的强！下江兵兄弟们，跟我走，上城墙，多砍他几个龟儿子！"说着挥动手中盾牌，护住头和身子，先冲出去。

大小兵将都知道王常为人仗义，说话令人信服。听他寥寥几句，果然是这个道理，反正走到了这一步，杀一个够本，多杀几个是赚的！热血又奔涌起来，先是下江军捞起盾牌跟在后边，接着其余将士也爬起来，冲向城头。城头热闹起来。

汉军在盾牌的掩护下，对着爬到跟前的新兵挥刀猛砍。更有人将先准备好的擂木对准云梯砸下去，还有的弄来滚烫热水，冲下边迎头泼下。

原先一边倒的局面顿时大为改观，本想抢头功的新军兵将或挨了刀，或中了擂木，或被热水烫掉一层皮，纷纷惨号着烂泥般重重摔在地下。后续的新军见状,心惊胆寒,哆嗦着不敢再上。

尽管有将领挥舞着刀剑在后边催逼,但攻城人数仍大为减少,城头压力很快减小。王常心下一宽,让人找来一批长柄的钩镰枪,挑选身强力壮的兵士,在盾牌的遮掩下,站在城头上猫腰探身,对着云车下边的立柱猛砍。木屑纷飞中,一座座云车轰倒。没了瞭望台的指挥,城下兵将就成了瞎子,更不敢盲目攀援。

"王司令,从城头硬攻,目标明显,自然容易被贼军抵挡。全剿不如歼魁,明捕不如暗执。既然上边行不通,咱就地下来。咱们不是有铺路修桥安营扎寨的后队工兵吗?我方才看过了,昆阳城南北两边土质疏松,易于挖掘。让工兵在两边同时开挖直挖到城内,神不知鬼不觉地从地面突然冒出来,打贼兵一个措手不及。"

"好!这个主意绝妙!"不等严尤说完,王邑连连拍手大叫,"快,吩咐下去。"为了迷惑城内汉兵,严尤让新军仍然照常进攻,一面指挥工兵,加紧开掘地道。

新军都知道要挖地道破城,攻城不自觉地就懈怠下来。

对方进攻得松了,城上的人长长松口气。

王常远远看王凤往大帐方向走,前几天刚下过一场雨,地面很疏松,他一不小心踩进软土中,趔趄着差点绊倒。

王常心头一动,忽然想起什么。他一把拉住身边一员将校:"快,在四个城门附近,挖开几个大坑,每坑放一口空水缸,派人日夜探听地下动静。一有情况,火速回报!快!"

果然不出所料,空水缸刚放到坑内,立刻就能听见轻微的嗡嗡声,显然地下动静很大。王常得到禀报,赶忙安排兵丁顺着声音响动的方位就地驻扎,大砍刀拎在手中,做好准备。

第二天傍晚时分,南门和北门附近同时地下响声大作,紧接着地面坍塌出一个大窟窿,几个新军脑袋露出来。守在坑口的兵丁,不等新军反应过来,白亮的刀光一闪,接连扑哧几声,脑袋飞到一边,身子歪斜着栽回坑内。

后边的新军不明白上边发生了什么,仍一股劲地拥挤着往外爬。汉军蹲在坑道口砍刀挥舞,大半响工夫,新军尸体堵塞在坑道内外,黑红的血蜿蜒淌出很远,脚下到处都是人头。

又等了一会儿,看看再没新军出来,王常命令运来泥土沙石,把地道严严实实堵住。

明来暗往都不奏效,剿匪总司令王邑喝令照旧猛攻,死了人不要紧,人死多了,尸首堆得和城墙一般高时,昆阳城自然也就拿下来了。

主帅下了死命令,各级将校不敢怠慢,攻城战立刻掀起新的高潮。王寻从后队调来冲车和撞车,这是专门用来对付坚硬城墙和城门的。冲车和撞车在千百兵士的猛力推动下,对准城门和城墙,猛力撞击。

形势日益危急。王常日夜穿梭在城上城下,两眼通红。王凤也不得不强打精神,跟着照应。尽管尽心尽力,昆阳情况却仍日甚一日地糟糕下去。

更让人头疼的还是城内粮食已经撑不了几天,守兵伤亡日趋增多,兵丁补给不足,调兵遣将往往捉襟见肘,接连出现好几次险情。

对这些日益恶化的形势,王凤禁不住心惊胆寒,此刻想冲杀出去,丢弃城池逃跑,也几乎没有可能了。越是这样想,王凤对死亡的恐惧就越增大几分,亲笔写的投降帛书,想派人射到城下,表示咱们乞请赦罪,愿意献出城池归降。王凤的主意出乎许多人意料。

"成国公,这,这万万使不得呀!"不等别人有所反应,王常焦急地上前劝阻。

王凤知道王常等人必定会反对,他早有准备地嘴角一撇:"此乃军机大事,关系到兄弟们的性命,谁若再阻三阻四,军法从事!来人,把帛书用硬弩射到城下!"史书上说"王凤等乞降"。

本以为一纸降书就能解决大问题。然而令王凤没有想到,请降帛书递到剿匪总司令王邑手中后,他冷笑一声,随便扫一眼就顺手丢到地下:"我军大功即将告成,攻下昆阳只在旦夕,到时候来个血洗全城,不如此不足以出我这口恶气,不足以震天下!哼,这个时候知道保全狗头啦,迟了!"

汉军一边抵挡着一边等待成国公王凤的请降帛书发生效果。可等来等去,敌人反而进攻得更加猛烈,根本没有停战的迹象。

攻守一日残酷似一日,城下城上尸体逐渐堆积成座座小山丘。

王常等将领来回打气,大家拖着疲惫不堪的双腿,夜以继日巡逻在城头和四门,有人走着走着扑通滚倒在地上昏睡过去。王常脸庞明显消瘦,声音嘶哑,两眼通红,夜色里闪着红光,样子很是骇人。看来被敌人冲杀进来,只是早晚的事情了。

入夜的天幕下群星闪烁,空旷而辽远,忽然,两颗寒光逼人的星星滑落到不远处新军中军大帐的上空消失了。

"啊,流星,这么大!"剿匪总司令王邑惊疑地瞪大眼睛。他在宫里这么多年,虽然没读过多少书,但关于天象和人事之间关系的传闻听得多了,也深信不疑。

两军交战时,流星坠落预示主帅将亡。他娘的,还是两颗,我和王寻都有份!王邑惊恐地闪过一个念头,本能地倒退几步。流箭飞来,从耳旁擦过,王邑更是出了一头冷汗。

王邑大声下令:"停止进攻,撤回营寨,明日一早,杀进昆阳城去!"

大家虽然不理解建功心切的主帅何以忽然变了主意,但不让拼命了,人人都高兴,立刻呼喊着撤了回去。

已经准备着战死的汉军,对新军突然的举动感到莫名其妙。但不管怎么说,又熬过了一劫,明天会怎样呢。

汉军军民并肩战斗,一次一次地打退新莽军队的强攻,占绝对优势的新莽军队也无可奈何,虽经反复攻城,昆阳城仍屹立不动。王邑的"屠此城,蹀血而进,前歌后舞,顾不快邪"的设想,难以实现。

四、 昆阳大捷

浓重的雾气中,昆阳东南方向的官道上,马蹄声疾如密雨,一队不长不短的骑兵正闷着头拼命赶路。公元23年六月初一,敢死队长刘秀所率之定陵、郾城等地的汉军到达昆阳地区。刘秀为鼓舞大家的斗志,自率步骑兵一千多人为前锋,李轶率主力跟进。

雾气越来越淡,远远望见新军营寨,连绵着不见尽头,相比之下,他们这千余人的队伍就很是渺小了。刘秀知道,眼前面临的是一场硬仗,一场以少胜多悬之又悬的恶战。要制服强敌,必须打消将士的畏惧,激励起将士的勇气。在逼近新军四五里地时,即摆开阵势,准备出击。

不等众人看清前边的新军阵营,刘秀抡起大刀,猛地抖动马缰,高喊一声:"新军已经是强弩之末,经不起折腾了,快杀呀!"跨下青骢马利箭般弹射出去。众人来不及观察周围形势,急忙紧随其后。

剿匪总司令王邑、王寻也派兵数千前来迎战。

刘秀亲自率领人马冲杀,斩新军几十个人,跟随的将领都高兴地说:"刘将军平时看到小股敌人,都十分害怕,今天见了大敌,却很勇猛,真是了不起。以后请你总在前面率领我们作战,我们共同协力破敌!"

刘秀接着又率领将士再行向新军攻击,新军被打得大败,刘秀军斩杀新军近千人。刘秀率兵连着打了几次胜仗,这就大大地鼓舞了汉军的斗志,杀减了王邑、王寻的锐气。

刘秀等在昆阳外围与新军作战,取得节节胜利的情况下,为进一步瓦解新军的战斗士气,鼓舞昆阳城内汉军军民的斗志,大肆渲染宛城汉军的胜利。新汉两军昆阳攻守战正在胶着状态,五月底,宛城在绿林军(汉军)的长期围困下,内无粮草,外无援军,守将岑彭终于被迫投降。但这个消息尚未传到昆阳。刘秀为了进一步鼓舞士气,动摇新军军心,传宛城已破,绿林军主力将至昆阳。消息传到昆阳城内,守军立刻士气高涨,更加坚决守城,并随时准备出城歼敌。他把写有宛城汉军已获胜,"宛下兵到"的密信,射进昆阳城内,同时也转落到新军手中,引起新军统帅王邑、王寻的恐慌。新军将士看到,一个小小昆阳,大兵压境,苦战一个多月,都没能攻破,如若再加上宛城的十万汉军,则更无法对付。新军得此消息,个个心情沮丧,士气低落。绿林军在气势上已占据了优势。

新军兵卒捡到竹筒,发现里面塞了封帛书,知道一定写的是军情,都急于了解眼下形势到底怎样,也顾不上军规,争先恐后地抢着看。

大帐外人声鼎沸,一传十十传百,大部分新军已经知道宛城失守,汉军主力正冲杀过来的消息,吵吵嚷嚷着要西退潼关,返回长安去。

刘秀又精选了三千人的敢死队,自城西冲击新军的中坚。王邑、王寻轻视刘秀,自以为很容易打败刘秀。因而,他们只率领万余人巡视阵地。为了防止各营出现混乱,他们下令各营严格管束自己的部队,没有命令,不准擅自出兵。

王邑、王寻迎战刘秀,但他们不是刘秀敢死队的对手,新军的阵势很快即被刘秀军击破,士卒混乱溃逃。这时新军其余的部队,因不敢轻举妄动,故无人主动支援王邑、王寻军作战。

刘秀如何肯放过大好机会,趁势高喊:"弟兄们,新军败了,他们其实是虚张声势,快杀呀!"

王邑没有想到,刘秀这支敢死队虽然只是蚂蚁,但是刘秀这个蚁王厉害啊。

刘秀带领的敢死队把王邑和王寻这支队伍打蒙了。各个营的队伍也不敢轻易出来,因为命令说不准乱动,违抗军令可是要被处斩的。

刘秀先直奔过去,忽然有几骑大将旋风般风卷而来,没等回过神已经冲到跟前。王寻倒还能对付两下，无奈手忙脚乱，三下两下，王寻被邓晨和刘秀同时砍中，惊叫着栽倒在马下，没等爬起来，马蹄纷乱中，转瞬成了一摊肉泥。

王邑站在高处观战，亲眼看见王寻惨死，倒吸一口冷气，幸亏前去指挥的不是自己。他打个冷战，嘴唇哆嗦着："回营，快回营！"

昆阳城内的汉军，暗无天日中等待的就是这一刻。王常令旗挥动，城门大开，七千多人马吼叫着冲过吊桥和刘秀会合。内外夹击，喊杀之声惊天动地。

顷刻间，汉军犹如几股高涨的河水汇聚到一起，势头猛增，越战越勇，新军的优势地位急转直下。

王莽的大军一下就崩溃了。逃跑的士兵，光被自己人踩死的就成千上万，百余里内躺满了尸体。"莽兵大溃，走者相腾践"，百万人乱了套，互相踩踏，一败涂地。

别忘了，王莽大军里有一支魔兽军团。那支军团里都是老虎、豹子这样的猛兽，由巨无霸带领着。

王邑脸上灰尘和汗水搅混在一起，红了眼珠子跳脚大叫："巨无霸，放开兽笼，咬他们！快！"巨无霸就在近旁，听到王邑变了声调的吆喝，忙招呼手下把铁笼打开。

铁笼里经过训练的虎、豹、大象、犀牛等野兽，见外边人声嘈杂，早已骚动不安，笼门刚一打开就吼叫着猛扑向汉军。

谁也没见过，大家惊慌地开始向后退缩。关于兽阵，刘秀虽然没亲眼见过，但还是了解一些。

刘秀暗暗着急，猛兽见人退缩，更助长了兽性，吼叫着继续向前猛扑。忽然天色陡地又暗下去，狂风呼啸着席卷而来。

霎时黄尘冲天，飞沙走石，道道闪电当空劈下，雷声在空中炸响，惊心动魄。看天象早就该有风，终于来了。大风和着大雷雨，屋瓦被大风刮走，大雨倾盆而下，水暴涨，王邑军随队的虎豹都吓得发抖。

刘秀看见猛兽被突然而至的天气剧变吓呆了，它们不明白接连炸响的雷声是什么东西，况且还有道道火光从天而降，似乎就要劈到它们身上。

野兽虽然经过训练，但到底仍是野兽，它们受到惊吓，立刻炸开了群，掉头往回跑，也不管什么汉军、新军，逢人就咬，见人就顶。

新军阵营本来就混乱，这时更如同一锅煮开的粥，上下翻腾得不可开交。

巨无霸见自己负责训练的兽阵失去了控制，害怕王邑责怪，硬着头皮挤进野兽群中，抓着领头大象的耳朵叫嚷，让它领着老虎豹子们去咬去踩汉军。

但受惊的大象根本不理会他这一套，长鼻子把巨无霸卷起来，轻轻一甩，巨无霸来不及喊叫，扑通掉进河中，溅起一股水花就不见了踪影。

这样一来，野兽队伍反倒成了汉军的前驱，它们横冲直闯，新军人马互相践踏，在风雨雷电中分不清道路，许多人糊里糊涂掉进河中，后边的人被推动着，止不住脚，明知是河也得跳。

一阵冲杀下来，新军被淹死的就有上万，河水被堵塞不流，河岸到处滚动着人头和残腿断臂，场面惨不忍睹，新莽的百万大军迅速土崩瓦解。

新莽军本是强迫征来的贫苦百姓，早已对王莽政权痛恨之极，经起义军内外夹攻，自然弃阵而逃。王邑、严尤、陈茂等人仅带少数长安精骑，踏着死尸渡河才得逃脱。

汉军缴获了新军的全部军用物资，各种东西堆积如山，一连搬了一个多月还没搬完。王邑率领千余残兵一气奔逃到洛阳。当王莽得知昆阳惨败的消息后，异常震惊，整个新莽朝廷上下也为之惊恐。

踏着遍地横陈的尸体，汉军在昆阳城残破不全的城门下相会。刘秀和王霸、任光、邓晨等将领与成国公王凤、廷尉王常互相见礼，兵丁抱来一坛子酒，给每人倒上一碗，庆贺胜利。

昆阳之战是新汉两军在中原地区进行的一场战略决战，这场大战的主战场在昆阳一线，故称为昆阳之战。昆阳之战是中国历史上著名的以少胜多的战例之一，它决定了未来中原王朝的国运与兴衰，是中国历史上一次有深远影响的战略决战。

昆阳之战中，身为偏将军的刘秀一战而天下闻名。昆阳之战不但是刘秀击败王莽的关键一战，同时也为刘秀日后夺取天下奠定了基础，明代大思想家顾炎武赞扬昆阳之战中的刘秀："一战摧大敌，顿使海寓平。"

当时将士们把刘秀和王凤、王常等人簇拥在中间，并辔进入城内。昆阳这一

第六章 昆阳大战 立功立德创奇迹

仗,新军丢盔弃甲,逃得分外匆忙,留下大批辎重,方圆几十里内,到处都是。

王凤和王常等人商量一下,令士兵歇息一天,然后开始往城内搬运战利品。而刘秀却微攒了眉头说:"现在宛城方面还没有消息,胜负尚在两可之间。围困宛城将近半年,我军消耗极大。还是把缴获的粮草和兵器、弓箭收集起来,尽快运往宛城,协助他们早日拿下城池,等宛城落入我汉军手中,那才是全胜。"

没等王常说话,王凤一拍大腿:"文叔说得对!刘縯将军或许正等米下锅呢!我看这样,咱这就打点粮草车辆,火速增援宛城,由我带大将李轶押运着前去,大家也都放心。"

不仅刘秀,王常等许多将领都感到奇怪,一向把自己性命看得比什么都重要的成国公王凤,这次怎么反常的积极?只有王凤清楚,自己这样做,实在是迫不得已。

尽管昆阳大捷,自己没了性命之忧,但当初坚守昆阳最为艰苦的时候,堂堂王公写请降书向敌人乞降,而且许多人都知道这事,说起来总不怎么光彩。为此,一定要赶在他们前边去宛城,有自己在,流言就不会扩散,至于主动提出带上将军李轶,王凤同样有自己的考虑。他知道刘家兄弟和李通、李轶两兄弟早在未起事时就熟识,对他们很是信任。

王凤决定利用和李轶单独在一起的机会,把他拉到自己身边,对付威名日渐逼人的刘家兄弟。

刘縯、刘秀兄弟起兵之后,因为力量过小,就与绿林军联合,当时绿林军势力非常大,刘縯、刘秀兄弟的实力比较弱,李轶就抛弃了一同起兵的情谊,开始拼命讨好朱鲔等绿林军将领。

昆阳大战之后,由于刘縯、刘秀兄弟威名鹊起,越来越响亮,刘氏兄弟与绿林军将领的矛盾越来越大,在这种情况下,李轶彻底与刘氏兄弟分道扬镳,他和朱鲔等人一再进言,劝刘玄早点动手杀害刘縯,以免留下后患。

对李轶的变化,刘秀敏锐地觉察到了,刘秀对刘縯说:"李轶这个人不能再信任了。"但刘縯并不放在心上。不久之后,在李轶、朱鲔的一再建议之下,刘玄寻机杀害刘縯。

第七章
胞兄被害　以德报怨大丈夫

一、胞兄被害

刘縯在汉军里战功显赫，豪杰归附，百姓影从，引起了绿林军众将的不满。当年五月，刘縯攻下了宛城，刘秀在昆阳城下大破王莽百万大军，刘氏兄弟威名远震。

刘縯作战英勇，性格刚毅，说话豪爽，倾家荡产招募天下英雄，在绿林军的作战中发挥了重要作用，但他为人坦诚，性格外向，锋芒毕露，自恃有侠肝义胆，不知防范小人。

刘玄当了皇帝之后，和绿林军的将领一样，对刘縯是不放心的，刘縯的功劳太大了。过去就很大，昆阳之战后更大。不光刘縯的功劳大，刘秀功劳也大，这哥俩加起来，名气太大。功高震主，主受不了。更始君臣越来越无法淡定了，他们决定杀掉刘縯，先设一个非常阴险的圈套。

在一次朝会上，刘玄突然对刘縯说："大司徒啊，你身上佩带的这把宝剑看起来不错啊，拿过来让我看看。"

刘縯二话没说，就把宝剑解下来递给刘玄。刘玄接过宝剑，左看右看上看下看，拔出来看看又合上。就在刘玄看宝剑的时候，旁边有一个人——刘玄的心腹，绣衣御史申屠建说："皇上，臣有一块玉玦，献给您。"

明白了吧？这是在打哑谜。申屠建是在对刘玄说暗语。皇上你要赶紧下决心，他的剑现在你手上，只要你一出手，刘縯必死无疑。

这时的刘玄心里是很矛盾的。刘縯是这支队伍的功臣，刘玄能当皇帝，能有今天，如果不是刘縯当初造反，是不可能达到的。在绿林军里混，刘玄不过是一个山贼。但是绿林军和刘縯合作后，才半年多的时间，刘玄就当皇帝了，按说应该感谢刘縯，怎么能恩将仇报呢？

再说远一点，刘縯毕竟还和刘玄是一家人，都是汉景帝刘启的一脉相传传下来的，有这种关系存在，刘玄自然不希望同宗的血溅到自己脸上。

可是不杀，刘玄心想："此人的能力、功劳都在自己之上，照这样发展下去，自己这个皇帝很难说能做到什么时候，做不了皇帝倒也没关系，性命怕也难保全了。"

现场的气氛紧张到了极点，一触即发。刘玄和刘縯似乎不是你死，就是我活。他们都是刘邦的后人，当年是刘邦遇到鸿门宴，现在竟然有了后人之间的鸿门宴。历史真是有惊人的相似之处。

现场倒是有一个人，看出了这场鸿门宴。这个人是刘秀的舅舅樊宏，但是，他当时没有说，也没有机会说，事后才说的。

不过，刘縯这一次的运气确实比刘邦还好。刘玄"竟不能发"，没有杀刘縯，把刘縯的宝剑还给他了，估计会说："我看了，你这宝剑不错，不过，不太符合我的范儿，你继续拿着吧。"

刘縯身为大司徒，一直领兵打仗，功劳显赫，佩剑入朝也没有什么。刘玄提出要看他的宝剑，这时候，危险的信号已经发出了。

事后，亲历现场的舅舅樊宏专门提醒了刘縯：昔鸿门之会，范增举玉以示项羽。

樊宏的意思是当年鸿门宴上，范增举着玉玦让项羽下决心，今天，申屠建也拿着玉玦说事，绝对是来者不善。"刘縯听后，"笑而不应"。这"笑而不应"，也是耐人寻味的。

宗室子弟刘稷，是刘縯的一员爱将，史书上说刘稷"勇冠三军"，冲锋陷阵，突围杀敌，是难得的猛将。

刘稷，南阳人，开始为刘家三兄弟的家仆，新莽末年，他与刘縯等人率七八千人起义，号"舂陵兵"，他被封"刘四将军"，成了刘家的兄弟。舂陵兵起义后，刘縯攻下数城，胡阳之战时，刘稷立下功劳最大。湖阳县尉在城墙上看见义军杀来，带兵出城，准备在城外截杀义军。县尉令兵士列队以待，再仔细看，义军东边人马成团成片，不成队法，只有西边列成纵队，稍为整齐，打着汉军旗号，县尉心想，这定是刘縯的汉军了，不禁叹道："刘縯堪称将才。"

刘縯对刘稷道："现在我正式任命你为汉军先锋官，你可任选一队人马作为先锋营，前去攻打敌军。"刘稷催动乌骓马率领先锋营快速离开大军，奔新军而去。县尉看到一将统兵加速前来，再看此将，人高马壮，铁枪粗重，不敢大意。高声喝道："报上名来！"

刘稷并不停下，打马直向县尉冲去，边冲边吼："汉先锋刘稷！"话音刚落，铁枪已经刺出，县尉挺戟向外便磕，枪戟相碰，刘稷的铁枪并未改变线路。县尉再想侧身躲闪，来不及了，暗叫一声："完了！"只听喀嚓一声，铁枪捣碎护心镜，直透体而出，刘稷将死尸挑于马下。众新兵一看，来将只一合便刺死县尉，如同见到鬼魅一般，四散逃去。

如有一次战斗中，有几名速度最快的莽兵率先冲到刘稷的近前，持矛便刺。刘稷大喝一声，挥戟格挡。就听当、当、当连续三声脆响，三支长矛齐齐斜飞出去。三名莽兵连怎么回事都没反应过来，刘稷抡出去的戟又横扫回来，噗！三名莽兵，被大戟杀个正着，三个大活人，皆被拦腰斩断。

刘稷片刻都未停顿，单手持戟，又顺势向前一刺，噗，第四名追上来的莽兵被他一戟贯穿胸膛。刘稷双脚一蹬地面，双手握戟，推着这名莽兵，使得他连连后退，一直撞进后面的人群当中。他断喝一声，将戟横着一抡，挂在戟尖上的尸体横着飞了出去，将数名莽兵撞翻在地。刘稷挥舞着戟，杀入莽兵当中，如入无人之境，当真是人挡杀人，佛挡杀佛。

眨眼的工夫，莽兵便把刘稷团团包围，只是这千百名莽兵，虽把刘稷围了个里三层外三层，水泄不通，却无一人能近他的身。长戟扫过，冲上来的莽兵不是一个一个地倒地，而是一排一排地倒地，滴淌着血水的长戟，真仿佛死神手中的镰刀，收割着周围的一切生灵。

只见人群当中，不时有一股股的血水喷射出来，飞上空中。原本被莽兵吓得落荒而逃的两百多汉军，渐渐地，也都不再跑了，人们纷纷停下脚步，瞠目结舌地看着后方的战团。

他们当然看不到刘稷，只能看到人山人海的莽兵。不过，他们能听见人群当中传出的撕心裂肺的惨叫声，能看到一股股的鲜血飞溅出人们的头顶。即便看不清楚人群里面的战局，但也能分辨出战斗之惨烈。

趁此机会，朱祐大声喊道："刘稷神勇，无人能敌，兄弟们，随我杀回去！"

第七章 胞兄被害 以德报怨大丈夫

"杀——"刘稷只一人,都敢留下断后,阻挡上千之众的敌军,有这样的首领,自己还怕什么?

汉军兵卒,一呼百应,人们纷纷大喊着,端着长矛,反杀了回来。

汉军的这一记回马枪,当真是把莽兵杀懵了,刘稷一个人,在人群的里面杀,两百多汉军在人群的外面杀,上千人的莽兵,只眨眼工夫就倒下了好大一片。

刘稷,是一个"数陷陈溃围,勇冠三军"的战将。

刘玄说:"刘稷有功劳,封你为将军,但是,你竟然敢背后骂我,有抗我的天威,那就叫抗威将军吧。"

刘稷不接受这个封号。刘玄就让手下的将领,带着几千人马,把刘稷抓了回来。

刘玄身为皇帝,连个将军都封不下去,这还叫皇帝吗?再窝囊的皇帝,也是皇帝,再牛的将领,也是皇帝的手下。这一刻,刘玄的眼睛一定红了。

紧接着,又有两个人跳了出来,一个是大司马朱鲔,另一个是李轶。刘秀看得一点没错,李轶早就心怀鬼胎了,现在他果然和朱鲔站在一起。大殿内羽林军林立,刘玄正召集各路将领计议进兵长安。

李轶正站在刘玄御座旁边,忙附在刘玄耳旁说:"陛下,刘稷根本目无君王,像这样的人,留下来迟早是个祸患,还不赶紧下令杀了他!"

刘玄铁着脸点点头:"羽林军,把刘稷推出去,斩了!"

刘縯站在群臣的最前头,忽然看见刘稷被捆绑着进来,不禁愣住。等他明白过来这是有人故意陷害刘稷时,又气又急,同时也有几分内疚。一想到这些,刘縯什么都抛在脑后,大步迈到御案前,黑着脸掩饰不住怒气:"陛下,刘稷的脾性您还不了解?早在舂陵时,他就一直是这个样子,嘴上不饶人,心却是赤胆忠心!自从起兵以来,他哪次不是冲锋在前,身上受的伤,大家可以看看,何止十处二十处?如今王莽还没垮台,南方北方的赤眉军和铜马军各自独立,天下群雄并起,怎么能在这个关键时刻杀自家的猛将?他就有些怒气,心直口快地宣泄出来,总比搬弄是非的小人要好出许多!现在谁是忠臣,谁是小人,谁最该杀,陛下恐怕最清楚!"

刘縯越说越气愤,忽然转过脸来盯住王凤、朱鲔和陈牧、李轶等人。刘玄一向惧怕刘縯三分,听他义正词严地大声辩解,最后简直成了训斥,顿时红了脸,低下头去不敢吭声。

事情既然已经到这种地步,矛盾都已挑明,王凤等人知道,刘縯必须得杀,不杀了他,自己恐怕很快就有危险。

朱鲔横眉怒目:"反了,都反了,陛下,还不快杀了他!"说着顾不上君臣身份,上前登上台阶,扯扯刘玄衣袖。

王凤和陈牧忙在下边打气:"陛下,快杀了他,否则后患无穷!朝廷有我们呢!"

一片叫嚷声中,刘玄清醒几分,见此刻刘縯的人都不在跟前,料不会有什么大乱子,终于惴惴着命令道:"反了,反了,快把他俩都绑出去……"还没说完,王凤已经替刘玄下了命令:"还等什么,快拉出去砍了!"

几十个王凤属下的刀斧手冲上来,不等刘縯反应过来,已经把他手脚给绑住。刘縯和刘稷挣扎着叫喊:"我无罪!我冤枉!"

但大殿两侧将领几乎全是平林和新市方面的将领,他们不等刘縯和刘稷再说别的,一起上手,把他俩推出殿外。

可怜刘縯和刘稷英雄半生,最终没能战死疆场,没能看到汉室复兴,却惨遭自己身边小人的毒手。

史学家司马光说:"縯性刚毅,慷慨有大节,自莽篡汉,常愤愤,怀复社稷之虑,不事家人居业,倾身破产,交结天下雄俊。"史学家范晔评刘縯:"性刚毅,慷慨有大节。""齐武沉雄,义戈乘风。仓卒匪图,亡我天工。""伯升好侠养士,常非笑光武事田业,比之高祖兄仲。"

刘稷是一个万夫不当的战将,也是一个忠实的家仆,忠诚的刘家子臣,结果却落得如此悲惨的下场,皆出于他的忠实。

消息飞快传到司徒府中,整个司徒府一片混乱,哭叫连天。樊宏镇静出奇地找来护军朱祐:"朱将军,我早就知道要有这一天。现在最当紧的,是护送刘縯家眷立刻回乡,免遭他们进一步残害。再一个,你立刻去找文叔,把这里的情况报告给他,叫他多加当心!"

二、 忍辱负重

朱祐领命,在一片混乱中,飞马从后门跑出,悄悄离开宛城。

朱祐字仲先,南阳郡宛县(今河南省南阳市宛城区)人。朱祐少年丧父,

第七章　胞兄被害　以德报怨大丈夫

随母亲回到清河郡复阳县（今河北省故城县）外祖父刘氏家中居住，经常往来于舂陵之间，所以他与刘縯、刘秀兄弟自小便相识，在长安一起与刘秀求学，在刘氏兄弟起兵前，就建立了深厚的感情。

新莽末年，社会动乱，绿林军、赤眉军相继起义，刘縯、刘秀兄弟也起兵于南阳郡，号称"舂陵兵"，朱祐也参加了刘氏兄弟在南阳的起兵。刘縯被更始帝刘玄任命为大司徒之后，刘縯任命朱祐为他的护军。此后，朱祐以护军将军的身份，一直跟随在刘縯左右。刘縯被刘玄杀害之后，朱祐只身一个人跑去找刘秀报信。此后，便一直留在刘秀身边。

刘秀屯驻父城，它位于河南省宝丰县李庄乡古城村，为春秋晚期至战国中期楚北重镇。

刘秀和幕僚议论用兵之道，谈得十分投机，对复汉大业充满信心。正兴高采烈间，朱祐忽然衣甲不整、头发散乱着闯进来，一眼看见刘秀，伏地大哭。

刘秀见朱祐这副模样，一股不祥的预感腾地涌上心头，拉起朱祐大声问："怎么啦，我大哥他？"

朱祐哭得更加伤心："大司徒他，他，他叫王凤、李轶那帮小人给杀害了！"

"啊！"一股热血冲上头顶，刘秀眼前一黑，身子摇晃几下，软软地斜跪在地上。

"刘将军！"朱祐唯恐刘秀再有什么意外，忙上前扶住刘秀，声泪俱下地把刘縯和刘稷被害的经过大略说了一遍，然后道："将军，更始朝廷已被小人盘踞，现在将军手里正好有兵马，虽然人数不多，但凭将军威名和智谋，拿下宛城不成问题。请将军火速发兵，攻打宛城，为大司徒和刘稷报仇。"

刘秀满脸泪水一拳砸在地上："大哥，我……"

众人都以为刘秀接下来要下令攻打宛城，不等他把话说完，冯异搀扶住刘秀肩膀，急切地说："刘将军，不管怎样冤屈，逝者已去，眼下最重要的是该为生者考虑。事情已经很明显，那帮小人陷害大司徒，势必要连累到将军。将军想想看，眼下父城有多少人马，宛城有多少汉军，实力相差悬殊，就算孙子在世，能扭转乾坤吗？小不忍则乱大谋，昔日勾践卧薪尝胆，不惜替吴王马前为卒，而最终成为春秋一霸。将军是明理之人，一定要节哀三思呀！"

大家听冯异这样说，虽然都觉得有道理，但刘秀正在气头上，杀兄之仇非比寻常，他能忍耐得住吗？看来要有一场苦劝，劝说不通，一场恶战就在眼前了。

长兄如父，刘玄杀了刘縯，就如同和刘秀有杀父之仇，此仇不能不报，可是怎么报呢？带兵造反？刘秀还没有这个实力。

那么不造反，还能继续干吗？刘玄杀了刘縯，下一个目标肯定就是刘秀。刘秀不死，也会成为刘玄的心病。所以这时刘秀是非常危险的，只要有一点做不好，就只能和大哥在九泉下相会了。

现在的刘秀只有大姐和小妹了，他是家里唯一的男人，刘秀首先要做到的就是要活下去，否则不但对不起自己，也对不起死去的兄弟姐妹。

刘秀赶到宛城，不是要和刘玄玩命，而是前来谢罪。

刘秀在刘玄面前，表明的态度是，我大哥犯罪了该死，作为他的弟弟，我觉得自己也有罪，我来忏悔来了。

"陛下，臣痛恨臣不能时时追随陛下，督察刘縯，致使刘縯忤逆陛下，其人固然罪该万死，但臣痛定思痛，自己也有推脱不了的过错。臣请陛下宽宏大量，给臣以赎罪机会，报答陛下。"

刘秀话语平稳，一字一顿，响亮的声音在大殿回荡。王凤、陈牧和刘玄等人，意外得惊奇，他们根本想不到刘秀竟然能主动来宛城谢罪，而且言辞痛切，从表情到举止，都如此自然，一点没有伪装的意思。这让他们君臣顿时不知所措，大家面面相觑。

刘玄很吃惊，心想："我把他大哥都杀了，他也不和我理论，还这么自责，难道刘縯不是他亲大哥，刘秀是后来从哪儿抱的孩子吗？"

刘秀到了宛城，刘縯的一些同事、下属都向刘秀表示哀悼。有的人甚至还会掏心窝子说："你大哥死得冤枉啊，都是谁谁谁给害的。"

刘秀一句心里话也不说。不管别人说什么，在昆阳立下的战功，刘秀也只字不提。这时候，战功已经不再是战功了，而是祸端。

按说大哥死了，刘秀应该服丧、素食啊，他都没干。他该怎么吃饭就怎么吃饭，该怎么说笑就怎么说笑，就跟没事一样。

只要刘秀一个人的时候，他就不沾酒肉了，枕头床铺上有哭泣的痕迹。他极力克制着自己，不能哭出一点声音，哭就是罪。

刘玄也有可能看出刘秀是在演戏，但是这个戏没有一丝穿帮的地方，就算是演戏，也挑不出理来。所以，他也只能陪着刘秀演。

刘玄拜刘秀为破虏大将军，封武信侯。表面上是给刘秀升官了，其实，不过是想挽回一些舆论影响和道德成本。

杀刘縯虽然是有理由的,但很多人也都是心知肚明,刘玄对刘秀的奖励,就是让大家看看,其实自己赏罚分明。

不过,兵权刘玄是不会再交给刘秀了:"你哪儿也别去了,就在宛城待着吧。"这职升的,和留职查看差不多。

不管怎样,刘秀活下来了,有时候,活比不怕死更难。对刘秀来说,只要活下来就有希望。在战场上,他可以大勇若怯,同样,在这次政治斗争中他表现出的,也是一种大勇若怯。这里的怯,和在战场上一样,是对对手的麻痹,是对自己的保护。

自从杀了刘縯,王凤等人心头终于放下了一块石头,但刘秀还在,总让他们有几分提心吊胆。他们每次见到刘玄,都要议论起刘秀。

刘玄自己也知道,杀了刘縯,刘秀必然不甘心。

刘玄说:"文叔坦诚可爱,朕很是高兴。不管刘縯错有多深,但念在同宗同族的情分上,你先负责料理他的后事吧!"刘秀再次叩首,谢恩退下。

留下一帮君臣呆愣着不知说什么好。出得大殿,刘秀径直来到司徒府。留守司徒府的樊宏和阴识等人,见刘秀来到,如同有了主心骨,忙带着家人在府门两侧迎丧。人人满脸悲戚,个个情绪悲愤,纷纷请求刘秀一定要出头替大司徒讨个说法,不能让大司徒就这样英雄一世却不明不白地死去。

而刘秀昂首挺胸,对他们的话似乎充耳未闻,脚步腾腾地走进厅堂,站在厅堂正中央,看一眼刘縯棺木,大声说:"你们听着,刘縯触怒皇上,已被诛杀。按律应当连坐,大家都有罪。皇恩浩荡,大家应该遥拜谢恩。刘家祖坟远在舂陵,谁愿意扶灵枢归葬?"

众人听刘秀这样说,都瞪大了眼睛,不相信似的看着刘秀,眼光很是陌生。樊宏红肿着眼睛长叹口气:"唉,亲情如铁,富贵如炉,可叹伯升英雄一生,却看错了人!罢了,还是让我回去,顺便也给自己找块坟地!"

刘秀这才第一次把高抬的眼光放在樊宏身上,四目相对,彼此灵光一闪,似有似无地点点头。"那好,罪人刘縯和刘稷的后事,就托付给舅父了!"

刘秀转瞬又脸色如铁一般坚硬,立刻指派兵卒拉马套车,让樊宏即日上路。直到临走时,连刘縯和刘稷的棺木都没正视一眼。

刘秀在大司徒府里的言行,早有人飞奔着报告给刘玄和王凤等人。他们此刻正在大殿里议论,到底杀不杀刘秀,听来人说一番刘秀处置刘縯后事时的言行,都似信非信地犹豫不已。

就在这时,刘秀进殿禀奏:"启禀陛下,罪臣刘秀奉旨处置刘縯丧事,已经把他的灵柩打发回乡,遣散府中人员,关闭了府门,其部下兵丁分散归属汉军各部。诸事办妥,回复请旨。"

刘秀愈是心平气和,刘玄愈感觉惊慌,他涨红了脸四下看看,见众人都低着头不说话,只好干咳一声说:"刘縯鲁莽,朕也十分痛心。他的大司徒职位,朕已转赐给同族刘赐。以后,大家还要齐心协力。"

刘赐见皇上提到自己,顿时一慌,突突心跳地问:"文叔,昆阳大捷,汉军以一万多疲敝之众大胜王莽百万大军,以弱胜强,威震天下,从黄帝大战蚩尤到项羽背水一战,都不及昆阳一战。据说当初是你力主坚守,后来又是你突围调来援兵。可是也有人说主持这场大仗的是成国公,众说纷纭,其中详情自然你最清楚,那你当着大家的面说,昆阳一战到底是什么情况,谁的功劳最大?"

刘赐之所以这样问,其目的是想让刘秀说出几句赞颂王凤的话来,这样就堵住了王凤的嘴。

刘秀轻轻说:"启禀陛下,昆阳之战,主帅是成国公王大人,这是众所周知的事实。当初新军兵临城下,坚守城池,突围求援,成国公总揽全局,自然都由主帅裁定。我们十三个敢死队员突围而出,侥幸搬来救兵,杀王寻走王邑,论功劳,十三个敢死队员都有份,在下不过是其中之一而已。"

王凤终于松口气,颇为感激地看了刘秀一眼,连忙走出队列说:"陛下,虽然同是十三个敢死队员之一,但太常偏将军的功劳其实要比别人高出许多。文叔不贪功,不违背陛下旨意,和其兄鲁莽大为不同。刘縯死时,文叔远在父城,不知者不为罪,请陛下宽恕。"

既然王凤都说了替刘秀开脱的话,朱鲔、陈牧和李轶等人也不好再说什么。刘玄顺水推舟,宣布赦免刘秀连坐之罪,让其回自己府中歇息反思。

三、娶阴丽华

阳光惨淡,迷雾一般飘洒进来,充溢整个内室,迷蒙得让人喘气都有些困难。刘秀仰面躺在床榻上,泪眼蒙眬中,兄长的影子总在眼前晃动。

刘秀脑海中飞快地分析着当下的形势,汉军经过一年的苦战,相继取得宛城

第七章　胞兄被害　以德报怨大丈夫

和昆阳大捷。尽管更始朝廷内部昏庸透顶，小人当道，但外界并不了解这些内情。

此刻自己如果同更始君臣公开决裂，最后非但不能报仇，不能复兴大汉江山，弄不好很快就会步大哥后尘。

可不起兵替哥哥报仇，别人会怎么说，更始朝廷还能容得下自己吗？哥哥去了，自己不能为他戴孝，但总要给哥哥一点安慰。他找来一条白色纱带，缠在内衣袖子上，以此表达只有自己才懂得的思念。

汉军继续攻城略地的时候，刘秀却安闲地深居府中，吃吃喝喝逍遥自得。

有次在朝堂上刘玄无意中问起刘秀："文叔难得清闲，朕想，忙惯了的人清闲起来也难受，文叔可有同感？"

刘秀立刻惶恐地伏地回答："陛下英明。不过臣并没闲着，这些日子，臣除了闭门思过，宣讲刘縯罪过外，还静心研习大汉礼仪。天下动荡，礼仪大坏，许多典章制度几乎失传，臣仔细搜集整理，将来陛下统一全国，臣可以把我大汉礼乐典章原样恢复过来，以此来报效陛下。"

"好，好，武将变文臣，这样很好！"刘玄终于放下心来，身心舒坦地斜靠在龙椅上，眉开眼笑。

然而新市军和平林兵的将领们仍不敢掉以轻心，他们不相信，杀兄之仇真的这样无影无踪？刘秀既不为刘縯服丧挂孝，也不向人夸耀以前的战功，饮食谈笑和以前没什么两样。几个月很快过去，接踵而至的禀报让他们既失望又放心。

患难见真情，刘秀想起阴丽华。阴小姐发誓非将军王侯不嫁，如今自己真真是将军王侯了，可是阴小姐，你还在等我吗？

刘秀还需进一步行动，更大程度地迷惑那一帮小人。

第二天，刘秀启奏刘玄，请求准许自己免朝成亲。刘秀要娶妻的消息传出来，新市和平林的将领们无不哂笑，长兄如父，父死应该守孝三年，可现在刘縯死了还不满一月，刘秀就张罗着要成亲，这样的人看来不但胸无大志，还贪恋享乐，哼，能成什么气候？

刘秀派护军朱祐前往偏将军府，向阴识探问亲情。

阴识刚开始对刘秀很感失望，他甚至怀疑刘秀是否和更始君臣有什么私下密谋交易。但他又怀疑自己，他相信刘秀不是李轶等容易利诱之辈，通过以前的交往，阴识冥冥中感觉，这个年轻人绝非用常人度量可以揣测，他所做的一切，必然有他自己的道理。

朱祐飞马驰进阴府，大大咧咧在前庭坐下，也不用客套，开门见山说明来意。阴识对妹妹和刘秀的事情早就清楚，只不过不好意思细问。现在朱祐找上门来，顿时喜上眉梢，直来直去地说："朱将军，你也不是外人，我那妹子就等着今天呢！"

"那好，那就好！"朱祐拍手大笑，"我这个媒人这下就容易当了，看来喝你家几杯喜酒并不用费多少力气！"

此时在新野的阴府老宅绣阁中，阴丽华正手抚琴弦，浅吟低唱，目光却久久凝视着刘秀赠送给自己的玉佩。那晶莹剔透的玉佩，仿佛一颗不住跳跃的心，无声地诉说着什么。

阴丽华苦笑着，冥冥中就已经和刘秀结缘。"窈窕淑女，君子好逑"，南阳地区想娶阴丽华的青年才俊多得是，其中不乏名门之后，商贾巨子，而刘秀一介布衣，想要抱得美人归显然是妄想。刘秀虽然当年无钱无势，却很有抱负，他常对身边的人说自己有两大心愿，一个就是做执金吾，一个就是娶阴丽华。这个执金吾主要负责巡视皇宫，常常能够随驾出行，地位相当显赫。在当时的刘秀看来，要是能够像执金吾那样常伴皇帝身边，每年享有二千石的俸禄，再有阴丽华这样的佳人相伴，人生就完美了。身边的人听了之后都讥笑刘秀，认为他这只不过是痴人说梦而已。新莽末年，国家陷入混乱之中，各地豪强纷纷揭竿而起。刘秀兄弟和南阳宗室子弟也趁机在南阳郡的舂陵乡起兵，希望在末世中逐鹿中原，建立一番伟业。昆阳一战，刘秀率领绿林军将士以少胜多，彻底瓦解了新莽政权，一战成名。这时候的刘秀已经不是当年那个名不见经传的小人物了，他开始崭露头角，博得了更始帝刘玄的倚重和青睐，被委以重任，东征西讨。

让阴丽华担心的是，这么长时间杳无音信，刘秀还记得自己吗？还珍藏着那枚凝聚着自己纤纤柔情的金钗吗？她知道自己的担心不无道理，像刘秀这样的人物，常年领兵作战，必然功劳卓著，什么样的女子遇不到？算来他已经年近三十，面对各色女子，他能不动心吗？

第七章　胞兄被害　以德报怨大丈夫

朱祐速去速回，兴冲冲地回到武信侯府，抹一把脸上的油汗，一字不漏地把阴识的话告诉给刘秀。

刘秀悬着的心立刻放下，他既感激阴丽华的一片痴情，也庆幸自己没有看错人，从此多了一位红颜知己，时刻压抑在心头的苦楚也可以减轻几分。

刘秀立即命人套上马车，带了礼物，正儿八经地前去议婚。经过一场磨难，阴识此刻更加敬重刘秀。

刘秀令朱祐、祭遵和臧宫等人带领童仆收拾大将军府，又召集水泥工匠，大兴土木，把府里府外重新整治一番。

等收拾得差不多了，刘秀在阴识的陪同下，大张旗鼓，带了黄金、马匹、玄璧等物品为聘礼，极其隆重地亲去新野，迎娶阴丽华。

刘秀高骑在马上，身穿簇新官服，满脸喜气。浩浩荡荡的队伍来到阴府，阴识出来，大手一挥："刘将军请！"

迎娶阴小姐回到宛城，以王凤为首的群臣都赶来道贺。进到刘秀的大将军府，但见鼓乐齐鸣，宴席丰盛，人头攒动，热闹非凡。

刘秀换上大红的吉服，执觥在手，逐个敬酒，大口吃肉，谈笑风生，浑身洋溢着喜气。朱鲔、王凤、陈牧、张印、李轶等人，见刘秀醉心于家事，疑虑顿消。

喧闹了整整一天，直到夜色阑珊时分，客人终于渐渐散去，空旷的大将军府寂静下来。红色垂地帷幕围起来的洞房内，刘秀轻轻坐到阴丽华面前，四目相对，电光碰撞间火花闪烁。

"丽华。"刘秀从衣袖中拿出那枚依旧色彩灿烂的金钗，替她别在发髻上。阴丽华的脸庞在烛光跳跃下，如同朝霞映红了整个洞房，她嫣然含笑，把玉佩挂在刘秀脖子上。刘秀心头一动，把她的手紧紧握住，放在自己怀里。阴丽华已到二八年华，人变得越发的成熟，容貌更是倾城倾国，风华绝代。超凡脱俗，活脱脱从画卷中走出的仙子。这样的阴丽华，让刘秀看傻了眼。

"仕宦当做执金吾，娶妻当得阴丽华。"这一理想在当时看来是不着边际的空想，简直是天方夜谭。想不到，多年后，梦想变成现实。

阴丽华的德行高尚。《后汉书》记载：阴丽华生性仁爱孝顺，怜悯慈爱。性格恭谨俭约，少嗜玩，不喜笑谑，有贤后之名。南怀瑾先生在他的著作《原本大学微言》说：中国历史上那么多皇后，若论贤惠，排名第一的是朱元璋的马皇后，第二便是刘秀的阴丽华。刘秀是开创"光武中兴"的一代英主，自然对于女人也有德行上的要求，而阴丽华恰恰是个德行无可挑剔的母仪天下的贤后。

公元23年六月的一天，宛城的当成里高朋满座，喜气盈门。在人们的祝福声中，这对新人幸福地拜了天地。刘秀时年28岁，阴丽华19岁，英雄美女，珠联璧合。

婚后第二天，刘秀陪她在后院散步闲聊，偶尔也坐在石凳上对弈、翻阅书卷。两人一连几日形影不离，他要用男人的成熟与深厚的炽爱，去补偿阴丽华对自己的苦苦等待。

而在外人看来，破虏将军、武信侯刘秀似乎完全沉溺于新婚的欢乐中，他已经忘记了什么大汉江山，忘记了起兵时的宏愿，忘记了高祖帝业，甚至也忘记了如同父亲一般关心他的大哥。

有次朝会上，谈将来攻占长安后，要举行登基大典，要告拜上天祖宗，可是具体怎么做，怎样才合乎天子礼仪，大家却拿不出一个准确的典章制度。

廷尉王常出班禀奏说："陛下，王莽篡政以来，已经把大汉的礼仪典章篡改得面目全非，连地名和官职都相当混乱。诸位大多出身于江湖，打打杀杀还可以，要谈论到礼仪典章，却都是外行。臣听说武信侯刘秀以前曾游学太学，近来在府中遍读古书，说不定他能说出个道道。"

刘玄也想起以前好像问过刘秀躲在家里干什么，刘秀说是研习大汉典章。往下边看看，却不见刘秀的影子，一问才知道，刘秀告假期限未到，这几天正和新婚的美人混在一起。刘玄急于知道正经当皇帝是何等威风，赶紧让黄门使者把刘秀召来。

刘秀在府中听到皇上口谕，不知道皇上着急地找自己要干什么。刘秀脑子飞快地转了几转，立刻想好，如果刘玄让自己带兵，一定要坚决推辞，只有这样，才会更加稳住他们君臣对自己的戒心。

飞马来到宫阁下，匆忙进殿，拜见完毕，刘玄一迭声地叫他平身："武信侯，现在天下已经大体平定，朕不久要在长安祷告天地祖宗。当年大汉朝廷的各种大

第七章 胞兄被害 以德报怨大丈夫

典礼仪,说来让大家都听听,免得到时候手忙脚乱。"

刘秀松了口气,站在大殿中央不慌不忙地说:"陛下,我大汉的典章礼仪,是治理天下的根本。朝廷大典庆贺,大致包括立春、朝会、郊祀和祭祀宗庙等,古书上说得极为详细,臣已经烂熟于胸,到时一定竭尽全力把大典办好,使其隆重而典雅,重现大汉威仪。"

接着刘秀就每项大典时该如何布置,皇上穿戴什么,坐在什么方位,大臣如何拜贺,万民如何景仰等等,说得详细清楚又通俗易懂。

随着刘秀在朝廷中的地位日益稳固,阴丽华暗暗替他高兴,但她深知藏在丈夫心中的隐痛,为了让刘秀高兴,阴丽华经常置办一些酒菜,亲自弹曲助兴。

而阴丽华没想到的是,越是对着欢乐的场面,刘秀心头就越容易感到凄凉。美酒歌舞排遣不了失去亲人的痛楚,更挥不去自己备受压抑强装笑颜的郁闷。

有次刘秀下朝早些,回到家径直走到内室,见阴丽华换了一身素服,正替自己向兄长的灵位跪拜祷告,登时大受感动,忍不住扑上去抱住灵牌痛哭失声。

阴丽华看看窗外,拉起刘秀柔声说:"夫君,天道后举者胜,以逸待劳,何患不克?先称王称帝者未必能把握住社稷江山,只有不计一时得失,能忍受住委屈磨难的才是真英雄。以前我常听我爹说,能容小人,才是大人,能容薄德,才是厚德。夫君一定要做大人,养厚德。将来成就大业后,回想起如今这番历练,未必是什么坏事。"

一席话如春风化雨,刘秀猛然惊醒过来,为自己的失态感到很不好意思,机警地朝窗外看了看,什么也没说,把阴丽华的手拉得更紧。

第八章
修建洛城　含养德性显才能

一、新朝灭亡

随着王莽新朝政权的衰弱，政治格局越发恶化混乱，一时间各地称王的不计其数，都想在这大乱年头分得一杯羹，夺取一番富贵荣华。

刘秀深居将军府，很少出门，也不多接见客人，但他的耳目却很灵聪，对外界各种势力的彼此消长了然于胸。每次听到有人割据起兵的消息，他都暗暗高兴，他知道，所谓不乱不治，唯有大乱，才可能大治，才有自己崭露头角的机会。他耐心地等待着。

王莽当上皇帝后，企图通过复古西周时代的周礼制度来达到他治国安天下的理念，于是仿照周朝的制度开始推行新政，史称"王莽改制"。王莽在始建国元年宣布的政策是：将天下田改名"王田"，以王田制为名恢复井田制；奴婢改称"私属"，与王田均不得买卖。其后屡次改变币制，更改官制与官名，把盐、铁、酒、铸钱及山林川泽收归国有。但由于这些政策只求名目复古，很多都是与实际情况相违背的，而且在推行时手段和方法不正确，在遭到激烈反对后，又企图通过严刑峻法强制推行，使诸侯、公卿直到平民因违反法令而受重罪处罚者不计其数，加剧了社会的动荡。人们未蒙其利，先受其害，各项政策朝令夕改，使百姓官吏不知所从，因此导致天下各豪强和平民的不满。

王莽因国内已有北海郡、南海郡、东海郡，而唯独缺少西海，为了凑全这"四海"，他穷兵黩武地出兵将青海湖一带的土地占领来设置西海郡。为使这块荒地像一个郡，必须强制移民，于是增加了五十条严酷法令，以便增加成千上万的罪犯，满足移民的需要。为了这个西海郡，王莽招来了最初的不满。他将原本

第八章　修建洛城　含养德性显才能

臣服于汉朝的匈奴、高句丽、西域诸国和西南夷等属国统治者由原本的"王"降格为"侯"。又收回并损毁"匈奴单于玺",改授予"新匈奴单于玺";甚至将匈奴单于改为"降奴服于",高句丽改名"下句丽";各族因此拒绝臣服新朝。王莽又主动挑起了无谓的争端,轻率地决定动用武力,不仅导致边境冲突,还使数十万军队长期陷于边疆,无法脱身,耗费了大量人力物力,造成边境战乱不绝。

在王莽专权期间,一面大封其亲信,多达395人,一面将刘氏宗族诸侯王32人、王子侯181人废黜,其代汉野心逐渐暴露。刘氏宗族及贵族官僚相继起兵反抗是必然的。由于王莽兴师动众讨伐匈奴和周边少数民族,大兴土木,还大大加重了老百姓的赋税、徭役负担,甚至造成成千上万的百姓死于非命。例如征句町时,王莽发吏民二十万,因军粮前后不相及,士卒饥疫,三岁余死者数万人。人祸加上天灾,使土地荒芜,物价腾贵,米价由汉文帝时的每石数十钱涨至二千钱。到王莽末年,更达到了每斛价值黄金一斤。天灾人祸迫使百姓流落他乡,人相食的惨状史不绝书。面对这种现象,王莽无计可施,竟然异想天开,派人教流落关中的饥民"煮木为酪"。这种悲惨的生活,怎么能使百姓不铤而走险,揭竿而起呢!

在王莽推行新政时,屡有旱、蝗、瘟疫、黄河决口改道等灾害出现,由于王莽改制不仅没能缓和社会矛盾,反而造成了天下剧烈动荡,国库也耗费殆尽无法拨款赈灾,造成了民众生存难以为继。各地义军人数不等,少则数千,多则数万、数十万,其活动范围往往跨州连郡,活跃于广大地区。

在国都附近的三辅地区,各方起义军也多得不可胜数。公元21年,三辅盗贼麻起,甚至在长安城中也有盗贼出没,王莽不得不置捕盗都尉官,令执法谒者追击长安中,建鸣鼓攻贼幡,而使者随其后。

眼看京都危急,王莽惊慌忧惧,招来王邑、张邯和苗诉等大臣,商议半晌,也拿不出什么灵丹妙药,君臣相对失色,惶惶然如溺水的人抓不住一根救命稻草。最后还是大司空崔发犹豫着摇头晃脑地说:"陛下,事已至此,以武抗武、以暴制暴显然力不从心,只能以文克武了。"

"以文克武?"王莽听着新鲜,瞪大了眼睛。

"臣近来钻研《周礼》《春秋》等典籍,上边都提到,国家如有大难,别的办法都不管用时,还有最后一个法子可用,那就是用哭来压制灾难,求得上天同情。还请陛下号泣祷告上天,请求上天佑护。"崔发一本正经引经据典地说。

王邑和张邯一阵泄气,在心里暗骂。不料王莽却两眼发亮,拍打着桌案说:

"好主意！快去传旨，大小臣僚都随朕到南郊去号哭。太学生和百姓也尽量多去，有哭得响亮动情的，立刻封作郎官！"

第二天一大早，王莽带领群臣、太学生及地方小吏、百姓，共五六千人，前去南郊号哭。王莽为了表示虔诚，亲笔写了符命，对着苍天宣读一通，读罢号啕大哭，哭得分外动情，泪水打湿了龙袍前襟。

哭了大半个时辰，再让大臣宣读崔发精心撰就的《告天策文》，宣读完毕大家一起恸哭。几千人哭声震天，哭态百出，场面甚是震撼。

然而，恸哭了大半天，尚未完成各项仪式，有前方战报送到，说邓晔和于匡打开武关大门，迎接更始的西屏大将军申屠建和承相李松，他们合兵一处，来攻打京师。

长安郊区的豪强大族们听到消息，纷纷率领族众投奔汉军，现在长安郊外，几乎已经成了汉军的天下。王莽闻听消息，颓然地坐在地上，一片号啕声戛然而止。

王莽知道光哭肯定不行，在军事上他也采取了相应的行动。王莽临时任命了九个将军，都用"虎"字为称号，号称九虎，带着几万精兵去跟汉军打。这些兵力可以说是他最后的棺材本了，为了让这九虎为他卖命，王莽把他们的老婆孩子押到宫里当人质，另外每人赏了四千钱。

前阵子立皇后，聘礼就花了三万斤黄金，这时候九虎每人才赏四千钱，还扣着人家老婆孩子，别说是封的九虎，就是真的九只老虎，恐怕也不愿意为他去咬人。

九虎毫无斗志，都是应付差事，根本不去主动进攻，只凭借地形优势，被动防守，才打了一仗就有六虎跑了。其中有两虎大概是顾忌着老婆孩子都在王莽那里，跑回来请罪，结果被逼自杀了。另外四虎听说后，也不敢管老婆孩子的事了，跑吧。九虎就剩三虎了，这些虎，也要坐山观虎斗。

王莽的军队勉强坚持了一个月，终于在各路大军的群起征讨下土崩瓦解，哗变着四下逃窜。汉军直逼长安城下，几路军马一拥而上，猛攻长安。

公元23年，起义军（绿林军）攻入长安，王莽在王揖等护卫下逃往渐台，公卿大夫、宦官、随从还有千余人。守城的王邑日夜搏斗，部下死伤略尽，也退至渐台。这时他的儿子、侍中王睦正想脱掉官服逃命。王邑将他喝住，父子俩一起守着王莽。最后随从王莽的千余人全部战死或者被杀。

京城内外顿时人喊马嘶，沸反盈天。长安城内的壮士朱弟和张鱼招集街巷百姓，操起兵器，没兵器的拿出农具、棍棒，积极响应汉军，率先进攻皇宫。

有人趁乱点着火把，见楼阁亭台就烧。大火很快蔓延，一直烧到王莽的九殿明堂，站在高处眺望，大部分宫室都冒起了浓烟。

王莽傻呆呆地站在空无一人的大殿内，手捧玉玺，嘴里念念有词："天生德于予，汉兵其如予何？"直到刀枪撞击着有人杀进来了，他才大梦初醒地向渐台方向奔跑。

有人发现了身穿皇袍的王莽，追杀不舍。王莽被起义军战士（商县人杜吴）所杀，校尉公宾就向杜吴问王莽的尸身在哪，杜吴告诉他在"室中西北陬间"，公宾就斩了王莽的首级，悬于宛市之中，数十个军士争相杀王莽，分裂了王莽的尸体。百姓们听说王莽的首级在宛市，"共提击之，或切食其舌"。

其他人见王莽死了，争相抢夺王莽尸体，作为邀功请赏的证据。

王莽在位 15 年，死时 67 岁。中国传统历史学强调忠君、家天下等理念，对王莽的评价普遍不高，一般都认为他只是一位"伪君子"，众口一词的千古罪人。东汉朝修订的《汉书》就把王莽列作"逆臣"一类。而后世评价也大抵是受到了后汉时代史家所影响。事实上王莽本身是篡汉而取得帝位，而同时也是汉朝宗室所灭，从汉朝政权来看，王莽被视作"逆臣贼子"，并不奇怪。

此时的刘秀想，王莽已经灭亡了，看起来天下就是汉军的了，但是，自己当初和大哥起义，付出了那么多的代价，难道就是为了今天吗？如果按照他和大哥当初的设想，这时候的皇帝也许是大哥。现实却是大哥被杀了。他没有任何兵权，时时刻刻都有可能被置于死地。

还好，刘秀的忍辱负重，让刘玄放松了警惕。但总是这样下去，恐怕也不行。就算刘玄不杀他，跟着刘玄这样一个皇帝，也没什么前途。

二、建议迁都

新朝覆灭，王莽死掉，自然令人高兴，但刘秀却怎么也高兴不起来。实现了当初舂陵起兵时大哥发下的宏愿，自己也成了将军侯爷，如愿娶得阴丽华为妻，可这个宏愿的实现却如此不尽如人意，如此让人心酸。

好消息接连传来。这年的九月上旬，定国上公王匡攻占洛阳，把新朝所依赖的大将和他同名的新朝太师王匡，还有大将军哀章生擒活捉，押送回宛城。

长安是大汉的故都，大部分宫殿已经焚毁，刘玄从长安返回宛城。为了庆贺胜利，在俘虏押回的当天，举行盛大的宴会。宴会开始前，先把王匡和哀章当街杀掉示众，作为宴会的第一个节目。接下来丝竹悠扬，轻歌曼舞，大殿内拉开一排长桌，各式佳肴飘溢着香味，还有坛坛美酒。

在群魔乱舞般的人堆中，刘秀坐在角落，哄闹声又引起他对大哥的思念，引发他对自己未来的忧虑。

"刘将军，大喜的日子，别人都兴高采烈，唯独你面带戚容，怎么，有什么想法，不妨说出来给大家听听？"忽然有个声音劈头而来，把沉思中的刘秀吓一大跳。

刘秀还不知道，他的反常表情，早被朱鲔和陈牧等人看在眼里，朱鲔悄悄拉一把刘玄的衣袖，陈牧则来个突然袭击，冷不丁地大声问道。

喧闹立刻停止下来，大家的目光集中到刘秀身上。好呀，任你藏得再深，狐狸尾巴总有露出来的时候，看你怎么办？有些人等着王凤发一句话，立刻就上去把刘秀给按住绑了。

刘秀激灵一下回到现实中，面对各种含义不同的眼光，立刻镇静下来，似乎没怎么想，很随意地说："陛下，诸位，我汉军接连胜利，现在我更始朝廷非比从前，复兴大业已成定局。可是，宛城地处偏远，城池又小，怎么能一直作为帝都，这样不但不方便，而且也有损朝廷威严。所以我方才想，目下要紧的是应该迁都，迁都是大事，所以我沉吟着拿不定主意。没想到却扫了诸位的兴，抱歉得很。"

众人愣了一下，谁都没想到刘秀说出这番话来。

刘玄早就在宛城这个小地方待腻了，立刻高兴地首先发话："还是武信侯深谋远虑，不愧是上过太学的。好，应该迁都，立刻就迁。不过迁到哪儿去呢？武信侯想来已经有了打算？"

刘秀沉吟一下："按理说应该迁到长安，那里是我大汉的故都。可是据说长安宫殿大部分已经焚毁，修建起来怕是很麻烦，再说也需要时间。眼下最好的去处，莫过于迁都洛阳。"

刘秀开了头，众大臣将领顿时也感觉住在小小的宛城太憋屈，立刻叫嚷着赞成迁都。

刘玄就在宴席上颁旨，任命刘秀行司隶校尉事，先行去洛阳整修宫殿，全权负责迁都事宜。

刘秀回到家中，刚进内厅，有人禀报说傅俊求见。

傅俊，字子卫，颍川郡襄城人，王莽时期，傅俊担任颍川郡襄城县的亭长（掌治安，捕盗贼之事），傅俊对新莽政治的黑暗、腐败体会深刻，知其难以长久。绿林军大起义后，南阳郡的大汉宗室刘𬙂、刘秀兄弟起兵于舂陵，号称舂陵兵。当刘𬙂、刘秀兄弟率部过襄城的时候，傅俊起而响应，被委以校尉之职。新

第八章 修建洛城 含养德性显才能

朝襄城县衙捕杀了傅俊的母亲、弟弟和亲族。后刘縯令傅俊隶属于其弟刘秀部，并参加昆阳大战，傅俊奋勇杀敌，大破敌将王寻，因为立下战功，傅俊升任偏将军。

在刘秀进攻洛阳的战役中，傅俊独率一军，先后击破了洛阳以东的京县（属河南郡，今荥阳市东南10千米处）、密县（属河南郡，今河南省新密县）二城。刘秀非常高兴，为了嘉奖傅俊的战功，刘秀特准傅俊归襄城故里，埋葬被惨害的亲属。

公元23年，更始帝刘玄令刘秀以破虏将军行大司马事持节北渡，镇慰河北诸州郡。在襄城的傅俊一听说刘秀到了河北，马上就带领十多个宾客，从襄城起身，日夜兼程，一直追到邯郸才追上刘秀的大部队。

刘秀被傅俊的忠诚所感动，把汉军最精锐的颍川兵交给傅俊统率。此后，傅俊经常率军随从刘秀征战，屡建奇功。

"这么快就回来了？"刘秀忙吩咐让他进来，一边走出门去迎接。

傅俊是刘秀在颍川收服的一个得力助手。

刘秀拉住傅俊的手说："子卫，你回来得正是时候，我有件要紧事情，急切间找不到合适的人手，你这一回来，倒省去我很多心思。今天我被任命为司隶校尉，要去洛阳修复皇宫，为以后的迁都做准备。皇上催得很紧，立刻就要动身。我离开宛城后，夫人在府中不大方便，所以我想把她先送回新野老家。这个任务说不重也不重，说重也重，况且是家事，能依靠的，还数子卫了。"

傅俊一脸惊奇："怎么，将军去洛阳不带夫人？我看将军既然是奉了皇上旨意去洛阳，不是一天两天能完工的，还是带上夫人同行吧？叫我说，更始政权长不了，收拾旧河山还要靠将军。将军此去奉更始的旨意修建洛阳，其实宫殿真正的主人必定是大将军。"

"大胆，你长了几颗脑袋！"刘秀勃然大怒，压低了声音厉声呵斥，然后缓和一下神态，"你虽名为我的部属，其实一向是肝胆相照的兄弟，什么话不必说过了头。你把你事情办好就是！"

傅俊霍地站起来，抱拳答应："请将军放心！"

听说要把自己送回新野老家，阴丽华很吃惊："夫君，等了这么多年，日思夜盼，难道团聚这几天就要分别了？你去修建洛阳，又不是去行军打仗，为什么就不能带上我？有我在身边，一来多个说话的，心里憋闷时彼此宽慰着疙瘩就解开了，再者也可照顾你饮食起居，有什么不好？"说着眼圈发红，泪水盈盈地就要滚落下来。

刘秀下意识地看看窗外，这里是后房，平素连丫头也很少进来，寂静得树叶瑟瑟声都格外响亮。"丽华，你舍不得离开我，我又何尝舍得离开你。自古无情未必大丈夫，我刘文叔的心，你还不清楚吗？你可是个通大义懂道理的女子，你知道我和大哥在春陵起兵时的誓约，你也知道大哥是怎么死的，死在了谁手里。"

说着刘秀忽然伤心起来，声音有几分哽咽，倒让阴丽华觉得过意不去，忙抬起纤纤素手抚摸一把他的脸颊："夫君，别说了，我知道你做的一切必定有你的道理，倒是我太不懂事，惹你伤心了。你放心去忙你的事吧，我会安心在新野老家等你，等你接我去洛阳团聚。到那时，咱们风风光光地团聚，快快乐乐地生活。"两双手紧紧握在一起，四目相对，无限情意尽在无言中交流，渗透到彼此心底。

"丽华，人生得一知己足矣，更何况是红颜知己，真是几辈子修来的缘。如今是非常时期，你就忍受一些委屈，患难夫妻，患难过后会更懂得情意的珍贵。你这份情意我记在心底，将来功成名就之时，我一定加倍补偿你。"

"夫君，别说了，我等着你就是。"阴丽华一头扑在刘秀怀里，久久不忍分开。

时隔一日，简单收拾后，阴丽华在校尉傅俊和偏将军阴识的护卫下，悄悄离开宛城，辗转回了新野老家。她离开宛城时，刘秀正在筹备商讨如何修复洛阳旧日宫殿，连家都没有回，更没有相送。

朱鲔等人时刻把眼光盯在刘秀身上，这点细微家事让他们猜测不已。刘秀贪图享乐，和别的女人厮混，结果他们夫妻反目，阴丽华一气之下，回老家，也不知谁最先自圆其说地想出了事情的经过。

这消息很快吵嚷开来，连一个夫人都管不住，刘秀是什么大将军，也太窝囊了！刘秀也没料到，聪明者往往被聪明所误，他们一番猜测，却无意中在以后保全了阴丽华。

送走阴丽华后，刘秀极力克制住自己不去牵肠挂肚于儿女私情，全力应付眼前的事情。他尽量夸大修建洛阳都城的意义，趁机向刘玄请命，要选拔十二个得力助手，协助自己完成这个浩大的工程。

刘玄迁都心切，顾不上想别的，当然满口应允。刘秀便名正言顺地把信得过的人带在了身边。

刘秀又有了用武之地，既然被派来装修，就把洛阳来个精装修。他不光修缮好洛阳的宫殿，更重要的是重建了洛阳的秩序。

第八章 修建洛城 含养德性显才能

三、 定都洛阳

洛阳，位于河南省西部、黄河中下游，因地处洛水之阳而得名。这里地处九州腹心，享八方辐辏之利，群山环抱，四水汇流，是一块浑然天成的"风水宝地"。群山阻而不塞，山脉间四通八达的缝隙成为进出洛阳的天然通道。若在这些地方设置关隘，平时可保商旅通行无碍，战时封关据险，就是拱卫洛阳的铜墙铁壁。洛阳是华夏文明的发祥地之一、丝绸之路的东方起点，隋唐大运河的中心，历史上先后有十多个王朝在洛阳建都。

新朝太师王匡奉命在洛阳大搞建筑，修建起许多雄伟壮丽的宫殿，官道宽阔，四通八达，已经初显都城气象。

刘秀来到洛阳，仔细勘察，感觉洛阳虽然也遭到战乱侵袭，但比起长安城来，受的破坏要小许多，大多数宫殿完好地保存了下来，有些被火烧被拆除的，只要略微修整，就能很快恢复原貌。

刘秀带着随从，仔细了解郊山地形和伊水流势，决定以洛阳旧建筑为中心，再向外扩展，整修起一座东到洛水北岸，西到邙山山脚，南北长约十里，东西宽六里多的新洛阳。

方案决定下来后，立刻商量着写好文书，征发洛阳所属的三河和弘农郡县民工，调集他们前来修筑城墙和宫殿。

主簿冯异和从事苗萌亲自动手，把这些从各郡县招来的民工登记造册，便于随时调遣。

姚期和叔寿等四人则日夜守护在储藏粮钱的库房门外，监察下级官吏是否如数把粮草和银两发放到各民工小队长手中。

刘秀作为司隶校尉，负责全面监工，他带领祭遵、臧宫、冯异和吕晏等人，日夜奔波于各工地，一丝不苟。

前来看热闹的百姓，见司隶校尉刘秀这么年轻，做事情却如此老练，浩大场面被他安排得井井有条，十分惊讶。

惊讶之余互相打听，知道这位将军原来是汉高祖的后裔，以前震惊大江南北的昆阳大捷就是他一手指挥的，百姓都十分钦佩，对刘秀啧啧赞叹。

两个多月的时间，洛阳城已经初步修建完备。

刘秀安排好众人，自己赶回宛城复命。

刘玄听到消息，连声夸赞武信侯这个司隶校尉当得好，以后应当重用才是。

刘玄乐得合不拢嘴，立刻召来术士占卜，看什么时候迁都是吉期。几个术士闷头研究半天，最后确定月底就是大吉大利的日子，迁都应当在本月进行。

刘玄当即降旨，更始元年十月，迁都洛阳。宛城立刻忙活起来。大小官吏匆忙收拾起这几年搜刮来的金银珠宝，大箱小箱地搬运到车上，跟随在刘玄车驾后边，前呼后拥，浩浩荡荡地开奔洛阳。

皇上出行，气势当然非同一般，不但沿途地方官吏要整装迎接，百姓也扶老携幼地前来看热闹。

接近洛阳城下时，气氛达到高潮，前来围观的官吏百姓人山人海，争相目睹天子威仪。

天子车驾终于到了。走在最前边的是执金吾廖湛，他带领上千名羽林军，个个手执族旗刀剑，鼓乐喧天，倒也热闹异常。

羽林军走过，接着是曲柄黄伞遮盖下的皇上车驾，更始皇帝刘玄坐在装饰华丽的车上，好奇地东张西望，既紧张又兴奋，显得魂不守舍。

再看车驾后边追随的大臣、将军，有的衣服散乱，随便用一根金丝带缠在腰间，有的头上胡乱裹缠着帻巾，头发披散在后背，风尘仆仆的特别显眼。

最惹百姓注意的，是他们每人马匹上都捆着许多布囊和小木箱，里边是他们最放心不下的珍奇珠宝。这支如同商贾前去办货的队伍慢吞吞好半天过不完，许多大臣和将军闲得无聊，围在刘玄周围说笑闲谈，谈不上百姓心目中的天子威仪。

百姓们一片哗然，有人掩口窃笑，场面十分混乱。

这是什么场合，是皇帝迁都洛阳的重要日子，你们代表的不是你们自己，而是一个王朝的体面，一个国家的形象，应该是沉稳庄重、规规矩矩，是不能随随便便的。

有没有谁能为新兴的大汉王朝挽回一些颜面呢？行司隶校尉刘秀。刘秀带着他下属的官员一出场，场面从群妖出动马上转到天兵天将。如果有背景音乐的话，也从快板转到了华丽的交响乐。

看到刘秀和他的手下，有的老臣激动地流下了眼泪："没想到今天终于见到了汉官的威仪！没有白来一趟啊！大汉王朝的官员应该就是这样的！这就是我们想要看到的大汉王朝的风采啊！"

刘秀这一次的华丽登场，让很多人都记住了他，这个小伙子行，有模有样，有板有眼。虽然他不过是行司隶校尉，但是工作做得很到家，并且很有大汉王朝的风采，似乎在他的身上，看到了一种王者风范。

定都洛阳后，刘玄心里一块石头落地，连日来这里瞧瞧，那里看看，觉得什

第八章 修建洛城 含养德性显才能

么都新鲜。想着自己能有今天，真不知是哪辈子积下的阴德，该享受时就享受吧，别等到将来两腿一伸，想享受也享受不上了。这样想着，他忙不迭地接连下诏旨，要各地进献奇珍异宝，要南方北方搜罗妙龄美女。

后来还是夫人韩氏大闹一通，搜罗美女的圣旨留中不发，搁置起来。

让刘玄更感到高兴的是，自从定都洛阳后，果然和宛城大不相同，南北各地已经从心理上承认了他这个皇帝。

好像有意凑趣，西屏大将军申屠建和丞相司直李松，从长安派人送来王莽的车驾和服饰。

刘玄装扮起来，头戴冕旒，身穿衮服，对着铜镜前照照后看看，感觉还真像那么回事，心情更是兴奋。于是连日大设宴席，凡是对自己有所表示的，都大小封他个官。

大殿上下，如集贸市场般吵吵闹闹，人进人出，忙个不亦乐乎，大臣上朝没地方站，索性免朝一个月，让众人各自收拾新居。

面对这种情形，刘秀不动声色，他正考虑下一步该如何走。还没思虑妥当，廷尉大将军王常过来拜访，说是看看司隶校尉的府第收拾得怎么样了。

刘秀请他到内厅坐下，闲谈几句，王常把话题转到目前朝政上，拉长了脸忧心忡忡："文叔，目前天下还没完全稳定下来，百废待兴，正是文治武功励精图治的时候，可陛下却忙于享乐，奸邪小人谄谀之徒个个满载而归，已经寒了天下贤士的心。朝纲如此混乱，江山怎么能统一下去？文叔，你在洛阳深得民心，当然是好事，但事情往往是因福得祸，更始君臣已经有所耳闻，又开始对你心存疑虑。现在对你而言，洛阳已成是非之地，似乎不应该继续留在这里了，何去何从，文叔要及早拿定主意呀！"

刘秀点点头，皱了皱眉头没说话。临分别时，王常使劲捏一把刘秀的手，低声说了四个字："审时度势！"说着上马而去。

刘秀站在原地呆愣半晌，攥紧了拳头冲自己点点头。

这日刘秀正在书房里凝神苦思，冯异悄然进来。见刘秀这副神情，也不等吩咐，拉张椅子坐在一旁。

刘秀去洛阳，身边的这个集体不是那些宗室子弟，更不是绿林军出身的将领，而是和一个人有着很密切的关系，这个人是刘秀的主簿，相当于办公室主任，叫做冯异。

冯异和刘秀可谓患难之交。

冯异，字公孙，颍川父城（今河南省宝丰县东）人。新朝末年，冯异曾任

· 123 ·

颖川郡郡掾。公元22年，刘縯起兵。冯异奉命监护五县，与父城县长苗萌据城抵抗汉军。公元23年，刘玄建立更始政权。刘秀率军由南阳攻取颖川，进攻父城，久攻不下。防守父城的，一个是父城县长，另外一个就是冯异。冯异好读书，精通《左氏春秋》和《孙子兵法》，是颖川郡的掾吏，监管着五个县，听说刘秀带兵打父城，赶紧来父城指导工作，有他的指导，父城防守得很好，刘秀怎么也打不下来，就退守到父城附近的巾车乡。

巧了，冯异从父城出来，可能是到别的县巡察，看看别的县防守情况，结果被汉军捉住了。

冯异的堂兄还有几个老乡都在汉军里面，都对刘秀说"冯异是个人才，不可多得"。

刘秀马上召见冯异，想让冯异跟着自己干。

冯异对刘秀说："我一个人跟着你干，也给你帮不了多少忙，现在我的母亲还在父城，如果你放了我，我愿意送给你一份大礼。我兼管的五个县，全部开城献降。"

冯异这番话，对刘秀很有诱惑力，但是凭这一番话就放了冯异，风险是很大的。就算冯异本人确实是想这么做，他有这么做的能力吗？五个县能说投降就投降？刘秀却不假思索，把冯异放了。这就是疑人不用，用人不疑。

谁知道，刘秀刚放了冯异，大哥刘縯被杀了。刘秀从父城赶到宛城，然后就没有了兵权，刘玄又派别的将领来攻打父城，冯异不但没有开城献降，还坚守城池。

刘玄一连换了十几个将领，怎么也打不下来。

刘秀被刘玄派去洛阳时，要经过父城。当时他心情很低落，估计和冯异当初的约定，他也不会放在心上。

到了父城城下，城门突然开了。冯异领着一群人"奉牛酒相迎"，上好的牛肉大碗的美酒，全准备齐了，欢迎刘将军来父城。

原来，当初冯异被放回父城，就对县长说："现在全国到处都在造反，大多数将领都是很残暴很蛮横的，只有刘秀刘将军所到的地方，从不烧杀抢掠，我观察了一下，刘秀的言语举止，绝对不是一般人物，我们可以跟着他干。"

父城县县长听冯异这么一说，也二话没说："死生同命，敬从子计。"从县长的态度上，进一步看出，冯异的能力和威望的确是很高的。

冯异是那种一诺千金的君子，我当初是和刘秀有约，他来了，我才能投降，别的将领甭想打下来。我送给刘秀的这份礼，越难得，才越显得珍贵。

第八章 修建洛城 含养德性显才能

现在刘秀来了,冯异不光实现承诺开城献降,从此也跟随着刘秀,成为他的一员大将。他还不光是一个人跟着刘秀,还带着父城县县长,并推荐了好几个颖川的名士。

正是这些人和刘秀一起,在洛阳展示了良好的集体形象,树立了光辉的形象。冯异推荐的这些人才,也确确实实都是人才。

有一个叫姚期的,身高八尺二寸,"容貌绝异,矜严有威",很庄重很威武。姚期的父亲还曾是桂阳太守,家教肯定也不错,他还是个孝子,父亲死后服丧三年,得到整个乡里的称赞。冯异把他推荐给刘秀,刘秀封他为贼曹橡,相当于刑警队队长,专门负责缉拿盗贼。

刘秀身边都是冯异、姚期这样的人,集体形象能不好吗?

刘秀虽然把洛阳建设得不错,毕竟没有兵权。好不容易有了点自由,刘玄就从宛城迁都来了,他还是在刘玄的眼皮底下,想成就一番大的事业是不可能的。此时,冯异为他献上一条锦囊妙计。

冯异对刘秀说道:"眼下将军在朝中势力还很单薄,这个自不必说。本来他们对将军已经没了多少戒心,可自从将军在洛阳受到百姓拥戴,他们对将军又有所嫉妒。对待小人,只可使其畏惧,而不可使他怀恨。将军现在就犯了这个大忌,不可不小心。"

刘秀点点头:"道理容易明白,可是如何破解,却要大费周折。公孙对以后有什么想法?"

"当然是尽快离开这里,"冯异眼光闪动,"只不过如何离开,却要不露痕迹,目前急需做的,就是结交几个能结交的人,关键时刻出来打个圆场,胜似战场上千军万马。廷尉大将军王常一向豪爽,做事讲究公道,可以结交。大司徒刘赐,虽然有些懦弱,但他为人还算良善,和更始皇上是一个爷爷的族兄,皇上向来对他信任,可以利用。刘赐和王凤、朱鲔等人没有利害关系,能站在中间说话。将军应该多和刘赐交往照应。"

"对,公孙果然想得周到,我以后多注意就是。"刘秀仍满脸阴云,重重地叹了口气。

第九章
出巡河北　德才兼备敢担当

一、持节河北

迁都洛阳，刘玄对刘秀基本上放心，但不敢委以重任。过去让刘秀老实在宛城待着，现在还是让他在洛阳待着，不能随便出去。如果说刘秀是一只老虎，此时就是虎落平阳，刘玄是不会轻易放虎归山的。

汉军推翻了王莽政权之后，刘玄是汉室名义上唯一的皇帝，需要在全国各地建立各个级别的地方政权。不是派兵去各个地方打仗，不分青红皂白，把全国打上一遍。

最省事的办法，就是到各个地方去招抚，招抚的原则是"先降者复爵位"。你过去跟着王莽政权干，是什么官什么职位，只要你愿意为新政权效力，原则上说，还可以继续干，官职都不变。

这样做对于一个新生的政权来说，是很有利于稳定的。派去做招抚工作的使者，权力很大。使者的能力必须得强，素质也必须得高。

刘玄身边大多是绿林军出身的将领，他们虽然说军纪涣散，战斗力还算可以。但使者不需要打仗，需要谈判、考察、安抚。枪杆子是不管用的，得有笔杆子、脑瓜子和嘴皮子。要不然不但干不好，还会干砸。

刘玄派出的使者，没有想到能行使国家权力的原因，正是他们负有国家使命。使者的国家使命，是树立国家信誉。谁有这个能力树立国家信誉呢？

刘秀和自己手下这个小团队，在洛阳建立了良好的形象，派他去当使者，能否行？

大司徒刘赐向刘玄提议让刘秀当使者去河北招抚。刘赐也是南阳的宗室子

第九章 出巡河北 德才兼备敢担当

弟,属于刘秀的一个族兄,当初一起起义,跟着刘秀的大哥刘縯,刘縯死后,刘玄就封他为大司徒,顶替刘縯的位置。

刘赐的祖父刘利曾经做过苍梧太守。刘赐很小的时候他的父亲就去世了,刘赐与哥哥刘显一起长大,后来,刘显为了报仇而杀了人,被官府的官吏抓捕归案后被处决。刘赐与刘显的儿子刘信一起变卖了家里的田产和屋宅,用换来的钱财结交江湖豪客,杀了抓捕刘显的官吏,为兄长报了仇,杀害朝廷命官是大罪,刘赐、刘信为了躲避官府的追捕,不得不亡命江湖。刘赐叔侄过了一段东躲西藏的日子之后,遇到了大赦,才返回乡里居住。

南阳春陵的刘氏皇族子弟刘縯、刘秀兄弟扯旗起义,打出了光复汉室的旗帜,刘赐带着刘信也参加了春陵兵,跟随刘縯参加了攻打南阳诸县之战,后随春陵兵并入绿林军。

绿林军拥立陈牧部队中的汉朝宗室刘玄为帝,刘玄被众人拥立即位后,册封百官,刘赐被任命为光禄勋(九卿之一,负责守卫宫殿门户)。六月,刘玄定都宛城,大封君臣,宗室将领一百多人被封为列侯,刘赐被封为广信侯。

大司徒刘縯因为功高盖主被更始帝刘玄杀害,刘赐被刘玄任命为新的大司徒(三公之一)。

估计刘赐坐在这个位置上,对刘秀他们哥俩的命运,不可能没有怜悯之心,大家都是南阳的宗室子弟,自己当初又跟刘縯干过,现在干的也是刘縯的活,看着刘秀的日子这么难过,能帮就帮。

当然,最关键的原因还是刘秀又确实具备做使者的能力。刘赐对刘玄说:"刘秀是去河北招抚的最佳人选。并且河北一带只能是刘秀去才合适。"

虽然刘秀具备解决难点的能力,但是刘玄的很多手下强烈反对,表示坚决不能让刘秀去。反对的人主要是以大司马朱鲔为代表的绿林军出身的将领。

当初刘玄杀刘縯,就是朱鲔和李轶的强烈提议,朱鲔他们不让刘秀去的原因很简单,不是他没有能力,而是他的能力太强了。

刘秀确实就是一只猛虎,让刘秀去河北,等于放虎归山。回头他来咬我们怎么办?

刘玄很为难,朱鲔这边的反对意见也是很有道理的,让他去太危险,不让他去,河北的招抚工作做不好,更危险。

就在刘玄犹豫不决的时候,冯异给刘秀出了个点子。冯异目前是刘秀的主簿,他的判断力是超强的,他在复杂的形势中,做出了非常清晰的判断。

大司马朱鲔这边是反对派,反对派怎么做工作也是不可能做通的。刘赐那边属于支持派,既然已经提出来让刘秀去了,也不用再去做工作。因此,争取中间派非常重要。

冯异发现目前的大臣中,这两股势力之外,还有一股势力在刘玄面前很得势。这股势力就是刘玄的左丞相,刘玄的红人。

冯异劝刘秀,一定要想办法巴结上左丞相曹竞。曹竞,河北山阳人,儒生出身,汉朝旧吏,王莽篡汉后,辞职归乡,拒食新朝俸禄,以忠义闻名天下。

刘玄定都洛阳后,征召曹竞入朝,拜为左丞相,以表劝忠,号召天下。曹竞资历深,威望高,由他出面替刘秀做说客,是最佳人选。

刘秀拜见曹竞,以愿平定河北相告。曹竞说:"文叔昆阳一战,名声远播,遍观满朝上下,能平定河北者,舍君其谁?你主动请缨,实是国家之幸,老夫自当力荐。"

曹竞见刘玄,说:"陛下可知臣之姓由何而来?"刘玄摇头。曹竞说:"当年,周武王封其弟于曹,建立曹国,其后人便以曹为姓。周朝能有八百年的江山,全靠分封同姓兄弟。汉朝传国至今,中途虽有王莽篡位,最终犹能复兴,还靠广封刘氏宗族缘故。河北是天下重地,当以刘氏子弟镇守,唯刘秀最适合。"

刘玄听罢,沉思未决。曹竞又劝道:"绿林军与南阳豪杰共杀刘秀兄长刘縯,刘秀能幸存,全赖陛下庇护之恩。今绿林军与南阳豪杰把持朝政,有危机潜伏之虑。陛下派刘秀安定河北,是树一强援,万一日后朝中有变,只需陛下一纸诏书,刘秀必率河北精兵勤王。"

刘玄名为皇帝,实为傀儡,一忍再忍,不敢动手。刘秀是他同宗兄弟,又与绿林军和南阳豪杰有深仇大恨,值得栽培成为嫡系,为日后摊牌做准备。

刘玄主意已定,对曹竞说:"寡人虽想派文叔,大司马却不同意,怎么办呢?"

曹竞答说:"陛下已经决断,大司马那边,自有老臣出面。"

曹竞见大司马朱鲔,劈头便问:"大司马想废皇帝吗?"

朱鲔大吃一惊,慌忙辩解说:"我为汉臣,怎么能有不臣之心呢。"

曹竞再问:"这样说来,当今天下还是刘氏天下?"

朱鲔答说:"高祖江山,自应为刘氏所有。"

曹竞又追问说:"自三代至高祖,无不封赏同姓,千年未变。今皇上想派刘秀去河北,此是刘氏家事,大司马为何以疏间亲,一再阻拦?"

朱鲔急道:"刘秀心怀异志,只怕一到河北,便行谋反。"

曹竞怒说:"日后的事,虽圣人不敢妄断。大司马说刘秀将会造反,刘秀不能辩白。今有人说大司马将会造反,你能辩白吗?"

第九章 出巡河北 德才兼备敢担当

朱鲔理屈穷词,不能回答。

曹竞质问朱鲔说:"大司马开国之功,与高祖功臣张良、韩信如何?你究竟是想做张良,还是要当韩信?"

朱鲔闻言大惊,刘邦得天下后,张良甩手不干,得以善终,韩信恋栈不去,终遭杀害。朱鲔想了又想,茫然自失,跪谢曹竞说:"左丞相大人大量,小子受教。刘秀之事,全由皇帝决定。"

朱鲔既已点头,刘玄当即颁下诏书,刘秀这才有了当使者的机会,可以逃脱虎口,摆脱生命危险。

刘玄下诏以刘秀为破虏大将军,封武信侯,行大司马事,命他去镇抚河北诸州郡。

刘玄和刘秀,都知道当时河北的形势严峻,不相统属的农民起义军就有铜马、青犊、五幡、五校、五楼、尤来、大枪、耩乡、大肜、高湖、重连、富平、获索等数十支,达数百万人。刘玄派刘秀镇抚河北。要用刘秀打击河北农民军和地方势力。无论刘秀成败,刘玄都可坐收渔翁之利。

河北那边一听说破虏将军行大司马事来了,大家会产生敬意,皇上这是派的朝廷大员,有分量,我们看他怎么为我们做主。使者是要树立国家信誉的,刘秀的这个身份也是国家信誉的体现。

公元23年十月,刘秀"持节北度河",虽然刘玄给了他一个很好听的身份,也给了他相当大的权力,但是刘玄还是在最关键的地方有所保留,没有给他配置兵马,粮草辎重更没有。

说是就一辆车,拿着竹竿晃着马尾巴,就去河北了。刘秀不是光杆司令,他还带着一些人,比如说冯异、姚期等,基本上都是和他一起建设洛阳的小集体,还有一些随从。但是刘秀没有实际的兵权。

刘秀从洛阳北上渡过黄河的时候,风已经挺冷了,迎风向前的刘秀深知,出使河北不是那么容易的事。

大哥刘縯死后,刘秀在众人面前不敢说心里话,也不敢表示出自己的悲痛。冯异的确看出了刘秀的悲痛,是要刘秀化悲痛为力量。他说:"刘将军现在可以在河北自由行事了,应该借这个机会,施行你的恩德。所以您现在应该赶紧将手下的人分开,到各个郡县去平反冤假错案,发布您的惠泽。"

冯异的话说到这里就打住了。再往下没法说了。发布惠泽,施行恩德,干什么呢?百姓过去被王莽害苦了,又被刘玄和他的将领害苦了,现在该轮到你刘秀做好人了。

二、 体恤民情

刘秀取得过昆阳大捷，一举击溃王莽百万主力，已是威名远扬天下，近来整修洛阳，让中原百姓看到了大汉的希望，刘秀的名字在官吏百姓中间流传甚广。有了这样的基础，刘秀执节出巡河北的消息传来，豪杰们纷至沓来，乐于追随，虽然他们离开洛阳时只有百余人，但渡过黄河不久，队伍就有了迅速扩充的趋势。

刘秀一行路过颍阳，正驻守颍阳的王霸闻听消息，匆忙去拜见刘秀。刘秀听说王霸来投奔，感动地拉住王霸的手："疾风知劲草，天寒而知松柏后凋。原先在颍川的老部下，如今跑散的十有八九，唯独你愿意留下，真君子呀！放心，我定不让河北父老失望！你就先任功曹令史，跟随在我身边吧。"

邟县县令马成，闻听刘秀北上的消息，挂印弃官，步行千余里，在蒲阳追上刘秀一行，表示自己愿意追随大司马，刘秀分外感动，任命他为期门。

汝郡都尉杜茂，字诸公，南阳郡冠军县（今邓州市张村镇冠军）人，东汉初年名将，云台二十八将之一。杜茂从小与表哥岑彭一起随父亲杜言习武，第一次亮相是跟表哥岑彭进京考武状元。刘秀到了河北之后，广纳人才，杜茂给家里留下书信，悄然出城，骑马星夜追赶，在广武和刘秀等人会面，谈得十分投机。就投到刘秀麾下，刘秀很赏识他的带兵能力，就任命杜茂为中坚将军，从此杜茂跟随刘秀参加了平定河北的征战及其他战斗。杜茂归顺刘秀之后成为汉军四大先锋之一，与姚期、马武、岑彭合称"姚马岑杜"。

有了良好开端，刘秀渐渐踏实下来。一行人走到邯郸附近的简陋驿站时，刘秀决定暂时停下来歇息一晚，弄来一桌酒菜，让大家轻松一下。

刘秀尽量振作精神，举起酒杯高声说："来，诸位跟随我到河北，今天走到邯郸地界，一路上吃了不少苦，这杯酒我敬诸位。"

"刘将军不止一次说过，大家名为部属，实则为兄弟，我等虽然不敢和刘将军攀兄道弟，但大家追随将军都是心甘情愿的，将军不必客气。"冯异率先站起来双手抱拳。

"是啊！士为知己者死，为成就大业，即便死了俺们也无半句怨言，明公就不必客气。"马成也连忙附和着站起来。

"咦，明公？这个叫法好。明者，明辨是非，明天下之兴衰大理，唯有先明，才能后做，不错，很有道理。以后咱们就称刘将军为明公，省得一口一个将军，太俗气！"几个人听着新鲜，异口同声地说。

第九章 出巡河北 德才兼备敢担当

第二天一大早,刘秀分遣主簿冯异、掾吏姚期、功曹令史王霸和门下史祭遵,各自乘了马车,分道巡抚河北属县。

临出发之际,刘秀把他们叫到一起,耐心地告诫他们,每到一地,一定要胆大心细,仔细登记户籍,考察当地百姓服役、纳税等情况,借这个机会摸清河北各方面底细。

不仅如此,还要想办法妥善安置孤老寡幼,分给他们土地,对于庄园主和地方豪强,尽量拉拢,但也不可过于谦卑,要软硬兼施。

他们相继离去后,刘秀则率朱祐等人在泳都、钜鹿、幽州巡查。每到一个县邑,打出大汉招牌,把地方官叫到一起,审理冤狱,安抚地方,废除苛政。

开始一段时间相当顺利,地方大小官吏消息灵通,他们知道大汉更始朝廷占据半个中原,从洛阳到长安全在他们手上,归顺了更始朝廷,更有把握保住头顶官帽,所以各级官吏对刘秀的到来不但热情款待,审理公事也格外配合,尚没出现冲突、差错。

几天后,刘秀一行巡查至彭城郡,和在别处一样,他先翻阅公案文牍,再到地方上察看实情。

一天早晨,刘秀正在县衙审阅狱吏送来的卷宗,忽听门外有人击鼓,咚咚的鼓声在清晨听来颇为惊心。以为发生了兵变,刘秀和朱祐慌忙跑出来。站在衙门前的台阶上看去,原来是个老头击鼓鸣冤。

刘秀松口气,上前询问,那老头哆嗦着说,要状告三老霸占他家田产。

三老原是汉高祖时设置的乡官,每县辖三乡,每乡设老,推举年过五十修养品德可为表率的乡民担任,共称三老。

乡三老又同时担任县老,平时协助县令教诲百姓,也帮忙催促交纳租税。

不过,刘秀知道,自从高祖设立三老,这么多年下来,三老的推举已经不是以修养品德为标准了,被任命为三老的,往往是地方上庄园豪强或者衙门里的亲戚。他们倚仗自己的身份,狐假虎威,欺压百姓,打着官府名号横征暴敛、中饱私囊的事情也不少。他早就想找机会教训一下这些不是恶吏的恶吏了,于是立刻下令开堂公审。

县令忙趁机做出贴心的样子说:"大司马,叫属下看,三老乃是国家任命的乡官,身受国家大恩,每年拿着上百石的俸禄,是乡民的表率。他断然不会为了这几亩田地弄虚作假,肯定是那个王老汉捣鬼。大人别看这些乡民一个个粗俗木讷,肚里的道道多着呢!依下官看,这事不劳大人费心,还是先把这个刁民押进大牢里去,等下官随后慢慢审理。"

听县令这样说，王老汉知道县令断案肯定没自己的好结果，慌作一团连呼冤枉。

刘秀也不理会县令絮絮叨叨，把两份地契展开来看看正面，再看看反面，忽然抬起头，双目炯炯地逼视县令崔升："我方才的教训，你半点都没记住，愈发大胆了！竟然假造地契！"

崔升心里打战，脸上却极力镇定："大人是朝廷使节，说出话来一字一个坑，马虎不得。岂不闻一字入公门，九牛拉不回？大人说我那份地契是假的，有什么证据？"

刘秀微微一笑："亏你也知道讲证据。"说着把手中两份地契举起来，"王老汉的地契存放年代久远，地契已经发黄。可是地契是折叠起来存放的，这发黄的只是外边这面，折叠在里面的还是白色。我当年在长安太学见过多少珍藏久远的帛书，都是这样。而你弄的这份地契，里外都发黄，表里颜色一致，若不是假造，你倒说说，你是如何保存地契的？"

"对呀，问得好！"外边赞叹声立刻哗然。"聪明，到底人家是钦差！"啧啧声响成一片。

崔升差点瘫软在地上。王老汉的五亩地和崔升的庄园相邻，崔升看上他的地相当肥沃，就想归到自己庄园中。他先和王老汉套近乎，骗王老汉拿出地契让他看了，然后按上边的内容仿造一份，用树叶泡的黄水把仿造的地契渍透阴干，好像存放了许久的样子，不仔细看，还真看不出来。

自以为天衣无缝，不料让刘秀一眼就看出破绽。当下也没话可说，只是起劲地趴在地上磕响头，也顾不上体面不体面，哭丧着叫喊："大人，小民崔升知罪了，还求大人饶恕，求求大人饶恕！"

"崔升，你罪有应得，谁也救不了你。来呀，拖下去杖责三百，免去县令一职，将所夺田地一并归还王家。"

刘秀说着把令签掷在地上。差役中有的对崔升平素横行乡里也很看不惯，正好借机会撒气，狠狠抓住崔升胳膊就往下拖。崔升瘫软着仿佛已经挨了大棍，半死过去。

县令跪在地上连连叩头："司马大人，下官知罪。"

"那你倒说说，你有何罪？"刘秀悠然拉长声音。官大一级，如泰山压顶，刘秀这副神情，更使县令谎张，哆嗦着说："下官身为彭城县令，不能为百姓办事，下官愧对这三百石俸禄！"

"念你有悔过之心，尚可从轻发落。免去你两年俸禄，聊作惩戒。古语说得

第九章 出巡河北 德才兼备敢担当

好,前车之覆,而后车不鉴,故而后车亦覆。你日后要以此为教训,体恤民情,为百姓作主。"

刘秀点点头,变作和颜悦色,心里却叹息着想,眼下变乱未靖,官吏混乱,尽管这帮人不尽如人意,可是能用的,也只有这帮人了。

"谢大人,谢大人。"见一场大祸就这样轻轻遮掩过去,县令感激得涕泪满面。

"王老汉,你回去安心种地,好好抚养小孙子。"刘秀并不理会叩头如捣蒜的县令,转脸对跪在堂下的王老头说。

"大人,我老汉活了这大把年纪,还是头一次遇上这样的好官。这种世道还有这样的好官,积德呀!老汉回家要为大人上香供奉,世世代代记住大人的恩德。"王老头惊喜交集,抹把眼泪,竟嘿嘿地笑了。

百姓可爱呀!朝廷略微有点恩泽,他们就感恩戴德,可惜这种恩泽太少啦!刘秀感叹地摆了摆手,叫他收起地契退下。

这次开堂公审,刘秀不但惩戒了地方豪强,对地方官吏也起到了杀鸡儆猴的作用,虽然尚不能一改河北富者田亩千顷,贫者无立锥之地的混乱局面,但刘将军秉公执法、清廉爱民的名声,被口口相传,在河北大地上散布开来。

刘秀每到一处,只要一提是刘将军来了,立刻就能得到当地百姓的称赞和拥护。经过苦心经营,初到河北便有了一个良好的开始。

刘秀现在没有权力大赦天下,但是可以大赦河北,凡是逃犯,只要自首就可以免罪,孤寡老人都可以领取救济,重点抓的就是民生工作。

同时,刘秀还废除了王莽时期的一些苛政,恢复汉制。各处的官员和百姓都很高兴,争着要请客,杀牛买酒,请刘秀他们吃喝:"我们不差钱,差的就是刘将军这么好的人。"

刘秀一直很低调,很谨慎,不敢轻易交心。不过就在河北,有个人和刘秀的关系非同一般,是他的老同学邓禹。

邓禹,字仲华,南阳新野人。邓禹十三岁时,就能朗诵诗篇,在长安从师学习,当时刘秀也游学京师。邓禹虽年轻,见到刘秀后,就知道他不是一位普通人,就与他亲近交往。数年后回家。等到汉兵起,更始帝即位,豪杰们多举荐邓禹,邓禹不肯相从。他在等待最好的机会。

这次看到告示使他无意中了解到,刘秀此时正在河北专主一方事宜,刘秀的影子顿时浮现在眼前,他心头一热,几乎一瞬间便决定,北上追随刘秀。

此时刘秀正离开彭城向北行进。邓禹骑一匹白马驮一小袋干粮,风尘仆仆追至彭城。不料彭城县令告诉他，刘秀已动身前往涿郡去了。

想着刘秀他们行踪不定，既然发现了行踪，就得赶紧跟上，否则河北地界这么大，打听都没地方打听去。他不敢休息，在驿馆内喂饱马匹，又翻身上马向涿郡奔来相遇，愿辅助刘秀共创大业！

刘秀见到邓禹很喜欢，对邓禹说："我有任免官吏的特权，你远道而来，难道是想做官吗？"

邓禹说："不愿做官。"

刘秀说："即便这样，想干什么呢？"

邓禹说："但愿明公威德加于四海，我得为明公效尺寸之力，垂功名于史册哩。"刘秀大笑。

邓禹进言说："更始虽然定都关西，但山东没有安定，赤眉、青犊之流，动辄以万数，三辅一带，往往群聚假借名号。更始既没有挫败过他们，而他们也不听指挥裁决，各将领都是些庸人崛起，志在发财，争用威力，早晚图快乐罢了，并没有忠良明智，深谋远虑，真想尊重主上安抚百姓的。四方分崩离析，形势清楚可见。明公虽然建立了辅佐王室的功劳，恐怕也难成大业。为今之计，不如延揽四方英雄，务必取悦民心，建立高祖的伟业，拯救百姓万民的生命。以公的德才平定天下，是足可以平定的。"

刘秀大悦，因此令左右的人称邓禹为邓将军。让他住宿在帐中，共同商定策略计划。两人借酒挑灯长谈，不觉远远近近传来鸡鸣，惊讶地抬头望望窗外，天色已经麻麻亮了。

邓禹初来乍到，又是一副儒者风范，而在人们印象中，战乱时所需的应该是体壮身健冲锋陷阵的武将。正因为有这个成见，刘秀知道，如果立刻封邓禹为将军，很可能引起各部众猜疑。

邓禹也感觉到这一点，在军中无所作为是不能服众的，好在他并不是为了当将军而来，心里并没什么芥蒂。歇息一天，众人草草用过早饭，便动身前往下曲阳。

下曲阳果然不同别处，此时已是戌时，街道两旁仍灯火辉煌，角角落落里店铺林立，来往客商川流不息，过往百姓虽都粗布麻衣，但尚能避寒，比起别处，已经是判若两国。

刘秀还特别注意到，这里和别处的一个最大区别，就是没有乞丐沿街乞讨，大乱之年实在太难得了。大家边走边看，连连赞叹。沿大街走不多时，卒长领众人在一座不太显眼的大宅前停下。卒长说，这里便是下曲阳府衙，一边叫起值日

第九章　出巡河北　德才兼备敢担当

的差役，请刘秀他们进去。马匹都被马夫牵入马棚。

"各位大人，酒饭已经安排妥当，请先在前厅用饭，我去烧点热水。"卒长将刘秀一行人安排在衙门后院的客厅内，说着就要退出去。

"卒长，你家邳大人有什么重要的事，今晚能回来吗？"刘秀坐在软椅上，似乎漫不经心地问。至今没见到邳彤，刘秀心里不免有些忐忑。

"回大人，我家邳大人现在城东外狮子山抢救灾民。今天狮子山突然发生滑坡，十多个人被埋在土石下面，连官道都不能通行了，府衙上下和守城兵士全部出动前去救人，估计邳大人会回来得晚一些。"卒长解释说。

"原来如此。朝廷官员能以身作则，体察百姓困难，实在难得！"刘秀立刻踏实许多，忽然想起邳彤直到现在还打着新朝的旗号，忙闭了口。

半夜时分刘秀随着打更的声音醒来几次，仍未见邳彤归来。直到二更鼓响后，院内杂乱的脚步声惊醒了刘秀，也把朱祐等人吵醒了。

"下官邳彤，拜见大司马来迟，请大人恕罪！"随着嘶哑的嗓音，只见门外进来一位瘦削的高个儿男子，满身是泥，双手冻得通红，官靴早已开了口子，进得门来跪在地上。

"邳大人辛苦，快快请起！"刘秀赶忙从木榻上下来，弯腰把邳彤扶起。朱祐和邓禹等人也来到前厅，寒暄几句，大家坐下来围着火盆说话。

"大司马，我下曲阳虽非华市大都，但也农兴商旺，百姓各安其业。自从王莽篡政，天下群雄纷起，河北富饶大地顿成哀鸿遍野。更始朝廷官吏大多只知鱼肉百姓，仅顾眼前享乐。百姓水深火热，比王莽新朝有过之而无不及。我情急之下不知如何是好，只得沿用新政官制，暂且保持地方独立。下官早闻大司马为人宽厚，爱民如子，特别是出巡河北以来，所到之处，惩强扶弱。今日得见大司马，果然有一见如故之感，在下愿倾心归附。"邳彤说着起身跪倒在地。

"邳大人，快快请起。那还望大人日后不要因为天下汹汹就情绪消沉，继续努力为百姓办事才是。"刘秀微笑着把邳彤拉到身边。

"刘大人请放心，邳某愿在大司马麾下效力。"邳彤口气十分坚定。"既然如此，咱们以后就是自家人了。邳大人忙碌了一天，应该抓紧时间休息，咱们明日好好叙谈，如何？"刘秀手抚邳彤后背，语气柔和关切地说。

"也好。方才进门时，我已吩咐收拾好了几间整洁客房，诸位请过去歇息。"邳彤起身喊来仆人，带着刘秀一行去后院的厢房。

第二天，邳彤带领刘秀一行到乡里察看地方民风。午后回到城内，狱吏送来卷宗给刘秀审阅，同时邳彤还拿出在任这几年百姓的户籍登记情况，以及税吏纳税情况的记录，一条一条，一件一件，非常清楚，一目了然。

刘秀、邓禹、祭遵等人凑在一起察看，他们发现，邳彤在任期间，下曲阳没有一例错判案件和冤案，每件案情中，都把原告和被告的辩辞登记详细，这是其他地方所没有的。几年来迁入、迁出的人口分类登记清清楚楚，百姓授田和业田情况分毫不差，完全按大汉律令授予，纳税记录也井井有条，就是地方豪强地主的缴税情况，也无一疏漏。

细细看罢，他们对邳彤更是刮目相看，这样清正廉洁的好官，况且又时逢乱世，真是少之又少。

刘秀当即决定，废卒正官名，恢复太守称谓，让邳彤继续镇守下曲阳，作为河北拨乱反正的一处根基。

一行人回到驿馆，忍不住激动情绪，讲述起邳彤为官轶事，无不十分钦佩。朱祐此时对邓禹也刮目相看，醒悟到邓禹非武夫出身，机智勇敢，绝不同于凡夫俗子，看来刘将军看中的人，都是各有一套。

刘秀急于赶往邯郸，次日便辞别邳彤，带领兵马动身。相互惜别，携手走出城外很远，邳彤驻足望着远行的马队，感慨地对随从说："刘文叔此人，别看年轻，但他知人善任，不拘小节，日后一定会前途无量。你们要各司其事，兢兢业业，半点不得马虎，天下太平的日子不久就会到来。"

三、 山重水复

行进在去往邯郸的官道上，寒风迎面吹来，如利刃划在脸上。刘秀已经了解清楚，邯郸守将叫耿纯，字伯山，钜鹿人，其父耿艾曾效力于王莽，后来更始建朝，耿纯父子归降，投奔到李轶麾下。李轶拜他为骑都尉，授符节，令其招抚赵、魏各城。

"明公，听说邯郸守将耿纯投奔的是李轶门下。李轶这个猪狗不如的东西，害死大哥，和咱们是对头。耿纯是咱对头的手下，能对咱们友好吗？叫我说，此番去邯郸免不了血战一场！"朱祐把拳头捏得嘎巴响。

刘秀如伤口撒盐，刚干了痂的旧伤不免一阵剧痛。臧宫注意到刘秀神情不对，瞪了朱祐一眼。朱祐顿时觉察，吐吐舌头后悔不该提及令刘秀伤心的事。

"明公，君子周围未必全是君子，小人跟前当然不全是小人。耿纯未必和他们蛇鼠一窝，还应该区别对待。"祭遵纵马靠近刘秀，分散他的注意力。

刘秀执鞭猛地在马身上一抽，只听一声响亮的马嘶，刘秀奔在队伍的最前面。他要让掠面而过的寒风吹干弹落的眼泪。

第九章　出巡河北　德才兼备敢担当

邯郸城终于近在眼前。城门内外人群熙攘，驼队、商贩川流不息，一派繁华景象，不像是有伏兵的样子。

刘秀一行人身着更始朝官服，百姓立刻闪开一条道路。刘秀走在前面，左面是祭遵，右是臧宫，他们刀枪拎在手里，又穿着衣甲，十分惹眼。

有队官服装束的人在城门外列队排开。为首的是一个红脸大汉，宽额方脸，胡须飘洒，十分威武，在刘秀马前跪倒施礼："在下邯郸守将耿纯，拜见大司马！在下已经安排好住处，请吧！"说着大家一起进城，沿街道拐过几个路口，安排刘秀等人在驿馆住下。

耿纯知道官场上有个不成文的规矩，以前朝廷官员到了地方，总是先提出游览名胜，公事暂且放在一边，先玩个尽兴再说。他打算依照惯例，第二天早上去请刘秀到附近游玩。

天色刚亮，耿纯便早早赶到驿馆。拜见后见刘秀一行人正整装待发。

陪同刘秀巡查地方时，耿纯发现，刘秀所到之处，仔细审查狱吏呈上的卷宗，不仅一丝不苟经办事务，还尽量不去滋扰地方长官正常事务，果真如传闻的那样，一派雍容长者风范。

耿纯察言观色地还发现，刘秀部众虽然不多，但个个对刘秀忠心不贰，谨守礼法，对待百姓彬彬有礼。像这样的王者之师，哪儿找去？成就大事的，就应该是这样的人！

刘秀到河北招抚，在冯异和邓禹等人的协助下，工作开展得很顺利。很多人都愿意跟着刘秀干，向他献计献策。

就在邯郸，有一个叫刘林的去找他，此人说起来和刘秀还有点亲戚关系，他和刘秀一样，都是汉景帝刘启那一脉传下来的。

刘林的父亲曾经是赵王，由于杀人被大臣在皇帝面前奏了一本，死后的谥号为"缪"，荒谬的意思，史称赵缪王。

刘林的性格可能也受他父亲赵缪王遗传，挺不靠谱的。刘林"好奇数"，喜欢结交很多狐朋狗友，豪猾之徒。他和算命先生王郎就是朋友。王郎经常向刘林灌输一个观念"河北有天子气"，意思就是河北这个地方，有天子气象，能出皇帝。

刘秀到了河北之后，刘林突然就想到了刘秀。刘秀在河北的口碑不错，也是宗室出身，能力很强。

刘林以为找到了天子气的源头，亲自去找刘秀，想看看刘秀是不是当皇帝那块料。

见了刘秀，刘林说："我有个办法可以大破赤眉军。"赤眉军和绿林军一样，在当时，都是全国规模比较大的农民起义军。

刘秀到河北之后，别的工作都做得挺好，只是一时确实还没有好的办法对付这些起义军。

刘林的奇计就是：赤眉军现在驻扎在河的东边，如果把河掘个口子，百万大军就全部喂鱼了。

刘林这个办法，简直是灭绝人性。面对刘林这么不道德反人类的建议，刘秀当然不能采纳。

这件事发生不久，刘秀就从邯郸北上，到真定一带继续做招抚工作。真定就是今天的河北正定，在河北中部，邯郸北面。被刘秀拒绝的刘林，在邯郸大失所望。

从驿馆出来，刘林快快地走在街上。见一个大门口高高悬挂着一块白布，上边写个斗大的"卜"字。王郎就住在这里。

王郎，《后汉书》有他的传，也叫王昌，以算卦占卜为生。在新莽时，他利用算卦的营生，鼓吹河北割据，常说"河北有天子气"。

王郎在邯郸城颇有名气，平素总是一身道袍，半人半仙的样子。不知从什么时候，王郎开始对刘林格外关注，经常有事没事地请他到这座小宅院来喝酒闲谈，两人很对脾气。

刘林推门进去，刚绕过照壁，就见王郎盘腿坐在正房门口晒太阳，微闭双目，好像魂窍已经跑出去游荡。听到响动，王郎猛地睁开眼睛，慢悠悠地说："贫道方才天宫一游，听天上七十二星宿都说刘公子不久就要贵为天子，怎么有空闲跑到这里？"

见他说得荒诞不经，刘林也不在意。王郎眼光盯在刘林脸上，故作惊讶地说："好，好，果然有富贵气！刘公子，现如今王莽已被诛杀，刘家的江山回到刘家手中，这下你可以恢复爵位，享受荣华富贵了！"

这话正说到刘林心坎上，他长叹一声，牢骚满腹，把方才如何自作聪明地向刘秀献计，指望混个一官半职，结果却碰了一鼻子灰的事情说了个大概。

王郎仔细听着，诡秘地笑笑，拉刘林坐下："刘公子要求得富贵，何必仰仗他人？想当年刘秀也不过是个皇族远支，舂陵起兵，最后弄到大司马的位置。也是他时运不济，若是时运好了，说不定现在已成一代帝王！刘公子，趁现在还有机会，赶紧动手，贫道保你富贵不可限量！"

王郎眼珠子一转，向门口张望了一下，把门掩上，低声说："实话告诉公子，

第九章 出巡河北 德才兼备敢担当

我并非叫王郎，我的真名叫子舆，是成帝的亲骨肉。想当年，我母亲是成帝宠幸的歌女，经常侍寝成帝。后来就生下了我。成帝皇后赵飞燕不会生孩子，也不许别人为成帝生子嗣。我母亲为了保全我，悄悄把我送给别人，找了另外一个年岁相仿的男孩代替我，让赵飞燕给害死了。我辗转来到邯郸，暂时潜伏下来，等待时机，若是公子无意称帝，那就由我来担当好了。事成之后，公子继续当王爷，子孙荣华富贵。"

冷不丁听王郎说出这番离奇的经历，虽然感到蹊跷，不过听他愿意充当出头的椽子，事情成了有自己的丰厚好处，事情不成，自己趁混乱逃走也就是了。刘林也就宁可信其有，当下和他商议，如何起事，杀掉刘秀、耿纯等人，占据邯郸，然后再向外扩张。

说干就干。刘林利用自己皇家后裔的便利条件，对外散播出一个假消息，说"赤眉当立刘子舆"。意思就是赤眉军会立刘子舆当皇帝，拥护汉室正统。"百姓多信之"。

公元23年十二月的一个早晨，刘林带着几百车骑，驰入邯郸城赵王宫，宣布王郎为天子，刘子舆正式即位。

算命先生一下子成了皇帝，刘林本人也成了丞相。王郎登基之后，就向天下发布檄文说："天下只能有一个皇帝，我刘子舆，过去一直潜伏着，刘玄不知道我的存在，所以才会称帝。现在王莽已灭，我不用潜伏了。当然，刘玄是有功劳的，他现在退位也来得及，但是他再派使者招抚就是违法的了，该我派使者招抚了。"

从河北这里开始，王郎也像刘玄那样，派使者去招抚。由于很多人不明真假，再加上不愿意舍近求远，一个月内河北的很多地方都归属了王郎政权。

乱世就是这样，今天可以跟你，明天就可以跟他，城头变幻大王旗。王郎这个皇帝一登基，最倒霉的不是更始帝刘玄，而是还在河北招抚的刘秀。

刘秀在河北苦心经营的地盘，几乎全没了，全都给王郎了。作为更始政权的使者，刘秀成为王郎首先需要铲除的对象。

刘秀的能力，王郎也不是不知道，他悬赏十万户，要买刘秀的人头。

而此时刘秀等人对此还一无所知。他们按照预定的计划，在王郎封锁邯郸的前两天离开邯郸，到真定郡所属的射犬城去巡视。

在射犬城，又有骑都尉刘隆不远千里身披严寒，从洛阳赶来投奔。刘隆也是汉家宗室子弟，是南阳安众侯的后代。

就在刘秀他们刚刚离开射犬城，前往卢奴城的路上，邯郸终于发生了兵变。

建立王朝，当然要有新年号。王郎就把更始皇帝二年的正月初一定为新朝的开始。令少傅李立负责起草檄文，把自己的来历说得神乎其神，让人四下散发。

王郎四处封官许愿，确实能蛊惑人心。一时间应者四起，出现了连王郎都不曾预料的拥戴热潮。

守卫邯郸的耿纯当夜闻听王郎兵变，考虑到自己眼下兵力单薄，硬拼一定不是对手，还是应该先找到刘秀，搬来救兵再返回头对付王郎。

耿纯的父亲耿艾，是王莽时的济平尹。耿纯就学于长安，所以授官为纳言士。王莽败，更始即位，使舞阳王李轶向各郡国招降，耿纯父亲耿艾投降，回去任济南太守。当时李轶兄弟掌权，独断行于一方，宾客游说的很多。耿纯连续多次求见不得通报，过了很久才得见。因而对李轶说："大王以龙虎之雄姿，逢风云之际会，迅速拔地而起，一月之间兄弟称王，但士民们并不知道你有什么德行，你也没有对百姓宣扬有什么功劳，恩宠与官位暴兴，这是聪明人所忌讳的。兢兢业业警惕自持，还恐怕没有好下场，何况是骤然暴发而自足，难道可以成功吗？"李轶感到很奇异，而且以耿纯是钜鹿的大姓，就以帝旨拜耿纯为骑都尉，授以符节，令他安集赵。

当时刘秀自蓟向东南奔驰，于是耿纯趁着混乱，带几个得力侍卫，拼死冲杀，逃出邯郸，飞马去追寻刘秀。

王郎派遣将领到上谷，令上谷太守耿况起兵响应。上谷功曹寇恂极力劝告耿况，一定不要依附不明来历的王郎，否则一步走错，就成千古罪人。

可是不依附王郎，人家发兵来攻打，上谷能抵挡得住吗？耿况颇为踌躇。眼下儿子耿弇去洛阳谒见更始皇帝还没回来，能商量事情的只有寇恂了。

寇恂替他拿主意说："咱们上谷地势险要，坚守一段时间不成问题。眼下应该做的，是尽量联合更多的人，大家齐心协力，尽快打败王郎，收复邯郸。"

耿况觉得这话有道理，就派寇恂出使渔阳，联合渔阳太守彭宠共同抵御王郎。

刘秀一行离开卢奴城，正行进在通往蓟城的驿道上。眼看就要到蓟城了，也许上天在预示着什么，刚到城门下，本来白茫茫的世界，不觉间被阳光镶上一层金色，看上去温暖许多。

蓟城令好像早有准备。刘秀还没来得及仔细看看蓟城的规模有多宏大，冰天雪地中半掩的城门呼地洞开，蓟城令率领属下站在城门口，恭恭敬敬地施礼拜见。

看到这情形，刘秀长舒了口气。众人陪同着，松开缰绳，放缓脚步，马蹄嘚

第九章 出巡河北 德才兼备敢担当

嘚地走进城中。

长时间的奔波,难得碰见蓟城的美餐,冯异、朱祐吃得异常兴奋。

"大司马,耿纯有罪,望大司马惩处!"他扑通跪倒在地,嗓音沙哑。刘秀压抑住吃惊,上前扶起满身血渍的耿纯,急切地问:"伯山,你不是留守邯郸吗,怎么落得如此狼狈?"

"大司马有所不知。城中无赖王郎突然发动兵变,控制了邯郸。王郎假借成帝皇子刘子舆的名号向天下大发檄文,许多郡县不明真相,纷纷响应王郎,背叛更始朝廷。大司马,都是我没有及时发现他们的阴谋……"耿纯低着头,看上去痛苦不堪。

全场顿时哗然,议论声四起,比起刚才的高谈阔论来更加喧闹。

知道天下又要大乱了,宴会因耿纯的出现不欢而散。那些名流急于回去打探消息,以便及早安排家小。

而刘秀也被这突如其来的打击震惊得目瞪口呆,本来就不平稳的河北,因为王郎的出现,会发生什么难以预料的变化?他吃不准。眼下局势的转变,就像雪后初霁的天气一般寒冷难耐。

草草安排好耿纯,刘秀立刻召集邓禹和冯异等人商量对策。他知道,非常时期,一定要有非常对策,如果不及时稳定当下局势,恐怕先前的努力都要付之东流,能否在河北立脚,能否实现来河北时的抱负,都是很大的问题。

刘秀凭直觉认为,王郎叛乱还会进一步发展扩大,而蓟城方面的人心归向就成了重中之重。如果蓟城也像其他郡县,响应了王郎,那么自己这些人就是虎落平阳,随时都有性命之忧。

就在耿纯来的第三天,各路消息纷至沓来,王郎的檄文也在附近郡县出现踪影。看来蓟城左右摇摆的动向也会很快就有结果,而且这个结果很可能对刘秀大为不利。

刘秀和邓禹仔细讨论了问题的严重性,他们分析,如今面临着四面楚歌的境地,唯有速纳士兵,壮大力量,才有可能争取到方寸的立足之地。

也是凑巧,恰在这时,上谷太守的公子耿弇快马加鞭赶到这里。耿纯一见耿弇,亲热地拉住他的手,向刘秀介绍说,耿弇前些时候奉了父亲之命,到洛阳去谒见更始陛下,回来路上恰好遇见狼狈不堪的耿纯,当时耿纯连夜驰骋,马匹累得实在跑不动了。

耿弇当下把自己的马慷慨相赠,才使耿纯这么快就赶到蓟城,向大司马传递消息。

耿弇拜见过刘秀，从他口中得知，如今河北的局面，王郎已经占尽上风，势力如滚雪球般越来越大。许多原先观望风向的郡县和地方势力，见王郎真的成了气候，也都纷纷归附，更使王郎不可一世，大有一统河北的趋势。

别的不说，就连耿弇的两个随从都受名利诱惑，不顾主人的反对，走到半路便掉转马头直奔邯郸投奔了王郎。

刘秀思忖，看来要反击王郎绝非易事。蓟城已非久留之地，必须马上壮大实力，才有可能夺回河北的控制权。

事不宜迟，第二日清早，刘秀找了个借口，把自己的队伍拉到蓟城郊外驻扎，为的是一旦蓟城方面有变化，也好有脱身的机会，免得被人堵截到城内。

刘秀皱起眉头苦思一阵，断然说道："看来，唯有放弃蓟城转向别处！"

"大司马，我认为此事非同小可，关系到身家性命和以后的大业，还需从长计议！"耿弇缓缓开口说。

众人的目光齐刷刷从刘秀身上移过去，盯着耿弇，希望从他嘴里能听到更好的出路。刘秀也转过头，看着眼前这个相貌英俊、气宇轩昂的青年微微一笑，点点头示意他说下去。

"我认为，放弃是个不明智的选择。你们想想，明公此行河北，费了多大的周折，岂能因为一个破落户的算卦先生突发奇想地聚众叛乱，就放弃这么久以来的努力？话再说回来，即便回洛阳，也未必就能搬到救兵。天无绝人之路，我考虑，有一点诸位好像忽视了，上谷与渔阳就在蓟城附近，只要联合上谷与渔阳兵力，必能变被动为主动，后发制人！只要明公遣人前往，晓之以情，明之以理，我相信渔阳太守彭宠定会明大体的。我现在就动身去见家父，请他协助办理，虽不敢说有十分把握，但大体上不会有问题。"

听耿弇说得这么自信，也确实没别的办法可想，只能试上一试了。看看天色不早，大家再议论几句，就散去各自去歇息。

耿弇只有21岁，别看他年纪小，充满了英雄气概。当初，刘玄派使者去上谷招抚，使者拿了上谷太守的印绶不还，耿弇就是那名上谷太守的儿子。上谷太守虽然拿回了印绶，但由于是通过寇恂用非正常方式拿到的，心里还是不太踏实。

在耿弇身上，刘秀看到了自己灵魂深处的影子。

刘秀虽然没能采纳耿弇的建议，对耿弇依然是非常好，甚至比以前更好。耿弇毕竟太年轻，还没有学会隐藏自己。刘秀是"大勇若怯"，耿弇属于大勇若勇，还差一个境界。

刘秀等人仓皇跑到了南城门处，城门已经关了。在南城门，又经过一番混战，这才杀出了蓟城。混战中，刘秀的队伍被打散了，出了城之后才慢慢地会聚在一起，虽然没有特别大的损耗，但是耿弇却不见了。

四、柳暗花明

刘秀带着随行人员从蓟城跑出来，队伍当中唯一的"北道主人"耿弇也失踪了。刘秀只能决定南逃回洛阳。但是河北来的时候容易，想回去就难了。

王郎重赏通缉刘秀，捉住刘秀者，可以封十万户侯。王郎深知，刘秀在河北晃悠着，那就是眼中钉、肉中钉，所以他不惜成本要消灭刘秀。

刘秀要想回去，河北各个城池都不能再进了，有蓟城差点被包了饺子的教训，刘秀"晨夜不敢入城邑，舍食道傍"，不管是白天还是晚上，都不敢进城，吃饭也都是在路上。

他的队伍日夜兼程，迎着漫天霜雪，天特别冷，很多人脸都冻裂了。再加上都在室外活动，吃饭也只能饥一顿饱一顿，到了饶阳县境内一个叫做无萎亭的地方，大家又冷又饿实在走不动了，就在亭子里歇脚。

刘秀几乎就要昏迷过去，他经历过战争的残酷，也经历过政治斗争的凶险，但是以前至少在吃饭上，还是没有断过顿的。这是他第一次亲身体验到饥饿和寒冷的可怕。

休息片刻，大家都感觉到愈发饥渴难耐。有人捏起冰雪往嘴里塞，蠕动喉头吞咽下去。刘秀活动一下麻木的手脚，下令起身前行。

"明公快看，前面有炊烟，应该有人家！"王霸从马上直起腰身，压抑不住兴奋地叫嚷，好像眼前放着一堆馒头。

顺着他指的方向望去，果真有炊烟袅袅地升起，似乎还能闻到饭菜的香味。有人站在马背上使劲眺望，惊讶地叫喊："哎呀，真如明公说的，不但有人家，还是座不小的集镇呢！"

"糟糕，我没带钱。没钱怎么买吃的，他们又不管咱们是不是朝廷大臣！"朱祐忽然惊慌失措地叫喊一声，一边在身上摸索。

朱祐的话立刻提醒了众人。是呀，别说饭店，即便是普通农家，吃了饭总得有所表示吧，况且现在兵荒马乱，谁的光景都不好过，普通百姓管这么多人吃一顿，非得全家饿上十天半月不可。

大家纷纷翻动衣袋，结果大失所望，由于太匆忙，居然没有人想起带上一星半点的银两。

这可如何是好？刘秀再看看众人，疲倦与饥渴写在每个人脸上，干裂的嘴唇里喘出的白气，模糊了刘秀的双眼。现如今，不但要和人斗，还得和天斗，大家追随自己，把生死都放在尖刀利矛上，人人身无长物，他们能给自己的，只有赤心一片。而自己拿什么回报他们呢？

刘秀狠狠地握了握手中的玉佩："我这里有一块玉佩，价值不菲，应该还能给大家买上一顿粗粮充饥。"他解开缠在腰上的丝带。这是分别时阴丽华亲手给自己拴上的，她说带上这块玉佩如同带上了她自己，可以消灾避难。手碰到玉佩时仿佛还能感觉到阴丽华的体温。

刘秀的手颤抖一下，但还是很快解下来使劲握了一把，交给冯异，脸上露出一丝艰难的笑容，似乎要让大家知道，他对这块玉佩并不特别看重。

"不行，明公，您好歹是当朝大司马，怎么能拿出贴身东西来典当，传出去岂不叫人笑话？"众人七嘴八舌地说。

"咱们只有吃饱了才有力气与王郎斗，才能统一河北，收复失地。区区一块玉佩算什么，快去！"刘秀摆手叫众人不要吵闹，断然冲冯异说。

"明公说得对，眼下性命要紧，东西失去了可以再回来，性命可是只有一条。我这就去典当了，给大家弄些东西吃！"冯异把玉佩塞进怀里，拉一把王霸，让他和自己一同前去。

"我不去，要去你自己去！"王霸狠狠地瞪了冯异一眼，转身往雪地上一坐，不再理他。面对大家议论纷纷，冯异面红耳赤，窘迫得说不出话来。

"诸位，既然大家不愿用玉佩救命，那这玉佩也就失去了它的价值，倒不如摔碎了来得干脆！"说着，刘秀从冯异手中夺过玉佩，举起来就要往地下摔。

"明公且慢，我去便是！"冯异慌忙把玉佩从刘秀手中抢回来，也不理会大家，拉耿纯一把，两人嘀咕几句便策马向不远处的集镇上跑去。

过了半个时辰工夫，他们用袍摆兜着一大堆野菜饼子和豆粥回来了，听他们说，前边的集镇虽然规模不小，但兵乱连着饥荒，卖吃食的却不多，还属这东西便宜，花不多的钱就买一大堆，每个人都能分着吃几口压压饥。大家也顾不上听他俩唠叨，一把一个抓起来往嘴里塞。

"咦，你们俩的剑哪儿去了？"刘秀突然回过神来，看着冯异和耿纯空荡荡的腰间，忍不住问。

"刚才走得匆忙，匆忙间放在饭铺里忘带了……"冯异被冷不丁地问住，吞吞吐吐地说。

"耿纯，你呢？你也忘带了？你不是向来剑不离身吗？怎么会一时为了乞食

第九章 出巡河北 德才兼备敢担当

就把看家宝给忘了?!"刘秀似乎感觉到什么,追问得越紧。

冯异和耿纯见刘秀变了脸色,只得老实回答说,他们不舍得把玉佩典当,临走前就合计好,把自己心爱的宝剑留下作抵押,本来这年头刀剑并不值钱,好在经营饭铺的老夫妇有个儿子在外当兵,知道当兵的苦处,便留下了宝剑。冯异说着,从怀中掏出玉佩,郑重地交还到刘秀手中。

刘秀看着手中小巧玲珑晶莹剔透的玉佩,再一次狠狠地握了握,别过脸去,任风把泪水吹得满脸都是。众人看在眼里,唏嘘不已,泪眼蒙眬中,纷纷向他俩投来敬佩的目光。

那个夜晚对刘秀来说,比半生都要漫长。风嗖嗖的,肚子咕咕的,头蒙蒙的,他估计也得了伤寒,眼看着就挺不住了,这时候多亏了一个人帮了大忙。这个人又是冯异。

冯异在如此艰苦的条件下,竟然搞到了豆粥,热气腾腾地端给刘秀。

刘秀看到这碗豆粥,心里太感动了,也不顾得多说什么了,豆粥喝得那个美啊,喝下这碗豆粥,他美美地睡了一觉,第二天起来,对大家说昨天喝了冯公孙这碗豆粥,饥寒全没有了,腰也不酸了,腿也不疼了,这豆粥还真救命。

豆粥事件之后,刘秀带着自己的队伍进入了饶阳,冒充自己是邯郸来的使者,前来招抚。饶阳的官员赶紧把他们迎进传舍,相当于招待所,安排了一桌酒菜。酒菜不上还好,一上来就出事了。这些人这么多天吃不饱饭了,有碗豆粥喝那都赛过山珍海味,荤腥更是没沾过,突然看见了这么一桌丰盛的鸡鸭鱼肉。

一个个宁做饱死神,不做饿死鬼,争来抢去,饶阳的官员一看,这是邯郸来的使者吗?不像,饶阳的官员对他们产生了怀疑,不过,也不能因此就断定他们是假的,万一要是真的,派人把他们全抓了,将来追究起来,抓皇帝使者的罪名可担待不起。

琢磨来琢磨去,饶阳的官员琢磨出了一个办法,来验证一下刘秀他们的真假。这个办法够狠的,饶阳的官员让手下去传舍外面敲鼓,一边敲鼓一边喊:"邯郸的将军到了!"这一下坏了,这些人都不吃了。估计有不少人,差点没噎过去。邯郸的将军要是真来了,刘秀这些人马上就现原形了。

邯郸的将军能不认识邯郸的使者吗?"官属皆失色",脸色全变了。刚才还宁做饱死神,不做饿死鬼呢,这会儿一想,只要不死,还是做一个人活着最好。刘秀赶紧出去坐上马车准备跑。

就在坐上车那一瞬间,刘秀突然做了一个决定,正是这个决定,才让他们化险为夷。他一想:"如果这时候跑,那是根本跑不了的。现在唯一的办法,就是

· 145 ·

再冒一次险，不是说邯郸的将军来了吗？如果是真的，那我怎么着都难逃一死，不过要是假的呢？要是饶阳的这些人在试探我们呢？"

刘秀这么聪明的一个人，一定能够想到，这很有可能只是一个试探。

刘秀从车上慢慢下来，回到自己的坐席上，镇定自若地说："邯郸的将军既然来了，就请进来，我们是老同事，交流一下工作，一起吃点，当然剩的也不多了，一起喝两杯，相逢不如偶遇嘛。"刘秀这虽然是一步险棋，但是这步险棋走得直接又将了对方一军。

轮到饶阳的官员傻眼了，本来是想试探，现在成了被试探，无语可对。刘秀看这形势，心里就更明白了，越是明白，就越装糊涂，又坐了很长时间才走。

就这样，刘秀离开饶阳的时候，饶阳的官员还是觉得不对劲，传令让看城门的门长把刘秀扣住，门长说了一句话："谁知道将来天下会是谁的。我一个小小的门长，怎么敢抓这么大的人物啊？"他虽然只是一个小小的门长，看似说了一句无关紧要的话，之所以被载入史册，是因为传递出了一种信号。

再走出一段路，邓禹转过马头对刘秀说："明公，根据方向推断，我们现在应该比较接近渔阳和上谷，但是中间还必须得从信都经过。"信都为邢台的历史名称，战国时期，在今河北省邢台市筑有檀台，建有信宫，赵成侯立为信都，为赵别都。

"不知道这次邯郸兵变，信都会不会倒戈。再说上谷与渔阳也不知近况怎么样，耿弇至今还没有消息。"刘秀盯着在云层中忽进忽出的阳光，感叹中不乏忧虑。

"明公，信都太守任光与我素有交情，此人刚正明理，做事向来讲究大义。我相信只要明公对他晓以大义，他不但不会加害我们，说不定还能投靠明公。如此一来，就大大增强了我们的兵力。"王霸在旁边听他俩议论信都，立刻凑上来大声说。

刘秀忽然也想起来，任光这个人自己也了解一些。任光是南阳郡宛县人。他年少的时候就因为为人忠厚，而受到乡里之人的喜爱。成年之后，任光先后担任了乡啬夫、郡县吏等基层官员。

王莽末年，天下大乱，绿林军、赤眉军相继起义，刘縯、刘秀等汉室宗族也参加到了反对王莽的斗争中去。公元23年，刘縯率领部队围攻宛城，五月，守将岑彭献城投降。城破之后，汉军入城，一名汉军士兵看见任光冠服鲜明，准备把他杀掉而夺其衣服，因为怕弄脏衣服，他逼迫任光先把衣服脱下来。正在此时，刚好刘縯的部下、光禄勋刘赐从此经过，刘赐看任光有长者之风，就出面把他救了。

此后，任光就率领同伴跟从刘赐，被任命为安集掾，后经刘赐推荐，刘玄拜任光为偏将军，后因昆阳危急，刘赐所部被紧急北调增援刘秀，任光有机会与刘秀一起参加了击破王寻、王邑的昆阳大战。

更始帝刘玄到了洛阳之后，任命任光为信都郡太守。

在河北郡国基本都投降了王郎的形势之下，任光仍然效忠刘秀，任光把都尉李忠、信都令万修、功曹阮况、五官掾郭唐等人叫来，议定盟约，同心固守，誓死不降，等待刘秀南下归来。当扶柳县廷掾拿着王郎的檄文到任光家去游说任光投降时，任光就把廷掾捆绑起来，押到闹市上斩首，以此宣示于百姓。为了防备王郎势力的进攻，任光还派遣精兵四千人加强信都城的防守。

公元24年春，刘秀一行人自蓟城回来，狼狈不堪，一时间都不知往何处去。

走在宽阔的驿道上，不知什么时候，阴风更浓，雪霰星星点点飘洒下来，天气骤然变得格外阴冷。走出好一阵，邓禹忽然拧起眉头："诸位注意，后边可能有追兵，咱们脚步要加快些！"

再走出十余里，跑在前边的朱祐忽然猛地一勒马缰，战马嘶鸣着扬起前蹄，险些把朱祐给扔下来。

"怎么了？"片刻工夫众人已经冲到跟前，刘秀火急火燎地问。

"明公，你看……"朱祐后怕地朝前指了指。大家这才注意到，前边虽然也是白花花的，但白色中又有些发暗，分明是一条大河横亘在眼前！

从饶阳出来，刘秀一行人继续南逃，眼看着就逃到了滹沱河边上。

在到达滹沱河之前，刘秀先派出一名手下去探路，看看河水结冰的情况，这名手下赶回来的时候，带给大家一个令人绝望的消息："河水没有结冰，水流如斯，不但没有结冰，甚至连船都没有，死路一条。"

听到这个消息，跟随刘秀的这些人，心都凉成冰坨了。

刘秀倒是不动声色，又派王霸再去看看。

王霸，字元伯，颍川颍阳（今河南许昌西南襄城县）人。王霸喜好法律，他的父亲曾任颍川郡决曹掾，王霸年轻时亦曾担任过监狱官。常常感叹不愿做小官吏，他父亲觉得他不一般，派他到长安求学。汉兵起事时，刘秀路过颍阳，王霸带门客见刘秀，说："将军起义兵，我不自量力，仰慕您的威信品德，愿意在您军中当兵。"刘秀说："我做梦都想与贤士共成功业，岂有两样！"于是王霸在刘秀的军中当兵，跟随刘秀在昆阳之战中打败王寻、王邑后，回家休息。

公元23年，刘秀担任司隶校尉，再次路过颍阳，王霸请示父亲，想跟刘秀走。父亲说:"我老了,过不了军队生活,你去,努力吧!"王霸随刘秀到了洛阳。等刘秀任大司马,任用王霸做功曹令史,跟随刘秀到河北。跟随王霸的几十个门客,渐渐离去。刘秀对王霸说:"颖川人跟着我的都走了,而你独独留下来了。努力!疾风知劲草。"

被刘秀比作"疾风知劲草"的王霸骑着快马,疾风一样到了河边,看了一眼回来向大家汇报:"冰坚可渡。"不但结冰了,而且结得很结实,渡河没问题。

王霸到了滹沱河边一看,确实没有结冰,也没有船。但是,如果他照实说,大家就不渡河了,后面就是王郎的追兵,横竖都是死,还不如先稳定军心,把大部队骗到河边。再说,天气这么冷,万一大部队过来的时候,结冰了呢?

疾风中的劲草,甚至能够改变风的方向。大家继续前进,奔滹沱河而去。到了滹沱河边的时候,奇迹竟然发生了,滹沱河真的结冰了。

大家都很高兴,由于冰面太滑,人在上面走还可以,马就很麻烦,因为马蹄很滑,马腿很僵硬,在冰上的协调性没有人那么好,在上面走不了。王霸就用一些盛着沙子的布袋放到上面,起到了防滑的效果,这样马就可以走了。

但是渡河的速度很慢,刘秀他们也没有速滑的经验,整个渡河过程非常惊险,队伍还没有全部过去,冰就融化了,还剩几匹马在后面。

好在渡河之后大部队算是保存了,刘秀对王霸说了一句意味深长的话,"我们之所以幸免于难,全都是你的功劳"。这句话既是在表扬王霸,也是在点破他撒的谎,要不是王霸的谎言,这些人恐怕都成了王郎的刀下鬼了。

这次经历增强了刘秀团队的凝聚力。因为有了危难,大家才知道团结是多么重要。

渡过滹沱河之后,到了下博县城西,刘秀"遑惑不知所之","狼狈不知所向",实在不知道该如何是好了。

这时,路旁出现了一名白衣老人,给他指路说:"你们要努力,河北信都郡,现在没有归属王郎,还是属更始政权管辖,离此处只有八十里,你们快去吧。"

这是《后汉书》中又一次出现"努力"这个词。上一次出现努力,是刘秀对王霸说的,这一次,是这个老人对刘秀说的。这个老人是谁?史书上没姓名,封建史学家说的是神乎其神。唐代的颜师古就在这个地方做注,说老人是个神仙,现在下博县还有祠堂。

这个老人肯定不是神仙,要真是神仙,他也不用站路边对刘秀说了,应该站云彩上讲话,才符合神仙的身份,那多有神术权威啊。估计,这老人就是一个非常好心的普通人,没有留下姓名。或者说刘秀走得匆忙——老人指完路,刘秀

第九章 出巡河北 德才兼备敢担当

"即驰赴之",没来得及问老人的身份。后来刘秀得了天下,东汉政府确实为这个老人修了祠堂,关键是因为他给刘秀指的这条路指对了。

刘秀的马,在下博到信都的驿道上飞驰。白衣老人的一面之词,成了他此时唯一的希望。

几天疲惫不堪的跋涉,终于在这天正午时分到达信都。大路尽头,高高城墙上迎风飘摇着"汉"字大旗,信都城就在眼前了!冯异快马上前,冲城楼上的士兵高呼:"汉使节大司马来到,快打开城门迎接!"

城头上巡逻士兵听到大司马的名号,转身跑下城楼,看样子是禀报将军去了。

刘秀到了信都,信都太守大喜过望,亲自率领着手下夹道欢迎。官员百姓都很激动,跟着大喊万岁。

刘秀逃亡了这些天,饿得面黄肌瘦。刘秀到了信都的时候,"不脱衣带,衣服垢薄"。衣裳都多少天没脱了,上面脏得全都是泥,长袍硬得跟盔甲似的,他把这身衣服脱下来,让信都的都尉李忠帮他洗洗。

李忠发现根本洗不出来了,就让人比着脏衣服的尺寸给刘秀做了件新的。

刘秀怪不好意思,把自己的绶带解下来送给李忠。绶带虽然只是拴印的带子,并不值钱,可毕竟是将来的皇帝御赐的,有纪念意义。

受到追捕的刘秀从蓟城南逃回到信都郡,邳肜听说刘秀从蓟城逃回信都,而且人马都丢光了,身边只有少数亲随。于是,邳肜急忙派部下五官椽张万、督邮尹绥调选精骑两千余人,在道路边上候迎刘秀。张万、尹绥走到堂阳县的时候,堂阳县已经归顺了王郎,邳肜就让张万、尹绥警告堂阳县的吏民,如果刘秀赶到的话,要马上开门出迎。后来,邳肜听说刘秀已经到了信都,赶紧前来信都拜会。

邳肜到信都后参加了讨论下一步计划的会议。当时刘秀虽然得到信都、和成二郡的支持,但二郡兵力有限而且部队分散驻守没有集中起来,所以在会议上,很多人都说:王郎的势力太大,不如由信都郡派遣部队护送刘秀西归长安。刘秀也有些动心了。

邳肜一听,大吃一惊。他昂然而起,慨然进言。他作了长篇发言,坚决反对西归长安的计划。他说:"大家刚才说的都不对。天下黎民对王莽的暴政深恶痛疾,深受其害。各地的官吏、军民思念汉室,怀念大汉恩德已经不是一天两天了。因此,更始皇帝一称尊号便天下响应,长安三辅的官吏人民自发地修缮宫殿、维修道路,翘首夹道欢迎。一个人举戟大呼,则千里之将无不献城而逃遁,

· 149 ·

贼虏匍匐请降。自从上古以来，也没有感物动民达到这种程度的。"

邳彤接着说："在邯郸称孤道寡、不可一世的王郎，他根本不是什么刘子舆。他的底细下官很清楚，他不过是一个算命先生而已！这个出身微贱的假号之贼，表面上看起来气势汹汹，实际上他外强中干，不过是用谎言欺骗百姓、蒙蔽天下人的耳目罢了！他虽然看上去势力很大，其实不过是小人得志，纠集了一帮乌合之众盘踞在燕、赵之地而已！大司马！以下官看来，王郎此贼在河北并没有深厚的根基。大司马只要征调和成、信都两个郡的人马，何愁不能讨平他！"

一席话，说得刘秀频频点头。邳彤又接着说："如果弃此而归，不但空失河北，而且更惊动三辅，使威风重名一旦坠损，这就不是有利的良计。假若明公没有再次征伐的意图，那么虽有信都之兵也难以相会哩。因为您一旦西归长安，则邯郸王郎的羽翼丰满，势力越来越大，就会不可收拾了！一旦他们在此扎下根基，他们就会在这里为非作歹，涂炭四方，鱼肉百姓。大司马，您想想看！您初来河北之时，老百姓是怎么看待您的？他们是把您像父母一样看待啊！要是大司马打算西归长安，老百姓怎么会背弃您呢？就像儿女不肯背弃父母一样啊！他们一定会背弃王郎而千里追随着您西行。如此一来，和成、信都两地的军民必然会四散奔逃。如此一来，大势去矣！"

刘秀听了邳彤一番入情入理的慷慨陈词深为感动。他说："邳彤的话很对啊！我们应该听从。"

当晚信都太守任光衣甲整齐，身后许多名流豪门分列城门两侧。任光上前几步，恭敬地冲刘秀迎面长长一揖，寒暄问候，然后对王霸笑着说："几年不见，你仍然还是这么直爽，看来今晚又要不醉不归了！"

一句玩笑让气氛轻松不少，大家簇拥着刘秀进入信都城。进入城门的那一刻，刘秀忽然感觉踏实许多，终于可以喘口气了。

宴席上当地名流与将士们高谈阔论，热热闹闹很是融洽，这是许久以来大家最为舒心的一夜。

交谈中刘秀得知，王郎起兵叛乱后，也曾把檄文送到信都，在周围郡县望风而降的情况下，任光断然把檄文撕得粉碎，斩送信使者以表示自己忠心汉室。他和都尉李忠、信都令万修招集所有兵力，严加防备，同心守城。扶柳县廷椽带着王郎的檄文，来找任光商议，打算说服任光和他一起归顺王郎。任光立刻把他推出去斩首，把他手下的四千兵力集结到城内，日夜巡逻，把守城池，不敢有丝毫懈怠。

刘秀还听当地名流们说，太守任光不但忠心汉室，还是知情达理的好官。他对待百姓认真负责，体恤民情，信都虽然穷困，但民心却非常坚定。这让刘秀在担忧之余又升腾起一点希望。

任光所做的这一切有魄力，但他这干人能守住信都吗？他自己非常清楚，"孤城独守，恐不能全"，正担心着呢，刘秀来了。

虽然刘秀自己没有多少兵马，但他是更始帝刘玄的使者，可以代表皇上发号施令，对于信都的官员百姓来说，他相当于精神领袖。

刘秀让任光有了主心骨。任光知道他的本事，他有指挥能力，昆阳之战敌我兵力悬殊那么大，都能打胜仗，现在要是由他来指挥，任光还怕什么。

刘秀来了，有了刘秀这只猛虎，任光这是如翼添虎，虎虎生威。

有信都作为依托，刘秀感觉眼前一片光明，连日来沉寂的希望忽地充溢胸中。他立刻派遣冯异等人四下出动，招集兵马，操演阵法。

临近几个郡县的百姓听说为官清廉能干的大司马就在这里，纷纷拥入信都。

第十章
政治联姻　厚德载物封萧王

一、转守为攻

有了一定的兵力，刘秀和邓禹等人商量，必须尽快转守为攻，打两个漂亮仗，迅速挽回整个河北低落的士气。

商量来商量去，众人认为，首先攻击的应是已归顺王郎的和成郡（今河北晋州市）。此地是王郎大军的一个据点，王郎在这里屯扎着大量兵马，意图要把势力扩至上谷与渔阳。所以认为打好这一仗也就显得至关重要。

刘秀把信都作为大军的基地，封老成持重的刘隆为大将军，让冯异和王霸为副将率领汉军进攻和成。三人听命，都非常高兴，能在反被动为主动的第一战上大显身手，让许多人羡慕不已。紧张地筹备后，刘隆带着大军前往和成。

刘隆，字元伯，南阳人，汉朝安众侯的宗室。刘隆出生在西汉末年，当时王莽专权，加紧篡夺汉室江山，公元6年四月，安众侯刘崇起兵反对王莽。刘隆的父亲刘礼参与了这次军事行动，行动失败之后，被株连治罪，刘隆因为年龄不满7岁，免于被诛杀。经历了"灭门"之痛的刘隆长大之后，赴长安求学。公元23年，绿林军攻入长安，拥立刘玄为帝，改元更始，建立了更始政权，次年刘隆加入更始政权，被任命为骑都尉。不久刘隆请假告归，回南阳探亲。之后，顺便将妻子和儿女接出来，安排在洛阳居住。公元23年十月，更始帝刘玄令刘秀以破虏将军行大司马事持节北度，镇慰河北诸州郡。刘隆听说刘秀在河北，就一路追到射犬，投靠刘秀，被任命为骑都尉。

刘隆带着大军前往和成的路上，老百姓听说是大司马的队伍，议论起大司马在河北锄强扶弱做的好事，纷纷响应。走过了几个郡县，队伍迅速壮大终于临近

第十章 政治联姻 厚德载物封萧王

和成。

刘隆向来谨慎，先下令在一处开阔平地上安营扎寨。一边派冯异换上百姓衣装，悄悄去城下探看虚实。

冯异带着几个人在夜色的掩护下出发，直至半夜时分才回来。"大将军，要攻下和成真不是件简单的事情！"冯异一回来便钻进刘隆的帐篷，神情严肃地说。

"和成尽管险峻，但它毕竟是个小城。只要我们充分发挥人多的优势，对其实行包围战，我想他们未必能硬撑很久。兵法不是说，十则围之吗，这就是人多的好处。"刘隆盯着地图说。

熟知地理的邓禹忽然想起，和成所在的山地虽极为险要，上山的路也只有一两条，现在只有找到突破口，才能出其不意地攻上山去。邓禹立刻去向村民问个究竟，得知果然确有此事。刘隆连夜组织善于攀援的兵士，编作一军。打算从此路上山。

刘隆上山时摔了个跟头，胳膊腿多处擦破，登山的兵力用不上，若再没有援兵赶来的话，纵使没有险要地势做屏障，和成军队主动出城攻击，胜负也很难预料。

刘隆在大帐中团团转，不知如何是好。正在这千钧一发之际，邳彤率领援兵不期而至。邳彤作为下曲阳县令，将其治理得有声有色。王郎军队南下，把他解职并要求其归附和成郡。邳彤不服，招募本县士兵准备投靠刘秀。

闻听刘秀部队就在附近，便赶了来，希望先立战功，作为进见之礼。天色微明时分，听说邳彤带了兵马前来，刘隆激动地从床上跳起来赤脚跑出营帐。大家相见，刘隆紧紧握住邳彤的手，连称真不愧是及时雨。

邳彤的到来，不仅给刘隆兵马增强了实力，更多了一位有策略敢决断的谋士，加上他是本地人，对周围环境又十分熟悉，刘隆等人立刻信心倍增。

邳彤告诉大家，和成城内粮饷并不充足，近来经常从邻近的贯县购买粮草，派大队人马押运。等他们再到贯县往回弄粮草时，只要装扮成农夫上山给他们送粮草，自然就不会引起怀疑。

冯异与邓禹随邳彤带着部分兵马回到贯县，做好准备，等待和成人马送上门来。不久，出其不意攻下了和成。

刘秀和任光、邳彤一起在信都进行了一次磋商，刘秀提了一个建议，对任光说："伯卿，如今咱们势单力薄，我想与你一起投奔到城头子路、力子都的部队之中去，你看怎样呢？"

任光吓得直摆手"万万不可啊"。城头子路和力子都是两支农民起义军的头目,来自山东,正在信都一带活动。这两支队伍名义上都归顺了刘玄,却保持土匪作风,烧杀抢掠,恶名昭著。

刘秀这时候确实也有点急病乱投医了,任光及时提醒了他,不能这样乱来。

刘秀说:"可是你手下兵少,怎么办呢?"

任光说:"眼下之计,我们可以招募奔命之兵,外出攻击周围不服从我们的各郡县。我们可以先发一个檄文,告诉各地,要是有敢不开门投降的,一旦城破,允许士兵任意抢劫钱财。许多人贪图财物,这样的话,招募起士兵来就容易多了!"

汉制,"奔命兵"即是在太平盛世之时,朝廷让各郡国举荐的一些材官、骑士,大多是一些剽悍善战的猛士,食的是国家俸禄。一旦国家有大难,或者是发生紧急事件,就召集这些人起来为国家效力。当时把闻朝廷之命而奔赴险难事件,叫做"奔命"。因而把这些"奔命"的人集合起来组成军队叫做"奔命兵"。

刘秀听了之后,同意了任光的建议。

制定了计划之后,刘秀宣布了新的人事任命:以任光为左大将军,封武成侯;邳彤为后大将军、信都都尉李忠为右大将军,信都令万修为偏将军,三人都封为列侯。

刘秀令四人带领本部人马出城招募"奔命兵"。为了稳定后方,刘秀又任命南阳人宗广为信都太守,留守信都。

部署停当,任光立即向外界广发檄文。文中说:"大司马刘公亲率城头子路、力子都所部百万大军从东方而来,专门讨伐各路反贼!"

任光在情急之下,虽不敢让刘秀进入虎穴冒险,却也借用了城头子路、力子都等令人毛发倒竖的强盗的名号,用以震慑四方。

果然,告示一贴,招到了四千多人。刘秀带着这些人,攻打附近的郡县。在打仗的同时,还展开了宣传攻势。任光到处发檄文,大肆宣传大司马刘秀带着城头子路和力子都的百万大军来了,合力讨伐反贼王郎。

刘秀与城头子路、力子都合兵的建议虽然被任光否了,却启发了他。任光借用了城头子路和力子都的名号。这两个名号很可怕,不管官兵百姓,人挡杀人,佛挡杀佛。不少郡县一听,连抵抗都没有,主动投降,也不给奔命兵发奖金了。刘秀的仗打得顺利,开始是顺势的。

刘秀和任光在一个晚上打到了堂阳县,堂阳县一开始没有投降,刘秀也不打,让骑兵拿着火把围着堂阳县跑,把堂阳县野外的草木都点着,火光冲天,城里的官员百姓看到这个场面,又听说都是城头子路和力子都的兵,"举城莫不震惊惶怖"，全吓坏了，当天晚上就投降了。

通过很好的造势，再借势，刘秀不费一兵一卒就拿下了堂阳县。随后，刘秀又一连攻下了好几个县，渐渐地在河北得势，甚至可说是势如破竹。

随后，刘秀带领兵马转战于真定一带。此地一直是汉室一个诸侯王刘扬拥兵占领，他手下兵力很多，几乎可以同王郎匹敌。

让刘秀担心的是，一旦刘扬与王郎并肩作战，局面很可能急转直下。志忑不安地终于等到使者回来，进门却哭丧着脸，诉说刘扬如何高傲，如何出言不逊，看来联合毫无希望。

见刘秀皱着眉头没说话，驻骑将军刘植站了出来："明公，我再去试试吧，刘扬与明公毕竟同是汉室苗裔，况且我听说此人并非十恶之徒，只是害怕丢失眼前的富贵和势力而已，相信只要晓之以理，动之以情，要联合他也并不是完全没有可能。大司马放心，植与扬有一面交，愿借三寸不烂之舌根，说使归降。"

刘秀闻言同意，便令刘植往说刘扬。刘植只带得随身数骑，径往真定。

苦苦等待了几天，兵将们渐渐骚动不安。探马来报，王郎率大军很快抵达这里，而这边与刘扬又没有达成沟通的迹象。看来这场战争无论是跟谁打，都不利于刘秀。

二、政治联姻

真定（即正定）一直是华北平原中部一个繁华富庶之地，也是兵家必争之地。

真定具位于河北省西南部，华北平原中部的冀中平原，古称常山、止定，历史上曾与北京、保定并称"北方三雄镇"。地处太行山东麓，山前冲洪积扇的中上部，为山前倾斜平原。总的趋势是西北高，东南低，由西北向东南倾斜。汉高祖十一年（公元前196年），改东垣县为真定县（意即真正安定）。

真定王刘扬，与刘秀一样，都是汉景帝刘启的后人，但是比刘秀还低一辈，按说还应该叫刘秀叔叔。不过这时候刘扬可不认刘秀这个叔叔，他在河北的势力非常强，拥兵十几万，现在他投靠王郎，刘秀这好不容易才从逆势到顺势，一下子又要反过来了。

争取刘扬的支持，是再次扭转形势的关键。刘秀派刘植前去谈判。

刘植，字伯先，右北平郡昌城（今河北巨鹿县）人。刘氏是地方豪强大族，王莽末年，天下大乱，刘植与弟弟刘喜、堂兄刘歆纠集了宗族宾客数千人拥兵自保。公元23年十月，更始帝刘玄派遣刘秀以大司马的身份北渡黄河，镇慰河北诸州郡。但刘秀到河北后不久，十二月，王郎在邯郸称帝，并悬重赏追捕刘秀。刘秀被迫从蓟城南逃。

王郎起事之后，河北大乱，刘植与刘喜、刘歆就乘机率领手下的数千人占据了昌城县城（治今河北冀州西北）。公元24年一月，刘植听说刘秀从蓟城回来了，马上打开城门迎接刘秀，刘秀就任命刘植为骁骑将军，刘喜、刘歆为偏将军，还把他们都封为了列侯。

刘秀南下之后，得到信都太守任光、和成太守邳彤等地方官员的拥戴。刘植、耿纯等人也各率宗亲子弟占据县邑，听从刘秀号令。又得上谷太守耿况、渔阳太守彭宠派遣的幽州突骑的援助，力量逐渐增强。准备进攻邯郸消灭王郎。

刘秀决定招降刘扬，刘植自告奋勇愿做联络官。

刘秀道："说说你有什么优势？"

刘植道："我们的家都在河北，他和主公一样，都是高祖九世孙，按世谱，我得称你们一声叔父。这些年来，我常去拜见他，彼此都很熟悉，少了见面沟通的环节，几乎没有什么危险性。见面后，我再分析一下天下大势，晓以利害关系。我认为合兵的可能性是极大的。"

于是，刘秀派刘植前去招降占据石家庄地区的真定王刘扬。

刘植一行来到真定，见到刘扬后，大力游说，刘扬表示愿将外甥女郭圣通许配刘秀，两家联姻。

过了数日，刘植满面春风地回来了。正如他所说的，摸准了刘扬的脉，对症下药，竟奇迹般把刘扬说服了。尽管这对于刘秀来说是件再好不过的事，但刘植替刘扬转达过来的一个条件，却让刘秀左右为难。

刘植说："刘扬已被说下了，但刘扬欲与公结为姻亲，刘植亦替公承认，事同专擅，特来请罪。"

刘秀惊疑道："我尚无子女，如何联姻？有妹伯姬，又许与李通。"

刘植答说道："刘扬有甥女郭氏，愿做你妻。"

刘秀又以曾娶阴氏为由，刘植笑答道："天子一娶九女，三宫六院，美女如云，诸侯且一娶三女，两妻也不得为多，况刘扬新附，若不与结为姻亲，如何对付，对方还等着回话呢？"

原来刘扬也清楚，和刘秀火并对自己没有好处，但他又担心刘秀联合他打败王郎后，再回过头来吞没他的军队，夺取他的性命。为了确保无虞，他提出一个条件，要求与刘秀结亲，以联姻作为保证，来证明刘秀联合的诚意。为了进一步巩固两人之间的关系，刘扬要把自己的外甥女郭圣通嫁给刘秀，两个人的政治联

第十章 政治联姻 厚德载物封萧王

盟稳定,刘扬很高兴。

几天来,刘秀食不下咽,夜不能寐,当年牵手阴丽华许下的誓言还回荡在耳边,记忆犹新,如今要他违背誓言,欺骗自己深爱的人,他实在感到负心愧疚。但是倘若不答应,也就是自己承认原本就没有诚意,联合将化为泡影。而这个机会的丧失,对他刘秀本人乃至部众,都是致命的。

刘扬手上有那么多资本,十几万兵力都当嫁妆了,能让自己的外甥女做妾吗?娶了刘扬的外甥女,阴丽华就只能为妾。

郭圣通出身河北大族,父亲郭昌轻财好义,母亲出身真定王族,虽然父亲早逝,郭圣通在身为王家女子的母亲的照顾下长大,也同样具有贵族气质,"好礼节俭,有母仪之德"。在端庄的外表下还拥有一份傲气。郭圣通的父亲,曾经是一个很仗义的人,将家里的田宅,价值数百万的财产,让给了同父异母的弟弟,因此被人推举做官,还娶了刘扬的妹妹。

舅舅刘扬手握重兵,父亲去世得早,她的婚事便由母亲和舅舅作主。当刘秀顺利脱离更始帝刘玄,进入河北发展时,阻力重重,被当地人打得满河北跑。正在此时,真定王刘扬看准了刘秀是一支潜力股,认为他有称霸天下的可能,便提出联姻的要求,与之联盟。

由于刘秀进至邯郸时,拒绝了原赵缪王子刘林水淹赤眉的建议,致使他扶持王郎诈称汉成帝之子为帝,定都邯郸,并得原广阳王子刘接的响应,由此北州疑惑,降下郡国,真定国也因此以十万之众反戈倒向王郎政权。作为和真定王室联姻的郭氏家族,跟随着真定王刘扬,也陷入风雨飘摇之中。

这时的郭圣通不会想到,更始政权的北巡代表,破虏将军刘秀会去而复返。在经历了北地无招兵卒,众将死向南首的沮丧,回味着滹沱河的寒冷,豆粥麦饭的甘甜之后被王郎追檄十万户的刘秀,在信都县掘得了第一桶金,以四千精兵复起,堂阳、贯县,均被攻克,在和成另得两千骑兵。同时又得刘植、耿纯各率宗族子弟,据其县邑,誓死追随,由此而北降下曲阳县,合众有数万人。

同时有上谷太守耿况之子来谒,和刘秀共商联合上谷、渔阳两郡突骑共定邯郸之策。并沿路发奔命兵,由北向南,击新市,讨邯郸。过真定时,刘秀派出刘植作为说客,说降刘扬。

最终,刘植的游说,以及自身对于局势的判断,使得真定王刘扬做出了选择,新立的邯郸政权和迫近的更始政权河北代表之间,真定王最终选择了刘秀。

刘秀其实早在宛城娶阴丽华为妻,只是阴丽华并未跟随他到河北,而是在老家河南新野,至于影视剧中阴丽华不仅跟随在刘秀身边,甚至还多次搭救他,纯粹是编剧的一厢情愿了。

刘秀此时的心情非常复杂。他年少时在长安街头许下的誓言，如今想起来，依然是那样的美好纯真。他现在的前途，已经比执金吾还要光明了，妻子却只能换成另一个女人。

诸将望着刘秀，都是一脸坏笑。大哥，你就认了吧，这可是别人想都想不到的好事，还犹豫什么呢？如果一旦与刘扬开战，免不了诸多伤亡。你是三军主帅，应该为三军将士着想，只要你与郭姑娘入了洞房，便省了打仗一事。洞房虽累点，总好过三军血染沙场。大哥，为了将士的生命，为了天下归一，你就献身吧。

刘秀理解诸将的心情，他知道，自己的肉体不是他个人的，也不是阴丽华的，而是属于所有追随他的人。他们需要他牺牲肉体，他别无选择，无奈地做出了一个艰难的决定，为了天下苍生，德被九州，再苦再累，我也得入洞房。

郭圣通虽然是在王府里长大，但不太随舅舅刘扬。

刘扬脖子上长着一个瘦袋，就是俗称的大脖子病，是由于严重缺碘导致的，当然，郭圣通肯定是没有这个，就算是有刘秀也不能说什么。他也必须要硬着头皮答应这场婚姻。刘秀和郭圣通的联姻，是一桩标准的政治婚姻。

刘扬在郭圣通家的老宅设宴邀请诸位将领，还亲自"击筑为欢"，别看刘扬形象不怎么样，还多才多艺，晃荡着瘦袋击筑为大家助兴。可见他对这桩婚事是非常满意的。

真定王财大气粗，婚事张罗得格外张扬。整个府邸挂满了大红的丝绸帷幕，灯笼火焰欢快地跳跃着，晃动得刘秀双眼恍惚。

已经八分醉意的刘秀被推到了洞房内，他努力抬着睁不开的眼皮，脑子里旋风般刮过许多想法，如果那床边坐着的是丽华，那该多么完美。

刘秀跌跌撞撞地在桌边坐下，再也没有力气支撑，趴在桌子上昏睡过去。不知过了多久，他隐约感觉有人轻抚他的面颊，如此轻柔让刘秀甚是陶醉。缓缓睁开眼，看见一个模糊的身影站在身边。

刘秀摇晃着站起身，仔细看了她一眼，虽然只有一眼，已经不禁怦然心动。刘秀惊讶地发现，她的姿色毫不逊色于阴丽华，甚至比她还多了几分雍容华贵，妩媚动人。那女子轻轻坐在刘秀旁边，给他斟上一杯水，送至刘秀手旁，嫣然一笑，露出甜甜的酒窝，又低头羞红了脸。想着自己心中的大英雄就坐在自己眼前，而且是自己的丈夫，她羞涩中充溢着喜悦，更显得风情万种。

不知为什么，刘秀心里有东西一沉，踏实下来，决定接纳这个自己第一次谋

第十章 政治联姻 厚德载物封萧王

面的新娘了。刘秀拉下帐帘，将郭圣通拥入怀中……

刘扬身为真定王，是刘姓宗氏的族人，想找棵大树好乘凉，他还是希望这天下是姓刘的。刘秀当时明面上还是更始帝的人，王郎再怎么自吹，也不过一外姓，未得到皇室认可。更何况刘秀也是皇室宗室成员。怎么看也是跟着刘秀比跟着王郎靠谱啊，于是刘扬便弃王郎而投刘秀。

刘秀当时的情况很紧迫，之前的逃命经历让他开始尽一切可能来聚集他能利用的所有力量。为了让刘扬支持自己，刘秀派刘植去劝说刘扬，并向其许下重诺，也就是开了一张空头支票，但是这种重诺是需要有保证的，于是刘秀迎娶刘扬的外甥女郭圣通，以此来向刘扬证明诺言的可信度。刘秀都娶了刘扬的外甥女了，这就算是一家人了，他当然不会害家里人了，肯定会全力为刘扬争取利益的。

刘扬兵发十余万至邯郸，帮助刘秀平定河北。

三、绝地反击

通过这场政治联姻，刘秀取得了真定王刘扬的支持，军事势力大增，又一连攻占了元氏、防子等几座城池，击败并斩杀了王郎的数名将领。紧接着，刘秀在广阿暂时驻军，调整战略。

有一天，刘秀把老同学邓禹叫过来，打开一幅天下坤舆图，也就是全国地图，问邓禹："天下这么多郡国，我现在才得到相当于一个郡国那么大的地盘，你以前说天下都不够我定的，说得那么轻松，现在该怎么办呢？"

邓禹对刘秀说："现在天下大乱，人们都盼望明君圣主，就像赤子思念慈母一样。古代帝王的兴起，在于德行厚薄，不在于所占的地方大小。"得民心者得天下。邓禹真可以说是刘秀身边的励志大师，他不但捅破过刘秀心灵深处的窗户纸，还打开过刘秀内心封闭已久的窗户。

可是刘秀的心没敞亮多久，就遇到了一次巨大的惊吓。就在广阿城，听说从河北北部来了两支大军，就要到达广阿。这两支大军都是骑兵，装备非常精良，大家都以为这是王郎从北面调来的骑兵。河北北边上谷和渔阳的骑兵是很有名的，可以说是天下一流。突骑更是天下闻名。突骑，指的就是能够突击冲杀军阵的骑兵，简单地说就是骑兵中的突击兵。

这一直都是刘秀特别担心的。刘秀只盼着最好王郎不要调骑兵过来。否则，王郎两边夹击，广阿就会腹背受敌，形势会变得非常危险。

没想到现在北边的骑兵真的来了。刘秀下令，赶紧关闭城门严阵以待，做好一级战斗准备。他亲自登上西城楼放眼望去，那真是从来也没有见过的浩荡阵势。这支骑兵队伍太专业了，带着一股萧杀的寒气，凛然的威风。

刘秀站在城楼上喊了一嗓子说："来者何人？"率领这支骑兵的将领里，有一名非常年轻的军官，年龄也就二十刚出头，这名将领看到了城楼上的刘秀，滚鞍下马，纳头便拜："刘将军！耿弇来了！"

没错，这名将领，就是在蓟城和刘秀失散的耿弇。当时是在从蓟城往外跑时混战当中失散的，后来刘秀就再也没有了耿弇的消息，这时候耿弇突然找到这里，还带来了那么多天下一流的骑兵。有了这支骑兵相助，刘秀军威大振。

城楼上角鼓阵阵，画角齐鸣。敞开城门，迎接远宾，耿弇把带来的几位将领如寇恂、景丹、吴汉、盖延和王梁等人一一介绍给刘秀，诸将纷纷上前参拜。队伍忽然壮大不止一倍，刘秀自然格外惊喜，当即大摆宴席，犒劳众位将领。席间封耿弇和彭宠为大将军。

上谷和渔阳的骑兵帮助刘秀，是由几个关键人物决定的。头一个是耿弇，他是上谷太守的儿子，他在王郎称帝后跟随了刘秀，并且对刘秀拍着胸脯说，我可以回上谷发兵。

当时大家也都没把耿弇的话特别当真，后来蓟城发生变乱，刘秀一伙人好不容易才从蓟城跑出来，耿弇在混战的过程中与其失散了。

刘秀一行人是往南逃，耿弇则是往北跑。耿弇跑到了昌平，见到了父亲上谷太守，劝父亲帮助刘秀，派兵攻打王郎。

与此同时，王郎那边也派人来和上谷太守接洽了，让上谷发兵去攻打刘秀。按说耿弇的话父亲是应该听的，但是上谷郡的大多数官员，都认为应该听王郎的。上谷太守就有了疑虑。这很正常，王郎那边势力太大，他就是有对抗的心，也没有对抗的能力。对于上谷郡来说，"独拒"是不行的。

这时又一个关键人物出现了，就是上谷的功曹寇恂，他曾帮上谷太守从刘玄的使者那里取回印绶，就凭这件事，他说话的分量就很重。他提出，上谷郡可以与东边的渔阳郡联合支持刘秀，对抗王郎，独拒不行就联合。上谷能不能帮刘秀，就要看联合是否能成功。

寇恂代表上谷太守来到渔阳与太守谈判。结果，渔阳太守也不能决定到底跟着谁干，渔阳的大部分官员也觉得应该帮王郎打刘秀，毕竟王郎强刘秀弱。这时又出现了一个关键人物：渔阳郡安乐县县令吴汉。

吴汉，字子颜，南阳宛县人。吴汉出身贫苦，后来在县中当亭长。新朝末年，吴汉因门下宾客犯法，逃到渔阳郡，以贩马为业，往来于燕蓟之地（今河北北部及北京市一带），交结各地豪杰。公元23年，刘玄称帝，派使者韩鸿招降河

第十章　政治联姻　厚德载物封萧王

北各州郡。有人告诉韩鸿："吴子颜是位奇士，可以与他计事。"韩鸿召见吴汉，对他非常器重，以刘玄的名义委任他为安乐县（今北京市顺义附近）县令。

吴汉和渔阳太守的关系不一般，是南阳老乡，当初都是因为出事了才来的渔阳。在逃亡的路上认识，属于难兄难弟。吴汉素闻刘秀有长者之风，决心归附，并对渔阳太守彭宠道："渔阳、上谷突骑，天下闻名。您为什么不集合二郡的精锐，归附刘公攻击邯郸呢，这是难得的功劳哩。"彭宠虽然愿意，但官属都想归附王郎。

吴汉一看自己的这个老乡太守犹豫不决，怎么才能让他拍板呢？老乡坑老乡，坑得没商量。

吴汉就"坑"了渔阳太守一下，他性格有点木讷，不太爱说话，看起来是一个特别忠厚老实的人，还曾经因为生活所迫干过马贩子。但是越是老实的人，关键时刻一旦坑人，反而有更大的威力。

为了让渔阳太守相信王郎肯定会败给刘秀，吴汉就伪造了一封刘秀的信，他毕竟是马贩子出身，路子很野。他贩马的时候，结识了很多江湖豪杰，估计什么人都有，鸡鸣狗盗之徒，包括"办假证刻假章"的他都熟，伪造一封刘秀的信很简单。这封信以刘秀的口气恳请渔阳太守发兵支援。

让谁去送这封信也是一个很重要的问题。这一天，吴汉一个人来到大街上，一边溜达一边想主意。大街上有很多难民，兵荒马乱地到处要饭。

吴汉发现有一个要饭的很特别，气质不一样，好像是一名儒生。文化人就是不一样，同样是要饭，这人说话可能还之乎者也的，要饭都显得有文化。

吴汉就把这个人叫了过来，先是给他吃的，然后问他："你作为一名要饭的学者，到处体验生活，走南闯北的，现在外面是什么形势啊，有没有听说过刘秀和刘子舆到底谁行啊？"

吴汉这话真是问对人了，这名儒生的回答是："我听说过啊，刘秀现在到哪儿，各个郡县都主动投降跟着他干。邯郸的皇帝，根本就不是刘子舆，也不是刘家的人，就是一个算命先生。可能文化程度还不如我呢。"

吴汉听了大喜："好！太好了！你这个饭没白要，文化人就是应该体验生活！你悟出了生活真谛！"他把信交给这名儒生，让他给渔阳太守送过去："把这番话，算是体验生活的报告吧，给太守重新汇报一遍！"

这边说完了，吴汉也过去找太守了："怎么样，太守？听说刘秀派人来送信了？"估计渔阳太守这时候也已经下定决心了："对，说得很好，信也写得很好，要不你看看吧？"

吴汉心想：我不用看，这就是我写的，我都能背。

从耿弇寇恂再到吴汉,这三个最关键的人物,让上谷、渔阳的二位太守下决心拥刘反王。二郡达成共识,各自发精兵三千人,两千骑兵、一千步兵,一路南下支援刘秀。

这一路还打下很多城池,听说刘秀驻军广阿,就赶来会师。耿弇曾经在刘秀帐下待过,刘秀对他非常好。当时刘秀就看出了耿弇在河北的能量,对大家说他是自己的"北道主人",所以耿弇现在会这么坚决地支持刘秀。

是什么原因让寇恂和吴汉也愿意跟随刘秀呢?他们和刘秀可以说一点也不熟,甚至连面也没有见过。吴汉之所以愿意跟随刘秀,是因为经常听说刘秀有长者风范,是一个干大事的人。

寇恂在劝上谷太守帮助刘秀时,也说:"听说刘秀这个人尊贤下士。"他们两个人都是听说刘秀不错,没见过,这还是说明刘秀在河北确实有了很好的口碑。河北的有识之士对刘秀的评价都很高,包括那名要饭的儒生。没有这么好的口碑,刘秀是不可能有这么强的地方武装支持的。

刘秀看到耿弇、吴汉、寇恂等人带来的骑兵,知道这些兵不是来打自己的,而是来帮自己的,兴奋异常。

这些远道而来的客人让刘秀有了必胜的信心,都说天上不会掉馅饼,对于刘秀来说,这简直就是天上掉下的必胜军!他把大家迎进城,对这些将领们慷慨陈词。刘秀用一句话激励大家:"我要和在座的各位,共同成就消灭王郎的大功!"在这句话中,刘秀很明确地指出,消灭了王郎,功劳是大家的,不是我一个人的。大家听了一个个豪情万丈。

广阿会师后,刘秀率主力部队去攻打钜鹿。钜鹿县隶属河北省邢台市,地处河北省南部古黄河、漳河冲积平原上,

钜鹿自古就是兵家重镇,刘秀的爷爷也曾在钜鹿做过都尉,在攻城的时候,不知刘秀是否会祈祷祖父在天之灵可以保佑。

钜鹿在邯郸城的东北,是王郎的门户,因此王郎派重兵防守。刘秀打了一个多月也没有打下来。刘秀目前的部队,最突出的特色就是骑兵,上谷渔阳的突骑。骑兵擅长野战,在攻城时不占优势。

一个多月过去了,刘秀这边人困马乏,钜鹿的守军坚守不出,刘秀也有些急躁了,让他更为着急的是,大后方信都又出事了。

王郎派人去攻打信都,抄刘秀的后路,信都城里有一个姓马的大户,做了内应,打开城门放王郎的大兵入城。在河北,信都相当于刘秀目前的大本营,这对于久攻钜鹿不下的刘秀来说,无疑是后院起火。

第十章 政治联姻 厚德载物封萧王

最关键的是，刘秀手下的好几名大将的家属，都被扣在信都成了人质。比如李忠，他本来是信都的都尉，跟着刘秀出来打王郎，这时李忠的母亲还有老婆孩子都被抓了，马大户就派人来说服李忠："别跟着刘秀干了，要不然，你一家老小都没命。"

除了李忠的家小之外，邳彤的父亲、弟弟和妻子也被扣在了信都，他收到王郎一封信，内容只有八个字："降者封爵，不降族灭。"考验他们的时刻到了。

马大户的弟弟正好在李忠帐下当校尉。马大户不是扣了李忠的家人要威胁李忠吗？李忠就把马大户的弟弟叫到自己的营帐里骂了一顿，然后给杀了。

诸位将领被李忠的做法给震惊了："你自己的家属都在人家手里面，你竟然把他的弟弟给杀了，太猛了。"

李忠和邳彤在危急时刻的坚贞不渝，让刘秀没法不感动。他也不能光感动，得行动。凡是那边有人能够保证你们家眷安全的，赏千万钱，钱由我来出。同时派兵救援。

刘秀一开始想让李忠回去打，但是经过慎重考虑，最终没有让李忠去，也没有让邳彤去，这是出于对他们家人的保护。派他们俩回去，对方一急眼，肯定先拿人质说事，就另外派了别人。

最终信都收回，李忠和邳彤的家属都安全获救。信都危机过后，刘秀人马的士气更加高涨，也更加齐心，并且吸取了教训，刘秀让李忠留在信都看好大本营，自己继续打钜鹿。

但钜鹿还是攻不下来，王郎的守将防守严密，闭门不出。这么耗下去，也许钜鹿早晚都会拿下，但是付出的精力太大。

耿纯向刘秀建议，干脆先不要打钜鹿了，反正钜鹿城里的兵也不敢出来，直接南下打邯郸，邯郸一灭钜鹿不攻自破。打蛇打七寸，邯郸就是王郎这条地头蛇的七寸，是王郎政权的心脏。

耿纯是非常有水平有能力的一员将领，看出了问题的关键。刘秀采纳了耿纯的建议，留了一些人马在钜鹿看着，自己率领大军主力开赴邯郸。

邯郸位于河北南端，晋冀鲁豫四省交界处，西依太行山脉，东连华北平原，北连邢台、南毗安阳，素称河北省的南大门。战国时邯郸为赵国都城，汉代与洛阳、临淄、南阳、成都共享"五大都会"盛名，历来为兵家必争之地。

公元24年四月，刘秀率数万大军到达邯郸。兵临城下之后，刘秀先安营扎寨，然后派吴汉"扬兵戏马"，率领着骑兵围着城转，让王郎的人看看："我们有这么厉害的突骑，你们还打什么啊，赶紧投降吧。"

刘秀派出探马侦察，回报说邯郸此时兵力空虚，王郎被局势弄昏了头，手下兵力分成两路，一路守钜鹿，一路守柏人，而把正门空虚出来。这恰好给刘秀大军可乘之机。

刘秀立刻下令，汇合东路方面的大军转战邯郸。对应王郎的部署，也把兵力分大小两股。小股兵力由留将军邓满、偏将军姚期率领，驻扎钜鹿附近，钳制住钜鹿太守王饶，防止他援助邯郸，另一方面也拖住柏人，阻止其前往邯郸支援。临战之前，冯异向刘秀进言说，明公，打胜仗首先要笼络人心，取得百姓的支持。若想轻易取得胜利，与其拼上性命血战，不如先在百姓心目中将王郎杀掉。人之哀莫大乎心死。只要王郎在吏民心目中死掉了，征战才可能出奇地顺利。

刘秀连称说得对，立即下令草拟檄文，将王郎假借汉室子舆之名义，明为恢复汉室，其实不过是叛逆之贼的真相昭白于天下。

王郎善用攻心来迷惑百姓，刘秀就以毒攻毒。这一招果然灵验，百姓们开始质疑王郎，特别是对他的苛政、横征暴敛、欺压百姓等极为不满，王郎势力盘踞地区，人心惶惶。连王郎自己也听到风声，底气虚弱得简直无力应战。

邯郸方面，由于把精兵分发到各地去据守关隘，致使邯郸城内仅剩下老弱残兵，根本无法抵抗。

王郎此刻才意识到自己的失策，被人击中了软肋，但也毫无办法，在刚刚修建一新的温明殿内团团乱转，惶惶不可终日。

丞相刘林也预感到大难来临，忙出主意说："咱们不是没有人马，而是都派出去了，现在应该赶紧派人闯出城去，召集钜鹿、柏人的兵马，让张参和王饶等将领火速回兵援救，然后散发檄文，调集各地郡县的兵力，里外夹攻，不愁打不败刘秀！"

王郎狠狠地点一点头："没想到一个刘秀折腾出这么大动静，要是当初知道有今天，起兵的第一件事就应该把刘秀杀掉！"当即令少傅李立起草诏书，派遣使臣突围出去，乞求援兵。

对邯郸合围完成后，冯异献策说，邯郸城内虽说兵力少，但王郎善于蛊惑人心，倘若他们作困兽之斗拼死守卫，势必会对峙着相持下去。我军如今势力还比较单薄，若是钜鹿和柏人那边发兵来援救，恐怕形势还有逆转的可能。不如派骑兵把树枝拴在马尾巴上，绕城奔跑，腾起漫天尘土，迷惑王郎，给邯郸守兵造成心理压力，使其军心涣散。这样一来，纵然王郎巧舌如簧，也无计可施。

刘秀听着有理，立刻照办。接着汉军上边架起云梯，下边挖开地道，发动猛烈进攻，一拨紧接一拨，杀声震天。

第十章 政治联姻 厚德载物封萧王

王郎没想到汉军声势如此浩大，心惊肉跳地登上城头观望，见漫山遍野到处都是汉军旗帜，再往远处看，烟尘滚滚，似乎正有无数汉军赶来接应。他忽然腿上一软，斜靠在城墙上说不出话了。

刘秀攻打邯郸的时候，上谷太守耿况和渔阳太守彭宠，不但派遣军队来助战，还送来大批粮草。汉军兵精粮足，又没有后顾之忧，攻势日益猛烈。

挖地道的士兵手持宽大的盾牌，护住整个身子，抵挡城上的飞箭。城下劲弩和飞石密如疾雨，王郎守兵简直在城头站不住脚。地下不时有地道被打通，他们应付了天上的，顾不了地上的，手忙脚乱，疲于应付，渐渐士气疲弱，防守越来越漏洞百出。

邯郸激战不息的时候，将军邓满和偏将军姚期也正时刻关注着钜鹿的动静。邓满和姚期就是要出其不意。他们利用雨声和黑夜的掩护，带领众兵将，甩动爪钩，钩住城墙的砖缝，敏捷地攀援上墙头，摸黑打开城门放下吊桥，里外一阵大喊，齐杀上来。

姚期一马当先，虽然头上被刀尖碰伤，仍亲手杀掉五十多个贼兵，干净利落地攻取钜鹿，给王郎又一个沉重打击。攻下钜鹿后，邓满负责留守，姚期带领一部分兵马，押运着大批粮草浩浩荡荡前去增援邯郸。

刘秀闻听消息，立刻如释重负，大踏步出营，迎接英雄归来。刘秀顾不上姚期有伤，重重拍着姚期的肩膀，竖起大拇指连声夸赞。立即命人把钜鹿被攻破的消息散布出去，兵将欢声雷动，邯郸城内也被惊动，他们站在城头上向下望去，看汉军营寨里发生了什么事。

刘秀即刻拜姚期为虎牙大将军，对立功将士大加赏赐，增援部队融入战场，为队伍注入新的活力，攻势更加凌厉，喧天的喊杀声压倒了对方，震撼着雄厚的城墙。

钜鹿失守，王饶被杀，后援无望的消息很快传进邯郸城内。守军更是心惊胆战，无心应战，纷纷败下阵来，邯郸城摇摇欲坠。

这时王郎确确实实也害怕了，看来自己确实不是刘秀的对手，皇帝才当了四个多月，就被人给堵老窝里了。无奈之下，王郎派谏议大夫杜威出城请降。

刘秀接见杜威，并不说话，丢给他一份战犯名单，只有一帝三公：皇帝王郎、丞相刘林、大司马李育、大将军张参。杜威见自己不在名单之上，倒是松了一口气，自己是来谈判的，当即说道："邯郸愿降，但此份名单，绝对不能接受。"

刘秀态度强硬："叛国之贼，怎能不杀？"

杜威辩道："王郎实为刘子舆，成帝之子。天下是成帝之天下，其子承父业称帝，怎么说是叛国？"

刘秀听了非常恼火说："分明是个骗子，却说成是成帝之子。即使是成帝复生，天下不可复得，何况假刘子舆呢？"

使者杜威来和刘秀谈判，请求投降，说了一句话，把刘秀给惹毛了。

刘秀一生气，把真话都说出来了，"别说是汉成帝的儿子了，就是汉成帝活了过来，天下也不是他的了，何况是一个假冒刘子舆的人呢"。这可能有气话的成分，但是也说出了他目前最真实的心态。

从起兵到现在，刘秀的口号一直是光复汉室，但是光复谁的汉室？不是被王莽毁掉的那个衰微的皇室，而是要建立一个新的王朝，谁更强大，谁就能建立这个新的王朝。

杜威惊骇于刘秀的回答，好半天才回过神来，不好再说刘子舆之事，于是摊牌提条件："封王则降。"

刘秀一口回答："根本不可能。"

杜威退一步："封万户侯也可。"

刘秀冷笑道："王郎如投降，我可以饶他不死，仅此而已。"

杜威听出来了，这就是刘秀的底牌，再谈没有讨价还价的余地。杜威怒而起身说："邯郸虽鄙，并力固守，尚旷日月，终不君臣相率但全身而已。"这句话说得一点也没错，大不了就是个死，死也要死抗。说完拂袖而去。

刘秀下令让大军猛攻，又打了二十多天，依然未克。

在感觉大势已去的情况下，王郎的少傅李立深夜打开城门，投降刘秀。

汉军以锐不可当之势冲入城中，杀奔王郎的温明殿。邯郸兵将见败局已定，溃不成军，被踏死在铁蹄下的不计其数，血肉四溅，惨不忍睹。更多的则乖乖做了俘虏。

整整一个血色之夜，汉军占领了全城，只是王郎趁乱而逃，下落不明。刘秀向各队兵马下令，一定要找到王郎，活要见人，死要见尸！

王霸在大殿内抓来几个王郎亲信，连哄带吓地套问王郎下落。有个侍卫终于吞吞吐吐地说，夜半时候，好像看见王郎从王宫偏门仓皇而逃。

王霸问清大致方向，立刻跨马挥戈，冲出城外。天色渐渐发白，沿路追出数里，仍不见踪影。王霸勒住马想，王郎一个算卦的，浑身没四两劲，不至于跑得这么快。想必他没有沿大路走，对，他一定抄了小路。

王霸折回低凹不平的山路，沿路仔细察看道路两旁，兴许王郎躲在林子和洞穴里。走出几里，忽然看到矮树林出现一条荒草蔓延的小路。路旁草丛中有个黑糊糊的东西一动不动，好像块石头。

第十章 政治联姻 厚德载物封萧王

王霸起初并没在意，忽然想到，这里是树林，离山还远得很，怎么会有这么块大石头，况且还是黑的，真有点奇怪。他一蹬马，诈唬一声："王郎，我看见你了，装也没有用！"不料喊声还没落，黑色的石头忽然滚动着往树林里跑。

果然是王郎，王霸举起大刀，几步追到跟前，王郎慌乱之下，也掏出随身匕首。王霸呵呵大笑，手起刀落，王郎一声没哼，半截身子栽倒在草丛中。王霸也不下马，刀尖一挑，拎起血淋淋的脑袋回去请功，因为此事被刘秀封王乡侯。

刘秀进入邯郸之后，清理所获得的王郎的文书，大吃一惊。这些文书中，有不少可怕的信件，是自己所辖郡县官员给王郎写的。而且不是一封两封，写得也不是一句两句，而是有很多章。不少人暗自和王郎联系，为自己留后路。万一刘秀不行了，就跟着王郎干。这些信刘秀看都不看，当着将士们的面让人一把火全烧了。

刘秀说："以前怎么着，我也不追究了，所辖郡县官员也不用担心睡不着觉，给大家一个重新做人的机会，放心大胆地好好干吧。"

火光当中，看到刘秀这名三十出头的年轻人的高尚品德和诚恳自信，那是一种历经磨难后的波澜不惊。这让原想投降王郎的人感动不已，决定死心踏地跟定刘秀大干一场。

王郎一灭，更始帝刘玄派御史前往河北，封刘秀为萧王。王郎也被灭了，你留着那么多兵也没用，让士兵们该干什么干什么去，哪来的回哪去。同时，刘玄让刘秀和诸位有功的将领回长安述职。

刘玄紧急派人去河北，担任幽州牧、上谷太守和渔阳太守。刘玄派去尚书仆射谢躬，大概相当于副总理。这位朝廷大员率领六名将军来到河北，与其说是来打王郎，不如说是来监视和提防刘秀的。

谢躬和刘秀在各自的地方办公。据说谢躬还时不时想袭击刘秀，只不过担心刘秀这边太强，才没有下手。

刘玄已经下令让刘秀带着有功的将领回长安，不回去就是抗旨不遵。他在名义上毕竟是刘玄派来的使者，这时候直接与刘玄反目成仇，时机显然还不成熟。

第十一章
指挥用兵　同心同德扫叛军

一、敢于说不

一次大宴群臣时,刘玄拿着邯郸传来的捷报在众人面前扬了扬,半是欣喜半是担忧地说:"大司马果然不负朕之所望,当初百余人持节渡河出巡河北,结果马到成功,扫清河北叛乱,可喜可贺。但是朕总有些担心,文叔在河北威名日盛,手中兵马越聚越多,凭他的能耐,朕心不能安哪!"

宜城王王凤见刘玄主动挑起话头,忙趁机进谏说:"陛下英明。刘秀自从刘縯被杀后装疯卖傻,其实最聪明不过。当初放他去河北,就大不应该。臣看此人素有大志,绝不会甘心久居人下,特别是咱们和他有杀兄大仇,此人若得志,咱们都难逃他的毒手。叫臣说,不久之后,他就会成为第二个王郎,请陛下早想办法。"

赵萌赶忙也说:"宜城王说得不错,现在他之所以仍标榜为陛下臣子,是因为他的力量还不够,故而仍在施展其忍术。如果任其发展,必然会尾大不掉,失去控制。现在当务之急,陛下应该赶紧把他召回长安,剥夺他的兵权,封他个有名无实的爵位,压制住他。倘若他不服,立刻杀掉,免除后患!"

两人一唱一和,正中刘玄下怀,他立刻派御史黄党执汉节到邯郸,召回刘秀。

刘秀召集众将,议论进一步平定河北的计划。他打算先收服军马众多的铜马军,只要铜马军归附,其余义军自然水到渠成。

正在这时有人禀报,更始皇帝的使者已到城门外。出乎意料,却也在情理之中。刘秀连忙集结将领,出城远迎。城门外,使者黄党率众多人马,彩旗飘扬。

第十一章 指挥用兵 同心同德扫叛军

刘秀加紧脚步,跪地施礼:"喜闻皇帝使者大驾降临,臣有失远迎,还望恕罪!"

黄党连忙下马还礼:"大司马请起。皇上得知大司马久经沙场,为平定河北立下汗马功劳,特派属下前来慰劳大司马和诸将士。"

说着与诸将一一见礼,刘秀满脸笑容,走在前边把皇帝使者的人马引入署衙中,这里早已摆好洗尘宴席。

刘秀热情款待,丝毫不敢怠慢。黄党有旨在身,怕酒多误事,客气几句,站在香案前,从怀中取出圣旨,清清嗓子,朗声读诏。

听黄党慢悠悠读罢,众大将皆怒目相视,咬牙切齿,但因刘秀尚未表态,都不敢造次,只能在肚子里生闷气。

只见刘秀毕恭毕敬地跪在地上,高声谢道:"臣接旨。谢隆恩,吾皇万岁万岁万万岁!"

黄党把圣旨双手交给刘秀,言语轻佻地说:"萧王从此不必再受打杀之苦,可以回京城在皇上身边服侍,也借这个机会歇息歇息。"

刘秀却什么也没听出来,喜笑颜开地说:"是呀,承蒙皇上替臣下想得周到。"大家小声议论着,各自入席,一顿并不欢愉的酒宴,例行公事地你敬我饮之后,很快散去。

事情明摆着,人家要来坐收渔翁之利。一旦回到长安,会有什么日子等着?大家都不愿意想,却又再明白不过。

可是见刘秀仍旧一副不慌不忙泰然自若的样子,大家不禁替他着急。一连两天,刘秀把自己关在邯郸温明殿。

耿弇、邓禹和姚期等人恭候在门外,大家捉摸不出刘秀要作何打算,该如何给更始朝廷一个交代,都相顾无言地倒背了手团团转。

但谁也不敢冒失进去,大家只好安慰自己,也许明公此时更需要一个人静静地理清思绪,再作定夺。站在门外,听不到屋里有什么动静。

耿弇忧虑地说:"如今形势紧迫,刻不容缓。听说蔡充、韦顺、苗曾已经领了圣旨前去上任,如此一来,渔阳、上谷等紧要地方又成了别人的地盘。难道咱们拼着命换回来的战果,就这样被一纸文书,两句屁话,在光天化日之下轻易窃取了吗?叫我说眼下是该做出决策的时候了,若再有迟疑,不但丢城失地,白辛苦一场,只怕还要招惹杀身之祸呀!"

朱祐更为刘秀愤愤不平:"他奶奶的,想当初,刘玄在危难的时候授命于明公,只封官衔而不拨军马粮饷,徒有虚名。明公只得单车临河北,势单力薄,来到这里以后,刘玄不管不问,连书信也没来过一封,只顾自己在安乐窝里享尽荣华富贵。如今我们拼命挣得的江山，他却要独吞，真叫人恨！这样的皇帝，不理会他也就罢了！"

邓禹向来沉稳慎重，虽也在心里暗暗为刘秀鸣不平，但表面上并没有显露出什么，依旧神态安详，只是听他们你一言我一语地发牢骚。

等了一会儿，耿弇实在忍不住了，大着胆子推开殿门，微步走到刘秀榻前。见刘秀双目紧闭，却又不像睡着的样子。他小心翼翼地刚要开口，忽听刘秀微闭着眼睛悠悠然说："谁这么大胆，敢私闯温明殿？"

耿弇听他话音，并没有十分责怪自己的意思，放下心来，扑通跪倒在床头："伯昭求见，冒死请求与明公长谈。"顿一顿，见刘秀没吭声，忙接着说："明公，邯郸城内吏士伤者甚多，我想请求回上谷带些兵马充实这里的队伍。"

刘秀依旧躺着没动，反问一句："如今王郎已破，河北大体平定，用不着那么多兵马，有伤的慢慢养，还用回上谷带兵过来？"

耿弇到床前说道："今更始失政，君臣淫乱，诸将在京畿之内擅作威福，王公贵戚们在京都纵横暴虐。天子之命，出不了城门，下面的州牧郡守，动不动就被迁徙更换，百姓不知所从，士民莫敢自安。虏掠财物，劫掠妇女，怀有金玉的大富显贵，没有能生还的。平民百姓捶胸顿足，反而更加思念王莽。又有铜马、赤眉军，拥众数十百万，更始不能剿灭。更始的失败为期不远。您首举义旗于南阳，破百万之军；今平定河北，据有天府之地。以大义讨伐，发出号令，群起响应，天下只要传檄就可平定。天下是最为重要的，不可让外姓人得到。听说有使者从西方来，要你罢兵，千万别听。今官吏士卒死亡的多，我愿回幽州去，增发精兵，以成大计。"

刘秀听他言辞激烈，忽地从床上翻身坐起，厉声喝道："好你个耿弇，越说越不像话了。再敢胡言乱语，我这就下令斩了你！"

从没见刘秀这么严厉过，耿弇吓一大跳，但很快镇定下来，趴在地上不慌不忙地说："大人待我情同父子，我一心担忧明公，才敢冒死忠心进言。反正我是这样想的，要打要杀全凭明公一句话。"

刘秀忽然不动声色地一笑，话锋一转："汉军刀下不斩忠臣。你继续说，我听听看有无道理。"

耿弇见气氛缓和下来，胆气更壮，索性从地上爬起来，往刘秀身边凑近一些，不紧不慢地接着上面的话茬说："明公，咱们南征北战，也亲眼看到了，老百姓苦于王莽横征暴敛，听到汉兵起事，无不欢天喜地，好像脱离虎口返母怀抱。如今更始帝名存实亡。据我所知，许多百姓反而思念起了新莽，他们说，王

第十一章 指挥用兵 同心同德扫叛军

莽篡权我们日子难过,更始建立朝廷,我们却连命也保不住!民心背于更始,由此可见他必败无疑。而明公现在战功累累,英名远播于四海。如果以道德仁爱征伐天下,四方即可平定。天下本来就是刘家的,刘玄能称王称帝,明公比他条件更优越,不说为了自己,就是为了天下百姓,也应该把这个宏愿实现才行。"

耿弇滔滔说出这番道理,刘秀阴沉着脸没有任何表示。其实,这些道理自己都想过,为了早日实现这一夙愿,忍辱负重,拼死征战,兄弟姐妹一个个永远离自己而去。即使放下这些不说,自己一旦返回长安,必定受到钳制,无所作为,弄不好连性命也难保住;如果留在河北,孤注一掷,或许可以大展宏图,实现当初的誓言。

"伯昭说得自是有道理,只是现在情况并不容乐观。根据最新消息,上谷、渔阳两郡已经易手他人,我们的力量被削弱了。若不听命回京赴任,那可是抗旨的大罪,至少表明咱们与朝廷公开决裂。只怕咱们脱离了更始朝廷,名义上就成了叛臣,若众人群起而攻,凭咱们眼下的兵力,只怕孙武重生,也难以应付呀!"

"明公不必多虑。"有个声音飘进来。原来邓禹已在殿外恭候多时,见刘秀犹豫徘徊始终下不了决心,而话语中已经透出松动,忍不住进来接过耿弇的话题:"明公,如今长安政局破败,更始只是个空壳而已。所谓是不是汉室正宗,许多人已不放在心上。明公自奉命北渡以来,威德加于四海,如果树起自己的大旗,天下人必不以叛逆之臣加罪明公。谁能使百姓安居乐业,谁就是百姓拥戴的明君,请明公大胆决策吧。"

跟在邓禹身后的虎牙将军姚期也按捺不住:"明公切不可优柔寡断,贻误时机。耽搁一时,上谷、渔阳落入对方手中,耽搁下去,必然要付出更多不必要的代价。"

大家你一言我一语,句句说在刘秀心坎上,面对一张张急切激动的面孔,刘秀深深为之动容,趿了鞋从榻上下来,整理一下衣袍,振作起精神:"多谢各位赤心进言。好,既然都这样说,下一步我要辞朝命而不就,绝不落入朝廷那帮小人的窠臼,至于后事如何,我们风雨同舟,和衷共济!"

温明殿内传来久违的爽朗笑声,太阳拨开云雾探出脑袋,阳光普照温明殿外。次日晚上,天色刚刚暗下来,刘秀衣冠严整,只身前往黄党他们下榻的温泉客房。

黄党闻听刘秀这个时候来访,心中忐忑不安,但表面上很是热情:"萧王军务繁忙,还要夜间过来,真是太辛苦了,等回到京师,一定得好好歇息将养一阵子。快请进。"说着,两人携手走进前厅。

刘秀满面春风,抬眼环视一下四周,客气地问询一句:"御史大人住在这里还算舒心吧,军营中什么都简陋,委屈大人了。深夜叨扰御史,真是抱歉。"

"刘公多虑了,现在没人打扰,咱们正好可以坐下来,议议萧王回京上任的具体事宜。"黄党赶紧以攻为守,把话题向他最关心的方面转移。

刘秀含蓄地一笑:"不瞒御史大人说,离开京师这么久,孤身漂泊在外,我也想快马加鞭,尽快奔赴京城,奉命于皇上左右。可是静下心来仔细想想,现在就这样回去,似乎不甚妥当。"

黄党知道自己担心的事情还是发生了,从椅子上直起腰身,不由得一阵惊愕:"有何不妥?不管千难万难尽快回京,有困难慢慢解决,我也好顺利交差。"

"御史大人久在朝廷,对河北形势不大了解。其实河北远不像朝廷和御史大人想得那么简单",刘秀手指轻敲桌面,"王郎刚刚覆灭,河北仍一片狼藉,远未平定。铜马、尤来、王校、檀乡等众多杂七杂八的武装势力,或大或小,加起来拥兵百万。独霸一方,抢掠百姓,闹腾得地方上乌烟瘴气。如果现在撤兵回京,河北重地必然得而复失,全军上下浴血战场的功绩,势必要功亏一篑,付之东流。所以我打算,京城圣命暂先缓一缓,待我发精锐之师,快刀利马,为朝廷征讨四方。待河北完全平定之日,我即刻回京。这样做并非刘某大胆抗旨,实为情势所迫。御史大人是最明理的,这话一听就明白,还望大人在皇上跟前讲清楚。"

黄党眨眼听着,定了定神。"萧王一向思虑周全,不过嘛,"他忽然冷笑一声,"怎么偏偏这次就犯糊涂了呢。萧王说的这些情况,朝廷都考虑到了,圣旨上讲得明明白白,河北方面,未完成的战事皆由皇帝派来的蔡充、韦顺和苗曾处理,他们已奉旨任命。如果萧王执意要抗旨留守河北,那可就背负上叛贼之名的大罪。后果如何,萧王想必清楚。"

刘秀听他说话不阴不阳,还有点威胁的意味,心里哼一声,我还没回朝廷,你就拿大了,要是赤手空拳地回去,你们还不定怎样呢!立刻更加坚定了决心:"御史大人也是知道的,当初河北告急,满朝文臣武将,一个个缩着头不敢吭声。是刘某不畏艰险,仗着一颗赤胆忠心,挺身而出,奉命北渡。一路经历无数艰险,多少次险些丢了性命!这才镇抚州郡,平定四方,除王莽苛政,复汉室旧制。平灭王郎,收复邯郸,始有根基。如今更始陛下一张圣旨,将蔡充、韦顺、苗曾安插到这里,且不说他们能力如何,单是对形势和地理不熟悉,就是致命的弱点。平定叛乱乃是关乎多少兵将性命的大事,岂能儿戏!还请御史如实禀奏于皇上,恳请皇上恩准。"

第十一章 指挥用兵 同心同德扫叛军

黄党见刘秀声色渐渐严厉起来，不禁有些心虚，硬着头皮反驳一句："难道萧王想造反？"

刘秀不卑不亢地回应道："御史说到哪里去了？不要妄加罪名嘛！如今更始朝廷佞臣当道，滥下圣旨，不虑河北战事，凡事只从争权夺势出发，不为百姓考虑半分。这样的圣旨，刘某不必遵从。"

话说到这份儿上，黄党知道不撕破脸皮也不行了，腾地从椅子上跳起来，虚张声势地叫喊："萧王果真存心要造反！不管你有千万条理由，就是抗旨不遵这一条，也能定你一个反叛朝廷大逆不道的罪名！"

刘秀也气愤地站起身，提高了声音："汉室委靡，皆因更始天子昏庸无能，致使外戚趁机篡权，奸臣当道！如今我刘某就是要给天下百姓更换一番崭新天地！"

黄党见他越说越露骨，竟然忘了身在何地，手握刀柄要耍威风，又立刻想起这是在刘秀的地盘上，若是彻底翻了脸，自己这个御史钦差算个狗屁，人家嘴角一歪，自己就死无葬身之地。紧张地思量一下，摇摇头无奈地叹口气："不管怎么说，路是自己走出来的，萧王还是要三思。若萧王执意如此，我也没办法，只能如实禀报。"

刘秀冷笑一声："我还有事情，明日恕不远送，劳御史在更始帝面前多费口舌。"

次日大早，黄党悻悻离去复命。来的时候热热闹闹，走的时候却冷冷清清。没一个人打声招呼，听任他们仓皇而走。黄党走出邯郸城时，刘秀正召集各路将领齐聚温明殿，商讨面临的新情况。

大家料定黄党回京后，更始朝廷一定会采取对策，有所行动。所以下一步如何抓住兵权，扩大自己足以和更始朝廷对抗的实力，就成了当务之急。

刘秀雷厉风行，趁着和朝廷决裂的消息还没扩散之机，决定迅速命诸大将四处出动，招兵买马，扩充军力，蓄势待发。

刘秀有了对皇帝刘玄说不的决心，接下来的一招，就是对付那些刘玄派到河北的官员。刘玄派到河北的主要官员是幽州牧、上谷太守和渔阳太守。幽州牧管着包括上谷和渔阳在内的十个郡，这些郡的军事力量可以说是河北最强，尤其是突骑。刘秀想用这些兵，就得经过幽州牧的同意。

幽州牧听说刘秀要过来发兵，就给各个郡的太守打招呼，按兵不动，一个也不能调。刘秀拜耿弇、吴汉为大将军，前去执行这个特殊任务，两个人分头去调兵。派他们去之前，刘秀是怎么交代的，史书没有说，但是这两位调兵的方法，竟然一模一样。

吴汉这个人不太爱说话，看起来有点木讷，但是，关键时刻当机立断，说做就做。吴汉的"钝感力"非常强。吴汉是会为一个目标不择手段并且不惜代价的人，这样的人没有他做不到的事。现在刘秀让他去调兵，他肯定能把兵调来。他直接去找幽州牧，只带了二十个人，骑着二十匹马。

幽州牧听说吴汉来了，就带这么点人，看起来也没什么想法，就到路上去迎接，心想"反正我兵也不会给你，就假装欢迎欢迎你吧，走走过场"。他万万没有想到，吴汉趁其不备，把他抓起来就杀了，"而夺其军"。我要的东西你可以不给，但是我也可以抢。这就是吴汉。

吴汉这一招震惊了河北北部的各个郡，谁也不敢再说什么了，吴汉不按套路出牌啊，下手这么狠，爱怎么调怎么调吧。

同时，耿弇直接去了上谷，到那里二话没说就杀了刘玄派来的上谷太守和渔阳太守，调回了兵马。

耿弇和吴汉果然完成了使命，人杀了，兵调来了，这应该都在刘秀的意料之中。

二、 计斩谢躬

对于刘秀来说，最大的难题是怎么对付刘玄派到河北的尚书仆射谢躬，这名尚书仆射可是带了一支部队来的，也是兵多将广，硬碰硬去拼没那么容易，并且，他对刘秀也很提防，想暗算他也不是那么容易。

谢躬，字子张，南阳人。新朝末年，参加反对王莽起义。公元23年，刘玄登基称帝，建立更始政权，任命谢躬为尚书仆射。谢躬统领冀州牧庞萌、振威将军马武等六将军攻打王郎，不能取胜。大司马刘秀援军赶到，一同平定邯郸。而谢躬的副将抢劫，不听命令，所以刘秀非常恨他。

谢躬与刘秀进入邯郸后，谢躬和刘秀多次发生冲突对立，谢躬时常想袭击刘秀，却因为畏惧刘秀兵力强大而不敢发动。当时谢躬与刘秀两支部队，虽然都在邯郸，但却分城而居，然而刘秀不时对谢躬军慰问安抚。

谢躬自从进入邯郸，在周边地区为更始帝布恩施惠，与刘秀争夺民心，引起刘秀的极度不满，更始帝和刘秀两人的矛盾极其尖锐。刘秀很看重谢躬的才能，想收服谢躬，使其转而为自己效力。

刘秀算计一个人，必须要找出这个人的弱点。每个人都有弱点，如果实在找不到弱点，不妨去看他的优点，有可能他的弱点就隐藏在优点里。

第十一章 指挥用兵 同心同德扫叛军

谢躬的优点就是敬业,几乎是个工作狂,刘秀就经常称赞他是真正的好官。其实谢躬也不是尚书,尚书仆射只能算尚书的副官,刘秀称赞的时候把"副"给他去了,一口一个谢尚书的多中听啊,谢躬可能猛一听也不当真,不过刘秀有机会就这么说,谢躬慢慢就当真了,很高兴,对刘秀就放松了警惕。谢躬就被刘秀夸相信了。

不过,谢躬身边也有明白人,谢躬的妻子就看出问题来了,经常劝自己的丈夫:"你和刘秀是不相容的,千万不能相信他的话,要不然,肯定会受制于他,早晚得出事。"

谢躬根本听不进去:"我就是一个好官,小刘说得有什么不对。我也就是尚书,虽然是副的,但是我这么个工作法,早晚提成正的啊,我赞成他这么说。"怎么样,谢躬的弱点暴露。

尚书仆射谢躬目睹刘秀日渐羽翼丰满,而自己的汉兵势弱,且没受到重用,心里干着急却无对应之策。当初更始帝派自己来河北,大半任务是要自己监视刘秀,而现在刘秀不但没监视住,自己的兵马反而被他轻巧吞去,情急之下向刘秀发牢骚说:"大司马,属下奉旨增援邯郸,如今王郎已灭,我虽不敢以劳苦功高自居,却也临战奋力抵抗,无不倾力相助,我带领的这些兵将兄弟不贪图什么封赏,能真正为朝廷出了力,也就足够。我看现在已经没我们什么事,我们也该早日将汉兵扩充编制,以便将来回归时能迅速开拔。"

刘秀当然能听出谢躬的意思,却不好撕破脸皮,表面神情平定,心里不免暗自琢磨,你奉更始帝之命,名义上增援我,实则暗中监视我,如今我日强一日,你就按捺不住了。痴心妄想地要在军中谋求发展势力,岂能轻易如了你的愿?

刘秀找个机会,特意摆下盛宴款待谢躬,算是安慰其内心不满,也借此机会犒劳一下接连奔波不得歇息的兵将。

刘秀对谢躬如此礼遇,无非是想将他争取过来,为自己所用。不过通过几次有意接触,刘秀感觉谢躬这人自恃地位已经很高,经常以更始朝廷钦差自居,要让他服服帖帖加入到自己队伍中来,显然困难重重,于是他又想到谢躬身边的振威将军马武。

马武以前和自己过从不少,昆阳突围时,他也是主力之一。对于他的人品能力,刘秀有充分的把握。

在这个酒会上,刘秀就想下手除掉谢躬,但是他发现有马武在谢躬身边,不太好下手。

刘秀考虑问题是很成熟的,打草惊蛇,不如趁蛇不知把草一根根全拔了。就在这个酒会上,他开始拔草了。酒过三巡,酒席上的人开始单独交流感情,刘秀和马武离桌,登上了邯郸的赵王台。

就他们俩站台子上,看着远处的风景,一阵风从远处吹来,刘秀很从容地对马武说:"我现在有了上谷和渔阳的突骑,这些骑兵是天下一流的,想交给你指挥,你觉得怎么样?"

马武说:"我是个大老粗,怎么能玩得了这个呢。"

"马将军久经沙场,打仗这么厉害,我手下那些椽吏出身的将领怎么比得了你呢?"

刘秀这话说得违心不违心?冯异、王霸、姚期都是椽吏出身的,都是个顶个的强,马武再大能耐,能比他们强?

马武听了刘秀的话深信不疑,很感动,心想:刘将军器重我,我在谢躬这里得不到重视,有机会我就跳槽跟刘秀干。从此马武归心于刘秀。

现在谢躬的兵力远不及刘秀。但刘秀担心的是,如果谢躬情急之下,和地方势力互相勾结,那倒确实是个不小的威胁。

想来想去,始终拿不定主意。正好邓禹来请示军命,刘秀忙拉他坐下,把自己的担忧说给他听。

眼下和谢躬对峙的局面,邓禹已经考虑了很久,微皱着眉头说:"尚书仆射谢躬虽然是更始帝所派遣,但他一向忠诚厚道,有长者风范。只是此人没有遇到明君,不能充分施展其抱负罢了。如今外患未靖,应该尽量少起内讧。如果能够争取谢躬共同破贼,就可以解除后顾之忧,这是再好不过的结果。如果他实在抗命不从,为了避免后患,也只好先平灭谢躬,然后再作定夺。"刘秀也觉得,目前只能这样了。

为表示诚意,刘秀亲自拜见尚书仆射谢躬。谢躬此时已经听到刘秀和更始朝廷不和的风声,彼此寒暄叙旧后,刘秀忽然端正了脸色,义正词严地直奔主题:"尚书大人,我此时来,并非仅仅为了叙旧,还有要事与谢大人商议。"

谢躬说:"萧王,大家同为百姓谋福利,是积德的事情,我自然愿鼎力相助。再者说,我与萧王同为汉臣,奉命于更始,剿灭叛贼,为社稷出力,是为天职,谢某定全力赴命。"

刘秀也不管他内心到底怎么想,一脸感动地说:"不瞒谢大人说,现在面临着一个整顿旧河山的大好机会,无奈更始帝沉缅荣华,无心理政,致使奸臣当道,像谢大人这样的忠贞之将,却不受重用,实在可惜!"

谢躬知道这是刘秀故意引诱自己表态,让自己也明确表示和更始朝廷分裂。

但他却佯装没听见，唯唯连声，只谈如何进兵，至于谁是谁非，闭口不提。

刘秀也不逼他非得表态归属于谁，只要他能不危害自己，就已经达到目的了。"事不宜迟，刘某暂且告还。"商量好后，刘秀拱手施礼，大步流星地出了前堂，跨马扬鞭而去。

让刘秀想不到的是，他俩议论的事情都被谢躬夫人在屏风后边听得清楚。等刘秀走后，她走上前来深感忧虑地说："夫君所为，真不知是祸是福，夫君忠心耿耿于更始政权，而萧王如今违旨抗命，反叛更始，我听说，他已经杀掉苗曾、韦顺和蔡充三位刚到任的长安重臣，可见其雄心不小。如果咱们和他搅和在一起，只怕会引来灭顶之灾呀！"

谢躬无奈地摇头叹息一声："放眼天下，更始政权如日薄西山，现在只不过苟延残喘，真正掌控在朝廷手里的，不过一座孤城。而皇上却仍执迷不悟，每日只是饮酒作乐，不理朝政。我为臣子，夹在刘秀与更始政权中间，左右为难。事到如今，不瞒夫人说，皇上近来已下过密诏，命我瞅机会，斩杀刘秀！"

谢夫人不解地问："那，刘秀方才孤身一人来这里，夫君为何踌躇，迟迟不见行动？"

"是呀，要说机会，何止一次两次。只是我一直不忍下此毒手。平心而论，刘秀有勇有谋，能体察民情知人善任，我从心里钦佩。现在黎民百姓挣扎于水火之中，唯有刘秀这样的智勇之士能够造福天下，杀了这样的人，实在是造孽。天作孽，尚可饶，自作孽，不可恕呀！"

谢夫人听谢躬说得两头为难，直替丈夫叫委屈，"夫君既然两头碰壁，叫我说，还不如投靠了萧王。萧王或许真如夫君说的，能成就千秋霸业，他成功之后，咱们也能攀龙附凤，过几天太平日子"。

话音轻柔，谢躬却好像听到炸雷，瞪一眼夫人，正言厉色地说："万万不可！我身为汉朝大臣，尽管朝廷有百端错处，但臣当以君为纲，自古而然，断不可做出背主逆天的不义之举！我之所以答应萧王出兵，实为一心平灭四方叛贼，待平定河北后，我便想办法劝刘秀回京复命。"

谢夫人却不这样想，她加重语气说："夫君，一味拘泥古礼，岂不太过迂腐？再说，你既不归心萧王，又怒更始不争，如今是脚踩两只船，难免两头遭猜忌，我真担心，不久将有杀身之祸。还请夫君早作定夺，一心一意地跟定一方的好。"

谢躬一脸怅然："夫人的话，我又何尝不知道？但我既然无力挽住狂澜，所能做到的，只有无愧于天，无愧于己。至于将来的结果，都是宿命所归，就听上天安排好了。"

刘秀没想到这么顺利就得到谢躬支持，自是欣喜。没了后顾之忧，他放心地率大部兵马离开邯郸，出巡河内郡。

河内太守韩歆一向听命于洛阳朝廷，得知刘秀抗旨不从，已经成了反贼，对邯郸方面颇有戒心。见刘秀大军浩荡而来，赶紧下令紧闭城门，拒不接纳，并分头派遣兵马在城头上摆开守城器械，做好抵抗的准备。

刘秀兵临河内城门，吆喝半天，城上却毫无动静，刘秀恼怒地下令，搬来圆木，强行把门撞开，同时准备发兵攻打，要踩平河内郡，将河内郡守碎尸万段。

眼看战阵就要摆开，邓禹从后军赶上来，靠近刘秀轻声说："明公，咱们初来乍到，正是以仁德招抚为主的时候。如果妄自大动干戈，恐激起周围郡县的群愤，倘若他们和韩歆联合起来合力抵抗，我们岂不捅了马蜂窝？群怒万万不可犯。咱们不如放弃河内，继续巡行其他郡县，争得其他郡县归附，然后再掉转马头争夺河内。到那时事情就会简单许多，或许只是举手之劳而已。"

想想确实是这个道理，刘秀压住胸中怒火，蹬马挥戈，率兵离去。大军日夜兼程，刚来到环城附近，忽听人禀报说，河内使者快马飞奔而来，献上韩歆的亲笔降书，他愿意归附萧王。

在河内城中安顿好兵马，刘秀采纳岑彭的建议，让河内城中的属官官复原职，仍履行自己的职责，不扰官更不扰民。见汉军来后并没有影响到自己的利益，大家这才安下心来。

刘秀收复河内兵至清阳，此地接近邹城铜马军盘踞的地方，大家都认为触动清阳，很可能会影响到铜马军有所动作，纷纷做好打仗的准备。刘秀对此也分外重视，集中优势兵力在这里勒兵待战。

由于准备充分，而清阳本来兵力就相对单薄，双方交战不久，便是胜负已分，清阳城被轻易收入囊中。果然正如大家担心的，攻打清阳，惊动了铜马军。

铜马军看到刘秀突然崛起，对自己无疑是个严重威胁，他们立刻拥兵前来。既然大战不可避免，刘秀也不歇气，拿下清阳后立刻统兵与高湖、重连、铜马联军会战于蒲阳。

对方是三部联军，从兵力上讲，比刘秀要强大。但由于刘秀来得很突然，三军临时组合，缺乏统一作战经验，力量分布上显得有些涣散。而刘秀偏偏最善于利用对方弱势，看准了就撕开一条口子，穷追下去。这次也不例外，刘秀把重点放在他精心训练的突骑上。临战时特别强调，诸路兵马，一定要和耿弇、吴汉率领的突骑精兵统一作战，同进同退，互相掩护。

决战开始了！一声令下，突骑以锐不可当之势冲入敌军。热血迸溅的殊死搏

第十一章　指挥用兵　同心同德扫叛军

斗迅速展开。霎时间战场上喊杀声震天，刀光剑影碰撞中血流成河。

刘秀这支精兵训练有素，在战场上果然威力不凡，经过几个回合的冲突，敌军便阵脚大乱，各自收缩，想保全自己的实力。越是想收缩，给突骑留下的空间就越大。

而突骑的长处就在于纵横驰骋，空间越大，他们的冲力就越大，威力也就越猛。越乱越糟，越糟越乱，对方终于溃不成军地败下阵来。有的望风而逃，无力逃跑的跪降乞命。

烟尘滚滚中，战场一片狼藉，惨状各异的尸体遍地都是。直到见敌兵大势已去，刘秀方下令收兵，停止追击。

降服清阳城，高湖、重连联军，刘秀大军已是力鼎半边天。有了扎实根基，与洛阳对峙乃至争夺天下，已经很有把握了。一系列大捷后，刘秀趁着士气正旺，率领大军继续征讨地方叛贼。不过他仍时时顾虑邺城，唯恐后方有变，使自己成了没根基的浮萍。

刘秀多次试探谢躬的口气，委婉地表示希望谢躬协助自己，却屡遭拒绝。刘秀多次碰钉子，知道谢躬不能为自己所用，留着也是祸害，所以只能除掉他。

刘秀暗中召见吴汉和岑彭，面授二人机宜，令他俩悄悄带一小部分兵将撤回邺城。邺城为临漳县属地，亦属安阳管辖，殷邺实乃一体。

屯兵邺城正枕戈待旦的尚书仆射谢躬，闻听刘秀已经和割据武装打了好几仗，而且仗仗告捷，正准备派兵接应，忽然有探马来报，说被刘秀打败的贼寇正向这边逃来。谢躬果然遵守前约，命大将刘庆和魏郡太守陈康据守邺城，自己整装待发。

就在谢躬积极备战的时候，奉刘秀之命潜至邺城的吴汉、岑彭，带兵马悄然临于城下。两人依计行事，吴汉率兵驻扎在城外，由岑彭与辩士乔装进入城中，趁着夜色潜入太守府衙，一左一右把陈康夹在中间，自我介绍说是萧王派来的使者，有重要事情和陈将军商量。

陈康对刘秀如何勇猛的传闻已经非常熟悉，正担心据守邺城没有好下场。听说对方就是刘秀部下，忙支开众人，把岑彭和辩士迎入内殿，长长一揖施礼说："不知尊使夜半降临寒舍，多有得罪。如有见教，下官一定全力待命。为万全之策，我愿倾力鼎助，大开城门为萧王效命。"

就在当夜，陈康秘密下令，突然发兵，出其不意地将大将军刘庆围困于府邸，并迅速逮捕了刘庆、谢躬妻子和谢躬身边的心腹将士。然后下令，敞开城门迎接早已潜伏城外的吴汉兵马入城。

吴汉、岑彭不动一兵一卒，兵不血刃，就坐享收复邺城之功。他们布置下人马，等待谢躬的到来。

谢躬此刻正率兵将追赶尤来部众至隆虑山，对邺城发生的事情尚一无所知。走投无路的尤来兵马，凭借对地形的熟悉和山高林密易守难攻的优势，孤注一掷地发狠突然回头袭击，杀了个回马枪。

人地两生猝不及防的长安汉军，本来战斗力就不是很强，遇到偷袭更是无法招架，损失惨重。谢躬没想到出师未捷，气急败坏地只得引残兵向邺城方向撤退。

天色微明，呼呼的凉风透着寒意。谢躬带残兵败将颠簸而来，远远望见城头迎风招展着赫然醒目的"谢"字大旗。

走到城下，见城门大开，这和自己临走时安排刘庆注意把守好城门不大相符，谢躬心里有些犯疑。但仓皇奔逃的兵将，人困马乏，顾不得多想，一哄而上，拥进城内。

谢躬骑马走在最前头，走过吊桥后带数百骑兵径奔城门。突然，咚咚的战鼓响彻黎明，城门洞内及城外两侧，动天响地的喊杀声中，冲出无数汉兵，将他们团团包围。

谢躬此刻如陷深渊，茫然不知所措，不知道汉军为何要火并。还未做出反应，已被拉起的铁索绊倒，随战马一声仰天长嘶，摔落马下，被拥上来的汉兵捆绑起来，押入城内。其余兵将见谢躬就这样让人家带走，也没话说，乖乖地扔掉兵器，被人看押起来。

惊惶之中，谢躬妻子含泪悲泣："夫君忠厚仁义，不懂权变，我虽然一个妇道人家，也料想必招今日之祸呀！"

得知将谢躬军一网打尽，岑彭挥动大刀，走上城楼，对着黑压压站立的兵丁，高声大叫："谢躬与萧王有约在先，共同经营河北。而谢躬貌合神离，背叛萧王，放走尤来叛贼，图谋不轨，已被拿问。众将归降者无罪，若有反抗，立即死无全尸。"说着，将刀架在谢躬脖子上，作欲砍状。城下数百骑兵无不惊恐万分，纷纷跪地乞降。

谢躬此时才恍然大悟，形势的发展真被夫人言中。自己本想两处都不得罪，结果却是两处不讨好，最终冤死刀下。但他忽然又想到自己确实心无歹意，所作所为都是本着良心，就这样让人胡乱安个罪名给杀了，死不足惜，一片赤心却留个千载骂名，那才是天大的冤枉。

思绪翻转着，谢躬使劲摇摇头，想抖落和尤来争战时溅落的满脸尘土，仰望

第十一章　指挥用兵　同心同德扫叛军

冥冥苍穹,悲愤交加地高喊:"苍天在上,为何偏不长眼?我谢躬虽为洛阳尚书,却并无门户偏见,一心只想平灭河北叛贼。与萧王有约在先不假,但谢某确实不遗余力,鼎力相助。不料终不敌尤来,才不得已败退而归。我尽心帮助刘秀拯救百姓,不料刘秀竟如此猜忌于我,到底还是要将我置于死地。我死不甘心,死不瞑目!"

两行泪水蜿蜒而下,在脸上冲出两道泥印。了解底细的兵将都知道谢躬是个大好人,实在冤屈,也不禁潸然泪下。

谢躬流泪片刻,忽然想起什么,又厉声喝道:"放开我,放开我,我要亲自质问刘秀,我要他知道,我拿他当英雄,而他却处处运用权谋,充其量也只能是个奸雄!"

谢躬滔滔不绝,声音越来越尖利。吴汉暴跳如雷,指着谢躬鼻子大骂:"好你个谢躬老贼,如此张狂,竟侮骂萧王,告诉你,我们就是奉萧王之命,前来缉拿你这更始佞臣的。大胆狂贼,你死刑临头了,还敢口出狂言,我就叫你死得更快些!死去吧你!"拔剑出鞘,没等大家反应过来,一道亮光闪过,谢躬歪斜着身子倒在地上,岑彭见吴汉发怒,意识到情况不妙,慌忙上前阻拦,谢躬还是一命呜呼了。他压抑住心跳轻声说:"吴将军,何必至此?萧王之意,并非真要他性命。"

吴汉仍然怒火不消,吼叫着说:"谢躬这老贼,摇摆不定,素来心怀鬼胎,二心于萧王,不斩不足以威服众将,不杀不足以扬萧王威名!"

说着在谢躬身上擦拭一下剑锋,收剑入鞘,对城下被俘虏的兵将喊道:"如有心怀叵测,不实心归顺者,这就是样子!若有不服者,尽管以身试法,我定严法伺候,奉陪到底!"看他咬牙切齿的狰狞表情,众人报以一片默然。

谢夫人在狱中正担忧夫君安危而备受煎熬,忽听谢躬已经冤死,更是痛不欲生。丈夫都让人家给杀了,更何况自己一个妇道人家,下场也好不到哪里去,想想自己命运渺茫,到头来临死还免不了受辱,便咬断舌头自尽。

事发猝然,尾随待命于谢躬的振威将军马武,率败兵大部队刚回到邺城附近,便得知尚书令谢躬被吴汉斩杀,谢夫人自残而死的消息,一股寒流从心头直散到脚底,不由得为之一惊。如此残忍,一定不是萧王所为,肯定是部下胡乱传命。一定要告诉萧王,请他来为谢躬主持公道!他忍住不轻弹的泪,调转马头,不顾汉兵拦截,快马加鞭,直奔射犬,前去报告萧王。

射犬城内的一个聚邑,地处今沁阳市东北,刘秀正在殿内商议军情。忽然侍卫跑来报告:"振威将军求见萧王!"

刘秀知道他此时来，一定有重要事情，忙停下话头，令马武进来。

只见马武大踏步踉跄而来，抱拳跪地，气愤地说："萧王，尚书谢大人出师追击尤来，因地形不熟，败退而归。而岑彭、吴汉趁机占据邺城，竟然杀害谢大人，谢夫人也悲愤而亡。谢大人一家惨哪，他冤屈呀！"

"嗨！这个吴汉，这么沉不住气！"刘秀拍案而起，"谢尚书为人踏实厚道，对我不怀歹意，我心里一直敬重于他。本打算找个机会把邺城和邯郸连为一体，收服洛阳将士，并没有置他于死地之意。谁料吴汉素来性情刚暴，竟鲁莽至此。可怜，谢躬夫妇确实是冤死在这离离乱世呀！"说着自己也哽咽起来。

马武是个粗中有细的精明人，他明白此刻自己的处境，也明白刘秀的意思，悲戚过后，又跪倒在地重新参拜刘秀："萧王挥戈戎马，平定半壁江山，将来必定能解救天下苍生。末将虽然粗鲁，但素来仰慕萧王，且早有追随萧王的打算。不料邺城事发猝然，谢躬遇难，吴汉难以让人信服，我便孤身策马前来，甘愿为萧王出生入死，在所不辞！"

刘秀喜不自胜，躬身将马武扶起，拉他坐在身边，一边下令，摆酒设宴，召集诸将共饮，为振威将军马武接风洗尘。

马武，字子张，南阳湖阳（今河南唐河湖阳镇）人，天性剽悍，武勇过人，狂野不羁，早年为匪纵横江湖。如此秉性，后人便给他演义出一个绰号——"武瘟神"！

马武绰号"武瘟神"，倒不是说他为非作歹荼毒百姓，而是他性子暴烈，嫉恶如仇，又武功盖世，但凡恶人遇到他，立即完蛋。那一年，他尚年轻，估计是醉酒后惹了事，招来了仇家。要命的是，仇家的势力比他强大，以他一人之力实在难敌，只能避祸出走，浪迹江湖，客居江夏。不久，避难江湖的马武，突然听说了一件大事。竟陵、西阳三老好好的官不当，竟然造反当起了匪！

西汉末年，造反的人数不胜数。只因那王莽篡汉，祸乱天下，再加天灾迭起，疫病丛生，饥馑弥漫，一时民怨沸腾，胆小者活活等死，胆大者纷纷揭竿而起。马武按捺不住内心的躁动，赶紧前去投奔了竟陵三老。

没多久，马武听说另一波造反队伍实力更强，心中大喜，立即跳槽。这支造反队伍占据着一个偌大的山寨，大旗呼啦啦飘摆，刀矛冷森森林立，造反口号震天响。

马武兴奋上山，山寨大王见马武仪表威猛，性格豪爽，侠气中带着匪气，很有反贼风格，便慷慨答应其入伙。从此，马武正式成为一名对抗朝廷的匪盗，而且还是巨匪大盗。没多久，他由于造反造得极其卖力，成为山寨的首领人物

第十一章　指挥用兵　同心同德扫叛军

之一。

马武参加的这支造反队伍，就是名震千古的绿林起义军，"绿林"或"绿林好汉""绿林英雄"这些词儿，便出自于此。

一开始，绿林军只有数千人，后来几经征战扩充，达数万之众。长安的王莽气得两眼喷火，白须乱颤，立即传令地方：速速剿灭反贼！

绿林一带，归荆州牧管辖，这位新莽王朝的省长接到诏书，于公元21年亲率召集的两万士兵讨伐"绿林好汉"。这帮"绿林好汉"，原都是些饿极生疯的百姓，为了保命，个个摆出虎狼之姿，犹如猛兽见到食物一样狂扑乱咬，匆匆上阵又中了埋伏的官兵哪里抵挡得住？瞬间屁滚尿流！荆州牧欲哭无泪，赶忙驾车逃跑，座驾翻了！荆州牧和驾车的士卒都被甩出车外！令其翻车的人就是绿林军第一猛将——酒徒马武。

从匪盗转变为将军的马武偶然见到了一个须眉俊美、额头隆起的男子，这人也是更始皇帝刘玄麾下的将军，他叫刘秀。马武随刘秀在昆阳大战中破王寻等。

刘秀在河北省声威日盛，更始帝对他形成忧虑，遣使册封刘秀为萧王，令他罢兵，与诸将中有贡献的人一起重归长安。另派尚书仆射谢躬带领六将军攻王郎，马武官拜振威大将军，与尚书仆射谢躬共攻王郎。

刘秀最先攻破邯郸市，举办隆重宴会请谢躬及马武等，想借此机会诛灭谢躬，没有取得成功。观刘秀非凡之仪表，感刘秀王者之气势，闻刘秀肺腑之言谈，"武瘟神"彻底服了！他认定，眼前的这位英雄，胜刘玄百倍！刘秀，就是自己的新老大！

谢躬被吴汉击败后，马武获知信息，没去投近在眼前的吴汉，只是骑快马到射犬去投靠刘秀。

刘秀见了非常高兴，把他拉到身边上下打量，介绍给大家。每一次犒劳宴席诸将，马武总是抢在别人面前，举杯祝酒，把气氛搞得很活跃，刘秀颇为欢悦。再使马武带领其军队到邺，马武叩头回绝说不愿意，表达只愿跟在刘秀身旁，刘秀更为赞扬其义，因使马武追随进击诸群贼。

马武英勇善战，经常率军讨伐敌国。有一次，他被敌军围困在庆云一片空旷荒芜的地方。时值六月，酷热异常，天旱无雨。由于缺食少水，人和战马饿死、渴死的不少。剩下的人马也因饥渴交加，一个个小肚子胀得像鼓一般，尿像血一样红，小便时刺痛难忍，战马拉尿时也嘶鸣挣扎。随军医生诊断为尿血症，需要清热利尿的药物治疗，因为无药，大家束手无策。

马武将军有个马夫，名叫张勇。一天，张勇忽然发现他的三匹马不尿血了，马的精神也大为好转。这一奇怪的现象引起了张勇的注意。原来马啃食了附近地面上生长的牛耳形的野草。张勇心想,大概是马吃了这种草治好了病,不妨我也拔些来试试看。于是他拔了一些草,煎水服了几天,感到身体舒服了,小便也正常了。

张勇立刻把这一发现报告了马武。马武高兴,立即号令全军吃"牛耳草"。几天之后,人和马都治好了。

马武将军问张勇:"牛耳草在什么地方采集到的?"

张勇向前一指:"就在大车前面。"

马武大笑:"真是天助我呀,好一个车前草!"兵马精神抖擞,将围困他们的敌军全歼,转败为胜。此后,车前草治病的美名就传开了,因为此草爱长在路旁,所以又称"当道草"。

刘秀在河北和起义军交战时,马武一开始负责殿后,非常勇猛,经常冲杀敌阵,刘秀就让他改打前锋,也是无人能挡。

三、 扫除穷寇

在河北一带活动的起义军,至少有二十多支,兵力加起来有上百万人。其中影响最大的有五支,分别是:铜马、青犊、尤来、檀乡和五校。

有这些起义军在,河北就不可能稳定,刘秀也不可能踏实。这些起义军打起仗来和王莽的政府正规军不一样,跟王郎的部队也不一样。他们根本就不按套路出牌,打完了就抢,抢完了就跑。

对刘秀来说,和他们打仗又是一个新的难题。公元24年秋天,刘秀拉开了和这些起义军作战的帷幕。由于战线拉得比较长,战斗的次数也比较多。

刘秀和铜马之战,取胜依靠的是正确的战略。铜马来自山东,和赤眉军关系很密切,赤眉、铜马和青犊,有点像兄弟三个,赤眉是老大,铜马和青犊是老二和老三。

发起进攻的铜马军,摆出一个口袋阵,向汉军这边推进过来。铜马军是以多打少,而且兵力还数倍于汉军。最先发起进攻的有八万将士,兵力也要远远多于汉军,对于兵多的一方,摆出口袋阵型,再合理不过。

看到推进过来的铜马军,给己方摆出了口袋阵,刘秀并不惊慌,有条不紊地下达命令。他将吴汉、马武诸将放到左翼,将耿弇、景丹诸将放到右翼,将岑彭、姚期诸将放在前军,以中规中矩的矩形阵来应对铜马军的口袋阵。

当两军相距还有一段距离的时候,岑彭从一旁的军兵手中接过弓箭,他抽出

第十一章　指挥用兵　同心同德扫叛军

一支雕翎箭，搭上弓弦，对准天空，射出一箭。岑彭是正规军出身，指挥作战有板有眼。随着铜马军的不断推进，双方之间的距离也越来越近。汉军阵营的弓箭手们齐刷刷地捻弓搭箭，铜马军的防御力不强，人们身上的盔甲残缺不全，很多兵卒根本就没有盾牌，全军上下，也组不成可有效抵御箭阵的盾阵。铜马军挨了一轮箭阵，被射倒一大片人，人们非但没有胆怯，驻足不前，反而像是打了鸡血似的，纷纷号叫着，开始向前疯狂地奔跑起来，对汉军阵营发起了急冲锋。

汉军弓箭手们纷纷压低箭矢瞄准的方向，紧接着，第二轮箭阵飞出，射入铜马军的阵营里。箭矢仿佛雨点一般落入人群里，有的铜马军兵卒，都是身中一两箭，但他们好像毫无感觉似的，继续往前奔跑，直至头部、胸口等要害中箭，才气绝倒地。

两军接触到一起，第一排的铜马军兵卒齐刷刷地撞在长矛、长戟的锋芒上，自己的身体固然被刺穿，但冲锋惯性所造成的撞击力，还是将汉军的盾阵撞得东倒西歪。

要想稳住军心，最有效的办法就是主将直接上阵，让将士们看到己方的主将亲自上阵，能大振士气。岑彭不愧是一代名将，一名优秀的统帅。他关键时刻冲出本阵，来到两军阵前，挥舞起大刀，一口气杀伤十数名铜马军兵卒。

看到岑彭出战，砍杀铜马军，汉军将士，士气大振，人们吼叫着，奋力将不断冲击的铜马军杀退，而后，捡起倒地的盾牌，重新组成盾阵，与铜马军战到一起。铜马军作战方式非常单一，就是一个字，冲！人们在战场上，完全不要命地往前横冲直撞。铜马军自杀式的冲锋，那真的就是在自杀了。

看明白铜马军的手段后，汉军这边也做了相应的变化，一个人持重盾，挡不住铜马军自杀式冲撞，那么每面重盾的后面便安排两名兵卒，再不行，安排三人、四人，就是要把盾阵竖立起来，不让对方撞倒。

铜马军没有阵型，没有战术，没有配合，每个人都在单兵作战，就是瞪着眼睛往前硬冲。简单又粗暴，寻常的兵马遇到铜马军，通常会被杀得大败。铜马军也正是靠着这一手，纵横河北，无人能敌，从区区的几百人，壮大到几十万众。结果这次，他们算是遇到了克星。

随着汉军稳固住了前排盾阵，死在盾阵前的铜马军兵卒开始激增。冲上来一个，被盾阵后的长矛、长戟刺死一个，冲上来一排，被刺倒一排，冲上来一群，又被刺倒一群。眼瞅着进攻己方的铜马军前力已尽，后劲不足，还在硬着头皮对己方进行强攻。

刘秀传令，左翼吴汉、右翼耿弇，率骑兵破敌，他自己则亲自去到前军，率领岑彭、姚期诸将，对铜马军展开反攻。双方交战了这么久，八个营，八万之众的铜马军，已经折损了近三万人，余下的五万多将士，只是在硬着头皮死撑罢了，汉军的突然反击，如同是给了这八个营的铜马军沉重一击。

逃窜的铜马军中，有两股铜马军兵力最多，一股是由钜鹿郡，向正南方向逃窜，穿过了广平郡和魏郡，直接逃进了河内。另一股铜马军是向东南方向逃窜，穿过清河郡，逃进了兖州境内。可以说两股兵力最多的铜马军，皆逃出了冀州。

经过仔细斟酌，刘秀决定自己率兵进入河内，派姚期出兵兖州，能不能歼灭铜马残部倒是其次，只要能把铜马残部从兖州引回冀州就好。

姚期，颍川郡郏县（今属河南郏县）人。姚期身材魁梧，容貌威严。他的父亲姚猛曾做过桂阳郡的太守。姚猛死后，姚期为父服丧三年，因此，姚期至孝之名，闻于四方，乡邻都非常敬重他。更始元年九月，更始帝刘玄委任刘秀做司隶校尉，到洛阳去置办行宫事宜。刘秀路过父城县之时，经冯异推荐，姚期投到刘秀麾下，刘秀以前就听说过姚期的忠孝之名，所以立即任命姚期为贼曹椽。姚期成为刘秀落难洛阳之时少数心腹之一，后来随刘秀平定河北，消灭了王郎、青犊等流民军，并长期镇守魏郡，为建立东汉立下赫赫功劳。东汉大将，云台二十八将之一。历任偏将军、虎牙大将军、魏郡太守、太中大夫、卫尉。受封安成侯。

在博平城外，逃亡汇合的二十万铜马军，迎战姚期。

二十万人的疯狂冲锋，其声势之骇人，真如同排山倒海一般。二十万众的敌军，完全不是己方这区区两万将士能抵挡得住的。

以姚期为首的汉军，从博平县一路退回到黄河边上。他们原本打算退到这里，乘坐船只，返回冀州，可是到了河岸边，原来他们渡河的船只竟然都不见了。

后面的铜马军在穷追不舍，前方是涛涛的黄河水，以姚期为首的汉军，此时已然陷入绝境。

看到周围的将士们都是满脸的绝望，姚期深吸口气，振声喝道："都怕什么？区区贼军，又岂能吓倒我等？当年大王在昆阳，三千薄甲破四十万莽贼！今日，铜马贼没有四十万，我军也远不止三千！今日我等当效仿大王，与贼决一死战！不怕死的，随我上阵杀敌！"以两万汉军，对阵二十万铜马军，姚期竟毫无惧意，铁枪在手，于万敌当中，是人挡杀人，佛挡杀佛，锐不可当。

姚期的勇猛，大大激发起汉军将士的斗志，人们跟随着姚期，与周围的铜马军将士恶战到了一起。面对着铜马军的几万生力军，姚期等汉军没有怯战，反而

第十一章　指挥用兵　同心同德扫叛军

还主动上前迎击。接踵而至的又是一场昏天暗地的血战。此战，从下午打到了傍晚，等到天色渐黑的时候，铜马军都开始坚持不住，只能被迫选择后撤。反观汉军这边，已只剩下两千来人，且没有一人是完好无损的，姚期更是身负大小伤十余处之多，浑身上下，鲜血淋漓，已然分不清楚哪些是敌人的，哪些是他自己的。

附近的铜马军将士蜂拥而上，可是已和个血人差不多的姚期，挥舞起镔铁点钢枪，将围攻上来的一圈敌军，以长枪锋芒全部扫倒在地。姚期知道，自己现在已是强弩之末，坚持不了多久，在倒下之前，能多杀一人是一人吧！

就在姚期愤怒的大声嘶吼杀敌之际，铜马军的后方突然一阵大乱。与此同时，天边传来了轰隆隆的闷雷声。

铜马军将士经验丰富，立刻判断出来，传来的轰鸣声不是雷声，而像是大队骑兵奔驰的声响。

铜马军的判断没错，的确是有大队的骑兵正在向这里赶过来，为首的一位，不是旁人，正是刘秀。铜马军无论如何也没想到，以刘秀为首的幽州突骑，仿佛从天下掉下来似的，突然出现在自己的面前。在一万多幽州突骑的铁蹄之下，毫无防备又精疲力尽的铜马军，没有做出像样的抵抗，更确切地说，铜马军是完全没来得及做出抵抗，全军的阵容便被突如其来的骑兵冲散。

吴汉和耿弇，这两位都擅长统帅骑兵，此时两人一马当先，各自率领着三千精骑，对一溃千里的铜马军穷追不舍。

刘秀没有再继续追击，而是策马在战场上狂奔，寻找姚期的身影。

姚期在两名兵卒的搀扶下，从人群的后面缓缓走了出来。姚期浑身上下，伤痕累累，而且体力已经严重透支，整个人业已虚脱，他的双臂乃至双腿，此时都在抖动个不停。

看到如此狼狈的姚期，刘秀心里又疼又酸，快步上前，扶住姚期的胳膊，问道："次况，你伤得如何？快传医官！"

这一战，姚期在河北乃至河南，可谓是一战成名。以两万兵马，竟然不可思议地抵挡住以凶狠彪悍著称的二十万铜马军，其治军能力、临阵指挥，乃至自身的谋略、武力，都堪称是出类拔萃、世间罕见。

溃败的铜马军乘坐船只，仓皇渡河，从兖州又逃回到冀州。过了黄河，铜马军残部一路向西逃窜，进入到魏郡的馆陶。

刘秀军和铜马军于馆陶城外，再次爆发了一场正面的大战。

刘秀接到云兮阁送来的情报，高湖军、重连军、铜马军别部，合计二十万之众，现已兵抵清渊县。

事态发生新的变化，刘秀决定分兵作战。他派出吴汉和耿弇，统帅一万两千骑兵，半路阻击铜马残部的北逃。又派出岑彭，统帅五万大军，去往清渊，伺机而动。而刘秀自己则率领余下的兵马，继续北上，追击铜马残部。

在吴汉和耿弇的统帅下，一万多幽州突骑配合默契，作战娴熟，将十万之众的铜马军冲得七零八落，全军大乱。铜马军不再发起进攻，吴汉和耿弇也随之按兵不动，没有率部去硬冲铜马军的铁桶阵。双方的战事，陷入僵持。

铜马军派出百余名精锐将士，分散开来，分头向北突围，去往清渊求援。这百余名精锐将士，大多都被吴汉和耿弇麾下的骑兵劫杀，只有几人侥幸逃过骑兵的追击，一路跑到清渊。眼下，高湖军、重连军以及铜马军别部，合计二十万大军聚集在清渊。二十万大军的补给，可都在清渊，一旦清渊有失，都不用刘秀来围剿他们，他们自己就先垮了。

以岑彭为首的五万汉军，就躲藏在清渊附近的一座小山坳里，山坳的外面便是官道，两地相距不到五里。在岑彭的命令下，五万汉军出现在清渊城南，七八里开外的地方。将士们高举着火把，祭遵和傅俊各率军两万，一南一北的开始做起操演。

岑彭让四万人操演，他留下的一万将士，没有干别的，就是在撒网，这一万将士，分散开来，游弋在清渊的四周，形成一张无形的大网，将清渊城团团包住。

守将赵归，看见城外的汉军人群里，突然出来一骑，不紧不慢地直奔城门近前而来。对方是一个人，单枪匹马走过来的，显然不是要攻城。

赵归手扶箭垛，探出头来，大声说道："城外来者何人？报上姓名！"

骑在马上的人，勒停战马，一对炯炯有神的虎目，看向城门楼内的赵归，朗声说道："我乃萧王帐下刺奸大将军岑彭，足下又是何人？"

赵归倒吸一口凉气，果然是刘秀的兵马！他对岑彭倒是没什么感觉，只是确定了来军是刘秀兵马，让他心凉半截。他清了清喉咙，说道："我是赵归！"

"原来是高湖军的赵将军！"岑彭不解地问道，"赵将军现为何还在城门楼内，为何还不为我军打开城门，献城投降？那是立下大功！以我家大王之仁德、贤明，不仅不会杀赵将军，乃至高湖军的兄弟，必然还会大加奖赏，并加以重用。我这次前来，是在给贵军指条明路，算不算是贵军的救命恩公呢？今日之战，死的人已经够多了，我实在不想看到更多的人丧命。赵将军，这一生一死两条路，你要怎么走呢？"

第十一章　指挥用兵　同心同德扫叛军

赵归在一个劲地擦汗，城门楼里的众将则是眼巴巴地看着他。

岑彭耐着性子说道："赵将军肯降，便可在大王面前说得上话，也可竭力保下被俘铜马、重连将士们之性命，此为善举，无愧于心。而赵将军若不降，被俘之人，只怕都将九死一生，赵将军这么做，才是愧对于铜马、重连，还望赵将军三思！"

这时候，赵归也露出恍然大悟、茅塞顿开之状。他点点头，把手中剑慢慢放下，对周围众人说道："打开城门，我等，出城投降！"朱祐、盖延、祭遵、傅俊等人，恐怕做梦都想不到，岑彭一个人，一张嘴，硬是把据守清渊的数万高湖军给说降了。

铜马军打算向清渊方向撤退，可是幽州突骑的冲阵，将他们的阵型冲乱，刘秀亲自率领步兵，趁机从后方冲杀上来，将铜马军打得只能在原地驻守。

岑彭带着赵归来到汉军的中军帐，面见刘秀。听闻岑彭成功劝降高湖军，并顺势占领清渊的消息，刘秀欢喜，特意对岑彭表扬一番。这时大家对岑彭的本事有了全新的认识。

刘秀在中军帐接见了赵归，赵归二话不说，屈膝跪地，向前叩首，颤声说道："草民赵归，拜见萧王！"

刘秀打量他片刻，摆了摆手，说道："赵将军请起。"

在刘秀面前，他哪里敢自称将军？他的将军可是自封的，而刘秀的萧王，是天子封授，在人家面前，他就是个反贼。赵归跪在那里没敢动，小声说道："草民不敢。"

刘秀笑了，站起身，绕过面前的桌案，走到赵归近前，站定。赵归先是偷瞄了一眼，而后头垂得更低，脑门贴在地上，丝毫不敢抬起。刘秀弯下腰身，伸手把赵归搀扶起来，说道："赵将军举城归顺，是有功之人，孤称你一声赵将军，你担得起。"他这番话，让赵归大受感动，后者眼圈一红，声音颤抖地说道："人人皆赞萧王仁善，今日草民有幸得见萧王，方知传闻果然不假。"

在刘秀的示意下，有兵卒为赵归准备了坐席。赵归连连道谢，在席子上小心翼翼地跪坐下来。刘秀回到自己的座位，慢悠悠地说道："赵将军深明大义，肯归顺我军，而与赵将军相比，东山荒秃、上淮况乃至齐荸诸人，可就太执迷不悟了。现在，铜马军与重连军，合计二十万众，被困于此，两军负隅顽抗，拒不投降，赵将军以为，孤该如何处置这些不知死活之贼寇？"

赵归神情激动地说道："大王倘若信任草民，草民愿往铜马军大营，劝降东山将军、上淮将军和齐将军！"在场的汉军众将不约而同地眯了眯眼睛。

刘秀缓缓开口说道："孤担心的是，赵将军此行，太过凶险。"

赵归面露兴奋之色，神情激动地说道："现铜马、重连，已被困于此，孤立无援，插翅难飞，除了投降，再无他法。为了二十万弟兄的性命，草民愿意去冒这次险！而且草民相信，他们都是深明事理之人，不会一意孤行下去，还望大王恩准！"

二十万众的起义军摆在刘秀面前，让他把这些人都杀了，他下不了这样的狠心，可是若不打败他们，让铜马死灰复燃，以后还是他在河北的最大威胁。倘若能劝降这二十万起义军，这是最符合刘秀心意的。而前去劝降之人，赵归的确是刘秀心目当中的最佳人选。

刘秀接受了赵归的主动请缨，派赵归去往铜马军驻地，劝降东山荒秃和上淮况等铜马军将士。

赵归一个随从都没带，就他自己一个人，骑着马去到了铜马军和重连军的驻地。铜马军的中军帐，就是个临时搭建的小窝棚。

赵归向刘秀献城投降了，然后现在他又跑到敌方大营来，他这不是疯了吗？

"赵将军，你想说什么？"

"投降吧！萧王仁善，待人宽厚，又贵为王公，还是天下皆知的反莽豪杰，我等向萧王投降，并不丢人，而且以后定能得到萧王的善待和重用，又何乐而不为呢？"

有个头目气坏了，他抬手指着赵归的鼻子，怒骂道："厚颜无耻！好你个厚颜无耻的赵归！我今日就杀……"说着话，他又要拔剑。

就在这时，受重伤躺在草垫子上的大头目突然开口说道："……莫要伤赵归……"

赵归也看向大头目东山荒秃，毫无预兆，他噗通一声跪了下来，声音颤抖地说道："大将军伤势严重，倘若再不作医治，真的会有性命之危！大将军，为了自己，也为了下面的二十万弟兄，还是降了吧！"

东山荒秃缓缓闭上眼睛，过了许久，他才慢慢挑起眼帘，呆呆地看着地面，问道："我等若降，刘秀，刘秀他当真不杀我等？"

赵归面色一正，急忙说道："萧王亲口承诺，不杀降军之一兵一卒。大将军，萧王名声在外，向来言而有信，既然萧王这么说了，就绝不会食言。"

东山荒秃又沉默半响，摇头而笑，苦笑说道："高湖已降刘秀，清渊业已被刘秀所占，事到如今，我军已陷绝境，别无出路，诸位兄弟，以为如何？既然，你们还愿听我的，那么，就传我将令，全军，向刘秀投降！"

大多数铜马的部队都投降了刘秀,加起来有几十万人。

公元 24 年晚秋,铜马军营里的将士们跟平常不一样,不知何去何从。这时候他们听到了马蹄声,看到一个人从远处打马而来,来的这个人,正是刚刚打完一场胜仗的刘秀,目前被更始帝封为萧王。

这些将领和士兵,是以铜马为首的农民起义军。刘秀可是费了很大劲,才把铜马给收服了,如果这些投降的人能为刘秀所用,刘秀自然如虎添翼,如果不能,留在刘秀身边就是随时可以引爆的炸弹,因为他们互不信任,刘秀的将领对这些人就信不过。这些人对刘秀也信不过。

刘秀把他们的首领都封为列侯,但是他们的列侯当得不踏实,将领不踏实,大部队就很难融在一块。

铜马军不能信任刘秀,就是担心自己会被刘秀所伤害,刘秀的举动就是表示我愿意先承担被伤害的风险。刘秀独自一人,深入铜马军营,置生死于度外,让铜马军深受感动。信任是相互的,铜马军看到刘秀已经先承担风险了,并且这个风险比自己所承担的风险要高得多,所以就信任了刘秀。

刘秀到铜马各个军营巡视了一圈,安然无恙地走了。刘秀回去之后,这些人就互相议论:萧王现在把自己的一颗心放到我们的肚子里了,我们这条命还能不给他吗?铜马军的话是很有道理的,人都是将心比心。刘秀以大德感人,把他的心掏出来放到我们的心坎里,我们还能再不放心吗?这就是推心置腹。

刘秀对降将的推心置腹,让他建立了巨大的威信。

刘秀采用推心置腹的方式,用自己的心换来了几十万大军的心。从此,刘秀得了一个称号"铜马帝"。

刘秀能够在对铜马的战役中取得胜利,靠的是策略。

四、 清除叛军

是时,河北大小数十支农民军,仍在河北地区坚持斗争,成为刘秀占据河北的主要障碍。刘秀在黄河以北广大地区与各部农民起义军展开一场大规模作战。铜马军遭重创之际,赤眉别帅、青犊、大彤、上江、铁胫、五幡等部 10 余万起义军正在射犬聚(今河南武陟西北)一带集中,尤来起义军亦驻扎于射犬聚以南。射犬聚地处河内,向西南渡过黄河,可直入河南、西向关中(指函谷关以西地区);向北则直接威胁刘秀。刘秀在收编铜马军后,未等射犬聚的起义军行动,迅即从东北方向直攻射犬聚,射犬聚起义军作战失利后散走;尤来起义军在山阳(今河南焦作市东)至隆虑山一带击败谢躬军。此战后,赤眉别帅、青犊、铜马、尤来等部分起义军转入关中活动，余部则陆续向北转移。

公元 25 年正月，为建立稳固的河北根据地，刘秀派邓禹率精兵两万沿黄河北岸西进抢占河东（郡治安邑，今山西夏县西北禹王城）地区，另以寇恂抢占河内；冯异率兵守孟津（今河南孟津东北，孟县西南黄河上），以拒洛阳更始军北上；刘秀亲自率军向北追击尤来、大抢、五幡等部起义军，在元氏、卢奴等地，连破之。刘秀乘胜轻进，于顺水被起义军所败，几乎被擒杀。起义军北撤安次县（今河北廊坊市西北），为刘秀所败，余部转战于渔阳，再为刘秀军所破，遂继续向右北平无终（今天津蓟县）、土垠（今河北奉润东南）之间转移。刘秀引兵还蓟，另派吴汉等 13 将追击起义军至浚靡（今河北遵化北）。

为斩草除根，彻底肃清向北溃逃的尤来军，刘秀亲自带领精锐突骑，不顾当时风雪交加，马不停蹄追击而去。严冬腊月，刺骨的寒风像刀割一样打在将士们的脸上。手已经渐渐麻木，刀枪都抓不住，只能横在马鞍上。两天下来，好多人的脚冻得红肿，手上也生出指头大小的冻疮。

刘秀见此情形，命部下弄来冻伤药，用酒和了给士兵们敷上，每个军营都视察一遍，仔细询问情况，和颜悦色中透着对将士们的关爱。

东方微亮，刘秀与耿弇率数千轻骑追至顺水河边。河面早封冰覆雪，和原野连成一体。

耿弇下马向刘秀请命说：“明公，我军已冒雪迎风、马不停蹄地追赶了一天一宿，战士们早已人困马乏，太累了。是否在此稍作休息，抖擞精神再前行追赶？”

刘秀也深知战士们劳苦，何况自己也南征北战，感到再拼命追去，确实吃不消。他略作斟酌，眯起眼睛望着一望无际的雪原，好像自言自语：“伯昭，你看看，这里方圆千里都是荒无人烟的雪原，敌军如无充足的粮草供应，也应该早已疲惫不堪了，比我们更疲敝。不如我们一鼓作气，追过河去，将敌贼一举歼灭后再作休息，如何？”

耿弇也不便说什么，只得遵命，鼓动数千骑兵，亲自带头率兵踏上冰面，追过河去。刚到河对岸，没等脚底站稳，便听嗖的一声口哨尖利鸣响，伏兵四起。大事不好，中了埋伏！

耿弇刚闪过这个念头，就见尤来、大抢、五幡等大批兵马从半人多高的灌木丛中呼啸杀来。汉军兵马猝不及防，又加上饥困赶路，无力迎战，登时大乱，混战一阵，渐渐力不能支，只得败下阵来。

战争形势瞬息万变，突然之间逆转，本来是刘秀追敌人，现在成了敌人追

第十一章 指挥用兵 同心同德扫叛军

他,他被敌人追到一处悬崖上,无路可退。

刘秀只能跳下去了。幸好悬崖可能并不高,一跳没事。所有的开国皇帝都命大。下面也许还有一些水,刘秀能活到大都不容易。九死一生,刘秀要不是命大,能死一百回。

跳下来之后,刘秀正遇到自己的一名骑兵将领,把马让给刘秀,刘秀扶着他的肩膀上了马。恰巧耿弇也来了,刘秀不但没有慌张,还有心思对耿弇开玩笑说:"你看,我差点被敌人抓住,看了我的笑话。"他说这句话的时候危险还没解除,追兵又掩杀过来,耿弇护着他,连连放箭才射退了追兵,保住了他的性命。

刘秀部队被打散后,渐渐集合到了范阳,当时刘秀还没有回去,是死是活,大家也不知道,很多人觉得不知如何是好。要是刘秀死了,群龙无首,将来该怎么办呢,在整个部队人心惶惶、面临解体的时候,吴汉挺身而出说:"各位努力,即使大王被杀了,他的兄子还在南阳,我们不必为没有主人发愁。"

吴汉说的"兄子",是刘秀的大哥刘縯的长子,叫刘章。由于大哥早逝,刘秀对自己的这个侄子一直非常关爱。

这时候刘章的年龄还小,后来刘秀曾有心锻炼刘章,让他尝试着干县令,再干太守,最后封为齐王,算是把齐鲁大地交给了大哥的后人。刘縯一共两个儿子,次子后来被刘秀封为鲁王。

不过,吴汉说这句话的时候刘章还是个小孩,吴汉之所以这么说,就是要等刘秀回来,就是要在刘秀回来前稳住大家。

刘秀回来之后,在范阳城重振旗鼓。敌军虽然取得了胜利,但是对刘秀的部队还是打心里害怕,不敢再战,连夜就退兵了。这也是河北这些起义军的一个特点:打了败仗跑,打了胜仗也跑。

刘秀整顿好部队,继续追击敌军。这边连追连胜,那边连败连退。

刚刚经过一场大雪,路滑难走,不适于行军作战,尤其是赖以冲锋陷阵的突骑,更不便于出行。刘秀站在帐外,抬头看看铅灰色的天空,沉沉四野如同倒扣的锅底。轻轻叹口气,下令暂且驻扎休整。

射犬城内,汉军将士除了必须站岗、放哨和探马外出游走打探消息之外,其余将士都躲避在帐篷内,围坐火堆边驱寒取暖,说说笑笑,马匹在槽厩里悠然吃着草料,一切平和而宁静。但在宁静的外表下,汉军将士都明白,眼下的悠闲一刻千金,一旦号角吹响,热血迸溅肢体横裂的战场就在不远处等着自己。

刘秀帐内,火苗舔着炉膛,整个营帐温暖如春。不过歇兵不歇将,刘秀不敢有丝毫懈怠，找来邓禹，摊开案几上的素帛地图，与他并肩坐下，指点着密密麻麻的地名，议论进军路线。

邓禹见刘秀目不转睛地盯着关中地区，心有灵犀，微微笑着说："明公眼光果然厉害，这块丰土吉壤，确是战略要地。"

刘秀点点头，把地图卷起来，和邓禹商议一个多时辰，根据各地军情，也根据自家军队的整体素质和特点，作出部署：冯异带兵镇守孟津，任命寇恂为河内太守，以河内为战略大后方，筹措军粮，整治兵器，刘秀则亲自带兵北上。方略既定，事不宜迟，各路将领引兵踏雪起程。

孟津将军冯异与河内太守兼行将军事的寇恂率兵转战河内，征集粮草，修整兵戈。

刘秀带领吴汉、耿弇和陈俊等将领，继续北进，讨伐北部割据势力。

一连几天，都有军情来报："尤来、大抢、五幡、上江、青犊、王校等部众在顺水伏击侥幸得手后，更加肆无忌惮，所到之处野蛮抢掠军粮，强行抓壮丁充兵，百姓们恨得咬牙切齿，又不敢抵抗，只得四散逃难。看情形，他们想尽快聚敛物资，加紧做好和我军对峙作战的准备！"

为谨慎起见，刘秀先派出久经沙场、英勇善战的几员心腹将领，率兵小规模攻打王校、大彤。一经接触才知道，王校、大彤实质上不过是一群乌合之众，加之平日忙于抢劫怠于训练，真正到了战场真刀真枪拼打起来，哪里敌得过汉军的精锐之师，汉军所到之处真正是战无不胜，攻无不克，直打得王校、大彤节节败退，惊恐而逃。

小规模较量虽然很顺利，但吸取上次顺水河失利的教训，刘秀决定在范阳一带稍作歇息，待河北南部稳定下来后，再率兵北上，将五幡、尤来一伙叛贼彻底消灭。经过一段时间的经营，局面渐渐稳定下来后，刘秀觉得时机成熟，亲自率军队北进，一路上连战连捷，频传喜讯。

就在前线形势大好的时候，后方却发生了意外。在朱鲔、李轶率领下的长安汉军，不敢和赤眉较量，开始进攻河内汉军兵营，这样一来，河北粮道被阻截，兵器供应不上，粮食也无法输送。

消息传来，着实让刘秀急躁了一阵，不过他知道越是这种时候，越不能乱了方寸，必须泰然处之。他立即调派于翼和冯异率部下解救河内，自己则冒险疾进，引兵远攻蓟城，准备尽快平定河北。

同时，刘秀和冯异仔细商量，为了用尽量少的兵力解决这一棘手问题，必须来个智取。针对朱鲔性情暴躁的特点，刘秀提出一个反间计策。他们派出散兵混

第十一章 指挥用兵 同心同德扫叛军

进长安汉军阵营中,在朱鲔、李轶营中散布谣言,说李轶想独自带兵剿灭河内寇恂大军,前去请功论赏。也有的说,朱鲔早有打算,二人勾心斗角,互相猜忌。

冯异率领河北汉军已经守住河内,并转攻河南,斩杀河南太守武勃。消息传来,刘秀高兴不已,对河内的些许担心总算放下了。如锦上添花一般,冯异的喜讯刚刚接到,捷报便接连飞来。耿弇、吴汉和景丹等十余位将军率汉军主力大破尤来、铁胫、大抢等部众,河北贼寇终于彻底肃清。

听到消息,刘秀喜极而泣。历经千辛万苦,河北完全掌握在手中,终于有了争夺天下的雄厚根本,大哥倘若在天有灵,会不会喜泪化作细雨般飘飞?没有什么豪言壮语,他只是默默地流泪了。

不过,在众人面前,刘秀抑制住自己激动的情绪,脸色平静如常,立即蹬马扬鞭,前往安次,亲自迎接凯旋的壮士们。

安次大殿内,刘秀正亲切慰问诸将,恰在这时,寇恂大破苏茂的捷报也传到,刘秀激动地说:"后生可畏呀,子和不负重托,真是上天助我汉军!"诸将也都高兴至极,互相表示祝贺。

"铜马帝"的称号说明,这些部队归属刘秀之后,作用确实是非常大的,几乎让刘秀有了称帝的资本。

不过,要登基当皇帝,刘秀是非常谨慎的。"铜马帝"还可以,不过是个外号,正儿八经登基那可不是闹着玩的。称帝对目前的刘秀来说存在时机问题。

第十二章
登坛称帝　德被四海复汉室

一、再三谦让

河北方面可算是基本大功告成，刘秀军营上下一片欢腾。刘秀也正好借这个机会推动一下气氛，准备在安次大设庆功酒宴，为将士们接风洗尘。前将军耿纯和耿弇、吴汉等诸将应邀入宴。

宴会尚未开始，他们私下议论着眼下各地的见闻，渐渐议论到萧王应当自立的事情。

耿纯扯开话头说："听说公孙述已在蜀地招兵买马自立称帝了，赤眉军也紧锣密鼓地在郑地立景王之后刘盆子为帝。长安危在旦夕，各地豪杰并起，都虎视眈眈，想称王称帝建立一代新江山。现如今河北太平，明公又占据河内要地，民心所向，有百万士卒，兵强马壮，坚不可摧。依我们现在的实力，萧王也该自立为帝，以承汉祚。"

提到这个话题，吴汉说："只有明公是正宗的汉室后裔，且从来以百姓为重，深得民心，更主要的，咱们如今兵强粮足，有足够的实力君临天下，做皇帝也实为众望所归。"

耿纯笑着说："昔日明公与大司徒起兵舂陵时，曾立下盟誓，'复高祖之业，定万世之秋'，是大业之志。"说着他神秘地看看旁边的人，压低声音说："燕雀安知鸿鹄之志哉，明公之所以不提这个，必是另有疑虑，至于他疑虑什么，还需要咱们好好琢磨。"

"对呀，皇帝谁不想当，更何况明公这样真正的英雄，"耿弇恍然大悟，"说不定明公担心自立为帝，会招来天下非议。况且，这种事情只能别人往上推，自己哪好意思说出口？既然找到了症结，那咱们就一起上奏表，请明公尽早称帝，实在不行，先自立为王也好。"

耿弇的话正中大家下怀。耿纯拍了拍桌子："既然都有这个意思，抓紧时间定个尊号，拥立明公当皇帝！"

一向爽快的吴汉立刻同意："叫我说，择日不如撞日，不如咱们这就联袂入贺，议上尊号，拥立明公。只要咱们捅破了这层窗户纸，明公必定欣然登位。"

耿弇忙拉住吴汉坐下："子颜切不可鲁莽。方才说的那些话，不过是咱们的猜测罢了，没有丝毫根据。明公向来城府很深，他脑子里在想什么，我们也揣摩不透，还是要谨慎行事，三思而为之。所谓天威莫测，别凭空惹出事端来。"

经过几天筹备，耿纯已联络好其他诸将联名上表，不日将递上呈报。然而就在这个时候，刘秀下达命令，班师南归。他们只得先把这事悄悄按下来，带上本部人马，随着大军浩浩荡荡向南归去。

大军行至蓟城，渔阳太守彭宠和幽州牧朱浮闻得萧王大军凯旋的喜讯，急忙命部下杀猪宰羊，备下好酒为萧王接风洗尘，准备好好庆贺一番。

彭宠亲自备马，出城迎接，久违相逢的战友，亲热地拉住手叙谈旧情自不必说。府衙大殿内，刘秀坐在中央，拉着彭宠的手，语气深切地说："当年，我初来河北，粮草兵力都相当缺乏，加上被王郎追杀，势微力薄，随时都有性命之忧。好在伯通以大义为重，发动渔阳和上谷突骑相助，才得以转败为胜，平灭王郎，逐渐打开局面。伯通的功德，今当盛情相报，赐封建忠侯，仍为渔阳太守。"

彭宠并不因此而得意，也没有立即谢恩，想一想慢慢说："明公言重了。当初在下只是尽了一点微薄之力，明公之所以有今天，完全是因为明公智勇超人，又有好生之德，半是人力，半是天意。请明公暂时歇息，在下还有事情想向明公请示。"

众人热热闹闹地大吃一顿，疲乏消除不少。宴席结束后，各自回府歇息。彭宠亲自扶萧王回房，紧坐在一起叙说别后的情况，说到河北大体平定的时候，彭宠赔着小心轻声问："伯通与明公共事，向来钦佩萧王敢作敢为的英雄气概，只是有一事不解，不知当讲不当讲？"

刘秀虽多喝了几杯，头脑却很清醒："哦？伯通有话请讲，你我之间还有什么不能说的，不必顾虑太多。"

彭宠这才放心一些说："如今河北已平，且公孙述和赤眉军都争相称王称霸，树立起个皇帝，准备统一天下。按说萧王最为名正言顺，条件也最现实，为何迟迟不见行动？要知道众望所归，就不能让众人失望，还是应当早日即位才好。"

刘秀微笑的脸倏地一沉，不动声色地训斥一句："休得胡言！姑且念你军功卓著，身为长者，这回就不予追究，此话切不可再提！"

彭宠知道话说到这份儿上，再勉强也没用，只好红着脸讪讪告退。

第二天清晨，刘秀命人去请彭宠前来，预备商量着写一篇告全体将士书，在全军集合时宣读，鼓舞士气。不料，派出去的人很快回来禀报说，彭宠昨夜与夫人及随从不辞而别，回渔阳去了。

驿馆里只剩下渔阳长史守在那里，已经跟着前来。长史进殿拜见过刘秀，解释说太守因公务紧急，不辞而别，请萧王恕罪。

刘秀直犯嘀咕，不知彭宠为何如此匆忙离去。渔阳事务再紧急，也不至于连告辞的时间都没有。越想越不对劲，忽然想起耿弇是上谷老人，上谷和渔阳接近，或许他了解情况，忙叫来耿弇，把彭宠的反常表现告诉他，让他思虑一下其中的缘由。

耿弇说："彭大人心中未必有什么不满，但很可能有些失望。彭大人常与属下谈起吴汉、盖延和王梁等人如何功高，说这些人都是渔阳旧属，他们奔走效命于萧王左右，论理自当封官赏爵。他临来蓟城时，曾说，'大王一定会和我们这些老将领欢聚一堂，大家交欢并坐，知无不言，言无不尽，说什么话都不过分。'可如今，听说明公昨日不知为何责怪了他几句，怕是彭太守心存芥蒂，故而不辞而别。"

刘秀听罢，陷入深深的自责："怪我慢待了伯通，实为我之过。不过，功是功，不能因为有功劳就没章法。我固然慢待了伯通，但伯通也没领会我的苦衷。唉，只好日后再详细解释了。"

第十二章 登坛称帝 德被四海复汉室

说着,立即亲笔写下一封书信,命人快马加鞭送到彭宠手中,好叫他心中不快早日冰释。

在蓟城停留几天,诸多事项安排妥当后,刘秀命令各路大将整顿好自己的队伍,拔营离开蓟城,继续南行。越往南走,听到公孙述称帝,赤眉军拥立刘盆子,闹腾得红红火火的消息就越多。

耿纯、吴汉和马武等人越发急不可耐起来,偷偷召集串联各路将领,商量着如何劝进,怎样才能使刘秀面南称尊。劝进的奏章已经写好,只是大军一直行进,没机会递上去。

大家正着急的时候,途经范阳城外,来到顺水河边。军队驻扎在顺水河边,日子一天天地拖延下去,耿纯等人心中暗暗着急。

回到耿弇营房内,耿纯、吴汉和马武等人凑到一块儿,大家闲来无事,私下里议论说:"明公推三阻四地不肯当这个皇帝,怕是顾忌到自己名不正言不顺,不好向世人交代,你们看是不是这个道理?"

马武在旁边听了,着急地起身说:"要真是那样,眼下该怎么办?难道要等咱们打进长安,把刘玄那毛头小儿拉下宝座,明公再称尊不成?"

耿弇见大家的目光都注视着自己,忙接着说:"我有个主意,请孟津将军冯异和前将军邓禹来劝明公。他二人不但功高而且足智多谋,明公向来最为倚重,每每言听计从,是汉军中泰斗人物,明公凡事必与此二人商议,咱们就在他俩身上下工夫!"

耿纯拍手称妙:"不错,看来也只有冯将军和邓将军可以劝谏明公称尊了。伯昭,事不宜迟,咱们即刻向二位将军写信,请他们从速赶来。"

吴汉、马武也表示赞同,计议已定,耿弇亲自给冯异、邓禹各写书信一封,遣使暗地送至孟津及河东,商议请冯异、邓禹来说服刘秀。

能够成为一代帝王,刘秀自然求之不得,自己忍辱负重拼了性命东讨西征,不就是一直冲着这个目标努力吗?可真的快要抵达这个目标时,却不免有很多顾虑。

刘秀知道,从整个天下来讲,自己拥有的地盘并不占绝对优势。现在已经有了几个皇帝,自己此刻称帝,和他们搅和到一起,是否合适?再者说,称帝之后，等于给别人树立了个靶子，会不会树大招风，凭空多出几个对头？

可是如果坚持不称帝，再征战下去，就会显得名不正言不顺，自己到底算哪家臣子？怕连自己也说不清楚。从另一个方面来讲，自己不称帝，手下诸多大将就不能拜相入将，光宗耀祖的愿望得不到实现，这样会不会寒了他们的心？刘秀思来想去，始终拿不定主张，但心里已经开始一点点地松动。

二、 精神支柱

汉军再次启程，大家注意到，沿途之上刘秀一直神色凝重，似有所思，但谁都不敢上前询问。大军行至中山城北扎营驻下，耿纯认为时机已到，便趁着商议军情的时候，当众向刘秀递上奏表，反正大家都在跟前，这是大家的意思，一来让刘秀不好推辞，再者真要怪罪下来，也不会让自己一个人承担罪责。

刘秀紧皱眉头忍耐着终于看完，把奏表重重地往桌子上一拍，面露愠色，怒视一眼耿纯。

耿纯知道情况不妙，吸取马武教训，不等刘秀开口，赶紧拱手解释说："明公怒气不应对耿纯一人而发，此表是大家的意思，末将只是代为呈奏。采用不采用自有明公决定，不关我的事，不信您当面询问诸将。"

看他狡猾的神情，刘秀在心里一笑，把目光收回，扫视一下众将领。以马武、吴汉为首，大家趁热打铁，赶紧抱拳齐声说："耿将军所言极是。我等早有劝进明公之言，还望明公以天下为念，以社稷为先，以黎民为重，早即尊位，以便传檄四方，征讨天下。"

面对一双双灼灼目光，刘秀不觉怒容渐退，长叹一声说："诸位心意我又何尝不懂？只是当今天下乱逆，纷纷扰扰难以理清头绪，贼寇未平，百姓尚处于水深火热之中。不说赤眉势众，纵横三辅；绿林狡黠，挟更始以号令天下；北有芦方，南有公孙述，东西又分别受刘永和隗嚣等制。诸位想想，现在咱们虽然拥有了河北一块地方，但实际上仍四面受敌，当今已经有了好几个皇帝，咱们又何必再凑热闹？"

耿纯听他这样说，依稀觉得刘秀话音里已有妥协的意思，心想若是进一步相激，说不定还真能推举着刘秀称尊，完成大家的心愿。于是他再上前一步，抱拳

第十二章 登坛称帝 德被四海复汉室

拱手大声说:"明公,耿纯一向奉明公胜于自家父母,君父面前不敢说假话。当初在下自毁宅园,率宗族宾客归随明公,就是指望有朝一日成就大业,无非想攀龙附凤,借博功名,耿家可以封侯拜将,光宗耀祖。而今明公婉辞众意,负于众望,不肯正位,令宗人都感觉拼搏一场却没得到应得到的东西。大家望绝计穷,尽想离去,恐大家一散,不能复合,大王何苦自失众心呢?我听他们私下里很有怨言,望明公三思。"

刘秀脸上表情正发生着细微的变化,他立刻想清楚了。的确,当初耿纯自焚宅第,令宗族宾客都坚定了追随自己的信心,那赤诚足以令天下人感动。耿纯这话一针见血,耿氏家族鞍前马后紧随左右,不就为了封妻荫子,光宗耀祖吗?看来他们推举自己称帝,不单是为了自己,更是为了他们自己能尽快成为王侯将相。他们的愿望当然没有错,可自己现在还不是时候。

大家见刘秀沉思不语,顿时议论声四起,刘秀摆手叫众人安静下来,缓缓说:"诸位所说的确实有理,我理解大家的一片苦心。但话又说回来,称尊者有两种,一种是急匆匆草率办理,这样固然可以荣耀一时,但转瞬即逝,就如王郎一样;再有一种是把这作为千古大事,不但自己有稳固江山,还要传之子孙,让君臣百代都享受到今日的战果。大家想想,你们愿意让我做哪种帝王?所以我说这事非同小可,容我再斟酌而定。眼下的当务之急,我们应抓紧赶路南归,不可延误。"

虽然没有彻底达到目的,但毕竟有了点眉目,大家也就不便再多说,分头去整顿兵马,准备启程南下。

经过多次劝进,加上耿纯一番恳切的话。刘秀已经切实考虑登基的事了。不过,有一个人的意见,刘秀想再单独征求一下。这个人在他心目中的位置非常重要:大树将军冯异。

当时刘秀还是使者,离皇帝的宝座远着呢,现在只有一步之遥了,要不要迈这一步呢?刘秀把冯异召到鄗县,问他"四方动静",天下局势。

冯异借机挑起话头:"明公,如今长安内乱和外困交织在一起,不但赤眉步步逼迫,内部又来个三王叛乱,更始皇帝的位子摇摇欲坠。而赤眉方面,声势虽然浩大,但他们鼠目寸光,只知道抢劫财物思谋着如何中饱私囊,以后回家乡过自己的小日子，缺乏长远打算。他们拥立刘盆子做皇帝，不过是依葫芦画瓢，必然长久不了。所以说，目下虽然有两个刘姓皇帝，其实没有一个能成气候。若是想真正恢复大汉江山，真正保住高祖宗祠，能担当这个重任的，唯有明公您了。明公上为社稷着想，下替百姓将领打算，都应当早日称帝，建立名号，征讨四方，尽快平定天下，实现舂陵起兵时的大愿！"

冯异这一番话打开了刘秀的心结，刘秀就第一次主动发出了自己要登基的信号。他没有说我要登基当皇帝而是说了一句莫名其妙的话："我昨天晚上梦见自己乘坐一条红色的龙升天了，醒来后觉得心受到了触动，一阵阵心跳。"

冯异一听明白了，赶紧从刘秀身边退下，跪在地上激动地说："这是上天对您的召唤啊，说明您是真龙天子。"

冯异明白时机已到，刘秀已经同意登基这事了，冯异就找各位将领策划登基的事。

到目前为止，刘秀登基的各方面条件基本上已经具备了，话也说了梦也做了，龙也骑了，不登基也不行了。但是刘秀觉得还缺一样东西，就是谶语。

当初刘秀起兵的时候，就是有人用谶语来劝说他，谶语上说刘汉宗室可以复兴，他能当皇帝，这是天命，他才下了决心起兵。

登基当皇帝就是第二次，人在做重大决定之前，往往会更加迷信。人有时候确实是需要一种精神支柱。

忽有军吏来报道："有一儒生从关中来，自称为大王故人，愿献祥符。"刘秀问及姓名，军吏答称姓强名华。当初刘秀在长安的学没有白上啊，现在军中的邓禹，包括护军朱祐都是当时的同学，这些同学没少给刘秀帮忙。

刘秀猛然记起，便向军吏说道："我少年游学长安，曾有同舍生强华，今既到来，应该由他进见便了。"

军吏听了，便返身出帐，引入强华。刘秀起座相迎，顾视强华，形容非旧，状态犹存，当然有几分认识，便向他寒暄数语，然后询及来意。强华从袖中取出一本奇书，叫《赤伏符》，双手捧呈。

刘秀接过一阅，封面上标明赤伏符三字，及披阅内文，开首有三语云：刘秀发兵捕不道，四夷云集龙斗野，四七之际火为主。刘秀看这三语，已觉费解，便问强华。

强华说:"大汉本尚火德,赤为火色,伏有藏意,故名赤伏符。所云四七之际,四七为二十八,自从高祖至今,计得二百二十八年,正与四七相合。四七之际火为主,乃是火德复兴,应该属大王,愿大王勿疑。"

刘秀开颜笑道:"这谶文可信吗?"

强华说:"谶文预测,相当准确,上天吉言,我怎敢胡来呢?"

刘秀很高兴,留强华同学住下,热情款待,共叙情谊,纵论古今,夜半才歇。已水到渠成,瓜熟蒂落,自己再不称帝,也对不起天下苍生。

各位将领认为拥戴和劝进,虽然刘秀多次拒绝,但大门没有关死,态度再坚决,方法激进一点,终有希望。

尤其看到老同学强华送来《赤伏符》,各位的劲头更大了,决定再次上奏,用上天的力量逼刘秀"就范"。

诸将联合起来,再三奏劝刘秀赶快登基称帝。

这次诸将呈上奏章,大意是说,上天之命显现符瑞,以人回应最重要。强华不远千万里送来祥瑞,与我们想法不谋而合,人同此心,心同此情,就是当年周武王白鱼跃舟的祥瑞也无法相比。如今上天天子,四海之内混乱不堪,而符瑞应验显示清楚明白,应用尽快登基的实际行动回答天神,以满足群生渴望真龙天子出现的心愿。

强华献谶书给刘秀登基提供了精神支柱,诸位这番奏言则进一步解释了谶书的秘籍。

每一句话说到了刘秀心坎上,像三伏天吃冰冻西瓜,内心甜滋滋的。

于是,刘秀顺水推舟,批准筹办登基典礼,场地在鄗县城南千秋亭五成陌。

三、 登坛称帝

见劝进的事情终于成功,大家放下心来,张罗着做登基的准备。命令司礼官在鄗城南边的千秋亭五成陌设立坛场,一边选择登基的吉日。

大家听说刘秀终于答应称帝了,分外兴奋,主帅成了帝王,自己作为兵将,自然也跟着提升了一级,从此封侯拜将,也就有了奔头。

所以众人干劲格外大，在司礼官的指挥下，破土动工没几天工夫就筑成了好几丈高的坛场。坛场层层重叠，共有三层，有台阶直通顶端。

站在台阶下边望去，仿佛台阶高耸入云，直达天上，分外壮观。四周旌旗飘扬，清风吹过，猎猎作响，气氛庄严肃穆。

由精壮将士组成的仪仗队，行列整齐，盔甲耀眼，手持兵器，威然伫立。

各级将吏兴高采烈，扬眉吐气，等待一个神圣时刻到来。

登基的吉日定在更始三年六月中，这天果然真是天公作美，风和日丽，天清气爽，全军上下洋溢着一股浓浓的喜气。司礼官见一切准备完毕，趋步来到刘秀面前请刘秀登坛祭拜。

刘秀已经盛装在身，冕服穿戴整齐。按照司礼官安排，刘秀头戴冠冕，冠冕顶部覆盖一块木板，就是所谓的"延"，延的上下用细布蒙住，上为玄色熏色，木板为长形，宽八寸，长一尺六寸，前端略圆，后部方正，暗喻着天圆地方的意思。整个冕板后高九寸五分，前边高八寸五分，略微有些前倾。在玉笄两端，结着冠缨，冠缨从下须处绕过，把玉笄两端连接起来。

除了头上戴着冠冕，身上还要穿冕服，由玄衣和熏裳组成。玄衣就是黑色上衣，熏裳则是绛色围裳，上衣的花纹用颜色绘就，下裳的花纹则采用刺绣。

各种花纹图案依次排列开来，有日、月、星辰、山、龙、华虫、宗彝、藻、火、粉米等，每一种图案也都有特定的含义。上上下下穿上这身服饰，刘秀恍惚间已经感觉自己和以前截然分开，从此后自己就是一代君王了。这身衣服带来的感觉真是奇妙。正所谓钱是人之胆，衣是人之威，果然不假。

正思绪纷扰地想着，祭坛礼仪已经开始，斧俄仪仗在前边引导，羽林军在后边压阵。刘秀在众将领拥戴下，走到坛场正中央，缓步走上台阶，站在绣着斗大的"汉"字红色大赢旗下，威武雄壮的气氛喷薄奔涌而出。

此时黄门吹奏起庄严的乐曲，金钲、大鼓、拊搏、编钟、箫、笛、竽、琴和籁等一起奏响，轰鸣而婉转。燔柴也点燃了，浓烟滚滚，直冲天际。燔燎告天就是积薪于坛上，放置玉帛及牺牲，点燃后使烟气上达于天空，意味着把皇帝登基的消息，告诉上天。

刘秀的登基大典虽然不是特别复杂，但是相当正规。公元25年六月二十二日这一天，刘秀举行了登基仪式。

面对苍茫河山和一望无际的兵将方阵，刘秀努力稳定住自己，面色严峻而肃穆。

在司礼官的引领下，焚香叩头，祭告苍天。刘秀宣布了祝文，就是祭祀词，相当于登基宣言。

祝文的大概意思就是："老天您让我来当这个皇帝，我不敢当，但是我手下的人也非要让我当，他们说我起兵讨伐王莽，又是平灭王郎，又是收降铜马等起义军，为天下的稳定做出了贡献，属于众望所归。你的谶语上也这么说，我一再推辞都不行，再推辞就是对老天您的不敬了，所以只好来当这个皇帝了。"

刘秀终于正式登基了，他的年号为建武，登基后大赦天下，从此，中国历史上，就多了一名杰出的皇帝。

祭拜仪式终于结束，刘秀从坛上走下，南面就座，接受众将领拜贺。把鄗县改为高邑，作为临时都城。吉祥的日子果然喜事特别多。参加完登基大典，刚回到营寨，就有消息传来，夫人郭圣通一个时辰前生了个男孩，刘秀当即给这个应运而生的皇子取名叫刘强。

随后自然要大封群臣，赏赐爵禄。经过讨论，命邓禹担当大司徒，王梁担任大司空，吴汉为大司马，任命偏将军景丹为骠骑大将军，耿弇为建威大将军，盖延为虎牙大将军，朱祐为建义大将军，杜茂为大将军，岑彭为廷尉，贾复为执金吾。其余众人各有分封，皆有名号。从此一个崭新的政权建立起来。

所有礼仪进行完毕后，因为城池太小，并非久留之地，建武君臣起驾继续南下，抵达河阳，威胁洛阳。同时，刘秀派遣建威大将军耿弇率领陈俊驻守在五社津，抵挡住更始政权援助洛阳。又派遣大司马吴汉和朱祐、岑彭等十余员精兵良将，全力围攻洛阳。洛阳和他此时的地盘就隔着一条黄河。

更始帝刘玄派了三十万大军驻扎在洛阳一带，对他虎视眈眈，随时都有可能扑过来咬死他。镇守洛阳的将领，正是他的杀兄仇人大司马朱鲔和舞阳王李轶。

第十三章
围攻洛阳　以德服人不计仇

一、坚守河内

河内紧连黄河，李轶和朱鲔的三十万大军和刘秀的地盘，就隔着一条黄河。一旦他们渡过黄河来攻打刘秀，刘秀就算是集中自己所有的兵力，也难以招架。

更关键的是刘秀还没法集中自己所有的兵力，能够用在防守这三十万大军上面的兵力，非常有限，怎么才能应付这三十万大军渡河呢？关键就是要守住河内。

河内郡，是汉代畿郡、名郡，位于今日河南北部、河北南部和山东西部。因位于黄河凹处北岸以东，且位于殷商畿内，故称河内。河内郡是对中国古黄河以北的称呼。

有了河内，对于刘秀就有了一个防守屏障，还有军粮供应后勤总部。刘秀到处打仗，兵戈不断，满地疮痍。只有河内郡和魏郡，没有受过战争的侵害，物产丰富，相当于天下粮仓。这样的地方太难找了，刘秀就把自己粮草储备库设在了河内，从河内往外输送。

派谁守河内，韩歆肯定不行，对于岑彭另有安排。这个关键的地方，刘秀必须要派自己高度信任的人。刘秀帐下忠诚的人很多，有能力的人也很多，二者兼备的人也很多。但是，这个任务难度非常大。

刘秀自己想到了一个人，冯异。这时候冯异表现已非常突出，两种能力非常全面。所以，刘秀命冯异为孟津将军，统领河内郡和魏郡两郡兵马，在黄河沿线驻扎。

冯异率领河内郡和魏郡兵马镇守孟津，这里相对比较平静。他奉旨沿河占据

第十三章 围攻洛阳 以德服人不计仇

要塞,积极修筑防御工事,大量筹备军粮,加紧做好战斗准备。为了利用工事和地形阻挡敌军,尽量减少自家兵力损失,冯异亲自带领兵卒开沟引水,筑墙垒壁,营造了一道坚不可摧的防线。

这道防线横亘在河内与洛阳之间,气象宏大,让人望而却步,不敢贸然侵犯。更始朝廷中镇抚关东的舞阳王李轶和大司马朱鲔,发兵偷袭驻守河内的冯异。不过看到冯异如此谨慎防范,也不敢轻举妄动,唯恐多事招灾,反倒不如对峙着来得稳当。

光靠冯异是不够的,河内又得防守又得输送物资,谁能协同冯异完成任务呢?刘秀把自己高度信任的人老同学邓禹叫了过来,征求邓禹的意见。

邓禹说:"昔日高祖让萧何守关中,从此没有西顾之忧,所以得以专心于山东,终于成就大业。今河内傍临黄河,十分坚固,户口殷实,北通上党,南迫洛阳。寇恂文武备足,有治理百姓、驾御民众的才能,非他不能担此重任。"

于是,刘秀拜寇恂为河内太守,行大将军事,并对他说:"河内富裕,我将因此而兴起。昔日高祖留萧何镇守关中,我现在也把河内委托给你,坚守转运,给足军粮,率领鼓励士卒,防守遏制其他兵马,不让他们北渡就可以了。"得到任命后,寇恂下令所属各县讲武习射,砍伐竹条,造箭百余万支,养马两千匹,收租四百万斛,以供军资。

寇恂最初是上谷的功曹。他曾经做过两件非常有个性的事。当初刘玄的使者到上谷招抚,扣了上谷太守的印绶不还,寇恂勒兵去见使者,把使者训了一顿。他劝上谷太守帮刘秀,亲自去渔阳谈判,从渔阳回来的时候,在昌平正好碰到了王郎派来招降的使者。他这次直接把使者给杀了。

在刘秀平定河北期间,寇恂被刘秀拜为偏将军,在这个级别上,可能与刘秀的直接交流并不多,但是他经常和邓禹在一块商量事情。

邓禹本身就是一个奇才,天赋异禀,从小到大都是他让别人感到惊奇,寇恂的能力却让邓禹感到了惊奇。

邓禹又是刘秀的心腹,几乎就是军师,巴结他的将领肯定很多,请他吃饭喝酒的人肯定更多,估计推都推不过来,他却能很主动地请寇恂吃饭喝酒,这说明寇恂的能力远远超出了一般的将领。

经过邓禹的推荐,刘秀任命寇恂为河内太守,和冯异联防黄河沿线。刘秀对寇恂说:"当年汉高祖东征的时候,把关中交给萧何,而今我把河内交给你。河内就是汉高祖的关中,你就是我的萧何。"

刘秀能像刘邦信任萧何那样信任寇恂,是因为他先是像刘邦信任萧何那样信任邓禹，所以才会像信任邓禹那样信任寇恂。

寇恂一到河内，就加强军备，给各个县下文件，操练士兵，练习射箭。输送军需："养马两千匹，收租四百万斛，转以给军。"当时的一斛相当于十斗，寇恂收租就收了四千万斗，加上两千匹马，统统运往了前线。

为了完成输送军资的任务，寇恂在输送工具上也做了一番研究：时军食急乏，恂以辇车骊驾转输，前后不绝。

在寇恂后勤保障做得很顺利的时候，驻扎在洛阳一带的大军果然待不住了，大司马朱鲔听说刘秀北上，河内这边防守空虚，就派两名将军领着三万人渡河来打河内。

寇恂火速下令，各个县的兵集合。直接在渡河口县集合。下令的同时，他自己带着一支部队，直接就奔渡河口去了。他带的部队人数很少。听说朱鲔派出的人马渡河时前后不绝。

寇恂的手下就说："敌人太多了，我们还是等各个县的兵马集结在一起再打。"寇恂说："那太晚了！那里是河内的屏障，一旦被占领，整个河内全完了。我们先打着，等援军来了接着打。"

寇恂都没休息就开战了。那可是一番苦战，连续打了好几天没停。寇恂虽然人少，但是他心里有数："各个县的援军都往这里赶着呢，我这拨人不行了还有一拨，车轮战，敌人反正是越打越少，我是越打越多。"

果然，各个县的援军相继赶到，一时间，"士马四集，幡旗蔽野"。寇恂一看，车轮战也差不多了，总攻的时刻到了，就让士兵登上城墙，一边敲鼓一边大喊："刘公兵到！"敌人一听吓坏了，打了好几天，结果越打越难打，现在人家刘秀都带着主力部队来了，还打什么啊，跑吧。其实刘秀根本就没有来，来的是冯异的部队。

寇恂这也是学刘秀造势呢。寇恂和冯异一路追到洛阳，敌人光跳河的就有几千人，被俘虏的有一万多人。

到了洛阳之后，寇恂和冯异也没再打。他们知道，目前的实力，根本打不下洛阳。但是，来了也不能白来啊，大队人马大摇大摆地绕城一周，就回河内了。

刘秀得知这个消息，大喜："我就知道，寇恂真的是可以胜任的！我像刘邦信任萧何那样信任他是没错的。"这时候的刘秀，才真是像刘邦信任萧何那样信任寇恂了，甚至更加信任。

寇恂开始时能力还没有表现出来，现在是表现出来了，但是太强了。刘秀也经常派人来慰问，领导的慰问团老来，看来确实不是什么好事。有人就对寇恂说:"当年萧何守关中,用的什么办法,你也可以用什么办法。"

寇恂一听就明白了,但他一开始并没有像萧何那样做,而是装病,不问事了。不是带病坚持工作,而是工作坚持带病。

刘秀登基后,寇恂要亲自带兵去打洛阳,请求自己要跟着去打仗,不在后边搞粮草供应了。刘秀不同意:"你不能去,河内离了你不行。"寇恂请求了好几次,都很坚决,刘秀拒绝了好几次,也很坚决。

寇恂一看,好吧,就把侄子和外甥送到前线,跟着刘秀打仗。刘秀也没有多说什么,拜寇恂的侄子和外甥为偏将军。

刘秀派冯异和寇恂联防河内,对他们的要求是不用攻城略地,只要能守住就可以了。怎么才能守住河内呢?被动防守不如主动出击。不过,主动出击不代表贸然的进攻,洛阳的防守体系是很严密的,硬碰硬不行,冯异就从中找到了一个薄弱的环节。

这个环节就是李轶,冯异给李轶写了一封密信,意思就是希望李轶能够叛变。

冯异在信上说:"我听说明镜是用来照形的,往事能用来说明今事的道理。以前微子离开殷商而入周,项伯叛楚而归汉,周勃迎代王而废黜少帝,霍光尊孝宣而废昌邑王刘贺。他们都是畏天知命,看到了存亡的征兆,见到了废兴的事实,所以能成功于一时,垂伟业于万世哩!假如长安还可以扶助,延期岁月,疏不间亲,远不逾近,你李轶怎么会独居一隅呢?现长安坏乱,赤眉已临近市郊,王侯们制造灾难,大臣们各怀去意,朝纲法纪已经绝灭,四方分崩离析,异姓并起,所以皇帝不避艰苦,经营河北。现在英俊云集,百姓风靡,虽然像邠、岐归古公亶父,也不足以比喻。你李轶如果能觉悟成败,及时确定大计,也像微子、项伯一样论功成业,转祸为福,就在此时了。如果等到猛将们长驱直入,严厉的兵众把城围了起来,虽然悔恨,也来不及了。"

李轶接到信之后,非常矛盾,他知道更始政权已经走向灭亡了,但是因为自己背叛了刘氏兄弟,还是杀害刘縯的主谋之一,害怕刘秀不会原谅自己,所以不敢投降。

思前想后,李轶给冯异回了一封信,他在信中说:"我本来就是与萧王一起,首谋起义,志在复兴汉室。如今我奉命镇守洛阳,冯将军镇守孟津,都占据了中原的关隘要口,这是千载难逢的机会啊!我愿意和冯将军合作共事,我们双方只要同心同德、计划周密,将会无往而不胜。请您把我的计划转告给萧王,我愿意竭尽全力,佐国安民。"

李轶自从与冯异接洽后，再也不出兵与冯异作战。对各地的告急文书，一律按下，置之不理，坐拥大军三十万于洛阳，不发一卒以驰援各地。冯异腾出兵力之后，在黄河南北接连攻拔城池，招降更始守军十余万，接着又把更始朝廷的河南太守武勃包围在士乡县，武勃派人火速向洛阳的李轶求援。而李轶闭门不救，置之不理。最终，李轶坐视武勃的军队被冯异彻底消灭。而且，武勃本人也被冯异杀掉。

冯异看到李轶信守诺言，确实有归顺之意，急忙派人飞骑千里送信，向刘秀禀报战局详情。

刘秀知道此事之后，没有准备接纳李轶投降，反而想把李轶的书信故意泄露出去，让朱鲔知道，利用朱鲔的刀为大哥刘縯报仇。于是，他马上给冯异下令："李季文为人奸诈，他的话一般人不能得其要领。我们应该把他的信公开，告诉各地的太守、都尉作为警备之用。"

冯异不敢违抗，只好照办。他将李轶给自己的信制成公文，向各地宣布说：这是舞阳王的来函，他表面上愿意归顺萧王，实际上却居心叵测，请诸位小心防范！一时之间，李轶给冯异的密函成了公开信，在黄河南北各地广为流传。

刘秀这么做，就等于把李轶的密信公开了，这一下子，李轶还真毁了。最生气的人肯定是更始朝廷大司马朱鲔，他俩负责洛阳防务，李轶却暗中投诚，这不就明摆着闪他一个人吗？

朱鲔虽然是大司马，但是没有经过皇帝允许，他也没有处斩李轶的权力，李轶现在毕竟是舞阳王。明的不行，就玩阴的，朱鲔派刺客刺杀了李轶。

朱鲔派人刺杀李轶后，洛阳城人心惶惶，不少人都主动投降了刘秀。冯异才明白了刘秀借刀杀人的良苦用心。

二、不杀仇敌

同样是刘秀的杀兄仇人，刘秀对待朱鲔的态度是不记前仇。刘秀登基后，亲自率领主力部队攻打洛阳。

洛阳是当时全国第二大城，城池坚固，兵力充足，给养充沛，朱鲔闭门不出，刘秀把洛阳包围了好几个月，也没能打下来。

刘秀上一次攻克的大城是邯郸，大军包围了几个月，最终还是王郎的手下做内应，打开城门，才算告捷。

这次包围洛阳，刘秀几乎动用了自己所有的精锐。刘秀一方面让耿弇、陈俊驻扎在怀县东北的五社津，严防荥阳以东的更始部队救援洛阳。一方面命吴汉为

第十三章 围攻洛阳 以德服人不计仇

攻洛前敌主将，大司空王梁、建义大将军朱祐、右将军万修、执金吾贾复、刺奸大将军岑彭、骁骑将军刘植、扬化将军坚镡、积弩将军侯进以及偏将军冯异、祭遵、王霸等十一位将军为副将，总领大军二十余万，全权负责攻洛阳事宜。此战汉军名将云集、精锐齐出。

朱鲔指挥部队拼死反抗，汉军围攻数月都没有攻下洛阳。

吴汉、冯异、王霸等十几名悍将，"围洛阳数月"，洛阳在朱鲔的坚守下固若金汤。朱鲔也不愧是刘玄的大司马，绿林出身，身经百战，有一种视死如归的豪气。

朱鲔，字长舒，汉阳（今湖北省武汉市汉阳区）人。王莽末年，南方发生饥荒，走投无路的农民推举王匡、王凤做首领，占领了绿林山，把这里作为根据地，继续发展队伍，对抗朝廷，被称为绿林军，朱鲔也率众参加了绿林军，成为绿林军首领之一。

公元 23 年，各路农民军商议立刘氏宗族子弟为帝，南阳的世家大族都主张立刘縯为帝，而朱鲔等农民军将领则极力反对。在朱鲔等人的坚持之下，二月初一，绿林军众将拥立刘玄为帝，朱鲔被刘玄封为大司马。刘玄称帝之后，因为害怕刘縯威胁到自己的皇位，在李轶、朱鲔的劝说下，杀了刘縯。

这年九月，王莽被杀，刘玄移都长安之后，李松与赵萌就建议功臣封王。朱鲔不同意，认为高祖刘邦有约，不是刘氏宗室不能封王。但刘玄仍然大封功臣为王，其中朱鲔被封为胶东王。受封的大臣都接受了封号，只有朱鲔推辞说："臣不是刘氏宗室，不敢违犯王制。"推让不肯接受。于是刘玄改任朱鲔为左大司马，让他与刘赐、李轶、李通、王常等镇抚关东。

朱鲔知道冯异与李轶暗通之事后，就派出刺客将李轶杀死在府中。从此，洛阳城以及周边的更始军队，这才统一了号令，全部由朱鲔指挥。但朱鲔杀了李轶之后，原来李轶的部下都心怀不满，人心不服。很多人怨恨朱鲔，纷纷逃出洛阳去投奔冯异。

刘秀想了各种办法。就连内应也找了，有一次，朱鲔的一名副将在城里做了内应，这天一早打开了洛阳城东面北头的第一个城门，刘秀的两名将军带军杀进城去。

这两名将军有一名过去是刘秀的护军，刘秀登基后被封为建义大将军的朱祐。另一位，是扬化将军坚镡，也是一位战场上的急先锋。

朱祐和坚镡杀入洛阳城后，一路并没有受到多少阻挡，洛阳城内的道路，朱祐非常熟悉。他们一路来到建始殿东边的太仓，出事了。

太仓东边，是朱鲔的武库，也就是一处藏兵之所。朱鲔的士兵潮水一样涌来，后面的部队没能赶来支援，朱祐和坚镡在武库和朱鲔大战，双方损失都很惨重，这场巷战从早晨杀到中午，朱祐和坚镡没办法，只好又从城中撤出。

进去了都能被打出来，可见洛阳有多难打。这件事后，朱鲔警惕性更强了，能开门的内应恐怕找不到了。

刘秀一看这局势："干脆别打了，派人去劝降。"僵持的情况下，劝降能否成功，关键要看劝降的人，这个人最好是刘秀和朱鲔都可以信任的。

恰好刘秀帐下有这么一个人——岑彭。岑彭和李轶表面上一样，都属于来回跳槽的。但是从根本上来说，他和李轶的目的不一样，不是为了利益，而是为了情义。更重要的是，他跟着朱鲔干过，朱鲔对他也很欣赏。岑彭跟随刘秀后，也做过劝降的工作。

寇恂的弓箭生产基地淇园，本来是更始帝刘玄一名将军的军营，岑彭过去谈判了一次，这名将军马上决定归顺刘秀。

所以说，岑彭也是刘秀手下最好的谈判专家。

这时，刘秀又派朱鲔的旧部岑彭来劝降。

岑彭原是朱鲔帐下的校尉，跟从朱鲔平定王莽朝扬州牧李圣时，斩杀了李圣，平定了淮阳城。朱鲔举荐岑彭为淮阳都尉。

岑彭到了洛阳城下叫朱鲔相见，朱鲔在城上，岑彭在城下，互相慰问欢谈一如过去。

岑彭摆手致意，高声说："朱将军，以前我跟随将军鞍前马后，彼此相处很是融洽。后来还是将军特意提拔，让我有了施展抱负和才能的机会，希望有朝一日来用实际行动报答将军。现在将军应该知道，建武皇帝才是真正的皇上，你如今困守一个洛阳，我们就是不进攻，只是这样包围着，你能坚持多长时间，所以最终免不了城破身死。与其到时候玉石俱焚，何如现在开门迎接建武皇帝，也好有个前程，不枉英雄一场？"

朱鲔听他说完长叹一声："我早就知道更始是个扶不起来的主子，他有今天的下场，也在情理之中。我之所以坚守不降，并非要死命效忠更始，实在是心有余悸啊！不瞒岑将军说，当年我一时糊涂，出于嫉妒，参与了陷害大司马刘縯的密谋。后来你家皇上要求出巡河北，我又极力阻拦。不但有国仇，更有家恨。倘若我落到你家皇上手里，会有怎样的下场？所以我宁愿将来洛阳被攻破时痛痛快快地战死，也比让人家用酷刑零割了强。生逢乱世，横竖都是天意！"

岑彭回营之后，把朱鲔的话向刘秀做了汇报。

第十三章 围攻洛阳 以德服人不计仇

刘秀说:"做大事的,不忌讳小的怨恨。朱鲔如果归降,官爵都可以保住,我怎么会杀他呢?黄河水在这里可以作证,我绝不食言。"

岑彭再往告朱鲔:"朱将军,我家皇上早就知道了将军的心思。你看看这是什么?"

说着把手中一块玉佩扬了扬:"我刚才辞别皇上时,皇上对我说,成就大事者,不计小怨。人非圣贤,谁还能没一点私心?同样都是大丈夫,不管有什么过节,相视一笑,恩仇自泯。皇上还说,若朱将军愿意献出洛阳,不但不计较从前恩怨,并且官爵还可以保全,仍旧加以重用。皇上说这话的时候,把身上的玉佩解下来,将其中一块投进河里,对着河神发誓,表示自己绝不失信。朱将军也看见了,这玉佩应该是一对,现在还剩一块,这就是皇上心迹的表达!"

朱鲔本来抱着无奈的必死之心,听岑彭这样说,顿时看到一线生机。

为什么刘秀不像对待李轶那样对待朱鲔呢?朱鲔投降,确实能给刘秀带来比李轶投降更大的利益,洛阳就不用再打了。

刘秀要想统一天下难度非常大,这时能节省兵力精力去干别的非常重要。朱鲔虽然从个人角度对不住刘秀,但是他不是那种不能信任的人。

当初和刘秀的恩怨,朱鲔完全都是站在了绿林军的立场,站在更始帝的立场,这没有什么错。

岑彭还是回到洛阳城下,朱鲔还是在城楼上,听岑彭这么一说,朱鲔就从城墙上甩下一根绳子,让岑彭顺着这根绳子爬上来。

朱鲔的意思很明显:"你爬上来,我就相信你。"

这对岑彭来说,是很危险的:我要是爬上来,他杀了我,怎么办呢?或者爬到一半,他手一松,我怎么办?或者他手不松,这绳子要是不太结实,我又该如何。

岑彭没犹豫,抓着绳子就往上爬。爬到半截,朱鲔哈哈大笑:"好了,不用费事了,我相信岑将军说的是真话。好,我这就出去面见皇上!"说着让人松动绳索,把岑彭又放回地上。

经过这番接触,朱鲔决定自己先出去亲自探探刘秀口气。因为他知道,他和刘秀的结怨实在太深,刘秀是不可能轻易原谅自己的,即使他是个胸怀宽广的人。

五天之后,朱鲔率领轻装的骑兵去会见岑彭。出城之后,他回头命令各部将说:"坚守此城以等待我的消息,有你们把守着城池,刘秀未必敢加害我。不过凡事都有个万一,万一我回不来了,你们就带领兵马冲出去,投奔别处割据势力,和刘秀对抗到底,为我报仇!"

安排完之后,朱鲔就自缚,与岑彭同到河阳。见了刘秀之后,刘秀即刻解其缚,召见朱鲔,刘秀亲自把他扶起,面色平静语气和善地说:"朕不是说过吗?大家都是豪杰出身,男子汉大丈夫,相视一笑泯恩仇,目光应该朝前看。你回去安排一下,朕明日进城中去看看。当时洛阳诸多宫殿还是朕一手营建的,这么长时间没见,还真有点想念了。"

说着让岑彭又把朱鲔连夜送回城内。经过这次见面,朱鲔彻底放下心来。回到洛阳城内,他立刻召集各军将领,忍不住连声感叹:"想不到刘秀真的如此胸怀宽广,能容世人所不能容。看这情形,江山很快就会统一,将来大家谋个一官半职,封妻荫子,也平安地生活半生。一个盛世就要到了。"

第二天一大早,朱鲔率领所有兵将,大开城门,隆重地迎接刘秀车驾进城。洛阳终于回到汉军手中,虽然经过几次征战,不过城内建筑却没怎么受损。

刘秀驾临南宫却非殿,大会群臣,场面十分壮观。看着这些自己亲自督促下建造的宫殿楼阁,刘秀感慨良久,当年为刘玄营建洛阳,不过是为了避祸,也曾想过若是自己能住到这金碧辉煌的宫殿中,该有多好,但当时的窘境下,连这样想一想都是奢侈。没想到当时连做梦都不敢想的事情,如今成了活生生的现实!唉,命运轮回,劫数难定呀!

刘秀也没有食言,把朱鲔拜为平狄将军,封扶沟侯。后来让朱鲔干少府,少府虽然官不算太大,但是个肥差,管着皇宫里的珍宝,朱鲔后半辈子过得舒舒服服,富贵也传封累代。

在洛阳流连几日,刘秀竟有些舍不得离开了。许多大臣也看出了皇上的意思,大家一致上表,请求把都城定在洛阳。其中在邓禹从西边战场上传来的奏折中,把定都洛阳的优势说得很清楚,不但从人事从目前局面看,定都洛阳均最合适不过,就是从地形上讲,洛阳也最适合建都。

奏折的最后邓禹说,洛阳雄居天下正中央,为整个中原的腹心,四下平夷。近处看,熊耳在其右侧,西京长安在其左侧,上洛在其西方,太华在其东方,洛水在其北方,在此建都,可谓不动腿脚而平定四方。

长安建都,适合善用武力之帝王,洛阳建都,适合宽厚之帝王。陛下虽然处于乱世,不得不用武,然而治理天下,最终仍是用文。陛下一再强调要以柔道治国,则洛阳地理位置和其脾性,无不合适,望陛下不必疑虑。

邓禹的奏折很有说服力,和刘秀的想法不谋而合,事情很快定了下来。

刘秀并没有马上迁都,而是先派侍御史去安抚民心。

洛阳城虽说城郭宽阔，宫殿雕梁画栋，但久经战争，街市萧条，再加上寇贼劫掠，强盗出没，社会十分混乱。

刘秀深以为忧，要整治洛阳，使其街市繁华，人烟阜盛，天下瞩目，必须先取得民心。于是，令侍御史杜诗安集洛阳。

杜诗，字君公，河内汲（今河南省卫辉市）人。少有才能，仕郡功曹，以公平著称。杜诗奉诏，安抚吏民，约束将士。

杜诗手持命书，在萧广面前严申军纪。萧广得到许多好处，又仗恃着宗室亲王做靠山，根本不把官位低微的侍御史放在眼里，表面上哼哈答应，转身依然我行我素。

杜诗带着羽林军，亲赴萧广营中，下令拘捕，押赴市曹。他历数萧广"不遵法纪、侵害百姓、损坏军威"的三大罪状，即令格杀，枭首示众。然后具状上奏，百官升朝，参拜已毕，刘秀亲自召见杜诗，称赞他执法如山，不避内外，特赐棨木戟。棨木戟，仿古时斧钺，为前驱兵器。汉制，唯有王公出巡时，方可用此仪仗。杜诗官为侍御史，不够品级，却得殊荣。他谢恩出朝，更加恪守职责。棨戟前驱，鸣锣开道。

杜诗神色肃然地端坐马上，缓巡行洛阳市中。骄兵悍将，人人敬惮。寇贼强盗，望风逃避。洛阳帝都，秩序井然，很快地繁荣起来。

杜诗虽然不像杜甫那样会写诗，却在历史上留下了不朽的名字。不光是在洛阳建功，后来在南阳当太守时，发明了水排，属于一种水力鼓风机，通过水排，可以在铁炉上铸造农器。南阳人称赞说："前有召父，后有杜母。"召父指的是西汉时期的南阳太守召信臣，曾兴修水利，打击豪强；杜母指的就是杜诗。"父母官"最初就是指他们，造福于百姓的官才是父母官。

刘秀在洛阳南宫宣布，他脚下的这座城池，就是大汉王朝新的首都。

三　更始破败

公元23年十月，王莽新朝政权被推翻后，更始军进一步扫平了关东地区的王莽残余势力，更始帝刘玄由宛城迁都洛阳。

次年二月，迁都长安。战乱后的长安城，除未央宫毁于战火外，其余宫室一无所毁。刘玄入长安后，居长乐宫，宫女数千。

为稳定政治局势，更始政权宣布大赦，非王莽子，他皆除其罪。同时，派使者晓谕各州郡官吏，先降者复爵位。

形形色色的地方武装及王莽的地方政权，都归汉室，争受职命，一时间，郡县皆举城降，天下悉归汉（此指"玄汉"）。在这种顺利形势的后面，却隐伏着种种不易克服的矛盾。各地武装表面上接受了更始政权的封号和官职，实际上却仍然独立发号施令。

刘玄被表面上的胜利冲昏了头脑，纳赵萌之女为夫人，宠幸无比，将朝政委于右大司马赵萌，自己日夜与妇人在后宫宴饮。群臣欲言事，也大多因为他醉酒不能入见。不得已时，令侍中坐在帷帐之内冒充刘玄接见群臣。其宠幸的韩夫人更喜饮酒，在与刘玄对饮时，见常侍奏事，便大怒道：皇帝刚刚和我一起喝酒，偏偏在这个时候来奏事。诸将口出怨言：成败未可知，怎能自放纵若此！

刘玄终日宴饮，不理政事，朝政便全由赵萌专断，作威作福。有人向刘玄汇报赵萌等胡作非为时，刘玄不仅不听，反而拔剑击之，吓得人人不敢直言。在刘玄的姑息之下，赵萌越来越凶蛮，甚至将与自己有怨的侍中拉出去斩首，连更始皇帝为之求情，他都不听从。

皇帝沉湎于酒色之中，权臣把持朝政，打击异己。这样一个政权，根本无中央集权可言，更不可能提出任何改善农民处境、结束战乱的措施和政策。在更始政权入关后不久，便出现了关中离心，四方怨叛的局面。

公元23年年底，河北邯郸出现了一个自称是汉成帝之子"刘子舆"的王郎，他被故赵缪王之子刘林及赵之大豪李育、张参等人拥立为皇帝，称"汉帝"（有的史书中称王郎为汉继帝），定都邯郸。又有故广阳王之子刘接，起兵蓟中，响应王郎。一时间，赵国以北，辽东以西，皆从风而靡。被刘玄封为梁王的刘永，也自称皇帝［有的史书中称为"（刘）梁武帝"］，闻更始政乱，遂据国起兵，攻下济阴、山阳等二十八城，与董宪、张步等连兵，遂专据东方。

在公元23年刘玄迁都洛阳时，曾派使前去招降赤眉军。樊崇亲率二十余名赤眉军首领随使者前来归附。刘玄仅将樊崇及所率二十多名将领封为没有实际国邑的列侯，根本没有对三十万赤眉军做任何安置。樊崇等大失所望，留守在濮阳（今河南濮阳西南）的赤眉军将士更加不满，遂稍有离叛。不久，樊崇等回到濮阳，即率大军向西南入颍川，兵分两路，一路由樊崇、逢安率领，攻占长社（今河南长葛东），直指宛城。另一路由徐宣、谢禄、杨音率领，攻占阳翟（今河南禹城），西至梁（今河南临汝西南），杀更始的河南太守。

赤眉军虽然连连获胜，但士兵疲劳厌战，日夜愁泣，总想折回东方老家。樊崇等既不满刘玄对赤眉军的安排，又恐回师东归后，队伍会解体，便决定西攻长安。

公元24年冬天，赤眉军向长安进军。长安的更始政权，就像两年前的王莽

第十三章 围攻洛阳 以德服人不计仇

政权一样岌岌可危，赤眉军就像两年前的汉军一样势不可当。所以，刘秀会得出"赤眉必破长安"的判断。

刘秀心想："这俩皇帝打架，我能有啥好处？具体的好处，我现在也不能确定，但是，我必须要去掺和，重在参与嘛。"

这支人马对刘秀来说是很重要的，刘秀不能亲自去，派谁去呢？每到刘秀遇到重大的用人问题时，总会征求邓禹的意见。

这一次，刘秀自然也会想到邓禹，但是，不是让邓禹推荐别人，而是让他亲自挂师西行入关。在刘秀的将领里，论领兵打仗，邓禹不是最强的，刘秀之所以让邓禹西征，是对邓禹本人的高度信任。

青州兵西入函谷关。刘玄派定国上公王匡、襄邑王成丹、抗威将军刘均及诸将，分据河东、弘农以拒之。赤眉军人多，王匡等莫能当。

刘秀估计长安将来必为赤眉所破，想乘机夺取关中。刘秀知邓禹沉深有大度，拜邓禹为前将军，行王事，率精兵两万前往，并令其自选偏裨以下的人与其同去，邓禹以韩歆为军师，李文、李春、程虑为祭酒，冯愔为积弩将军，樊崇为骁骑将军，宗歆为车骑将军，邓寻为建威将军，耿欣为赤眉将军，左于为军师将军，引兵西进。

公元25年正月，邓禹率军越太行山，出箕关进取河东（山西省南部地区）。河东都尉闭关拒守，经战十日，大破守军，夺获大批军资粮秣。继而又率军围安邑（今山西省夏县西北），但数月未能攻下。更始大将军樊参率数万人，渡大阳欲攻邓禹，邓禹派诸将在解南迎战，大破敌军，斩樊参。于是王匡、成丹、刘均等合军十余万，共击邓禹。初战，邓禹失利，樊崇战死。天黑后双方停战，军师韩歆和诸将见气势已挫，都主张乘夜退走，邓禹不从，认为王匡之军虽多，但势不强。

第二天利用王匡停止进攻之机，重新组织队伍，调整部署。第三天清晨，王匡尽出其军攻打邓禹，邓禹令军中不得妄动，严阵以待，坚守不出。待王匡军至营前，猝然击鼓，全师猛扑，大破王匡军。王匡军等皆弃军而逃，邓禹率轻骑急追，俘刘均及河东太守杨宝、持节中郎将弭强，将其斩杀，收得节六，印绶五百，兵器不可胜数，遂定河东。

邓禹夺取河东以后，并没有停息，马不停蹄地从汾阳向西进军，横渡黄河，企图夺取夏阳，直逼到长安城下。闻听消息，更始皇帝刘玄更是惶恐，单一个赤眉已经教自己吃不消，如今来个智勇双全的邓禹，自己能抵挡得住吗？踌躇间，战报接连传来，邓禹的兵马越来越靠近了。

刘玄无奈，只得硬着头皮，倾其所有，派遣中郎将左辅都尉公乘歙带领十万大军，和冯愔左右呼应，共同抵挡邓禹。邓禹率领兵马径直杀来，两军在衙县这个地方狭路相逢。双方短兵相接，拼杀得十分激烈。

邓禹乘着有利形势，挥师猛力冲杀，把更始汉军打得惨败，完全占领了夏阳，长安已经暴露在眼皮底下。

邓禹率领大军继续向西挺进。所到之处，百姓踊跃支持，壶浆箪食，进展很是顺利。在这种形势下，许多人都向邓禹建议说，何不趁此机会，再加把劲一举攻打下长安，把西边的功劳全抓在自己手里？

邓禹却有不同想法，对众人说："诸位有所不知，我军现在看上去人数固然不少，但很多是沿路招募进来的普通百姓，没经过真正的战阵，战斗力并不是特别强，并且咱们深入敌境，前边无人接应，后边粮草转运相当困难，眼前热闹景象并不能掩盖实质上的薄弱，还是应当谨慎些的好。"

大家听邓禹分析得头头是道，纷纷点头称是。于是挥动兵马绕过长安，向北进发，抵达旬邑。一路上所过之处，遇到赤眉零散兵力，就依仗兵力庞大的优势，猛烈攻击，顺利占领了西北这三个大郡，实现了初步的战略部署。

赤眉军本来十分担心邓禹前来进攻，起初还是小心地防守，不敢有丝毫大意。后来见他们竟然绕城而走，丝毫没有攻打城池的意思。虽然搞不懂他们耍的什么把戏，但人家既然不来攻打，自己也就乐得逍遥。

这时候邓禹才24岁，很年轻，但是很沉着。刘秀的思路很清晰，"派你去西征，不是要冒险拼，我们谁也拼不过，一定要沉得住气"。刘秀给邓禹的兵力并不多，只有两万人，但是两万人都属于精兵，兵在精而不在多，这两万兵个顶个强，能适应各种变化。

邓禹一开始西征的时候还是很顺利的，史书上说邓禹自箕关入河东，连续打了几个胜仗。刘玄一看邓禹这么厉害，就会合了十来万兵力，由王匡、张卬等将领带着来打邓禹。

邓禹亲自率领一队轻骑追赶，杀了数名王匡的将领，缴获了六支符节五百印绶，数不胜数的兵器。邓禹这次打了胜仗，但是整个过程是很悬的，邓禹毕竟太年轻，在战场上他的勇气值得肯定，但是刘秀派他西征不是一般的攻城略地，而是任重道远，不能心存侥幸。他的主要敌人并不是刘玄，而是赤眉军。刘玄的势力，他完全可以等着赤眉军来消灭。

赤眉军的西征之路更加顺利，很快就进入了关中地区。被邓禹打败的王匡、张卬等人，也从河东跑回了长安。张卬回去之后，就召集诸位将领商量对策：

第十三章 围攻洛阳 以德服人不计仇

"怎么办呢？邓禹那边我们也打不过，赤眉军更打不过。"

想来想去，张印等人总算想出来一个办法，觉得很得意，那我们就绑架皇帝。

刘玄就是他们当初一手扶持起来的。现在，想废掉刘玄的也是他们。他们一商量，决定立秋这一天动手，绑架刘玄，因为立秋这一天，有一个习俗，皇帝要带着大臣们去郊区打猎，搞祭祀。

张印他们绑架日的方案看起来很完美，结果被刘玄知道了。他给他们来了个将计就计，装病。然后召见这五名将领过来开会。在宫殿里，刘玄布下刀斧手，准备把他们全都杀了。刘玄的这个计划，本来也是很完美的，但是在实施的过程中，又发生了一件很戏剧化的事。这一天，这五名将领恰好没有来齐，刘玄本来是准备等来齐了一块动手的，就来了四个，有一个迟迟没来。

刘玄就让他们四个人在外面等着。这四位越等越觉得不对劲。四人心里有鬼，犹豫着想去却又不怎么大胆。

他们忐忑不安地来到大殿门外的时候，忽然被刘玄安排好的羽林军围上来，羽林军不由分说，挥刀便砍。四人抱头鼠窜。其中张印和廖湛、胡殷侥幸跑了出来，申屠建一脚绊倒，被剁成了肉泥。

张印等人跑出来后，越想越窝火，索性彻底翻脸，各自率领本部人马，一边在东市西市大肆抢劫，一边放火烧掉宫门，杀入内宫。刘玄身边那点羽林军怎么能是人家对手，刘玄慌忙开了后门，领着夫人和车骑百余人，向东直奔新丰，投靠他最信任的岳父赵萌去了。

经历了部下叛乱后，刘玄险些丧命，心有余悸，开始疑神疑鬼起来，他怀疑王匡也不是好东西，和张印是一号货色，打算先下手为强，除掉王匡，把他的兵马收到自己手下，也好增强对抗赤眉的力量。

赵萌便传出圣旨，召王匡和陈牧以及成丹三人来新丰议事。三人还没得到长安变乱的消息，遵旨前来。陈牧和成丹来得早些，来了没等他们开口说话，赵萌一声令下，把他们两人砍了脑袋。

王匡运气好些，因为安排军务，动身较迟，还没走到新丰，听见风声，忙折身回去，和张印等人合兵一处，攻打新丰的刘玄和赵萌。而刘玄还梦想着恢复往日的帝王生活，催促赵萌把陈牧和成丹的兵马编入自己的营寨，反攻长安。由此开始，长安更加混乱。

赤眉军攻势非常猛烈，他们占领高陵后，立刻聚集兵力围攻长安。此刻长安城中由于刚刚经历一场内讧，能征战的兵将都在内讧中被杀或者逃亡，长安已处于无兵可守的状态。刘玄急得团团转，只能让丞相李松出城迎战，自己和赵萌关闭城门，勉强把守。

李松，南阳宛县豪强，东汉固始侯李通从弟，参加反莽义军。公元23年八月，更始帝刘玄派李松与西屏大将军申屠建进攻武关，三辅地区为之震动。恰逢析县人邓晔和于匡据县起兵以响应汉军，相继招降武关都尉朱萌、杀死右队大夫宋纲，向西挺进，攻陷湖县。王莽任命九位以"虎"为号的将军，率领禁卫军精锐士兵几万人向东方开去讨伐起义军。王莽怕九虎将军作战不卖力，便扣留他们的妻子儿女作为人质，而且对九虎将军部属每人仅赏赐四千钱。大家很怨恨，毫无斗志。九虎将军到达华阴县回谿，扼守险要。于匡、邓晔率军攻击他们，九虎将军战败，其中两位虎将军自杀，四位虎将军逃亡。还有三位虎将军收集散兵，保卫渭口京师仓。邓晔打开武关关门，迎接汉军。

李松这时率领三千人抵达湖县，与邓晔等会合，共同进攻京师仓，没有攻下。邓晔任命弘农橡王宪当校尉，率领数百人北渡渭河，进入左冯翊境内。李松派遣偏将军韩臣等，一直向西推进到新丰，攻击王莽波水将军窦融。窦融败退，韩臣追击，直抵长门宫。王宪部队推进到频阳，沿途地方官府都迎而降服。各县大姓分别起兵，自称是汉朝将军，率领部众追随王宪。

李松、邓晔率军抵达华阴时，长安附近的部队已从四方汇集到城下。九月初三，义军攻入长安城，王莽被杀，新莽政权灭亡。公元24年正月，李松与申屠建从长安迎接更始帝迁都。二月，更始帝从洛阳出发来到长安。

李松与赵萌建议更始帝将所有功臣封为王。朱鲔与他们争辩，认为汉高祖刘邦当年说过，不是刘姓皇族不能当王。更始帝于是先封刘姓宗族为王，然后再封其他功臣为王，任命李松为丞相，赵萌为右大司马，共同承担朝廷之内的责任。

公元25年正月，方望和安陵人弓林共同拥立前定安公刘婴为皇帝，聚集党徒数千人，占据临泾。更始皇帝派遣李松讨伐方望等，将他们全部斩杀。三月，更始帝派遣李松同赤眉军在莅乡展开大战。

赤眉军来到长安外围后，樊崇调整兵力，一万人为一营，共分成三十营，每营设立将帅，可以独立行动，这样，既能发挥兵力浩大的优势，也不失灵活机动。让刘玄雪上加霜的，是被自己逼迫出去的王匡和张印，感到绝望之际放弃新丰，投降了樊崇，把自己的兵力和赤眉军合并在一起，这样兵力更加壮大。

合兵之后，立刻开始进攻长安城东面最北边的东都门。李松在城外驻兵迎敌，本来就兵微将寡，况且这些日子被刘玄调动着来回奔波，已经人困马乏，如何能敌得过如狼似虎的赤眉兵马？没打几个照面，赤眉军便冲破了防线，李松猝

第十三章 围攻洛阳 以德服人不计仇

不及防,被滚滚拥上来的赤眉军从马上拉下来,糊里糊涂成了俘虏。赤眉军乘势肆意冲杀,把更始本来就剩余不多的兵力秋风扫落叶般收拾个干净。

赤眉军把李松五花大绑,推搡着他走在队伍前边,向长安城下逼近。恰好负责守卫东都门的将领是李松的弟弟李泛。他见哥哥狼狈不堪地让人家当作盾牌,本想命令放箭投掷擂石,但又于心不忍,迟迟不敢动手。

樊崇等人要的就是这个效果。他们从容不迫地逼到城门下,樊崇冲城上厉声大喊:"刘玄是什么东西,也配当天子?你们为他卖命,实在不值得。倒不如跟了我们,大家有肉同吃,有酒同喝,何等自在?快把城门打开,迎接我们进去,不但能把你哥哥给放了,还给你们兄弟弄个大官当当!"

李泛听他说得虽然质朴却不无道理,命令部下打开城门,迎接赤眉军进城。就这样,赤眉军没费多大力气,就攻下了长安。是年为建武元年的九月。闻听赤眉军已经进了城,刘玄惊慌失措,赶紧躲进内宫,让人去请赵萌,共同商议对策。派去的人半天也没回来,而外边已经隐约传来喊杀声。刘玄在内殿汗流满面,团团乱转着嘴里直嘟囔:"哎呀,这可如何是好,这可如何是好?"

外边的喊杀声越来越近,看来等赵萌是来不及了,说不定这个家伙早就自己卷了财宝溜出城外了。刘玄这样一想,才意识到自己实在太傻了,赶忙抓起玉玺,胡乱塞在怀里,脱下那身显眼的衣服,溜着墙根跑到马棚,牵出一匹马出了皇宫。

幸运的是赤眉军还没攻杀到这里,街上冷清清地没一个人影。刘玄情急之下也不辨方向,只觉得往前走应该是北边,北边有厨城门。倾耳听听,厨城门方向上似乎没什么动静,他慌忙跳上马匹,连甩两鞭,从厨城门逃了出去。一路狂奔,直跑到渭水边上,实在跑不动了,又累又饿,惶急间走投无路,简直想一头扎进水里了事。

正彷徨时候,过来一队人马。刘玄本来想躲避,仔细一看,来人自己认识,是右都尉严本。严本是自己亲自派到渭水来负责防守建武汉军的,也不知道他投降了赤眉或者建武没有。正思谋着,严本也看见了刘玄,上前扑通跪倒,又是请安又是宽慰,信誓旦旦地表示自己愿意护驾,请刘玄到自己军营中暂时歇息,等待时机再卷土重来。

见严本这么热情,刘玄也不怀疑,况且也实在无路可走,便欣然跟随严本去了军营。其实刘玄根本不知道,自己一个亡国君王,严本哪有这份忠心保护自己。他是要把刘玄当成可居的奇货,等待机会献给自己认为靠得住的一方,为自己谋得个官位。

刘玄来到严本军营后，立刻被严本监禁起来，押送到高陵，对外不准走漏风声。就这样，更始皇帝刘玄活不见人死不见尸地神秘消失了。

赤眉军虽然攻占了人家京师，但没抓住他们头领，对方就还有卷土重来的可能。既然硬的不行，只好来软的了。于是樊崇想了个主意，让丞相徐宣起草文告，四处张贴，说更始皇帝如果自愿来投降，就封他为长沙王，如果二十天后还不来自首，这个条件就自动取消，把他当成敌人来对待。这个文告不但四处张贴，还派人在长安附近广为散发。

刘玄此时被软禁在高陵，但毕竟人家还是皇帝，严本也不敢对他太苛刻，行动上并不太受约束。并且还让刘玄颇信得过的大臣刘恭侍从在左右。赤眉军所推立的刘盆子就是刘恭的弟弟。

刘恭在军营中看到长安散发的文告，忙拿了让刘玄看。刘玄见文告上说不但不杀自己，还能封个王爷，继续享受荣华生活，立刻动了心，激动得喜极而泣，泪流满面，最后手举文告仰天哈哈大笑，仿佛疯了一般。等高兴劲头过去，催促刘恭想办法出去向长安送信，表示自己情愿投降。

刘恭瞅个机会，偷偷溜出军营，来到长安，向樊崇说明情况。樊崇立刻派右大司马谢禄带领人马，去把刘玄给带来。严本见赤眉军来要人了，慑于人家的势力，也不敢不答应，只得眼睁睁地看着对方把刘玄带走，自己白费了一番心机。

刘玄跟随谢禄等人来到长安后，先要到长信宫请罪。昔日的皇上，今天沦落为阶下囚，何等狼狈。

从刘玄投降赤眉军那一刻，刘玄和刘盆子这两个皇帝的交锋就已经结束了。刘秀得知这个消息，也做出了反应。他下了一道诏书向天下人表明自己的态度："刘玄的命运是很悲惨的，长安也不要了，妻子也不管了，从皇帝一下变成了难民，朕很同情，所以，朕封刘玄为淮阳王，谁要是敢加害，就是大逆不道。"

刘秀这道诏书，下得很无用。是赤眉军打下了长安，消灭了更始政权，赤眉军有自己的皇帝，又不听你的。

刘玄肉袒请降，脱了上衣，光着膀子，表示自己有罪，到长乐宫把皇帝的传国玉玺献给刘盆子。赤眉军的首领却出尔反尔，当场就要杀刘玄。

刘恭苦苦求情，赤眉军将领无动于衷，把刘玄架了出去，刘恭就在后面追，一边追一边大喊："我希望能尽到自己最后的责任，要杀他，就先杀了我吧。"然后，他拔剑就要自刎。

这时赤眉军的首领看不下去了，他们对刘恭还是很尊重的。更何况，刘恭又是他们皇帝的哥哥，不能让他自杀，就救了刘恭。同时也只好放了刘玄，把刘玄

封为畏威侯。

刘恭还是不同意:"本来说好的,投降封长沙王,怎么能降成胆小侯呢?"刘恭又一再请求,赤眉军的将领一商量,长沙王就长沙王吧,真封刘玄为长沙王了。刘玄和刘秀都是长沙王刘发的后代,最终,刘玄又被封为了长沙王。

刘玄也就是有了个长沙王的封号,没有能真的当成。虽然刘玄曾经杀害了刘秀的大哥刘縯,但是,他的悲剧命运,刘秀确实还是很同情的,毕竟,他是刘秀曾经效忠过的皇帝。

见汉军没有触动长安,暂时没了征战的忧患,王匡和张卬等人便又打起了刘玄的主意。他们找到樊崇,再三陈说留下刘玄迟早是个祸害。忠心于更始朝廷的兵将知道自己的皇帝还在,一定不死心,说不定哪天就卷土重来,赤眉凭空多了许多威胁。

樊崇是个老粗,对刘玄的价值本来也没怎么重视,听两人反复劝说,也就息事宁人地答应下来,指使亲信,将其勒死。可怜刘玄享了几年做皇上的乐趣,最后落得个暴尸荒野的下场。

后来还是刘恭得知刘玄被人害死,悄悄打听清楚地址,赶到郊外,收殓了他的尸骨,草草埋葬了事,算是尽了君臣最后一点情分。

刘玄死后,宛王刘赐正好奉命巡视武关,打探到刘玄夫人和他三个儿子刘求、刘歆和刘鲤的下落,亲自护送着回到洛阳,在金殿上向刘秀引见。

当年刘秀要求出巡河北,借机会逃出虎口的时候,刘赐帮了很大的忙,刘秀一直感念不忘。如今刘赐又以大义为重,极力保护宗室后裔,刘秀更是欣赏他的忠厚诚恳,封他为慎侯,同时又封刘求为襄邑侯,继承刘玄遗祀,封刘歆为谷孰侯,封刘鲤为寿光侯。他这种不计恩怨以宗室大义为重的行为,同样得到大臣将领和吏民的赞赏。

四、 西征关东

邓禹平定河东,又率得胜之师于汾阴(今山西省宝鼎)渡河,入夏阳。更始中郎将左辅都尉公乘歙,带其部众十万,与左冯翊兵共同拒邓禹于衙县,邓禹再次将其攻破赶走。这时三辅的军队接连覆败,赤眉军所过之处残暴掠夺,百姓不知所归。听说邓禹每每乘胜独克而部队纪律严明,于是都望风携老扶幼迎接邓禹军队,归从的日以千数,人众号称百万。邓禹每到之处,常停车住节,慰劳问好,父老童稚,白发垂髫,挤满在他车下,莫不感激欢乐,于是邓禹名震关西。刘秀非常高兴,几次写信赞扬他。

邓禹部众都劝其入关，直接进攻长安。但邓禹却取持重态度，不想快速进攻，便对众将说："现在我部众虽多，但能打仗的却少，前面没有可依赖的积蓄，后面也没有可供转运的资财。赤眉军刚刚攻取长安，财富充实，士气锐不可当。然而盗贼群居，无整天的打算，财谷虽多，变故万端，哪能坚守下去呢？上郡、北地、安定三郡，地广人稀，谷米牲畜多，我们暂时整军北道，就粮养士，以观察赤眉军的弱点，才可以设法进攻他们哩！"于是引军北至栒邑县。邓禹所到之处，击破赤眉军别将诸营保，郡县都开门归附。西河太守宗育遣儿子手奉邓禹晓谕各地的文书归降，邓禹派遣他到国都去。

刘秀因关中未定，邓禹又久不进兵，下诏催促邓禹进兵长安，诏令说："镇抚西京，司徒，是尧；亡贼，是桀。长安的官吏民众，惶惶无所依归。应掌握时机进讨，安定抚慰西京，以维系百姓的心。"

邓禹仍坚持前意，派军攻取上郡（今陕西榆林东南）诸县，留将军冯愔、宗歆守栒邑。自统主力平定北地（今甘肃庆阳和宁夏吴忠一带）。但冯愔、宗歆二人争权相攻，冯愔遂杀宗歆，因而反击邓禹。

邓禹遣使问计于刘秀，刘秀问使者冯愔最要好的人是谁，使者说是护军黄防。刘秀猜冯愔、黄防不能久和，回报邓禹说："逮捕冯愔的人，一定是黄防。"于是派遣尚书宗广拿着符节招降黄防。

一个月后，黄防果然抓住冯愔。率领其部众归罪。更始诸将王匡、胡殷等都到宗广处投降，与宗广一起东归。到了安邑，王匡等想中途逃跑，宗广把他们都杀了。冯愔到洛阳，被赦免不杀。

公元26年春，刘秀遣使者改封邓禹为梁侯，食邑四县。这时赤眉军西走扶风，邓禹才往南至长安，驻军昆明池，用酒食大宴士卒。率领诸将军沐浴更衣斋戒，选择吉日，演习礼仪祭祀高祖庙，收了十一帝的神主，派使者捧到洛阳，因而巡视园陵，特安置官吏士卒奉祀守陵。邓禹率兵与延岑战于蓝田，不胜，再就食云阳。汉中王刘嘉到邓禹处投降。刘嘉相李宝傲慢无礼，邓禹把他杀了。

赤眉军在长安储存的粮食渐渐用尽，便出城四下掠夺。邓禹得到探马禀报，知道时机到来，立刻率兵靠近长安，伺机进攻。没有粮食，赤眉军上下顿时人心惶惶，邓禹的兵马又从西边气势汹汹地压过来，更让他们感到惊慌不安。

于是赤眉军在樊崇率领下，把长安城内的珍宝搜刮一空，一把火烧了宫殿，用三匹马拉着一辆车子，让刘盆子坐了，拔起营寨，向后退却。一路上他们从南山转战各郡县，在郡城和更始皇帝麾下的大将严春相遇。

严春自从更始破亡后，一直拥兵自重，独霸一方，谁也不隶属。两军接战

第十三章 围攻洛阳 以德服人不计仇

后,没几个回合,严春就被打败,死在乱刀之下,赤眉军就此占领了安定郡北地,掠夺粮草,暂且安身。

赤眉军一撤,邓禹就率军进长安了,不用打就得到了这座城市,这多好啊。可是他万万没有想到,不好的事马上就来了。赤眉军出了长安,打算向西北进军,引兵西进。

这时候的赤眉军还算是兵强马壮,号称有数百万大军,一路向西北杀去。从关中前往凉州,就是今天的甘肃一带。甘肃一带当时盘踞着一个大军阀叫隗嚣,他是刘秀打天下后期所遇到的一个非常头疼的对手。

隗嚣割据凉州,势力很强,赤眉军跑过去,没占着任何便宜,连续好几次吃了败仗。西北的地势本来就很复杂,山高谷深。又赶上天降大雪,坑坑谷谷都被大雪填满,分不出哪是平地哪是大坑,全是雪,看上去是平地,走过去全陷进去了。赤眉军没经历过这个,穿的衣服也不太够,很多士兵仗还没打,就冻死了。

赤眉军的将领一看:"不行,没法弄,还是回来吧。"转了个弯儿赤眉军又回长安了。

自从冯愔反叛后,邓禹的威望受到损害。这时赤眉军再次还入长安,邓禹与之战,败走,到了高陵,军士饥饿,都吃枣菜度日。

刘秀于是让邓禹回来,诏令说:"赤眉缺粮,自然会向东而来,我只要折断策马的杖去鞭打他就可把他打败。不是诸将值得忧虑的,不要再妄动进兵。"

邓禹以受任而功不成为惭愧,几次驱饥饿之兵去征战,常不利。

公元27年春,邓禹率军至湖县(今陕西潼关东),邀冯异共同迎战赤眉军。冯异认为赤眉军尚强,应放其过去,东西夹击才能获胜。

邓禹及其部将车骑将军邓弘邀功心切,急于迎战。邓弘率部与赤眉军大战整日,赤眉军佯败弃辎重退走,车上尽装泥土,仅用豆子覆盖在表面,邓弘军士卒争相取食。赤眉军乘机还军猛攻,邓弘军大败。

邓禹率兵来救,赤眉军退。邓禹复战,大败,只带24骑逃归宜阳。冯异亦被击败,弃战马徒步逃出,退至回谿阪(位于湖县西),坚壁自守。

曾经有过百万之众的邓禹,几乎成了光杆司令。

邓禹回去之后也非常惭愧,把自己被封为大司徒和梁侯的印绶上交给刘秀:"对不住陛下,我有罪,我辞职吧。"

刘秀把梁侯的印绶还给他:"你虽然仗打败了,但是万户侯还是可以当,毕竟你曾立下大功。"几个月后,刘秀又拜他为右将军。邓禹是一名政治家、谋略家,但算不上军事家。

刘秀让邓禹撤军的同时，换了另外一个人前往关中。这个人，不光是政治家、谋略家，还是军事家。这个人就是冯异。

诏令发出后，接着命令冯异率领兵马从华阴向西进攻。赤眉军经过这几年的发展，已经相当壮大，要想尽快剿灭，谈何容易？但既然皇上有了旨意，也不得不遵从。

恰好当时关西出现灾荒，粮食奇缺，百姓大半逃难，少半饿死，遍地饿殍，有的地方几乎方圆百里都不见一个人影。赤眉军再没地方掠夺粮饷，实在没办法，决定还是再回到自己东边的老地盘上去混日子。

这年十二月，赤眉军主动放弃在长安一带的活动，率领大军向东撤退。尽管受到严重创伤，赤眉军的兵力还很强大，总计兵力在三十万以上。

得到情报，刘秀立刻命令破奸将军侯进屯兵新安，建威将军耿弇驻扎在宜阳，兵分两路，钳制住赤眉军东归的道路。分派任务的时候，刘秀特意嘱咐他们，赤眉军若是从东边走，宜阳的兵力前去会同新安，若他们从南边走，则新安的兵力主动会同宜阳。总之，绝不能让这只猛虎回到原先的山林，那样就会很难制服。

冯异领命带兵从华阴向西进发，正好和向东撤退的赤眉军狭路相逢。两军互相攻杀，大小打了十几仗，互有胜负，谁都没占到太大的便宜。不过冯异发挥自己宽容待人的优势，收降了赤眉军将领刘始和王宣等好几员大将，还招降了五千多人马，略占上风。

很快到了公元27年春天，刘秀任命冯异为征西大将军，负责全权指挥西路兵马。冯异利用赤眉军急于寻找东去道路的弱点，来个速战速决。制定好计划后，冯异命人前去赤眉营寨下战书，约定来日会战，决一雌雄。

赤眉军急着迅速打败这只拦路虎，尽快回到东方。立刻答应下来。当天夜里，冯异下令，全军三更造饭，从各营寨中挑选出几千英勇善战的强壮兵丁，让他们饱餐一顿，换上赤眉军的服装，眉毛也描成红色，悄悄出了大营，埋伏在大路两旁，以鸣金为暗号，夹击赤眉军，给他来个出其不意。

拂晓时分，天还没大亮，冯异这边已经吃饱喝足，做好了准备，敲起战鼓，做出立刻要进攻的架势。而赤眉军没想到这么早就打仗，还没顾上吃早饭，但人家已经出动，只能空着肚皮前去抵挡。

两军拉开阵势，空气分外紧张，一场决定生死的大战就要展开。赤眉军用万余人打头阵，个个杀气腾腾，大有黑云压顶之势，直冲过来。面对对方如此强悍之势，冯异选派两千多精兵前去抵挡。

第十三章 围攻洛阳 以德服人不计仇

赤眉军见对方派出的人马只是自己的一个零头,感觉这一定是冯异的汉军上次损失过多,兵力严重不足,获胜把握更大,也就更加骄横。看到这种情形,赤眉军丞相徐宣提议说:"根据他们派出的前锋人数,我估计他们总兵力也就有两万左右,两万人哪里能抵挡得住我们十万大军,就是踩也把他们给踩扁了!不如咱们一起冲杀过去,如洪水冲破堤坝一般,把冯异和邓禹给活捉了,省得一阵一阵地对打,太麻烦!"

樊崇认为说得有理,令旗挥动,将士倾巢而出,吼叫着向冯异大营冲杀过来。冯异等的就是他们全体出动,也令旗招展,打开营门,所有兵力全部冲出来。几十万人马厮杀在一处,顷刻间血肉横飞,烟尘蔽日,喊杀声几十里外都能听见,场面十分惨烈。

整个厮杀从天刚亮一直持续到接近中午,仍旧胜负未分。此刻赤眉军因为没吃早饭,砍杀了这半天,肚中空空,已经精疲力竭,动作明显迟钝下来,死伤人数顿时增加。

这情景早让站在高处的冯异看在眼里,他命令司号兵:"快,鸣金!"

话音刚落,立刻响起阵阵铜锣敲击声,声音激越,响彻整个战场。正在激战中的赤眉军听到鸣金声,立刻都是一愣,鸣金就是让收兵,对方不是占了上风吗,怎么忽然又要收兵?

正疑惑间,忽然从大道两旁拥上来无数赤眉军装束的强壮士兵,他们个个憋足了劲,生龙活虎地蹿上两军阵前。

赤眉军一看这支伏兵,都挺高兴,心想:"我们的救兵来了!"赤眉军的名字,就是因为他们在作战当中,为了好认把眉毛全染成红色。这支伏兵全都是红眉毛,服装穿戴也和他们一样。

谁知,这是冯异安排的人。冯异专门挑出来特别精壮的士兵,提前换好服装,画好眉毛,在路边埋伏着。这些人都埋伏一天了,养精蓄锐,大口的肉吃着,大碗的酒喝着,从早晨憋到黄昏,不光眉毛是红的,眼睛都憋红了,就等关键时刻发威呢。

这时候冲出来,见一个砍一个,把赤眉军全砍乱套了。赤眉军从来没遇见过这事,打了这么多年仗,今天才发现:自个的防伪标志做得太简单了。这时候后悔也晚了,赤眉军为了活命,只要是人,不管红眉毛黑眉毛还是没眉毛的都得砍。赤眉军一边砍一边跑,大军被冯异打得落花流水,投降冯异的有八九万人。

赤眉军被冯异打败后,残兵败将果然往回跑,从西北直奔东南。赤眉军本来就是从山东发源的,当初赤眉军的将领非要往西打,现在打了一圈,又被人打回来了，只剩下这么一伙残兵败将，带着他们效忠的皇帝刘盆子，一个个又累又饿又害怕。

就在赤眉军快要到宜阳的时候，路过一座山，叫熊耳山。一支大军横挡在了他们面前。这支大军规模庞大，全副武装，阵形齐整，把赤眉军吓得腿肚子都软了。率领这支大军的，是刘秀本人。刘秀亲率大军张开了大嘴，要在熊耳山吃掉赤眉军。

刘秀亲率大军，在宜阳西边的熊耳山拦住了赤眉军。这时候的赤眉军已经彻底崩溃了，看到刘秀的人马，别说打了，连跑的心思都没了。摆在他们面前的，只有投降这一条路。

赤眉军的皇帝刘盆子派人去刘秀那里，乞求投降。派去的人，就是刘盆子的大哥刘恭。

刘恭没有主动提任何条件，只问了刘秀一句："刘盆子现在带着百万大军都投降给陛下，陛下会如何对待啊？"

刘秀想了想，说："饶你们不死吧。"刘秀没再说别的条件，赤眉军也没想要更多的条件。

赤眉军口头上说是还有百万大军，其实顶多也就十几万人，能保住一条命，对他们来说已很满意了。赤眉军的士兵们一个个早就饿得不行了，真打起来，可能人还没被打死，就直接饿死了。

就这样两天后，赤眉军由皇帝刘盆子带着三十多个主要将领，肉袒请降。当初更始帝刘玄就是光着膀子投降的，刘玄当初献出了传国玉玺，现在他们又把玉玺献给了刘秀。

赤眉兵丁见主帅投降，也都自动解除武装，丢下的器械盔甲堆积在一起，堵塞住道路。

刘秀传令，拿出酒肉，让这群快要饿昏了的兵将饱餐一顿。为了让这帮无法无天缺少管束的赤眉军彻底服气，刘秀特意安排了一次浩大的阅兵仪式，还对樊崇等人说："你们如果后悔不该投降，现在还来得及，朕把兵马器械都还给你们，咱们一决胜负，朕向来以德服人，绝不压制！"

樊崇等人忙叩头不迭，口呼万岁，再不敢多说一句话。

阅兵完毕，刘秀吩咐下去，分给降兵田地，准许他们回乡安居乐业。有不愿意回去的，可以编入汉军营寨，照常发给军饷，大家无不悦服，齐声高呼万岁，个个感恩戴德。横行中原的赤眉至此终于融入大汉朝廷。

第十四章
东征西讨　畏威怀德追穷寇

一、平定叛乱

邓奉是南阳郡新野县人，光武帝刘秀二姐夫邓晨之侄。

公元22年，邓晨随同刘縯、刘秀兄弟起兵反抗王莽。邓奉在家乡联络四方豪杰伺机起兵。公元23年九月，王莽兵败被杀，天下大乱。邓奉聚众起兵，占据了淯阳县。

同年九月，刘秀防止刘玄迫害他的家属，让妻兄阴识带着阴丽华回老家避难。回到南阳后，因为邓刘两家是姻亲，阴识就带着家属到邓奉军中寻求保护，邓奉热情地接待了阴氏一家，将阴氏一门老小安置在自己的府邸里，不仅派兵严加保护，而且在生活上对他们照顾得无微不至。从此，阴家一门老小在邓奉的精心照顾之下，终于过上了安生日子。

公元25年，刘秀在鄗县称帝后，派遣侍中傅俊到南阳郡迎接阴丽华。邓奉率部加入汉军，此后累功升为破虏将军。

公元26年八月，南阳郡堵乡县（在堵阳附近，堵阳在今河南方城县东）人董訢聚众作乱，捉住了南阳郡太守刘驎，据城反叛。复阳县人许邯也起兵于杏聚，以声援董訢。

刘秀急令大司马吴汉为主将，扬化将军坚镡、右将军万修为副将，率领汉军主力十余万掉头南下，驰援南阳平叛。吴汉在军事上节节胜利，连续收复宛城、涅阳、郦县、穰城、新野等地。

吴汉率领着三万多汉军，抵达新野。新野县的县令名叫牟阳，更始旧臣，牟家也是新野的大家族之一。吴汉本以为自己率领着大军抵达新野后，牟阳不敢做出抵抗，会献城投降。可没想到，牟阳率部，坚守城邑，绝不投降。另外，新野城内的大家族，乃至普通百姓们，也都支持牟阳，出人出力，出钱出粮，帮着牟阳抵御汉军。

新野城防坚固，易守难攻，城内守军众多，主要是自愿加入城防的壮丁数量多，壮丁加上守军，超过了万人。

汉军对新野发动进攻的时候，遭受到新野军民的顽强抵抗。城头上，箭如雨下，滚木、礌石，如同雪片一般。进攻的汉军，一千人攻上去，都用不上一顿饭的时间，便死伤得七七八八。首日的进攻，汉军打得极不顺利，伤亡惨重，多达两千余人。吴汉亲自指挥，进攻新野北城的汉军，率先突破了守军的城防，攻上城头。冲上城墙的汉军，如同下山的猛虎，与城头上的守军展开近身肉搏战。

面对着杀红了眼的汉军，守军真的已无力抵抗，一千多残兵，纷纷放下手中的武器，大声叫喊道："投降！我们投降了！"

汉军不接受守军的投降，也不管守军是不是放下了武器，继续进攻，接下来，都不能称之为战斗，只是一场单方面的屠杀。一千多名走投无路的守军，最后无一幸免，全部被汉军屠杀殆尽。

汉军开始屠杀县府外面的百姓，随着百姓们吓得四散奔逃，汉军在追杀的过程中，自然而然地也殃及了不少其他的百姓。吴汉的不制止，就等于是默许了汉军将士对县府外百姓的屠杀，场面迅速失控，屠杀很快便蔓延到了全城。

吴汉为首的汉军攻破新野后，杀死了县令牟阳，杀光了县府全部的官员，以及县兵和参与城防的百姓，更是对新野城内的百姓展开了血腥的大屠杀。最主要原因是牟阳的拒不投降，新野百姓对汉军的抵抗。

刘秀在洛阳接到消息，对吴汉的所作所为大发雷霆。他连拍桌案，怒声说道："是谁准许他这么干的？是谁准许他可以在南阳屠城的？岂有此理，胆大包天！"

第十四章　东征西讨　畏威怀德追穷寇

在刘秀看来，吴汉现在无论如何也不再适合担任军中之主帅，可奈何吴汉的威望太高，朝中大臣，大多都站在吴汉的那一边。

如果现在真把吴汉召回洛阳，刘秀都不知道该拿他怎么办？撤掉他大司马的官职，刘秀舍不得，也找不到能代替吴汉的合适人选。吴汉军屠城新野，在刘秀这里做出的结论是，日后惩处，说白了，此事就是要不了了之。但有人可不想就这么善罢甘休，那就是邓奉。邓奉是新野人，他的家就在新野，虽说汉军在新野屠城的时候，有刻意避开邓奉的家人，但邓奉的一些亲朋好友，还是有遭到池鱼之殃。吴汉率军攻陷新野后，继续南下，攻城略地。

吴汉军离开不久，邓奉也回到了新野探亲。看到的是满目疮痍，许多房子被烧成废墟，路边的尸体，随处可见，活着的人们，都如同行尸走肉一般。整个新野城，俨然成为了一座死城，人间炼狱。邓奉拳头握得咯咯作响，他从牙缝中挤出一句："我要拉队伍，不杀吴汉，誓不为人！"

在南阳威望极高的邓奉，归顺刘秀，被封为破虏将军，这次又造反，南阳百姓，纷纷响应。光是新野县这一地前来投奔他的百姓，便有数千之众。南阳其他城镇的百姓，也都纷纷闻讯而来，投奔邓奉。短短数日之内，邓奉便在新野县再次拉起一支上万人的军队。可见邓奉这个人，除了威望高外，个人的能力也极强。只是，想靠这一万多人的杂牌军，去和接近十万之众的吴汉军做正面交锋，那无疑是很难的。

邓奉率领乡民起义，击败吴汉军队，尽获辎重，屯据老根据地淯阳。

由于物资粮草全部被邓奉洗劫一空，吴汉被迫率部南撤，万修此时病死军中，只剩下坚镡困守宛城。邓奉乘机分兵四处，陆续击破汉军其他各部，很快就控制了南阳郡的大部分地区。不仅如此，他还与周边的延岑的汉中流民军、董䜣的南阳流民军、更始政权残部、楚黎王秦丰联合起来，互通声气，结成了联盟。

邓奉起兵虽然是激于义愤，但是背叛了刘秀，也使刚刚平定的南阳郡又陷入兵火之中，不但刘秀不能谅解他，连他的老朋友赵憙也多次写信责备他。

公元26年十一月，为了平息南阳邓奉的叛乱，刘秀再派征南大将军岑彭率领朱祐、贾复、耿弇、汉忠将军王常，武威将军郭守，越骑将军刘宏，偏将军刘嘉、耿植等八员大将共击邓奉、董䜣、许邯。

岑彭进入南阳郡境内之后，首先击破了杏聚迫降了许邯，又挥师南下，进兵堵乡，前去围攻董䜣。邓奉闻报，亲率一万余人来援，双方激战于堵乡城下。邓奉、董䜣的部下，都是南阳郡的精兵，勇猛异常。尤其是邓奉的部下，都是沙场百战之兵，锐不可当。这一仗，汉军大败，建义大将军朱祐被俘。因为朱祐和邓奉及他的叔叔邓晨早年就相识，因此邓奉没有伤害朱祐，反而待如上宾。

经过这场惨败，汉军的锐气遭到了极大的挫伤。从此，岑彭与邓奉在南阳郡境内展开了艰苦的拉锯战，互有胜负，激战了整整七个月。

公元 27 年三月，在消灭了西线的赤眉军之后，刘秀亲率主力汉军南下征讨邓奉。由于刘秀御驾亲征，汉军士气大振。邓奉战败，从堵乡逃到淯阳，董䜣投降。邓奉再败，退至小长安聚。

刘秀率诸军紧追。四月，邓奉知道形势已经不可挽回，决定投降。于是，就把朱祐请出来，然后脱掉上衣，光着上身由朱祐押着，一起来到刘秀大营请罪。

刘秀怜悯他是姐夫的侄子，又有保护阴丽华一家的功劳，并且他的叛乱也是吴汉纵兵劫掠引起的，想赦免他。

岑彭和耿弇认为应该以此事警戒其他蠢蠢欲动的人，就劝谏道："邓奉背恩反逆，让大汉的军队在外征战了一年多，叛乱使汉军损失惨重，而且邓奉击伤贾复，生擒朱祐，使汉军威名受损，陛下亲自前来讨伐，他也没有马上投降，直到无力再战才投降，如果不杀了他，就不能宣扬惩治叛乱的决心。"

说得刘秀不能徇情，只好下令诛杀邓奉，正法示众。国法原是难容。

刘秀起驾还都，但使岑彭与傅俊藏宫等三万余人，南击秦丰。

忽有幽州牧朱浮驰使告急，请速济师。

朱浮告急的原因是彭宠造反，逼迫幽州。

刘秀未称帝之前，能够在河北立足，很大一部分功劳源于河北北部的那些幽州豪族，这些豪族给予了他军事上的巨大支持。

这些支持者主要以渔阳太守彭宠、上谷太守耿况为核心。这两位太守不仅给钱、给粮，重要的是输送了一个强大的军事班底。

第十四章 东征西讨 畏威怀德追穷寇

渔阳、太谷拥有北境最为精锐的突骑，这些骑兵战斗力彪悍，后来发展成为刘秀最为依仗的王牌杀手锏。

彭宠、耿况给刘秀送过去的人才，当时驰援刘秀的人员配置共有七位，云台二十八悍将中，吴汉、盖延、耿弇、寇恂、景丹这五位占五个名额。这绝对算得上一份不世之功。

刘秀在河北和王郎交战时，彭宠镇守渔阳大本营，不断地给刘秀送去物资，确保刘秀大军的后勤补给。

后来，刘秀扫荡河北流寇进抵蓟城，彭宠前去谒见，彭宠自以为这份不世之功会得到刘秀最高规格的礼遇，见面难免要拥抱一番，握握手之类。

彭宠想象中的这一切都没有！

刘秀在洛阳称帝，大封功臣，原来隶属于彭宠的部将全部加封，远远超过了彭宠的殊荣。

可当时的彭宠仍旧是驰援刘秀时所封的那个建忠侯。

太不公平了！彭宠在渔阳愤愤感慨："我功当为王，但陛下忘记我了呀？"

不仅如此，刘秀还派遣亲信朱浮为幽州牧，镇抚幽州一带。

对于彭宠而言，自己有功不赏，反而成为了刘秀的眼中钉，自己对于刘秀的那份恩德，简直喂了狗！

但从刘秀的角度而言，幽州政局太动荡了。

幽州牧朱浮，沛国萧县人。初跟随刘秀任大司马主簿。改任偏将军，跟随刘秀攻下了邯郸。刘秀派吴汉刺杀了更始政权幽州牧苗曾，任命朱浮为大将军幽州牧，镇守蓟城，负责征讨北方。公元26年，朱浮被加封为舞阳侯，食邑三个县。朱浮年少有才干，很想磨砺风操，收揽士人之心。他就征召了本州名宿涿郡王岑等人，任命为属官，以至王莽时原有的两千石之类的官员，他都引入幕府，并多发各属郡的仓谷，奉养这些人的家眷。渔阳太守彭宠以为天下未定，师旅方兴，不宜多置官属，以损兵甲粮储，不听朱浮命令。朱浮性情骄傲自大而急躁，心里很不平，因以严厉文字诋毁彭宠；彭宠也很要强，兼负其功，双方嫌怨越积越深。朱浮秘密奏报彭宠派小吏迎来他的妻子却不迎来他的母亲，又接受货赂，杀害友人，还多聚兵谷，其心叵测。彭宠既积怨在心，听到这些，更大怒，举兵攻朱浮。朱浮写了一封致彭宠书，文字优美，意义很深：

　　我听说聪明人顺应时代潮流安排自己的行动计划，而愚蠢的人违背事物规律而盲目采取行动。我常常为京城大叔的可悲下场而慨叹，他是因为不知满足而又没有贤能之士的辅佐，最终才自绝于郑国的呀！伯通您做渔阳太守声誉很高，又有过救助皇上的功劳，亲近百姓，忠于职守，爱惜仓库军粮。我朱浮担负着征伐的重任，准备审时度势挽救危机，你我所为都是为了国家啊。您就是怀疑我朱浮说您的坏话，那为什么不到朝廷向皇上申辩，而采取这灭族的反叛下策呢？

　　朝廷对于您伯通，恩泽可以说是够深的了！把渔阳这样大的郡委托给您，让您做太守，又任命您为威武的大将军，寄托于国家柱石的希望，感情如同待子孙一样亲近。平民男女尚且能为一顿饭舍命报恩，哪里有身佩三颗官印，负责管理一个大郡的大臣，反而不顾皇上的恩义，产生外逃叛变的野心呢？伯通，现在您和属吏、百姓谈话有什么脸面？走路、行礼时将用什么样的仪态举止？坐卧休息时，又作何种思想？拿起镜子照见面影时，怎么有脸睁开眼睛？采取行动建立功勋，将凭什么资格做人？

　　可惜呀可惜！抛弃美善的好名声，作就枭鸱那样的反叛阴谋；抛弃世袭的幸福爵位，招来破灭失败的深重灾祸。您高谈尧舜的仁义道德，却抑制不住内心夏桀、殷纣一样的残暴本性，活在世上被人耻笑，死后成为一个蠢鬼，这不令人悲伤吗？伯通与耿侠游，你们一块儿起来辅佐皇上，又同时蒙受国家大恩，然而侠游谦恭退让，不断有自我贬抑的言论，您却爱自我夸耀，总认为自己的功劳天下人谁也比不上。

　　听说，从前辽东地方有头猪生了一只白头猪仔，养猪人觉着奇异便决定献给皇上。他走到河东地方，看到很多猪都是白头的，于是便抱着惭愧的心情返回去了。如果把您的功劳拿到朝廷上去评比讨论，您的功劳就如同一只辽东猪呀。

　　您现在竟然这样愚昧狂妄，自认为形势和六国时代差不多，其实不然。六国时代，齐、楚、燕、赵、韩、魏一个比一个强盛，开拓占领土地数千里，拥有百万雄兵强将，因此能凭借自己的国势相互对抗，经历了许多年头儿。而如今的天

第十四章 东征西讨 畏威怀德追穷寇

下有多少领土？各郡国能拥有几座城池？怎么能凭借小小的渔阳郡和当今天子对抗结怨呢？这种行为就像黄河边上的人用双手捧土想把孟津渡给填塞住一样，只能说明不知分量不自量力罢了。

现在全国才刚刚稳定下来，国内的人都希望平安无事，读书人不管才能高下，都喜欢在社会上留个好名声。而唯独您伯通像中了邪一样狂奔乱跑，自己背弃这昌盛修明的时代，在家里听信骄横老婆的错误谋划，在外边听信奸邪小人的阿谀怂恿，为此反叛下策，长久成为后人坏的榜样，永远当作功臣引以为戒的镜子，这难道不是错误的吗？安定天下的人不计较私仇，不要因为过去的事自己疑虑重重了。希望您注意顾念老母亲和小弟弟，不管做什么事情都不要使亲近人感到痛心，而让仇人感到高兴痛快。

彭宠得书越加恨朱浮，朱浮更是打彭宠小报告，刘秀召彭宠入都。

彭宠请与朱浮一同就征，奉诏不许，彭宠怀疑恐惧。彭宠妻素好干政，劝彭宠不必应征，尽可自主，属吏亦无人劝行，于是拖延不去朝廷。

幽州牧朱浮上书刘秀，彭宠这小子整天牢骚，幽州恐怕不会太平喽！

刘秀下诏让彭宠立马前来洛阳谈谈心，毕竟咱们曾经是兄弟啊，在洛阳城一起回忆一下曾经那段美好的岁月，多美的事情。

彭宠一听，谈条件的机会来了。想要自己去洛阳可以，但是幽州牧朱浮必须换了，这孙子太压制别人，还总喜欢向上级打小报告。

刘秀再度下令，立马前往洛阳谈心。彭宠知道自己玩大了，心里开始恐慌。

俗话说成功男人的背后总有一个成功的女人，彭宠也一样。作为渔阳唯一的有钱大佬，彭宠背后这个女人简直太强悍。她直接劝说彭宠造反！

一天，彭宠斋戒，一人独居便殿。仆人子密等三人见彭宠睡着了，就将他绑在床上，通告官员，大王斋戒，所有人都去休息；把奴婢们都捆绑关押；再传彭宠口信儿，把彭妻召了来。

彭妻进来，见彭宠被绳捆住，忍不住惊叫道："叛奴造反！"说到反字，已被子密等揪住头发，用掌击颊，打得宠彭妻面目红肿，不敢作声。

彭宠急忙说，赶快为这几位将军准备金银财宝，不必多言。于是两人随彭妻到内室取宝，另一个仆人看守彭宠。

彭宠多狠强的一个人，这时候口气一下软了，也不管他们叫奴才了，改将军了，置办什么行，要多少钱给多少钱，人没事就行。

曾经天不怕地不怕，连刘秀都不在乎的彭宠，此时面对自己的奴才，却小声说："如果你把我的绳子解开，我就把女儿许配给你当妻子，家里的财宝全都是你的。"

这个家奴一听，很感动。他在彭宠家待了多少年，也没听过彭宠这么说话，准备给彭宠松绑。

如果这个家奴真把彭宠解开，那么历史可能就会完全不一样。按照彭宠的性格，肯定是杀了这个家奴，那两个自然也活不了。

彭宠还会继续和刘秀对抗，结果怎么样很难说。所以人的一个闪念可能就会改变一段历史。就在这个家奴准备解开彭宠的绳子时，他一回头，发现两个同伙正在门口站着。

这俩人也挺贼，就怕会出什么事，没走，刚才彭宠那番话全都听见了："幸亏我们没走，就这一会儿工夫，你就认一老岳父，你还有点职业操守没有啊？我们这是绑票，咱们是贼，怎么还能认贼作父呢？"

这三个家奴可不是一般的狡猾。更狡猾的事情还在后面，拿了彭宠的金银财宝还让彭宠的妻子缝了两个口袋，并且是用绢缝的。

他们准备了六匹马，这六匹马估计每人骑一匹，剩下三匹带金银财宝，天黑的时候，他们把彭宠的手解开，让他写一个批条以便出城。

他们对彭宠说："你写好条，就放了你们。"等条写好，这三个人马上翻脸，杀了彭宠，也杀了彭宠的妻子，把他们的人头割下来，放那两个口袋里。

然后，他们拿着彭宠的批条，带着后半生花不完的金银，还有彭宠夫妇的人头，快马疾驰出城，去洛阳献给刘秀。彭宠死后，彭宠的手下共同拥立彭宠的儿子为燕王，但是彭宠的儿子很快也被人给杀了，彭宠的部队都投降了刘秀。

彭宠的叛乱经过了整整三年的时间，因为三个忘恩负义的家奴，迅速帮刘秀解决了彭宠叛乱的麻烦。

二、 消灭梁王

刘永是梁郡睢阳（今河南省商丘市）人，为西汉梁孝王刘武的第八代孙。梁孝王刘武是汉文帝的嫡生的第二个儿子。他和汉景帝刘启一样，母亲都是窦太后。刘启为长子，刘武是次子，是汉景帝的弟弟。

刘永这一脉，全都是梁孝王嫡传，一直到他父亲刘立，还是被朝廷封的第八代梁王。刘永是梁孝王八世孙，祖宗八代都是梁王，继承祖业，顺理成章。刘永比刘秀的血统要纯正得多，可以说是嫡出的汉室后裔。

西汉元始年间，刘立与外戚卫氏家族（汉平帝生母的家族，是王莽的政敌）往来密切，而被王莽杀死，刘永失去了继承梁王封爵的资格。

公元23年九月，王莽兵败被杀。更始帝刘玄移都洛阳，刘永跑到洛阳求见刘玄，请求恢复他的王国爵位。刘玄按旧制封刘永为梁王，以睢阳为梁国国都。

刘玄迁都长安之后，政治日益腐败。远在睢阳的刘永听说了，决定凭着梁国的地盘起兵割据，首先任命弟弟刘防为辅国大将军，幼弟刘少公为御史大夫，加封鲁王。接着，招纳诸郡豪杰，以周建等为将帅，攻下济阴郡、山阳郡、沛郡、楚郡、淮阳郡、汝南郡等地的二十八座城池。为了扩大势力，刘永派人任命占据东海郡的董宪为翼汉大将军、占据齐郡的张步为辅汉大将军、占据西防的佼彊为横行将军，通过封官赐爵，刘永将割据山东的各势力网罗到自己旗下，共同组成联军，盘踞于关东诸地。

刘永据国起兵，联合各路豪杰，以梁郡为中心，地盘很大，拥兵自重。当时的刘永，实际上拥有山东、苏北、皖北、豫东广大的土地。其实比起刘秀的地盘，面积还要大。

公元25年，更始帝刘玄战败而亡。十一月，刘永自称天子。

刘永之所以会称帝，一定是受了刘秀的启发。刘永是和刘秀同一年称帝的，他是在刘秀定都洛阳的第二个月称帝的。形成了两个汉室宗亲争夺正统的局面。

刘秀能允许另一个刘姓合情合理的皇帝干下去吗？万万不能，消灭刘永对于刘秀来说，是一件非常急迫的事。渔阳叛乱，刘秀也顾不上派主力部队去，得先对付刘永。

当年，两军爆发了小规模的战斗，刘秀大将耿纯率军进攻济阴郡，击败刘永的部队，占据了定陶。

公元26年三月，刘秀根据"先关东、后陇蜀"的方略，命虎牙大将军盖延为主将，率军数万东征割据睢阳的刘永。

盖延，字巨卿，渔阳郡要阳县（今北京市平谷区）人。盖延身高八尺，能挽弓三百斤。边疆风俗崇尚勇力，而盖延以勇气闻名。并为郡列掾、州从事，所在都能尽职办事。彭宠为太守，召盖延署职营尉，代理护军。王郎起义时，盖延与吴汉一起投靠刘秀。盖延行至广阿，拜为偏将军，号为建功侯，跟从平定河北。公元26年，改封盖延为安平侯。盖延南击敖仓（今河南荥阳市），转攻酸枣县（今河南延津县）、封丘县（今河南封丘县），三地皆被夺取。当年夏天南伐刘永。

盖延与降将苏茂，相随东征。苏茂本是刘玄部将，前与朱鲔共守洛阳，朱鲔出城投降，苏茂亦投诚洛阳。苏茂随盖延东行，不受盖延节制，带领部分军士自去，抢掠得数县，据住广乐，后向刘永处派使称臣。

刘永拜苏茂为大司马，封淮阳王。盖延独进攻睢阳，上奏称苏茂叛变，光武帝刘秀再派驸马都尉马武、骑都尉刘隆、护军都尉马成、偏将军王霸等四人为副将，往助盖延，合攻睢阳城。

汉军分东西两路进兵，西路夺占襄邑（今河南省商丘市睢县），东路攻占麻乡，刘永连吃败仗，率领残部逃进了睢阳，闭门不出。盖延率军长驱直入，把睢阳城紧紧地围困起来。

盖延等人围攻数月都没有攻下睢阳，一直到八月，汉军才乘夜攀上城垣，杀入城内。刘永带着家人在部下的保护下冲出东门，盖延率军沿途追击，刘永所部损失惨重，刘永就丢弃军队，带少数亲信轻骑逃到虞县（今河南省商丘市虞城县）。

刘永弃军出逃之后，盖延四处攻城略地，先攻占了薛县，杀了刘永任命的鲁

第十四章 东征西讨 畏威怀德追穷寇

郡太守，随后彭城、扶阳、杼秋、萧县都望风而降，只有刘永任命的沛郡太守拒不投降，但也被汉军击败斩杀。虞县的人看汉军势大，就决定袭杀刘永，投降汉军，由于事起突然，刘永的母亲及妻子儿女都被杀死了，刘永只带着几十名部下逃了出来，投奔谯县（今安徽省亳州市）而去。

刘永到了谯县之后迎来了援军，苏茂、佼彊、周建组成了三万多人的联军来救援刘永，联军与盖延大战于沛西，刘永又被打得大败，部队溃散奔逃，有一大半士兵是落水溺死的。刘永再次弃城出逃，在周建、佼彊的保护下退守湖陵（今山东省微山县张楼乡程子庙村），苏茂奔还广乐。沛郡、楚郡、临淮郡等地都被盖延平定了。

公元27年二月，刘秀为了分化刘永的势力，派遣光禄大夫伏隆持符节到齐郡，拜张步为东莱太守。刘永听说伏隆到了剧县，马上派人飞马赶赴剧县，宣布立张步为齐王，张步就杀了伏隆而接受刘永任命。随后刘永遣使立董宪为海西王，维系了关东各势力的联盟关系。

同年四月，睢阳人驱逐了汉军，举城迎接刘永归来。

刘秀急令吴汉与盖延等合军围住睢阳。吴汉一军，行至广乐，与刘永将苏茂连战数次，苏茂败入城中。吴汉督军猛攻，四面架起云梯，将要登城，不防来了一个周建，带着大队十万多人，救苏茂，截击吴汉。

吴汉自率轻骑，前去迎敌，敌众我寡，一场混战，毕竟杀不过苏茂人多势众，看着将败下去，吴汉不禁性起，怒马向前，冲锋陷阵，刺死敌兵无数。

吴汉知周建等又来挑战，便选四部精兵黄头吴河等，黄头系首戴黄巾，为敢死士。及乌桓突骑三千余人，作为先驱，自督诸将随出，号令全军，闻鼓齐进，退后立斩。

当下大开营门，严阵以待。望见周建领兵出来，即由吴汉亲自擂鼓，激动士气，前驱奋勇杀出，后军继进，一个劲冲入周建军，周建军抵挡不住，立即返奔，被吴汉军快马追上，守卒不及闭门，顿至门前挤住，彼此争入，结果是全城捣毁，周建苏茂，夺路逃去。

吴汉入城安民，留杜茂陈俊居守，自率兵追击周建苏茂，直抵睢阳。

周建苏茂入城见刘永，相互守城。吴汉会同盖延，昼夜急攻。睢阳城被困，已将百日。兵吏皆有恐惧，再加周建苏茂败兵，从外窜入，人数虽是较多，粮食越加不济，奈何没保住刘永，馈围出走。奔酂县（今河南省商丘市永城市酂城镇）而去。

盖延率诸将在后紧追不舍，刘永的辎重都被汉军给抢走了。刘永等拼命乱跑，将抵酂县，众已四散，连周建苏茂也自去逃生。只有刘永将庆吾，还是跟着，眉头一皱，计上心来，竟悄悄地拔出佩刀，向刘永脑后劈去，刘永未曾预防，当即被杀，庆吾枭了刘永首级，献给盖延军。盖延令庆吾携首级入都，呈报朝廷，庆吾得受封为列侯。

刘永死后，其弟刘防举城投降。苏茂、周建则逃奔垂惠（今安徽省蒙城县），共立刘永儿子刘纡为梁王，继续对抗刘秀。

刘永虽然死了，他给刘秀带来的麻烦还在继续，消灭刘永不到两年，消灭整个刘永联盟、刘永死后的割据势力，用了将近七年时间。

刘永的联盟非常复杂，人非常多。刘秀在东线战场上最后一个强大的对手是张步。

张步，字文公，琅琊郡不其县（治今山东省即墨市西南）人。张步平素喜欢结交各方人士，有一定威望。公元22年冬，刘縯、刘秀兄弟在舂陵起兵后，天下豪杰纷纷起兵反对王莽，张步也乘机聚集了数千人马，举旗造反，攻略附近县城，接连攻下了几个城池，声威大振，于是自称五威将军，独霸琅琊郡。

公元23年二月，绿林军拥立刘玄为皇帝，继承汉统。刘玄称帝之后，派遣使者到各地招抚各方势力，魏郡人王闳被任命为琅琊太守，负责去接收琅琊郡。张步听说王闳来收取自己的地盘，就下令紧闭城门，不放王闳入城。王闳就发檄文，晓谕各县官吏众人投降，赣榆等六个县投向王闳，王闳收编了数千士兵，就去讨伐张步，却被张步打得大败。

经过这一仗，张步强大的军事实力引起了梁王刘永的注意，刘永想拉拢张步，就利用自己梁王的身份，任命张步为辅汉大将军、加封忠节侯，总督青、徐二州，全权负责讨伐不听号令的周边各个郡县。张步贪其爵号，就接受了刘永的

第十四章 东征西讨 畏威怀德追穷寇

册封。有了合法的身份，张步就在剧县整编部队，把三个弟弟张弘、张兰、张寿分别任命为卫将军、玄武大将军、高密太守。并派遣将领先后攻夺了太山郡（泰山郡）、东莱郡、城阳郡、胶东郡、北海郡、济南郡、齐郡。

张步拓地渐广，兵甲日盛。王闳的处境变得非常艰难，他害怕部下溃散逃离，于是到剧县来见张步，想以义理来诱导他。张步陈列大军引见王闳，一见面，张步就大发雷霆，他说："我有什么过错，你以前为什么攻我攻得那么厉害！"

王闳也不甘示弱，他手按宝剑说："我是朝廷任命的太守，奉朝廷的命令接收政权，而你拥兵相拒，我攻讨贼人而已，有什么过分的呢？"

张步默然良久，离位跪拜谢罪，于是奏上音乐献上美酒，以上宾礼节接待王闳。又下令由王闳掌管郡中政事。

刘永在与刘秀的作战中兵败被杀，张步想拥立刘永的儿子刘纡为天子，自己为定汉公，设置百官。

王闳劝谏说："梁王刘永因为奉更始帝刘玄为主，所以山东诸郡县多能归顺于他。现在立他儿子为帝，大家就会产生怀疑。而且齐人多诈，应当详细计议。"张步这才作罢。

刘秀想要发兵占据张步控制下的太山郡，于是拜陈俊为太山太守，代理大将军事，去攻占太山郡。张步听说之后，派遣其部将去攻打陈俊，双方大战于嬴下，陈俊大破其军，一直追到济南郡的边境。

已经消灭了关东其他割据势力的刘秀把兵锋指向了张步，命建威大将军耿弇率太山太守陈俊、骑都尉刘歆讨伐张步。

张步听说刘秀将要攻打他，就封大将费邑为济南王，令他屯兵历下（今山东省济南市历下区）。又分兵防守祝阿（山东省齐河县东南），以为犄角之势，又在钟城（今山东省禹城县东南）列营数十座，以为后援。

公元 29 年，刘秀全面展开了剿灭张步的战争。这场战争，成就了一个像韩信一样用兵如神的将领：耿弇。

耿弇，东汉开国名将、军事家，云台二十八将第四位。耿弇自幼喜好兵事，后劝父投奔刘秀,被任命为偏将军,跟随刘秀平定河北。公元 25 年,刘秀称帝,封耿弇为建威大将军、好畤侯。此后,耿弇败延岑、平齐鲁、攻陇右,为东汉的统一立下赫赫战功。在东征的一系列战役中,耿弇充分显示了他的军事才能。在各个战役中,他采用了心理战、攻坚战、围城打援、声东击西、避强击弱等一系列战术,而且运用巧妙,每战必胜。耿弇是一个难得的勇将,在自身中箭负伤的情况下,镇定自若,继续激励部下战斗,充分显示出将帅的风度。

耿弇时年 26 岁,在和张步的战争当中,他的表现堪称军神。

刘秀因梁地已平,还幸鲁地,致祭孔子。派建威大将军耿弇,进兵向剧声讨张步。

耿弇渡河直进,先攻祝阿,半日即下,却故意开城一角,纵令守兵逃去。守兵齐奔钟城。

钟城人闻祝阿失陷,当然恐惧,你也逃,我也走,只剩得空垒数所,阒寂无人。

耿弇却不往夺取,反引兵转攻巨里。巨里为费邑弟费敢所守,当然报闻费邑。

刘秀来到耿弇这里时,耿弇已经大胜而归。刘秀非常高兴,开了一个劳军大会,在会上,刘秀把耿弇比成韩信,说他俩都是在山东打了胜仗,建立了丰功伟业。不过韩信打的是已经投降的部队,耿弇击垮的是来势凶猛的强敌,所以耿弇的功劳比韩信还大。

刘秀为了迅速消灭张步、苏茂,就派遣使者告诉张步、苏茂,谁能斩对方来投降,就封谁为侯。公元 29 年十月,张步斩苏茂,派使者奉苏茂首级投降,耿弇接受了张步的投降,随后张步脱去上衣身负斧锧到汉军军门请罪,耿弇把张步送到刘秀的行辕。

刘秀遵守诺言,封张步为安丘侯,张步的三个弟弟张蓝、张弘、张寿分别到各自所在的郡县投案自守,自系于狱。王闳也赶到剧县向汉军投降,刘秀都一一赦免了他们。

张步投降之后与家属被迁到洛阳居住。公元 32 年,刘秀亲征陇西隗嚣,关

第十四章 东征西讨 畏威怀德追穷寇

东许多地方在刘秀西征之后都发生了叛乱，张步也想乘机东山再起，九月，张步携妻子儿女从洛阳逃回临淮，与弟张弘、张蓝商议之后，想招集他的旧部，乘船入海，但事情被太山太守陈俊得知，陈俊派兵追击并斩杀了张步。

消灭了张步，刘秀就等于消灭了刘永的联盟。

三、得陇望蜀

刘秀称帝登基后，通过几年的征战，东西南北同时开打，到了公元 29 年，可以说是天下初定。

天下有十三个州，这时候的刘秀已经占了十一个，还剩两个。一个是凉州，在今天的甘肃一带，属于陇地。另一个是益州，在今天的四川一带，属于蜀地。陇和蜀一个在西北，一个在西南，虽然面积没有刘秀的地盘大，但是他们凭着各自的优势独霸一方，刘秀想去消灭他们，难度也是非常大。

割据陇地政权在凉州，负责人叫隗嚣，字季孟，天水成纪（今甘肃秦安）人。隗嚣出身陇右大族，青年时代在州郡为官，以知书通经而闻名陇上。王莽的国师刘歆闻其名，推举隗嚣为士（国师的属官）。刘歆死后，隗嚣回到乡下。

隗嚣的叔父隗崔，素来豪爽侠义，得众人拥护。公元 23 年，听闻更始帝刘玄自立而王莽兵连败，于是就与兄隗义及上邽（今甘肃天水）人杨广、冀县（今甘肃甘谷）人周宗计谋起兵，响应刘玄，兴汉灭莽。

隗嚣制止说："兵，是凶事啊！宗族有什么罪呢？"隗崔不听，就聚众数千人，攻占平襄（今甘肃通渭），杀了王莽的镇戎郡（今甘肃天水一带，治平襄）大尹。隗崔、杨广等以为要举事就应立主将以统一众人思想，都说隗嚣素有名气，喜爱经书，于是共推举隗嚣为上将军。

隗嚣辞让，不得已说："诸父和众贤看得起我小子，必须用我的意见，我才敢从命。"众人都表示同意。从此隗嚣成了割据一方的势力。

公元 23 年七月，隗嚣建立割据势力之后，遣使聘请平陵人方望为军师。方望向隗嚣建议说："足下想要承天命顺民心，辅汉而起事，今更始帝立在南阳，王莽还据守长安，虽想以汉的名义行事，其实没有接到汉的命令，将用什么让众人相信呢？应当赶快建立汉高祖庙，称臣奉祀，所谓'神道设教'，求助于人神。而且礼因时不同而有增删变易，朴实与华丽并没有常规。削地以开兆域，虽然是茅屋土阶，也可以表示肃敬。虽然简陋没有物质设备，神明不会离开这里的。"

隗嚣听其言，就在邑东立庙，祭祀汉高祖、汉文帝、汉武帝。隗嚣等都称臣执事，祝史手捧玉璧以告神。祝完，各职能官员往来于庭，有的牵马操刀，有的端着盘子勺子，于是杀牲而盟："计盟誓的共三十一位将领，一十六姓，顺承天道，兴兵辅佐汉室。如有心怀不轨的，神明主流灭他。高祖、文帝、武帝，使他坠命，宗室遭到血洗，族类灭亡。"

官员们奉着装有牲血的勺前进，护军们举着手捫诸将军说："勺子不污血，如果歃血不入口，就是欺骗神明，按盟誓处罚他。"就这样把牲血涂在嘴上，盟约完全照古礼进行。

事毕，隗嚣诸将领向各州牧、部监、郡国发布檄文，列举王莽罪状，共同谋伐。隗嚣于是带兵十万，攻占雍州，击杀雍州牧陈庆。准备进攻安定。安定大尹王向，是王莽堂弟平阿侯王谭的儿子，威风颇能风行于安定一邦之内，属县没有反叛他的。隗嚣于是写信给王向，以天命晓谕他，反复教诲指示，王向始终不从。于是进兵将他俘虏，宣示百姓，然后把他杀掉，安定悉数投降。此时长安汉将起兵杀了王莽。隗嚣于是分遣诸将先后攻占陇西、武都、金城、武威、张掖、酒泉、敦煌等郡县。

公元24年，更始帝遣使征召隗嚣及隗崔、隗义等人。隗嚣准备朝见更始帝，方望认为更始帝前途还不可知，坚决阻止，隗嚣不听。

方望写信辞谢而去，说："将军将像伊尹、吕尚一样建立开国的功业，弘扬非一世所常有的功绩，而现在大事还在草草创立之时，英雄豪杰还没有集中起来。我方望是异郡的人，缺点过失还没有暴露出来，本想效法郭隗之事燕昭王，以便能吸引乐毅那样的大英雄并归到将军麾下，所以当初你聘请我时，我顺风而来没有推辞。将军以至高的德行尊重贤才，广泛采纳其谋虑，行动有功绩，发兵能中要害，现在基业已定，辅弼的大功勋正在成就之中。今俊杰贤才并集，羽翼

第十四章 东征西讨 畏威怀德追穷寇

已经丰满,我方望没有高于常人的德才,而愧列宾客的上首,实在是惭愧得很。我虽怀耿介的节气,想衡量辞职与留职的所宜,我是始终如一不会背弃自己的本心,另怀异志的。为什么呢?范蠡助勾践灭吴后自收其罪责,乘扁舟泛于五湖之上;晋文公的舅舅子犯在随晋文公返国途中,也在河上停了下来,向晋文公谢罪请求辞去。以范蠡、子犯二人的贤德,在越国和晋国的史书上都留下了功名,还归罪于自己请求削迹回乡,我方望没有什么功劳,辞职是很适宜的。我听说乌氏县有龙池山,小路南通,与汉相连,那旁边时常有奇人异士,闲暇时,可广求其真。愿将军勉之。"

隗嚣等到了长安,更始以他为右将军,隗崔、隗义仍维持原来称号。同年冬,隗崔、隗义合谋反叛更始帝北归,隗嚣害怕祸及自己,把他的叔叔举报了,对刘玄说:"他们俩要谋反,这不关我事,我是一个忠义的人。"

刘玄杀了隗嚣的两个叔叔,然后觉得隗嚣大义灭亲,把他封为御史大夫。

公元25年夏,赤眉军入关,三辅扰乱。传言刘秀已即位于河北,建立东汉政权,隗嚣便向更始帝建议把政权移交给光武帝叔父国三老刘良,更始帝不听。诸将领想劫持更始帝东归,隗嚣也参与了谋划。事情暴露后,更始帝派人召见隗嚣,隗嚣称病不去,因而与部下王遵、周宗率军自守。更始帝派执金吾邓晔率军包围隗嚣,隗嚣关门拒守;到黄昏时,守不住溃围,隗嚣与数十骑乘夜斩平城门关,逃命回到天水。再招聚他的旧部,占据原来的地盘,自称西州上将军。

等到更始帝失败,三辅的耆老士大夫都逃奔到天水来归附隗嚣。隗嚣素来谦恭爱士,尽可能引见名士以为布衣之交。以前王莽的平河大尹、长安人谷恭,被任为掌野大夫,平陵人范逡任为师友,赵秉、苏衡、郑兴为祭酒,申屠刚、杜林为持书,杨广、王遵、周宗及平襄人行巡、河阳人王捷、长陵人王元为大将军,杜陵、金丹之属为宾客。隗嚣部下的豪杰,第一个要推马援,马援以外,如班彪、郑兴、杜林,都是博学多闻,饶有见识。

隗嚣有部将马援,表字文渊,系扶风郡茂陵县人。马援的曾祖父马通,是西汉武帝时的大臣。马通与其兄长马何罗同宠臣江充关系友好,并参与巫蛊之乱。后来,武帝反思巫蛊之祸,开始对参与制造巫蛊之乱者惩处。马何罗忧惧不已,于是铤而走险,与马通、马安成合谋,企图刺杀武帝。但其阴谋被金日磾发现并阻止,马何罗兄弟宗族遂被诛杀。

马通虽死,马通之子马实却没有被处死。马实于汉宣帝时"以郎持节,号使君";马实生马仲,官至玄武司马;马仲生四子,第四子就是马援。

马援12岁时,父亲马仲去世。马援年少而有大志,几个哥哥感到奇怪,曾教他学《齐诗》,但马援却不愿拘泥于章句之间,就辞别兄长马况,想到边郡去耕作放牧。谁知没等马援起身,马况便去世了。马援只得留在家中,为哥哥守孝一年。在此期间,他没有离开过马况的墓地,对守寡的嫂嫂非常敬重,不整肃衣冠,从不踏进家门。

后来马援当了郡督邮。一次,他奉命押送囚犯到司命府。囚犯身有重罪,马援可怜他,私自将他放掉,自己则逃往北地郡。后天下大赦,马援就在当地畜养起牛羊来。时日一久,不断有人从四方赶来依附他,于是他手下就有了几百户人家,供他指挥役使,他带着这些人游牧于陇汉之间,但胸中之志并未消减。他常对宾客们说:"大丈夫的志气,应当在穷困时更加坚定,年老时更加壮烈。"

马援种田放牧,能够因地制宜,多有良法,因而收获颇丰。当时,共有马、牛、羊几千头,谷物数万斛。对着这田牧所得,马援慨然长叹,说:"凡是从农牧商业中所获得的财产,贵在能施救济于人,否则就不过是守财奴罢了!"于是,把所有的财产都分给兄弟朋友,自己则只穿着羊裘皮裤,过着清简的生活。

新朝末年,天下大乱。王莽的堂弟王林任卫将军,广招天下豪杰,选拔马援为椽,并把他推荐给王莽。王莽于是任命马援为新城大尹。公元24年,新朝灭亡,马援和哥哥增山连率马员一起离开了各自的任所,逃至凉州避难。公元25年,刘秀建立东汉王朝后,马员到洛阳投奔刘秀。马援则羁留在西州,受到陇右割据势力隗嚣的器重,被任命为绥德将军,参与隗嚣的决策定计。

马援与公孙述少时相好,素相认识,隗嚣满怀犹豫,到底是联汉联蜀未能决定,特派马援先往蜀中,探听虚实。

马援到成都,想公孙述相见如旧,欢语平生。谁知公孙述盛设欢迎仪仗,迎接马援,相互作揖,略谈一会儿,便让马援到客馆居住。一面替马援制就衣冠,

第十四章 东征西讨 畏威怀德追穷寇

在宗庙中大会百官,特设宾座,邀马援入宴。

公孙述坐着銮驾,旗旌飘飘,前呼后拥,入了庙门,下舆见马援,屈躬示敬。当下开筵相待,备极丰腆。酒至半酣,便令左右取入衣冠,送至马援前,愿授马援侯、封官大将军。

马援起座说:"天下未定,公孙不迎国士,反修饰边幅,如木偶人形,怎能共图成败呢?"

说罢,就拱手告辞,掉头径去,匆匆返至西州,对隗嚣说:"子阳是井底之蛙,未知远谋,妄自尊大,不如专意东方为是。"

隗嚣派马援再奉书洛阳。马援行抵阙下,报过了名,即由中黄门引见光武帝刘秀。

刘秀在宣德殿走廊,身着便服,笑颜对马援说:"卿遨游二帝间,今见卿,使人生惭。"

马援顿首称谢道:"当今时代,不但君择臣,臣亦择君;臣本与公孙述同县,少相友善,前次臣往蜀中,公孙述举行盛大宴会相见,今臣远来朝见,陛下不知是刺客奸人,为何不加防范?"

刘秀复笑说:"卿非刺客,是说客吧。"

马援答说:"天下反复,盗名窃字的,不可胜数,今见陛下恢廓大度,同符高祖,才知帝王自有真哩。"

刘秀因留马援在洛阳,常一起出游。过了数月,方派大中大夫来歙,持节送马援,西归陇右。

隗嚣见马援回来,很是欢迎,与他同起卧,详问东方情况。

马援说道:"前到洛都,引见十余次,每与汉帝接谈,自朝至暮,确是一位英明主子,比众不同。且开心见诚,毫无隐蔽,阔达多大略,与高帝智识相同。又博览政事,文辩无比,真是古今罕见哩。"

隗嚣又问道:"究竟比高帝何如?"马援答说:"略觉与高帝刘邦可比又不可比,今皇上颇好吏士,动必如法,又不喜饮酒。"

隗嚣不禁问道:"如卿所言,比高帝还胜一筹!"

公元26年，大司徒邓禹西击赤眉军，屯于云阳。邓禹的裨将冯愔引兵叛离邓禹，西向天水。隗嚣迎击，破冯愔于高平，缴获全部辎重。于是邓禹秉承光武帝旨意派遣专使持节命隗嚣为西州大将军，得以专制凉州、朔方政事。等到赤眉军去长安，想西上陇右，隗嚣派将军杨广迎击，败赤眉军，又追击败赤眉军于乌氏、泾阳间。

隗嚣既有功于东汉，又接受了邓禹的爵封，得以任命心腹，议者多劝他通使京师。隗嚣就上书到京师。刘秀素来听闻他的美德、声誉，就以特殊礼节对待他，叫他时称字，用国宾的仪礼，安慰荐藉至深且厚。此时陈仓人吕鲔拥兵数万，与公孙述相通，侵犯三辅。隗嚣再次派兵帮助征西大将军冯异进击，将吕鲔赶走，遣使上书报告。

刘秀客气地用手书回复说："爱慕你的德义，想与你结纳。以前周文王三分天下有其二，还服侍殷商。但驽马钝刀，不可勉强扶持而用。我几次受到了伯乐声价十倍的惠顾，苍蝇只能飞数步之远，但如果附在骥尾上，就可以超过群蝇了。你我被阻于盗贼，不能经常问候。将军操守忠厚有礼，扶持倾倒解救危困，南拒公孙述的兵马，北御羌胡的乱寇，是以冯异西征，得以数千百人踯躅于三辅，如果没有将军的帮助，那么咸阳早已落入贼兵之手了。现在关东的寇贼，往往屯聚，志在求得广远，没有闲暇，所以没有在成都阅兵，与公孙述斗力。如果公孙述侵犯汉中、三辅，我很想借用将军军马，与他一决胜负。如能这样，那就是蒙老天赐福，也就是智士计功割地论功行赏的时候了。管仲说过，'生我的是父母，助我成事的是鲍叔。'自今以后，你我之间可用手书互相沟通，不要轻信旁人挑拨离间的谣言。"从此以后刘秀对隗嚣恩礼更加隆重。

其后公孙述几次出兵汉中，遣使以大司空、扶安王印绶授于隗嚣。隗嚣认为自己曾经与公孙述是敌国，感到做他的臣子是可耻，就斩了来使，出兵攻击，连破公孙述军，所以蜀兵不再北出。

隗嚣连破公孙述军后，关中将帅几次上书，说蜀攻击的情况，刘秀将这些意见转示隗嚣，并要他出兵伐蜀，以考验其可否信用。隗嚣就遣长史上书，讲三辅兵力单弱，又有卢芳在旁，不宜伐蜀。刘秀知道隗嚣想脚踩两只船，不愿天下统

第十四章 东征西讨 畏威怀德追穷寇

一，于是稍稍降低对隗嚣的礼遇，正君臣礼仪。

起初，隗嚣与来歙、马援相好，所以刘秀几次派来歙、马援奉使往来，劝隗嚣入朝以重爵相许。隗嚣不愿归东，连连遣使带着深表谦辞的奏章入见，说自己没有功德，要等到四方平定，再告退回乡。

公元29年，刘秀再次派来歙说服隗嚣派儿子入侍，隗嚣听说刘永、彭宠都已经破灭，就派遣长子隗恂随来歙到京进见，被封为胡骑校尉，封镌羌侯。马援亦挈家前往，同至洛阳。而隗嚣将领王元、王捷常常以为天下成败还未可知，不愿一心一意归顺刘秀。

王元对隗嚣说："过去更始西都长安，四方响应，天下景仰归向，说是天下太平。一旦更始帝失败，大王几乎没有安身之所。现在南有公孙述，北有卢芳，江湖河海，有张步、董宪等王公十多位各据一方，而想迁就马援的意见，放弃千乘的基业，寄居作客于危险的国度，以求万全，这是循着覆车的轨道而进，不是好计策。现在天水完整富裕，兵马最为强盛，北攻西河、上郡，东收三辅之地，按照秦的旧迹，外山内河互为表里。王元请以少数兵力为大王扼守险要函谷关，这是万世一时的良机。如果现在不能采用此计，那么暂时畜养兵马，据险自守，坚持下去，以等待四方的变化，即使图王不成，退一步也足以称霸一方。总之，鱼是不能脱离深水的，神龙失去了依托，就与蚯蚓没有两样了。"

隗嚣心里赞成王元的计划，虽然派遣了儿子入朝当了人质，还是想凭借其地理条件的险要，自己独霸一方。于是一些游士长者，逐渐离开了他。

刘秀开始怀疑隗嚣怀有二心，逐渐疏远他。

隗嚣曾与部吏班彪，谈及秦汉兴亡沿革，且谓应运迭兴，不当再属汉家。

班彪说，汉德未衰，必当复兴。隗嚣尚不以为然，班彪退作王命论，反复讽示。

隗嚣见了此文，仍然未悟。班彪见他执迷不返，托故辞去，避迹河西。河西五郡大将军窦融，与班彪同籍扶风郡，闻班彪劝隗嚣来游，即遣使延入，辟为从事，待若上宾。

自从灭掉赤眉后，逃回天水的隗嚣就成了刘秀心头大患。他在那里招集旧部，趁东边大动干戈无暇顾及陇西的时机，迅速壮大起来，俨然成了一个小王国。并且他还和四川一带的割据势力公孙述互有来往，不断拉拢西北部的另一个拥兵将领窦融，大有占据半壁江山的气势。

作为志在一统天下的君主刘秀，这是无论如何也不能容忍的。可是眼下对于西部的作战，却很让他担心，顾虑重重。西部地区地形复杂，地理位置特殊，交通条件比起当年征战河北来，异常不便。而且出征将士们对地形不熟，似这等情形，即便兵力粮草再充足，又怎么可能取胜？

刘秀担心隗嚣向南争取公孙述，往北联合窦融。

窦融，字周公，扶风郡平陵县（今陕西省咸阳市）人。窦融的七世祖是西汉孝文窦皇后之弟窦广国，封为章武侯。他的高祖父自常山徙于平陵。

窦融少年时是孤儿，王莽掌权的居摄时期，他在强弩将军王俊部下担任司马，参与了镇压瞿义、赵明的起义，因军功被封为建武男。其妹嫁大司空王邑为小妻。全家徙居长安，"出入贵戚，连结闾里豪杰，以任侠为名"。但他侍奉母亲、兄长，抚养幼弟，内修品行。

新莽末年，起义者蜂起。王莽遣太师王匡前往镇压，王匡请窦融为助军，与樊崇战于青、徐一带。

公元22年，窦融复从王邑征讨刘秀，大败于昆阳，逃回长安。汉兵入关时，经王邑推荐，窦融为波水将军，引兵至新丰，企图堵截起义军西进。

新莽灭亡后，窦融投降更始军，在大司马赵萌部下为校尉，后被推荐出任钜鹿太守。

窦融见更始政权不稳，东方扰乱，不愿出关。他的高祖父曾为张掖太守，从祖父曾为护羌校尉，从弟为武威太守，累世在河西，知其土俗，对其兄弟说："天下安危未可知，河西殷富，带河为国。张掖属国精兵万骑，一旦缓急，杜绝河津，足以自守。"兄弟们都同意他的看法。

窦融于是请求赵萌为他说情，辞去钜鹿太守之职，谋求镇守河西。赵萌替窦融向更始帝刘玄进言，使其得以被任命为张掖属国都尉。窦融闻讯后非常高兴，携家属就任。在河西，窦融抚结雄杰，怀辑羌众，颇得河西民心。

第十四章 东征西讨 畏威怀德追穷寇

窦融在河西，与酒泉太守梁统、金城太守库钧、张掖都尉史苞、酒泉都尉竺曾、敦煌都尉辛肜等结交。"推一人为大将军、共全五郡，观时变动。"一致推窦融行河西五郡大将军事。是时武威太守马期、张掖太守任仲得知消息，解印绶离去。窦融仍居于属国，领都尉职，而置从事监察五郡。

河西民俗质朴，窦融"政亦宽和"，所以，"上下相亲，晏然富殖"。窦融等练兵马，习战时，明烽燧之警。防羌人扰乱，击匈奴侵扰。"安定、北地、上郡流民避凶饥者，归之不绝。"

刘秀称帝后，窦融便想归附，因隔远而未能自通。这时隗嚣虽然采用建武年号，但"外顺人望，内怀异心"，派遣辩士张玄到河西游说，建议各自割据一方。说什么"今豪杰竞逐，雌雄未决，当各据其土宇，与陇、蜀合从，高可为六国，下不失尉佗"。窦融召集豪杰与诸郡太守商议，有人认为刘秀受符命，和人事，也有其他说法，"或同或异"。窦融小心谨慎，"遂决策东向"。

刘秀担心窦融与隗嚣公孙述联合，如果这么做了，那他刘秀呢，纵有再大的本事，其结局也注定只有败在他们三方面的联军之下了。刘秀顺着这个思路想下去，他听说窦融这个人很善于打仗，并且为人很有主见，做事情向来有比较远大的目光。那么他会同意与汉室联合吗？

自己还没想好怎样去联络窦融，窦融却抢在了自己前头。公元29年夏，窦融派长史刘钧奉书献马于东汉，上门的买卖好做。既然窦融已经有这个念头，那么接下来一切都好说了。这样想着，刘秀信步踏进大殿。在正中间的御座缓缓坐下后，刘秀卸下多日的愁眉，满脸悦色，看着刘钧和班彪叩拜见礼，然后虚虚地一抬手，命他们平身，在御案旁边的龙墩上坐下。

刘钧谢恩后，小心翼翼地奉上礼单，口里诉说着窦融让其代为转达的敬意。草草看一眼刘钧献上的礼单，刘秀雍容大度地一笑，并不说什么，随手放在一边。接着拆开窦融写给自己的亲笔信。

刘秀一字一顿地看完，轻轻合上书信，对刘钧说："窦将军能以大局为重，理解朕统一大业的苦良用心，已经相当难得。更可贵的是，窦将军能认识到隗嚣等小人的阴谋伎俩，甚好。你们在此歇息几日，将养过来，然后再回去奉旨回复窦将军，朕即刻有重任要托付于他。"

刘钧与班彪退下之后，刘秀想一想，又单独召见了班彪。刘秀从常年征战中，最能深切体会取胜之道在乎人，也就特别看重人才的使用。他早已听说班彪这个人文采出众，不同寻常。乱世用武，治世用文，班彪这个人的作用，就更不容小觑。为此刘秀想，如果能把班彪留在身边为自己效力，那么对于收复西州定有不小帮助。

时隔不久，班彪已经奉旨来到洛阳。君臣客气一下，班彪在御案旁告谢坐了。他谈起西州的种种情形，刘秀问起班彪对征讨西州有什么看法。

班彪想一想拱手说："陛下，隗嚣盘踞在西州已经很长时间，在当地可谓根深蒂固，势力很大，影响力也不小。他虽然一度对陛下称臣，但骨子里却是早存有叛逆之心，早有自立门户的想法。臣劝陛下对西州作战前，应做好充分的准备。想一鼓作气拿下这块硬骨头，恐怕不大现实。"

听班彪说得神情严肃，刘秀感觉他未免有点夸张。但尽管这样，班彪把隗嚣说得如此厉害，刘秀仍不大在意，嘴角淡淡地一笑，接着问："在先生看来，朕要赢得西州之战，大概需要多长时间？需要动用多少兵力？"

"陛下，以臣看来，即便动用三十万大军，最少也得用五年的时间，而且还要不出什么意外。"班彪一本正经，口气十分肯定地说。

"那以先生之见，怎样才能花费尽量短的时间，用最少的兵力取得胜利呢？"刘秀听他说得越发严重，更是在心里暗笑，脸上不由得显出心不在焉的神色来，也不像刚才那样礼贤下士地微倾着身子了。

班彪看出了刘秀对自己的不信服，却并不松口，依旧认真地解释说："陛下，臣愚钝，想不出更高妙的办法。不过，陛下要想攻下西州，必须先夺取略阳。略阳虽是个小城池，可是它战略地位非常重要，是西进过程中的一个主要关口。"这句话提醒了刘秀，关于略阳，他也听说过。

"说得有道理。"刘秀点头答应着，禁不住对班彪另眼相看了。接着，班彪又谈到关于夺取西州之战时的一些具体巧战计策，至于瓦解的办法，班彪说，自古都是武官为财，文官为名，其实不管文官还是武官，莫不同为名利。若陛

第十四章　东征西讨　畏威怀德追穷寇

下能派人潜入西州军中，游说那些本来就有点动摇的兵将，许给他们官职和利禄，能争取一部分人从内部响应，那拿下西州的时间，或许就能出乎意料地大大提前。

班彪一番见解正和刘秀这几天所想的一拍即合，刘秀立刻放下心来，果然是英雄所见略同，班彪真是个人才，能得到班彪的辅助，自己对西州之战的胜利就又多了几分把握。见刘秀凝神不语，班彪也就没往下说。

微停片刻，刘秀忽然探身靠近班彪一些，格外柔和地说："朕深感卿乃大才，长期蜷缩偏地一隅，埋没了平生所学，岂不可惜？朕想请先生留在朝廷，有事情随时商量，尽早夺取西州，还百姓一个完整的江山。此乃利国利民的好事，想必先生不会推辞罢？"

班彪似乎早有预料，既没显出意外，也没十分激动，沉吟一下，平静地说："但凡读书人都知道，学成文武艺，货于帝王家。陛下既然如此看得起臣，自是臣的福分，臣又有什么拒绝的理由呢？臣谢主隆恩！"

说着离开座位弯腰叩拜下去。不但消除了隗嚣联兵的担忧，又收拢了一员能臣在身边，刘秀格外惊喜，当即封班彪为司徒掾，负责诏书拟定和文史编纂，随时跟随在身边，遇事即可商量。

安排刘钧回去复命窦融后，刘秀心里松快许多，虽然事情刚刚开始，但至少没了后顾之忧，对西州之战就多了许多把握。

窦融归汉，被加授凉州牧，随军攻灭隗嚣割据势力，封安丰侯。建武十二年（公元36年）入朝，历任大司空、将作大匠，并代行卫尉事。永平三年（公元60年），得以绘像于南宫"云台三十二将"之一。

早朝快要散朝时，刘秀正准备从御案后边起身到后宫，忽然殿前侍卫高喊一声："启禀陛下，前方又有新战报，刚刚由八百里快骑送进皇城。"

"快报上来！"刘秀被兴奋所鼓舞着，不免有些激动，也有些紧张。

"陛下，祭遵将军大败隗嚣大将王元。冯异将军大败行巡占领枸邑，征西取得首次大捷！"送信偏将趴在大殿门槛外，努力提高了嗓音禀报。

"好！"刘秀禁不住使劲拍了一把龙椅，含笑看看众人，在场的文臣武将自然也都兴奋不已，笑声议论着，跪倒在金砖上纷纷拜贺。

刘秀笑吟吟地开口说："罢了，这不过是小胜，征战才不过刚刚开始，留着更大的喜以后庆贺吧。诸位平身，赶快传令下去，重重嘉奖前线将士，命吴汉火速派兵攻打略阳，一举摧毁隗嚣的心腹之地，给隗嚣致命一击，让隗嚣再也爬不起来！命马援随即领兵前往西州，两面夹击隗嚣！"

"陛下圣明！"文武百官异口同声地大声应和。

刘秀带上一批文武大臣，由执金吾打前锋，统率了精锐的羽林军，浩浩荡荡地开始御驾亲征。在光武帝亲征期间，申屠刚等许多割据力量都望风披靡，先后归顺了光武帝，还没走到前线，兵力已经越来越强大。

隗嚣自知大势将去，也是情急生智，听说刘秀御驾亲征，离开了京都，竟然想出了个釜底抽薪的计谋，千方百计收买和挑唆留守洛阳的将领张步、刘扬，让他们给刘秀来个后院起火。打定主意后，他派使者携带大量金银珠宝，悄悄赶到洛阳，去说服张步和刘扬两人投靠自己。

"张将军，刘将军，在下是隗嚣陛下的臣子。两位将军不要吃惊，先收下这些不值俩钱的玩意，听在下慢慢说。我们陛下说了，若两位将军能协助西州一起打败刘秀，将来的天下就一分为二，陛下一半，你们一半。大家称王称帝，井水不犯河水。刘秀正御驾亲征，京师空虚，无人守城，这正是围攻洛阳，摧毁刘秀的大好机会。两位将军都是明智之人，恐怕就是我不说，两位将军也知道应该怎么办吧？"

张步和刘扬二人想想也是这个道理，论能力，论功劳，自己再怎么努力也只能是个二流三流的大臣，地位总归上不到哪儿去，索性就冒险一回。二人拉起自己手下的人马，起兵谋反，围攻洛阳。

然而他们怎样也没有想到，人算不如天算。刘秀现在已经是皇帝了，御驾亲征的派头很大，加上前方战事不是很紧急，走走停停，又是沿途郡县接待，又是深入民间了解百姓疾苦，并没有走出多远。

当张步和刘扬刚把兵马拉出来，还没来得及大闹京城时，刘秀已经得知了消息。他当即率领大军连夜赶回京师。

第十四章 东征西讨 畏威怀德追穷寇

走在半路就接连派出大司空李通、横野大将军王常、东光侯耿纯、执金吾雍奴侯寇恂和破奸将军侯进等好几员打过大仗的将军，率兵五路齐头并进，以迅雷不及掩耳之势，围击张刘两路叛军，没费多大周折，将他们一举歼灭。

刘秀迅速平定叛乱后，见情况有惊无险，安慰一番留守洛阳的众大臣和内宫嫔妃，便再次御驾亲征。

隗嚣被战事所累，眼见汉军步步紧逼，而自己的地盘越来越小，自知大势已去，无可挽回。他想投降了，以勉强保住眼前的富贵。但再进一步思虑，当初和刘秀闹翻了脸，事到如今才归顺，明显是形势所迫，并非出自真意，刘秀能饶了自己吗？不但富贵，就是全家的性命甚至祖坟，能保住吗？想来想去，总找不出好办法，焦躁忧虑无可解脱。

正如常言所说，忧能致疾，隗嚣终于撑不住病倒了。没过多久，竟然抛下一个破烂摊子，撒手而去。

隗嚣死后，其死党王元、周宗拥立隗嚣的最小的儿子隗纯为王，据守天水郡政府所在地冀县。公孙述派赵匡、田弇协助隗纯。光武帝刘秀派冯异攻打冀县。

公孙述派翼江王田戎、大司徒任满、南郡太守程泛率领数万人下江关，打败了东汉将领冯骏等人的军队，接着又攻陷巫县和南郡夷道县、夷陵县，随后占据荆门山、虎牙山。在长江上驾起浮桥，修建关楼。把木柱集中在一起，钉在江中阻断水道，跨山连接营垒堵塞陆路，用来阻挡汉军。

吴汉与王常等四位将军统领五万余人，在高柳县攻打卢芳的部将贾览、闵堪。匈奴派兵救援，汉军不能取胜。于是匈奴气势变得强盛，烧杀掳掠日益严重。光武帝刘秀命令朱祜屯兵常山郡（今河北省石家庄市元氏县殷村镇故城村）、王常驻防涿郡、破奸将军侯进驻防渔阳郡，任命讨虏将军王霸担任上谷郡太守，以此防备匈奴。

刘秀命令来歙统领驻守长安的所有将领，太中大夫马援为副。来歙上书说："公孙述把陇西、天水作为屏障，所以能苟延残喘。现在陇西、天水这两郡如能平定，公孙述就无计可施了。我们应当增派兵马，储备粮草。现在西州隗纯刚刚失败，军民疲劳饥饿，如果用金钱粮食招引他们，那么当地的军民就能集结起来。我知道国家所要供给的不止一支军队，经费不足，然而这样做也是迫不得已！"

刘秀下诏，在各县储备六万斛粮食。公元33年八月，来歙率领冯异等五位将军，在天水郡冀县讨伐隗纯。

骠骑将军杜茂与卢芳的将领贾览在繁畤县作战，杜茂失败。西羌各个部落从王莽末年迁到边塞以内，凉州金城郡所管辖的允吾、金城、榆中、令居、允街、枝阳、袍罕、浩门、白石九县多数被其占领。隗嚣生前无力征讨，只好慰问笼络，征调他们的部众和汉军对抗。

司徒椽班彪上书说："现在凉州各地都有投降的羌人。羌族人披头散发，衣服在左边开襟。他们和汉族人杂居在一起，风俗习惯不同，语言也不通，经常被地方官员和地痞流氓伤害掠夺，导致穷困而愤恨，他们在无所依靠的情况下只好反抗。夷人和蛮人的叛乱，都是这一原因。旧的制度规定，益州地区设置蛮夷骑都尉，幽州地区设置领乌桓校尉，凉州地区设置护羌校尉。都持皇帝的符节，统辖守护当地，处理纷争，每年定时巡行各地，询问疾苦。并不断派出翻译疏通关系，了解民情，让边塞之外的羌人、夷人充当官员的耳目，州郡因此可以有所戒备。现在应恢复旧制，以示威严。"光武帝刘秀采纳了班彪的建议，任命牛邯担任东汉第一届护羌校尉。

在洛阳，强盗杀害阴贵人的母亲邓氏和弟弟阴䜣。这让光武帝刘秀非常悲伤，为了安慰阴贵人，他封阴丽华的弟弟阴就为宣恩侯。又召见阴就的哥哥阴兴（时任侍中）封侯，把印信和绶带放到阴兴面前。

阴兴推辞说："我没有冲锋陷阵的功劳，而一家已有好几个人封侯，如果因此让天下人不满，这确实是我不愿意看到的！"光武帝刘秀称赞他的义举。阴贵人问阴兴为什么要拒绝，阴兴解释说："皇上的外戚家往往被不知谦让退避所害。嫁女儿要配侯王，娶媳妇要打公主的主意，我心里实在不安。富贵有极限，人应当知足，夸耀奢侈会增加世人的指责。"阴贵人被阴兴的话感动，内心深处自我抑制，始终不替亲属求官封爵。

第十四章　东征西讨　畏威怀德追穷寇

刘秀征召长社县的寇恂回洛阳，任命渔阳太守郭伋担任颍川郡太守。郭伋招降山贼赵宏、召吴等数百人，全部遣送回乡务农，他因此弹劾自己擅自放回降贼，光武帝刘秀没有怪罪他。后来，赵宏、召吴等人的同党听到郭伋的威望，从遥远的江南或幽州、冀州不约而同地前来投降。

公元34年正月，吴汉又率领捕虏将军王霸等四位将军、共六万人，出高柳县城攻打卢芳的将领贾览，匈奴数千名骑兵援救贾览，接连在平城（今山西省大同市）附近交战。吴汉打败赶走匈奴骑兵。

吴汉在平城打退匈奴骑兵的同时，冯异等人在天水郡杀了隗纯的将领赵匡、田弇。在将近一年的战争中，隗纯还没有全面失败，东汉各位将领想暂时返回休整，冯异坚持留下。随后，他们共同攻打隗纯据守的落门（位于冀城西），结果没有攻下。

安定郡战争打响之前，隗嚣的将领高峻据守高平县第一城。东汉建威大将军耿弇等人包围了第一城，一年没有攻下。

刘秀想亲征，寇恂反对说："长安的位置在洛阳与高平中间，如果洛阳有事，接应便利。陛下坐镇长安，安定、陇西的人必定心中震惊。只要陛下从容地坐镇长安，就可以控制四方。现在我军人困马乏，陛下要去险地不安全。去年颍川郡盗贼蜂起，应当引起陛下高度重视。"

刘秀不听，率部前进到汧县。可是隗纯的将领高峻仍然没有投降，光武帝派寇恂前往劝降。寇恂带着诏书到达第一城，高峻派军师皇甫文出城面议。皇甫文的言辞礼节毫不谦卑。寇恂愤怒之下想杀他。将领阻止说："高峻有一万精兵，多半都是强弩射手，在西面堵塞陇道，我军一年没有攻下。现在您想招降高峻，却反而杀其来使，恐怕事与愿违吧？"

寇恂觉得应该煞高峻的锐气，坚持杀了皇甫文，放走副使。副使转告寇恂的话，对高峻说："军师无礼，已经被寇恂杀了！将军想投降要赶快，不想投降就继续坚守！"

高峻果然震惊，当天打开城门投降。将领们全部向寇恂祝贺，顺便问道："请教将军，杀了他的使节而又能使他献城投降，这是什么原因呢？"

寇恂解释说："皇甫文是高峻的心腹，为高峻谋划的智囊。这次皇甫文前来，态度强硬，肯定没有投降的意思。如果软弱让步，皇甫文将以拖延来讨价还价，要求提高待遇的策略就会得逞，杀掉他就能使高峻闻风丧胆，所以高峻投降。"将领听了叹服说："您的智慧不是我们所能赶上的！"

公元34年十月，来歙攻下隗纯据守的落门。其部将周宗、行巡、苟宇、赵恢等人献出隗纯投降。王元投奔公孙述。光武帝把隗氏家族迁到洛阳以东地区定居。后来隗纯和宾客逃跑，企图投奔匈奴，逃到凉州武威郡被杀。

先零羌部落和其他羌人部落侵犯金城、陇西二郡。来歙率领盖延等人出击，结果羌人惨败，被杀、俘共有几千人。汉军打开粮仓赈救饥民，陇山以西得以安定，这样通往凉州的道路也就通了。天水郡的隗氏政权覆灭，先零羌族部落也归顺。

公元34年十月十七日，光武帝刘秀从汧县回到洛阳。

刘秀和隗嚣的战争，从公元30年开始，一直到公元34年，历时四年多。刘秀之所以能够取得胜利，最关键的就体现在了他的用人上，而隗嚣的失败也主要在用人上，是严重的人才流失，导致了隗嚣最后的失败。

西州战事结束了。在班师回朝的途中，刘秀的眼睛盯向西蜀的方向，心头又突地一动，他知道，他统一大业的第二步立刻就要开始了。

四、 公孙族灭

隗嚣灭亡之后，刘秀就对公孙述全面开展了战争。

益州也就是蜀地，今天的四川盆地。统治者叫公孙述，曾经是一名出类拔萃的官员。

公孙述，字子阳，扶风茂陵人，汉哀帝时期，公孙述以父公孙仁保任为郎。后来公孙仁为河南都尉，公孙述就补为清水（今甘肃省清水县）县长。公孙仁以公孙述年少，派遣门下掾随他到任。月余，掾辞归，向公孙仁说："公孙述不是等待教导的人。"后来太守因其很有能力，使他兼摄五县，结果五县政事维护得很好，奸盗不再发生，郡中的人却说是有了鬼神的缘故。王莽天凤年间（公元

第十四章 东征西讨 畏威怀德追穷寇

14年—公元19年），公孙述担任导江（即原蜀郡）卒正（太守），治所在临邛（今四川邛崃），也享有能力之名。

公元23年，更始帝刘玄即位，建立更始政权，豪杰们各在所在的县起兵响应，南阳人宗成自称"虎牙将军"，侵入汉中；又有商人王岑也起兵于雒县，自称"定汉将军"，杀了王莽的庸部牧以响应宗成，众合数万人。公孙述听说，就派遣使者迎接宗成等。宗成等到成都，房掠暴虐。

公孙述很厌恶，于是召集县中豪杰对他们说："天下同苦于王莽新室，思念刘氏很久了，所以一听到汉将军到，我就派人驰去迎接。现在百姓无辜而妇女儿童都成了俘虏，百姓的家室房屋都遭焚烧，这是寇贼，不是义兵。我想保郡自守，以等待真主。你们愿意同我一起干的请留下，不愿意的可以走。"

豪杰们都叩头说愿意效死。公孙述于是使人诈称汉使者从东方来了，命公孙述暂时代理辅汉将军、蜀郡太守兼益州牧印绶。就选精兵千余人，向东攻击宗成等人。等到达成都，发展到数千人，于是对宗成发起攻击，大败宗成。宗成将领垣副杀了宗成，率众向公孙述投降。

公元24年秋天，更始帝派柱功侯李宝、益州刺史张忠，率领兵众万余人侵掠蜀、汉。公孙述依靠蜀地地势险要，民众归附，有自立为王的意志，就派他弟弟公孙恢，在绵竹大败李宝、张忠，并将他们赶走。由此以后公孙述威震益郡。

功曹李熊对公孙述说："现在四海汹涌不安，平民百姓肆意议论。将军割据千里，地方十倍于过去的商汤、周武王，如能奋威德以投合天时，就可以成就霸王之业。应改名号，以镇抚百姓。"公孙述说："我也考虑过，你的话启发了我。"于是公孙述自立为蜀王，定都在成都。

蜀地肥沃富饶，兵力精强，远方的士民多来归附，西南的邛、笮等部族的酋长都来贡献。李熊再向公孙述说道："现在山东饥馑，人庶相食；遭到兵灾的屠灭，城邑都成了丘墟。蜀地沃野千里，土壤肥腴，果实所生，虽不耕种也可饱腹。女红纺织之业，衣服可以覆盖天下。名贵木材竹竿，器械之富饶，取之不尽，用之不竭。又有鱼盐铜银之利，浮水转漕运输之便。北面据有汉中，阻塞褒、斜的险要；东面扼守巴郡，拒扞关（今重庆市奉节县）之口；地方数千里，战士不下百万。见到有利时机则出兵而扩大地盘,无利则坚守而从事于农业。东面可下汉水以窥秦地,南面顺着江流以震荆、扬。所谓拥有天时地利等一切成功的条件。现在你蜀王的声名,已闻于天下,而名号未定,有志之士在狐疑观望,应当即大位,使远方之人有所依归。"

公孙述说:"帝王是天命所归,我怎么能承当得起呢?"

李熊说:"天命没有一成不变的,老百姓归附能者,能者承当起使命,你还怀疑什么呢!"

公元25年四月,公孙述自立为帝,国号成家(一作大成或成),崇尚白色,建元龙兴。以李熊为大司徒,以其弟公孙光为大司马,公孙恢为大司空。改益州为司隶校尉,蜀郡为成都尹。

刘秀登基后,一开始根本就顾不上和公孙述打,离得太远。

对于刘秀来说,公孙述不是那么容易对付的,益州也不是那么容易打的。

公元35年三月,征南大将军岑彭屯兵在津乡,即今天湖北省荆州市江陵县以东,多次向今湖北省宜昌市一带出兵,攻打公孙述的部将田戎等人。

津乡地近江关,江关为蜀兵所踞,堵塞水陆交通,是一战略要地。岑彭屡督兵进攻,由于江关险阻,不能成功。

刘秀派大司马吴汉率领诛虏将军刘隆等三位将领、征调荆州六万多部队,外加五千骑兵,与岑彭在荆门山会师。岑彭只配备战船数十艘,原因是吴汉因各郡派来的水兵消耗粮食太多,准备遣散一些水军。可是岑彭认为公孙述的兵力强盛,不能遣散,上书说明情况。光武帝回复说:"吴汉大司马习惯用步、骑兵,不懂水战。荆门方面的事全靠你征南大将军。"

闰三月,岑彭在军中招募攻打浮桥的将士,下令先登上浮桥的,给予上等奖赏。偏将军鲁奇应募前往。这时,东风刮得十分猛烈,鲁奇的船逆流而上,直冲浮桥。但敌军密排在江中的木柱上有反拉的耙钩,钩住鲁奇的船。鲁奇等人乘势拼死一战,投掷火炬焚烧浮桥,狂风中烈火把桥楼烧毁坍塌。

整个浮桥就是一个火力点密集的大碉堡。船想迅速冲到浮桥那里也是不可能的,船本来的速度就不快。

第十四章 东征西讨 畏威怀德追穷寇

岑彭是德才兼备的一员大将。岑彭在军中发动了一支敢死队，谁能先登上浮桥，重赏。

经过一番死战，岑彭这支敢死队把手中的火炬往浮桥上扔。胳膊够不着，但是能扔过去。火炬顺着风扔，自然也能扔得更远。烧不掉浮桥，这些人谁也活不了，所以他们扔火炬的力气，自然也更大。

这些火炬不断被扔上去，浮桥果然被点着了，风怒火盛，桥楼崩烧。浮桥终于被烧断了。桥上射箭的士兵要不就烧死，要不就掉江里淹死。

岑彭的大军乘胜前进，冲了过去。公孙述的水上防线彻底崩溃了。浮桥断了，瞭望台也没用了，射箭也没地方了，只能是很无奈地撤退。

岑彭率领全军顺风并进，所向披靡。公孙述的军队大乱，落水淹死数千人。岑彭杀了敌将任满、活捉程汎；田戎退逃到江州城（今重庆市江北区）防守。

岑彭奏请光武帝任命刘隆为南郡太守，自己率领辅威将军臧宫、骁骑将军刘歆，长驱直入到江关。岑彭为了整顿军纪，下令不得对乡民进军抢掠。军队所到之处，百姓都送来牛酒慰劳大军。岑彭一再推辞，没有接受。百姓高兴，争着打开城门归顺。光武帝下诏，任命岑彭代理益州牧；攻下伪政权公孙述管辖的郡，就让岑彭先兼任太守，岑彭如果离开此郡，就把太守的职位交给后面接防的将领。岑彭挑选下属官员作为益州的代理官员。

岑彭抵达江州城，因江州城池坚固，粮食充足，难以很快攻下，就留下冯骏看守，自己乘胜直指垫江城（今重庆合川区），攻占平曲城（今重庆合川区南），缴获敌人稻米数十万石。吴汉留在夷陵县，乘坐露出桨楫的战船，继岑彭的西征大军之后跟进。

北线战场上，刘秀这边有两名将军。一名是刘秀的虎牙将军盖延，在征伐刘永时立过大功。还有一个叫来歙，是刘秀的远房表叔，是一个干大事的人。来歙隆重出场，他跟盖延指挥军队，在北线战场打得公孙述节节败退。

来歙，字君叔，南阳新野人。来歙的六世祖来汉，勇武有才，在汉武帝时期，以光禄大夫的身份担任楼船将军杨仆的副将，打败南越、朝鲜。来歙的父亲来仲（一作来冲），在汉哀帝时期，担任谏大夫，娶东汉光武帝刘秀的祖姑母刘氏为妻，生来歙。光武帝很亲近敬重来歙，屡次和他一起来往于长安。

刘秀汉兵兴起后，王莽因为来歙是刘氏姻亲，就把他拘捕囚禁起来，门客们一起营救，才得以免罪。公元23年，更始帝刘玄即位，任用来歙做小吏，跟随更始帝进入关中。屡次提建议不被采纳，于是借口大病离去。来歙的妹妹是汉中王刘嘉的妻子，刘嘉派人迎接来歙，来歙便南下来到汉中。

公元25年，更始帝失败，来歙劝刘嘉归附光武帝，于是来歙和刘嘉一起往东来到洛阳。光武帝见到来歙，非常欢喜，立即脱下自己的衣服给来歙穿上，任命他为太中大夫。

当时光武帝担忧陇、蜀二地，单独对来歙说："现在西州隗嚣还没有归附，公孙述自称皇帝，路途艰险遥远，各位将领又正一心对付关东，考虑对付西州的策略，不知委派谁合适，你看该怎么办？"

来歙于是主动请命说："我曾经和隗嚣在长安相遇。他刚起兵时，以兴复汉室为名。现在陛下圣德隆兴，我希望能奉您的命令，用典籍中圣人的话来开导他，隗嚣一定会束手来降，这样公孙述成灭亡之势，不足为虑。"光武帝认为他说得对。

公元35年六月，来歙和盖延、马成在河池、下辨进攻公孙述的将军王元和领军环安，大败敌军。于是攻克城池，乘胜前进，蜀人非常害怕。

公孙述一看不好，就出绝招了，他的绝招是派刺客搞暗杀。公孙述派出了一名刺客，趁夜深人静的时候，潜入来歙的营帐，给了来歙一刀，刀刺进了来歙的身体，来歙虽然被刺伤但当时没死，来歙命人紧急召来盖延。盖延看到奄奄一息的来歙，伏地悲哭，不敢抬头看来歙的伤口。

来歙责怪盖延说："你怎么能这样！现在我被刺客刺中，不能再去报效国家了，所以召你前来托付军事，你反而儿女情长哭泣！刀虽然在我身上，但是他们就不能派兵来杀你吗？"

盖延收住眼泪，强忍悲痛起身接受嘱托。来歙亲手写好奏章，说："我在深夜，不知被什么人刺伤，中了要害。我不敢爱惜自己，深恨没有尽到职责，给朝廷带来羞辱。治理国家，以用贤才为根本，太中大夫段襄，正直刚强，可以重用，望陛下裁决明察。此外，我的兄弟不贤，最终恐会犯罪，请陛下可怜他们，时常都要监督。"

来歙悲愤写完奏章，扔笔拔出凶器去世。刘秀听到消息，十分震惊，一面看奏章，一面流泪。任命扬武将军马成代理中郎将，接替来歙。来歙的灵车运回洛阳，光武帝穿着丧服，乘车悼丧，并去参加了安葬。

刘秀的叔父刘良（时任赵王）跟随他为来歙送葬回来，进入洛阳夏城门，与中郎将张邯争夺道路，呵斥张邯调转车头；又责骂守卫城门的负责人，罚他向前走数十步。司隶校尉鲍永（山西长治市屯留县人。汉哀帝时的谏大夫鲍宣之子，曾在绿林军当过将领，是东汉初期敢于直言的官员。后来官至东海国国相）弹劾刘良说："刘良不守藩臣的礼节，犯了大不敬的罪。"

刘良是尊贵的皇叔，而鲍永却弹劾他，朝廷官员对鲍永肃然起敬。事后，鲍永任命扶风人鲍恢为都官从事。鲍恢也刚正不阿。

因此，刘秀经常说："皇亲贵戚应该收敛，避开二鲍。"

鲍永到霸陵县（今陕西省西安市东北）视察，途经刘玄的坟墓，并且下拜哭泣之后离开。向西到达三辅之一的扶风衙门（今陕西省兴平市东南），杀牛祭奠苟谏（曾担任上党郡太守。公元前3年，哀帝以其羞辱宰相罪流放鲍宣到上党郡长子县）的墓。

光武帝刘秀知道后，内心不痛快，对公卿说："接受皇帝的使命，却做这样的私事，说得过去吗？"

太中大夫张湛替鲍永打圆场说："仁，是行为的宗旨；忠，是道德的主宰。仁者不忘故旧，忠者不忘君王，鲍永的行为是高尚的。"光武帝刘秀听了才消除了误解。

光武帝刘秀将要亲率大军征讨公孙述，七月到达长安。

公孙述派将领延岑、吕鲔、王元、公孙恢调动所有的兵力，据守广汉郡，还派将领侯丹率领两万多人据守黄石（今重庆市涪陵区以北横石滩）。

岑彭命臧宫率领五万投降的士兵沿着涪水（即乌江）而上，到平曲城抵抗投降公孙述的将领延岑。岑彭率部从垫江乘船由长江而下，返回江州城，又顺长江逆行到都江（今四川省中部岷江），向东南袭击据守今重庆市涪陵区以北横石滩的侯丹，取胜。然后日夜兼程，急行军两千多里，直接去攻下了武阳县。又派出精锐骑兵，奔袭紧邻益州首府南部的广都县，这里离公孙述的首都成都约二十多里。汉军的攻势如同暴风骤雨，兵锋所至，公孙述的军队全部逃散。

公孙述听说汉军在平曲城时，派大军迎击。等到岑彭到达犍为郡政府所在地武阳县，绕到延岑军队的背后时，蜀地官民震惊。公孙述恐惧，用杖敲打地面，惶恐不安地说："汉军来得怎么这样神速！"

延岑在今重庆市沉水支流布下大军。这时臧宫人多粮少，粮草等物资运输不上，投降的士兵都想背叛，当地郡、县、城邑的武装势力又重新聚集到堡垒里，观望汉军与公孙述的成败。臧宫想撤军，又担心会引起大规模的反叛。

正好光武帝刘秀派谒者带兵增援岑彭，其中有七百匹战马。臧宫假传圣旨，全部留下充实部队。然后，他不分昼夜地进军，树起许多旗帜，登上山头擂鼓呐喊。沉水右岸是步兵，左岸是骑兵，护卫着战船向前推进，呼喊声震动山谷。延岑想不到汉军会突然到来，登上山头眺望为之震惊。臧宫趁机发起进攻，把敌军打得惨败，斩首、淹死共有一万多人，沉水都因此变得混浊。延岑逃往成都，他留下的军队全都投降，臧宫夺得延岑所有的兵马和珍宝。于是乘胜追击，投降者接近十万。臧宫的汉军抵达成都东北约一百千米的今四川省绵阳市三台县平阳乡，王元与残部投降。

刘秀给公孙述写信，陈述利害关系，表示坚决信守自己对公孙述投降优待的承诺。公孙述看了来信叹息，把信给亲信传阅。公孙述的太常常少、光禄勋张隆全都劝公孙述投降。公孙述反对说："一废一兴都是天命，怎么有投降的天子呢？"左右不敢再说话。常少、张隆都因过度忧虑而死。

刘秀见蜀地平定在即，从长安返回洛阳。

公孙述刺杀来歙后，可能是觉得这个招很好，属于定点消除，很实用。于是又用这个办法来对付岑彭。

这时候南线战场上，岑彭已经打到了离成都只有几十里的地方。

岑彭也是绕过公孙述大部队，奇袭成都。公孙述听说之后，大惊失色。这一

第十四章　东征西讨　畏威怀德追穷寇

天，岑彭的部队打完了胜仗准备驻军。

岑彭要驻军这个地方，叫彭亡，岑彭要亡身于此。这里能住吗？不过，这时候天色已经黑了，岑彭心想："改地方也比较麻烦，干脆就凑合一夜再说吧。"就在这一夜，公孙述派的刺客来了，刺客混到来投降的人中，刺杀了岑彭。一代名将岑彭，彭亡真的成了他的葬身之地。

这天刘秀正在殿内批着奏折，只见大司马吴汉捧着折子，躬身施礼站在殿内，轻轻叫一声："皇上。"

"前方战况又出现了新情况？"刘秀调整一下脸上愤愤的神情。

"陛下，西蜀前线传来了八百里快报，公孙述收买刺客潜入军营，暗杀来歙和岑彭，两位大将军不幸遭遇毒手，现已身亡。"

"什么？！"刘秀身子不由得颤抖一下，扶住大案摇晃着站起来，眼睛茫然地盯向西蜀方向，半晌无语。

吴汉离得近些，见他两行清泪顺着脸颊流到胡须梢，又顺着胡须滴到御案上。失去爱将犹如失去爱子一般痛苦，迷迷尘土，漫漫硝烟的战场，难道这样雄壮的身影就此消失了吗？

"皇上，请皇上保重龙体"。

刘秀从悲痛中回过神来，涨红了脸狠狠一拳捣在桌子上，须发怒张地大吼一声："公孙述，朕不把你千刀万剐，怎么能使我的爱将在九泉之下安息？！"

岑彭死后，由太中大夫、监军郑兴接管了军队，等待大司马吴汉赶到后移交兵权。岑彭治军严格，对百姓秋毫不犯。公孙述封的邛谷王任贵听说了岑彭的威望，从几千里之外派使者来投降。正赶上岑彭被杀害，光武帝刘秀把任贵所献的礼品全部赠送给岑彭的妻儿。蜀郡人因岑彭治军严谨，这次西征对百姓又秋毫不犯，为岑彭修建了祭庙。

这时马成等人攻下了河池县，即今甘肃省陇南市徽县银杏镇。这样东汉平定了武都郡。先零羌族部落和其他羌族部落共有数万人，聚集在一起侵扰掠夺，据守在金城郡浩亹县（今甘肃省兰州市永登县西南河桥镇）险隘处。马成和马援深入险境讨伐取胜。把投降的羌人迁到天水郡、陇西郡和三辅扶风地区。

这时，朝臣认为金城郡的破羌县（今青海省海东市乐都区）以西路途遥远，盗贼又多，主张放弃破羌县等地的统治权。马援上书反对说："破羌县以西的城池多数坚固，易于坚守。那里土地肥沃，灌溉方便。如果让羌人占有湟中地区（大致指今青海省西宁市湟中县等地），就会为害不小，不能放弃对这些地区的统治权。"

刘秀认同。由于马援攻下了破羌县，百姓回去的有三千多人。马援为他们设置官员，修缮城郭，筑起坞堡、亭候，开挖沟渠，鼓励他们耕田、放牧，金城郡中人民安居乐业。马援还招抚塞外的氐族人、羌族人，使他们都来归附，并奏请光武帝恢复他们侯王首领的名号。光武帝刘秀全部赞同。然后命马成班师。

公元36年正月，因岑彭的去世，吴汉从夷陵县率领三万大军逆长江而上，继续讨伐公孙述。

与此同时，刘秀任命郭伋担任并州（今山西省太原市晋源区）牧，郭伋从颍川郡到并州经过京城洛阳时，光武帝询问执政的得失，郭伋诚恳地说："陛下选拔补充各级官员，应当从全国范围内选取贤能和俊杰，不应专用陛下的那些南阳郡同乡。"这时，南阳郡人担任官职的很多，都是光武帝的同乡或故旧，所以郭伋谈到此事。

夜幕悄悄退却，天色逐渐亮堂起来，东方似乎要泛起微红色的曙光。刘秀像往常一样更衣上朝。轿子在后宫游廊中平稳地挪动，刘秀的心绪却在不平稳地思索着，昨晚上怎么会梦见一颗坠落的流星呢，看到流星一瞬间消失，自己竟在梦里流泪了。

"朕决定要再次御驾亲征，大司马吴汉赴前线代替岑彭指挥作战，诛虏大将军刘隆、骁骑将军刘歆等人跟随朕，火速招集兵力，朕要率领南阳、武陵、南郡等地兵将，讨伐公孙述，太子留守京师，负责保卫洛阳。"

在这样的情形下，众人没有一个提出异议，立刻下去分头准备。刘秀率大军踏上漫漫远征路。有皇上在跟前，三军将士士气分外高昂。

刘秀再度拿出当年昆阳大捷和平定河北的雄风，亲自临阵指挥。他和众将领制定作战方针，策划一系列攻击方案。

第十四章 东征西讨 畏威怀德追穷寇

按照计划,吴汉领兵以破竹之势冲破蜀军层层阻碍,直入武阳,这是西蜀扼住长江的一个重要据点。失去了这个屏障,公孙述只得狼狈逃窜,到处借兵,企图扼住吴汉直入成都之势。

吴汉知道哀兵必胜的道理,特意命令全军将士身穿孝服,吴汉也在铁甲外边罩着缟素,场面颇为悲壮。一片悲哀而愤怒的气氛中,全军将士意气风发,进攻队伍如翻滚的潮水,一浪高过一浪,众人边冲杀边高呼:"打破蜀军,攻占成都,活擒公孙述,为中郎将来歙、征南将军岑彭报仇!"

蜀军被打得落花流水败退广都。吴汉则率军乘胜追击,不等他们站稳脚跟,一鼓作气围困住广都。

蜀军头领公孙述之弟公孙永眼看自己已成了瓮中之鳖,他害怕被汉军活捉后不得好死,又担心部下叛离,把自己活捉了献给刘秀,惶急之下,先保命要紧,孤身一人鼠窜而去。军中本来就乱成一团,现在没了首领,更是散沙一堆,顷刻土崩瓦解,只好敞开城门,放汉军入城。

几乎没动刀枪,汉军轻而易举地攻占了广都,收缴了大量粮饷,整编了不少的军力。消息传入刘秀耳朵,刘秀一阵欢喜,连忙派人传令,一边让吴汉就地待命,切不可继续冒进,一边收拾行装,正欲先率军抵达广都,与吴汉兵力会合,然后再作进一步打算。

可是还没有开拔,紧接着前方战报传来,说吴汉已经离开广都,率领得胜兵力开始攻打成都。

闻听消息,刘秀顿时气急败坏,当着众人的面跺脚大叫:"吴汉,切不可冒进,不可冒进,怎么嘱咐你的?唉!"

当下传令,立刻快马加鞭,增援吴汉。吴汉对成都方面的情况并不是十分了解。虽说蜀军接连大败,只剩下成都一座孤城。

可吴汉没有想到,成都情形非广都可比。这是公孙述的老巢,经过多年苦心经营,城墙坚固,城池宽深,坚固程度在西南当属第一;而且这里是蜀军主力之师驻扎的所在,各路设防非但没有削弱,反而全面加强。

城内原有的兵力足有将近二十万之多,加上各路残兵败退回到老巢,又有五万多，这样一来，成都城内屯聚的兵力已经接近了三十万。

而吴汉仅带领不到八万人马，而且近一段时间连续行军作战，虽说被悲伤所鼓舞着，但精力毕竟有限，已成疲敝之众。

刘秀一边向前行军，一边再写诏书，命令善骑士兵快马加鞭传给吴汉，命令他或者退到广都，驻营扎寨，或者在半路就地停下，耐心等候北路大军前去援助，共同攻打成都。

吴汉对刘秀火急火燎的诏令根本就没往心里去。吴汉有自己的想法，他认为，皇上远在后方，根本不了解这里士气高涨所向披靡的具体情况。再说，将在外君命有所不受，应当根据具体情况决定战法，岂能拘泥而坐失战功？

吴汉率领刘尚等全部兵将迅速追赶到成都城下，开始大举进攻。

成都郊外，汉军跨江扎营，吴汉领兵四万驻扎在江北，刘尚驻扎于江南。驻扎下来后，刘尚马上把这里的情况写成奏折，让人连夜送到大本营。

刘秀得知吴汉进军情况后，大吃一惊，坐在椅子上连呼："太冒失，吴汉该杀！"急忙伏在案上又写下诏令，并且令刘隆、马成领骑兵五万，火速增援吴汉。然而刘隆、马成的骑兵尚未赶到，成都方面的情况已经发生了难以逆转的变化。

公孙述见对方兵力相当少，又驻扎分散，心头一阵狂喜，暗叫天助我也！立刻派谢丰、袁吉领兵十万，冲出城外，反过来围攻吴汉营寨。

吴汉兵力太少，冲突几次，竟然没能撼动敌军，反而自己损失不小。此时他才开始后悔莫及，急忙向驻扎于江南的刘尚求救。

可谁知刘尚被蜀将史兴牵制着，丝毫动弹不得。两边都被困住了，自顾不暇，吴汉只好退入营寨，命令坚守等待援军。

吴汉闭寨不出，利用营寨驻扎的地势阻挡敌军进攻，谢丰、袁吉攻了几次，没占到什么便宜，两军只好对峙着。

吴汉此刻才冷静下来，从眼前局面仔细考虑一下，感觉就这样持续下去也不是办法，早晚自己要被困得人马困乏，粮草用尽。到那时蜀军乘势攻入，自己还有机会回去向刘秀请罪吗？

吴汉独自回大营向刘秀请罪。吴汉双膝跪在地上，头低得快要挨着地。

刘秀板着脸不搭理他，沉默了一会儿，刘秀终于缓缓说："不是朕狠心，作

第十四章 东征西讨 畏威怀德追穷寇

为大将,不顾周围大局,冒失征战,乃兵中大忌,这不仅仅是兵败而归如此简单。作为一员将领,应该时刻谨慎,你的每一个决策,不只关系到你自己,更关系着数万个士兵的性命,关系着汉家大业啊!你起来吧,再多的话也不说了,朕只希望你能将功补过,重新调整兵力部署,尽快攻下成都。"

吴汉已经是老泪纵横,口里直嘟囔:"臣罪该万死,臣罪该万死!"

刘秀口气渐渐温和起来说:"一将无能,累死千军,你明白了这个道理就好。如果在大军到达成都后能迫使公孙述投降更好。"

吴汉知道风暴已经过去,心里平稳下来,忙上前一步说:"陛下,能有这样的结果当然最好不过,只是公孙述知道自己罪孽深重,得罪陛下过深,怕他会垂死挣扎。"

"行与不行都可以试上一试,朕已拟了一份劝降书。你可以派人想办法送至城中,如果能打动他的心,他自会投降。如果达不到目的,再强打硬攻也不为迟。"

刘秀摆摆手,黄门郎从大案上拿起一封书信递给吴汉。吴汉接过劝降诏书,小心地揣在怀里。

刘秀为了减少伤亡,加上政治的需要,一心要公孙述投降,又一次下诏对公孙述说:"不要因来歙、岑彭被你派人暗杀而有所顾虑,现在只要你立即投降,家族仍然可以保全。我的诏书和亲笔信不可能频繁得到。"可是,公孙述却没有投降。

刘秀对吴汉说:"成都有十多万大军,不能轻视。只可坚守广都县,等待敌人来攻,千万不要和敌人一争高低。如果敌人不敢来,你就移动军营逼迫他们,等到敌人精疲力尽,才可发起进攻。"

吴汉却乘胜率领两万步、骑兵逼进成都城十多里处,隔着锦江在北岸扎营,然后架浮桥,命副将刘尚率领一万多人在锦江南岸屯兵,军营相隔二十余里。

刘秀听说后十分震惊,责备吴汉说:"我不久前千叮咛、万嘱咐,想不到你临时头脑发热就乱来!你既然轻敌深入,又和刘尚分别扎营,一旦发生危急,就不能互相救援了。敌人如果出兵牵制你,用主力攻打刘尚,刘尚失败,你也就失败了。幸好这时还没有其他变故,你要火速率部返回广都县。"

诏书还没有到达,已进入九月。公孙述果然派大司徒谢丰、执金吾袁吉率领约十万人，分成二十多个营攻打吴汉；另派其他将领率领一万多人牵制刘尚。吴汉大战了一整天，结果兵败回营。谢丰趁机包围。

吴汉召集将领说："我和你们各位越过险阻，转战千里，才深入逼近了敌人的都城。可是现在和刘尚分别困在两地，既然不能互相援救，大祸不可估量。我准备悄悄率部到锦江南岸和刘尚会师，共同抵抗敌人。如果大家能同心协力，奋勇作战，可以建立大功；否则，就会一败涂地。成败的关键在此一举。"

将领都说："听您的吩咐！"于是，吴汉犒劳士兵，喂饱战马，关闭营门，三天不出。并到处竖立旌旗，使烟火不断。入夜，吴汉悄悄率领部队与刘尚会合。谢丰等人没有发现。第二天，兵分两路，一路在锦江北据守，谢丰率部进攻锦江南岸。吴汉投入所有的兵力迎战，从早晨打到下午，杀了谢丰、袁吉。随后率部返回广都城，留下刘尚继续抵抗公孙述。

吴汉把情况向刘秀作了汇报，沉痛地谴责自己。刘秀回复说："你回到广都县，最恰当不过。公孙述必定不敢绕过刘尚而攻打你。他如果先攻打刘尚，你从广都救援刘尚，你们之间只有五十里的路程，只要出动全部步、骑兵，正是敌军危险的时候，打败他们是必定的！"从此，吴汉和公孙述在广都和成都之间争战，汉军八战八胜，最后攻进成都外城。

就在吴汉回到前线没多久，盖延和臧宫所率的北路大军也一路凯旋。在成都东北约二百里处，广汉郡绵竹县，臧宫也传来捷报。

臧宫占领绵竹城，接着又攻下了涪县城，杀了公孙恢。又接连攻下繁县、郫县，准备与吴汉的大军在成都城内会师。

在成都城内。公孙述面对危局，与延岑商量说："现在应该怎么办？"

延岑坚定地说："男子汉应当死里逃生，怎么能坐着等死呢？财物容易聚敛，不应该爱惜。"随后，公孙述散发所有的黄金、绢帛，招募了五千多位敢死队员分配给延岑。

延岑在成都街市桥梁处先布疑阵，树立旌旗，擂鼓向汉军挑战。同时悄悄地派出奇兵绕到成都南部吴汉军的后面，打败了吴汉。

吴汉堕马落水，抓着马尾才脱离险境。这时，吴汉只剩下七天的粮草，他暗中准备战船好随时撤退。蜀郡太守南阳郡人张堪听说以后，火速前往求见吴汉，陈述公孙述必然灭亡，不应该退军的理由。吴汉接受了他的意见，于是故意示

第十四章 东征西讨 畏威怀德追穷寇

弱,挑动敌人出战。

在成都北面。公元 36 年十一月,臧宫进驻成都城咸阳门。十一月十八日,公孙述亲自带领数万人攻打成都南部的吴汉,派延岑抵抗成都北部的臧宫。双方展开大战,延岑三战三胜,从早晨打到中午,官兵没有空闲的时间吃饭,导致全部疲劳。

当初,公孙述召广汉郡人李业当博士,李业坚持说有病而不肯接受。公孙述因不能把李业召到成都当官而感到羞耻,派大鸿胪尹融带着诏书威胁李业说:"你如果接受职务就封你为公侯,如果不接受就给你毒酒。"

尹融解释说:"当今天下分崩离析,谁知道其中的是非,而敢用区区身体去试探不可预测的深渊?朝廷仰慕您的名望品德,给您留下官位,到现在已经七年了。四季进贡的山珍美味,不会忘记送给您。您应该上奉知己,下为子孙,性命和名誉都可保全,这样做不是上策吗?"

李业听了,叹息说:"古人说,危险之邦不能进,混乱之邦不能居,我正是为了这一缘故。君子遇到危险而肯献出生命,为什么竟用高官厚禄来引诱我呢?"

尹融见李业不肯当官,只好借用外力来解决,连忙说:"你应该让家人来一起商量。"可是李业反对说:"我不当官的决心已经下了很久,为什么你要我和妻儿商量呢?"李业说完,喝下毒酒。

公孙述耻于背上杀了贤才的名声,派使者为李业吊丧,并赠送一百匹绢作为丧葬费用。然而,李业的儿子李翚推辞不接受。公孙述还曾聘请巴郡人谯玄,谯玄也拒绝。公孙述同样派人用毒药相威胁。

巴郡太守到谯家劝他动身,谯玄拒绝说:"坚定我的志向,保全我的气节,死又有什么遗憾!"于是喝下毒药。谯玄的儿子谯瑛痛哭,向太守磕头,情愿捐献一千万钱的家产,为父亲赎死罪。太守为此请示公孙述,公孙述同意了。

公孙述又征召蜀郡人王皓、王嘉,怕他们不来,先拘捕他们的妻儿。使者对王嘉威胁说:"赶快清理行装上任,你的妻儿才可以保命。"

王嘉气愤地说:"狗、马还认识主人,何况人呢!"王皓已于先前自刎,使者提着他的首级上报。公孙述大怒,杀了王皓的家属。

王嘉叹息说:"我走在后面了!"于是,他面对使者提剑自杀。犍为郡人费贻,不肯当公孙述的官,身涂油漆长了癞疮,最后装疯逃避。同郡人任永、冯信全都假托患青光眼而辞谢征召。

在成都南部，吴汉派护军将军高午、唐邯率领几万精兵攻打公孙述，公孙述部大乱。高午直奔阵前，刺穿了公孙述的胸膛，公孙述落马，左右将他抬入城中。公孙述把军队交给延岑，当夜去世。第二天，延岑献城投降。

公元 36 年十一月二十一日，吴汉杀了公孙述的妻儿，屠杀了公孙氏的家族。并将延岑灭族，然后纵兵大肆掳掠，焚烧公孙述的宫室。

刘秀听说以后大怒，严厉谴责吴汉。同时还谴责刘尚说："成都的敌人投降已经三天，官民都归顺了。城内的孩子和母亲数以万计，一旦纵兵放火，听到的人都会酸鼻掉泪。你是宗室子弟，又曾经当过政府的官员，怎么忍心做出这种事呢！仰视苍天，俯看大地，你们真是失掉了杀敌将、拯救百姓的道义！"

刘秀平定蜀地以后，下诏追赠常少为太常，追赠张隆为光禄勋。谯玄已经去世，用太牢祭祀，命令当地官府给他家赎死出钱。在李业家所居地的里门刻石碑，表彰他的节操。光武帝征召费贻、任永、冯信，正巧任永、冯信病逝，只有费贻官至合浦郡（今广西北海市合浦县石湾镇大浪村古城）太守。

刘秀因公孙述的将领程乌、李育有才干，全部提拔录用。因此，深得蜀地人心，百姓无不归顺。

西蜀被公孙述盘踞十二年之久，到此，汉军彻底清除了这股异己势力，大汉江山进一步接近统一。

第十五章
皇室后宫　爱人以德化恩怨

一、立后之隐

公元 25 年冬十月，刘秀入主洛阳，很快他就派傅俊率兵三百人将阴丽华接到了身边。阴丽华到来之前，郭圣通并未直接被立皇后，而是封为贵人。

阴丽华两年多之前，与刘秀离别，回到新野，之后她随哥哥来到了淯阳邓奉处。乱世消息闭塞，刘秀一去杳无音信，她也早已做好离丧的准备，没想到有一天刘秀竟派兵来接她。别离两载，早已物是人非，昔日的夫君不但已登基称帝，身边还多了一个她不曾相识的女子，而且这个女子还有了他们的骨血，阴丽华当时的心境无从推测，刘秀的心情更是难以言表，二人相对，恐怕难免命运无常的心酸与感慨。

阴丽华到来不久，刘秀便封其为贵人，与郭圣通相同。又更封其兄阴识为阴乡侯，使阴丽华的娘家在建武政权的爵位高于郭圣通娘家。

新皇朝已经建立近一年，中宫后位的人选确定也提上了日程。刘秀以阴丽华"雅性宽仁，有母仪之美"，希望能够立原配阴丽华为后。可阴氏却坚辞不受，认为自己不够资格承担皇后之位。这也是阴丽华做出的决定了她今后人生轨迹的最重要的选择。

刘秀即位后迟迟不立后，而随阴丽华的到来阴识又受到刘秀的优遇。

公元 26 年刘秀争夺天下的资本只有河北，而河北旁有幽州彭宠反叛，内有内黄五校贼作乱，而此时刘秀则面临关中、南阳、淮阳等地多线同时作战的问题。虽然真定宗室此时已经没有什么实力与刘秀对抗，但是他们如果联合彭宠作乱，刘秀则抽掉不出足够的兵力平乱，在面临与真定王室族人矛盾激化、河北动荡的状况下，立郭圣通为后，刘强为太子，恰恰是可以向真定王室表明皇帝无意牵连刘扬族人的态度，缓和真定王室族人焦虑情绪的最佳选择。更何况郭圣通有诞育皇嗣的大功。因此，在这样特殊的形势下，阴丽华所拥有的"优势"不过一句空谈。

郭圣通作为连接真定王室与刘秀之间的桥梁，在刘秀建国过程中，起到了一定的作用，并且一直伴驾左右，有从龙之功。东汉初年的功臣宿将，除了少数几人在刘秀去河北之前便跟从他，均是刘秀离开洛阳之后，从各地慕名追随而去的，只知皇帝身边有一位身世显赫的郭圣通，而不大清楚原配阴丽华。

最重要的是，郭氏有子，对于拼上全家性命跟着刘秀打天下的群臣来说，继承人才是保障王朝传承、保住胜利果实最重要最有实际价值的东西，他们不太可能因为阴丽华是原配就支持她当皇后。

阴丽华虽占有原配名分，又有刘秀的推重，但无论从出身、资历、子嗣、对政权的作用和对朝臣的价值等各个方面上来说，均无法跟郭圣通相比，在刘秀建国过程中也没有起到任何作用，故立阴氏为后，实众心难服。且中宫正位，身负管理后宫之责，以阴丽华的资本也很难超越出身高贵且育有子嗣的郭圣通，所以她坚决辞让，始终不肯接受后位。

考虑到国家形势和朝臣们的不安，刘秀最终不再坚持立阴丽华，接受了她的辞让。阴丽华以原配名分让出后位，成为刘秀后宫特殊的存在。使刘秀得以有嫡子作为正式继承人稳定朝堂的郭圣通得到皇后之位，不得不说，在当时的形势下，不论是从个人还是从国家角度考虑，这个决定是三个人最恰当、最顺理成章的选择。

公元 26 年五月，光武帝刘秀册立郭圣通贵人为皇后，儿子刘强为皇太子。刘秀又分封宗室，封叔父刘良为广阳王；族父来歙为泗水王；族兄刘祉为城阳王；来歙子终为淄川王；追谥兄刘縯为齐武王；二哥刘仲为鲁哀王；刘縯子刘章授封太原王，后来徙封齐王。刘仲去世无子，命刘縯次子刘兴过继，袭封鲁王。

刘秀立皇后皇太子，郭后先后生下四个儿子，老大刘辅，老二刘康，老三刘延，老四刘焉。

阴贵人先后生了五个儿子，老大刘阳，老二刘苍，老三刘荆，老四刘衡，老五刘京。还有一个儿子刘英，是许美人所生，许美人无宠，只生一男。

阴贵人最得宠爱，刘秀有时出征，常让随行。阴贵人初生男，曾在元氏县中分娩，彼时从征彭宠，当时身怀有孕，故在行辕中生下儿子，取名为刘阳，两颊甚丰，至十岁时能通《春秋》，刘秀目为奇童。

第十五章 皇室后宫 爱人以德化恩怨

公元39年，大司马吴汉等，上书请封皇子，多次上奏才同意。使大司空窦融告庙，封皇子刘辅为右翊公，刘英为楚公，刘阳为东海公，刘康为济南公，刘苍为东平公，刘延为淮阳公，刘荆为山阳公，刘衡为临淮公，刘焉为左翊公，刘京为琅琊公。儿子受封，才一个多月，诏令天下州郡，检核垦田户口。

各地刺史太守，依照诏令施行，先后奏报。光武帝刘秀发现陈留郡官员的上报文件写有："颍川、弘农可以问，河南、南阳不可问。"

刘秀迷惑不解地责问陈留郡上报的官员是怎么回事，官员不便说明，尴尬地遮掩说："这是在长寿街上捡到的。"

刘秀大怒。当时东海公刘阳刚满12岁，他在幕帐后面分析说："那是官员接受了郡守的指令，应当虚报河南、南阳二郡垦田数字与其他郡相仿，不要问其中的隐情。"

刘秀仍然迷惑地说："既然这样，为什么说河南、南阳二郡不可问呢？"刘阳解释说："河南郡是都城所在地，有很多陛下亲近的臣僚；南阳郡是陛下的故乡，有很多皇亲国戚。他们的田地等都超过规定，因陛下的权势所及，他们不能过问。"

刘秀恍然大悟，命虎贲中郎将去问陈留郡的官员，正像刘阳所说的一样。

刘秀派遣密使巡行河南南阳，考察长吏功绩，实地调查，防止徇私舞弊。自此刘秀倍爱刘阳，自悔立储太早，不得使刘阳为家嗣。

天下事不宜生心，一有想法，免不得"猴子不吃人，生相看不得"。郭皇后暗中得知，心生怀疑，少不了对刘秀冷嘲热讽，话中带刺，刘秀积不能容，导致夫妻感情逐渐疏远。

有次刘秀御驾亲征获胜，在群臣的簇拥下，班师回京了。刘秀原本应该满心欢喜，可一路上，他总有些怅然若失，找不到以前想象中的兴奋感觉。斜倚在晃晃悠悠的车轿中，一路上奔波劳累，让他神情恍惚，刘秀消瘦了好多。

刘秀无法忘记远在广都时被刺杀的那一幕，一闭上眼睛，那情景就在眼前浮现。

那是在吴汉独自赶往广都请罪的当天，在吴汉接过刘秀写给公孙述的劝降诏书后，奏事黄门郎匆匆进来说："有特使从京师赶来，求见皇上，说有要事禀奏。"

"既然是京师特使，为何不见？！"刘秀毫不思索地说道。吴汉倒有些谨慎，叫住黄门郎问一句："哪位特使，受何人之托？"

吴汉心想，既然是京师特使，拜见皇上应该先递折子，折子没到，人先到，这不免有些奇怪。再说，来歙、岑彭二将被刺，公孙述再派人打着各种幌子来刺杀刘秀，未必没有可能。总之，吴汉想，自己刚刚犯了错，还是要多加谨慎，保护皇上要紧。

不过刘秀唯恐洛阳发生意外，并没让他追问下去，催促快让使者进来。

这位自称叫刘辑的使者手捧一卷帛绢，弓着腰慢慢走进营帐，他小心地看一眼落座在台阶上的刘秀，叩头参拜说："刘辑受太子之命来拜见皇上，奉上太子书信请皇上过目。"

刘秀点点头，军营里非比金殿上，没有那么多黄门郎侍奉，那人跪在地上，向前挪动着要呈上文书。

正在这时，吴汉一个箭步跨到跟前："且慢，让我来呈给皇上。"说着，吴汉已走到刘辑身边，眼睛一眨不眨地盯住刘辑，把手伸向帛卷。

谁知刘辑抬头瞟了一眼，摸住文书，表示要把奏折亲手交给皇上。

吴汉也不甘示弱，毫不犹豫要挡他的去路。他俩左右对峙着。刘秀不耐烦地敲敲桌子："吴汉，让刘辑自己呈给朕好了。"

"皇上……"吴汉正欲说还是小心为好，刘辑手中的帛绢文书突然在吴汉和他的撕扯中落到地下，发出一声清脆的响声，文书里竟然藏着一把鱼肠宝剑！在场的人都看清了这令人吃惊的场面。

刘辑稍微愣一下，随即孤注一掷，捡起短剑飞身跃起，刺向刘秀。而吴汉看到落地的宝剑，当下也不含糊，这个久经沙场的老将反应更为敏捷，抬起胳膊跃身一挡，手腕处的铁护腕挡住了那支刺向刘秀胸膛的短剑。

刘秀虽然也见过各种各样的惊险场面，但他无论如何也不会想到京中使臣会是来谋杀他的刺客。他吃惊地坐在那里，竟然没有立刻想起来该闪身躲避。任凭眼前的这个刘辑和吴汉周旋打斗。

两旁的侍卫也根本没有想到京中使节会突然变为刺客，一个个呆若木鸡，不知道怎么保护皇上。

吴汉挡住对方剑锋的那一刻，刘辑身手也颇敏捷，短剑收回，拧身转向另一个空隙，依旧刺向刘秀。

吴汉更不含糊，一个后转跃上，握住了刘辑的手腕一使劲，刘辑半条胳膊顿时有些发麻，不由得手一松，短剑哐的一声落地。既而，吴汉一掌把刘辑击倒在地，拾起地上那把剑，指向刘辑："说，是谁派你来刺杀皇上的？"

"哈哈哈，是上天派我来的，是神派我来的！只可惜，老天瞎了眼，算他刘秀命大！"说完，刘辑看着指住鼻尖的剑锋，忽然高呼一声："蜀王、家父，我没有刺死刘秀。"

说着,他忽然迎剑锋撞上去,吴汉本想留个活口继续审问,但事情发生得突然,他抽剑不及,对方将胸口狠狠撞到那剑刃上,深深插进心窝,挣扎几下倒地死掉了。这时,众人才回过神来。

几名大臣闻讯赶来,众人一起下跪,口称:"臣该死,护驾来迟,皇上命大福大,有神灵保护皇上,万岁,万万岁!"

几名侍者慌忙上前,扶着呆愣愣的皇上。沉默片刻,刘秀稍微平静下来,长吁一口气说:"久在风浪中,岂能没风险?多亏吴汉眼疾手快,办事谨慎,朕才化险为夷,果然是命啊!"

刺客死了,听那个刺客临死时呼喊的话,似乎就是公孙述派来的刺客,不用审问也没什么悬念,这件事也该暂时放放了。

此时,刘秀正在回京师的途中,却又情不自禁地想起这件事。他似乎隐隐约约地感觉到,刺杀背后还有许多疑问无法解释,他一定要彻底查清事情真相。

虽然刘秀命当时在场的大臣严禁谈论这件事,但消息还是不胫而走。很快传到留守在京师的太子、诸皇子以及后宫的耳朵里。

太子刘强立刻采取行动,一面上奏折向父皇请安,一面在刘秀车驾行进的沿途增补护卫人员,在刘秀到达京畿之地时,刘强连忙率文武大臣出城跪迎车驾。

当刘秀看到跪在队伍最前面的刘强时,不知为什么,他忽然很反感,丝毫没有感觉出刘强对他这个父皇的关心。

或许刘强是太子,对于他所做的每一件事,刘秀都感觉他是建立在名利和功勋之上的,而亲情,则淡漠到次要位置。

再往这方面想,刘秀似乎有点讨厌刘强了。不知道是因为他的母亲并非自己最喜欢的阴丽华,还是因为儿子多了,分到他身上的爱自然而然地就少了。

刘秀的队伍很快接近跪迎的队伍时,刘秀似乎无意中问起随身的侍臣,宫中有什么新动向,侍臣忙围在刘秀身边喋喋不休,反倒把太子给晾在一旁。

刘强虽说也感到了父皇对自己的冷落,可他并没想到刘秀对自己会反感。他只是觉得,父皇是因为长途奔波,有些劳累罢了。再者刚发生的刘辑事件,摊在谁身上都会心有余悸,难怪父皇会有些反常,刘强并没有因此而想那么多。

刘强连续几天去父皇殿内问安,但都被"皇上身体不适免见外人"之类的理由拒之门外。

见了母后,刘强可以畅快地倾诉他的不满与抱怨,而面对父皇则不行,打落牙齿也得和血吞进肚里,这便是皇氏子孙的宿命啊。

郭皇后听完儿子的抱怨后，心里闪过这样一个念头，也不免替儿子感到委屈，不免有几分抱怨地说："哎，我也不知道为什么。自从你父皇回宫这两三个月以来，我还没能见上他一面，多次派人去请你父皇幸临东宫，他都以各种理由推托了。皇上每天都待在阴贵人那边，娘总不能跑到阴贵人房里去抢你父皇吧？这是皇宫，不是普通百姓家中的妻妾争宠。"

说完，郭皇后那略显苍老的脸颊滑过两行泪珠，泪珠冲刷着粉脂，留下两道浅红色的痕迹。刘强看到母亲流了泪，心中不免一酸，也跟着满肚子怨气，提高了声音说："娘身为皇后，简直就像冷宫的妃子。"

"强儿，你还年轻，正气盛的时候，千万不要信口胡说。现在宫里就好比战场，你争我夺的，尺水狂澜，弄不好一句话就能惹出大祸。不瞒你说，你父皇原本一心想立阴贵人为皇后，只是为了争取兵力，为娘才成了皇后。其实，娘也不贪恋皇后的位子，只是念在我强儿现在是太子，我要是不坚持做这个皇后，只怕强儿的太子地位也难保啊。"

"娘，以前我也听说过一点风声，但总不大明了，到底因为什么兵力不兵力的原因？"

"说来话长了。当初，你舅外公真定王刘扬刚刚归附汉室，你父皇为统一大业着想，为了免除后顾之忧，拉拢你舅外公，所以才会娶娘，才会立娘为后。可你舅外公偏偏再生事端，本已有荣华富贵可享，可他却听信隗嚣小人之言，起兵叛乱，最后落个兵败被杀的下场。为娘因为平时不理会朝中事情，这才没牵连到咱们。要不然，为娘还不知道要因为这件事落个什么下场。"

说完，郭皇后长叹一声。这一声长叹，更勾出郭皇后万般心思，她低着头想，这口气叹得好，叹出了人生的无奈与苦闷，自己身为皇后，又有什么用呢？仍旧拴不住自己男人的心。

想着泪又流下来，忙用手帕在脸上沾了沾："强儿，娘老了，名利地位都看淡了。娘这一辈子，只希望强儿顺顺利利地当太子，再平安登上皇位，娘以后享强儿的福就行了。"郭皇后说着又是一声长叹。

忽然觉得身后有些异样，一扭头顿时呆住。"啊！"呆愣片刻，她惊讶地叫喊一声，差点摔倒在地上。见娘神情不对，刘强连忙扭过头，也是大吃一惊。

不知道什么时候，光武帝刘秀早已站在他们身后。郭皇后和刘强惊讶了半天，才想起给刘秀下拜施礼。"免了，免了，你们憋着满肚子怨气行礼，朕如何承受得起？你们心里满是不情愿，朕心里又何尝愉悦？"

说着也不理会他们，径直走到座前坐下。郭皇后有些发颤，扭头瞅一眼门口

第十五章 皇室后宫 爱人以德化恩怨

侍女,轻轻说一句:"皇上来了,怎么不报?"

"朕不让报,想知道你在私下里如何不辞辛苦地教导皇子?"

郭皇后听出刘秀在责怪自己,不过确实也怪自己太大意。但既然到了这个地步索性把话说开,别显得太软弱,否则强儿更不好过。便大着胆子说:"皇上,臣妾心里不顺畅,说几句贴心话犯什么国法。皇上是不是在南宫待得久了,闷了,想撒气,又不舍得对阴贵人撒气,就跑过来了?有什么气,皇上尽管撒吧,反正这里总是皇上撒气的地方,而南宫却是皇上诉说衷肠的地方。"

刘秀听平日里不多言语的郭皇后竟然说出这样的话,禁不住腾地蹿升一股怒火,狠狠地瞪他们母子俩一眼。猛拍一下身边的桌子,大声吼道:"对,朕就是来撒气的!不仅是撒撒气就事,而且还要动真格的!"

郭皇后对这话似乎早有预感,但毕竟那只是想想,似乎是很遥远的事情。如今亲口从刘秀嘴里说出来,那就非同小可了。

郭皇后和刘强不约而同地打了个冷战,最怕发生的事情终于要发生了,而且这么突然,没有一点心理准备。

当初你危难的时候,怎么没提到会有今天?千万心绪顷刻涌上心头,郭皇后恐惧中夹杂着委屈,扑通跪倒在地上哭诉着说:"皇上,皇上千万别吓唬臣妾。皇上知道,奴婢一向不问政事,谨遵妇道,安守本分。这个不用说,皇上也知道。就是今天,奴婢虽然说了一些不该说的话……"

"好了,好了,别装委屈了,你看看这是什么?"听她絮絮叨叨,刘秀皱紧了眉头,显然没耐心再听下去,挪动一下身子,把一份太子亲笔写的奏折扔在郭皇后身边。

郭皇后战战兢兢地拾起,满脸惊奇地问一句:"皇上,这是什么?"

"这是什么?你是真糊涂还是装糊涂?它怎么会落在那个刺客刘辑的手上,你如何给朕解释?"

虽然还没弄清楚到底是怎么回事,皇上怎么会把自己和刺客联系在一起?但不管怎么说,既然皇上把自己和刺客联系在一起,肯定不是空穴来风。若这事解释不清,那可是万劫不复的罪责呀!皇后和太子的位置能不能保住暂且放在一边,单是性命也难保。

郭皇后和刘强立刻不寒而栗,一起伏在地上齐声高呼:"冤枉啊!皇上怎么说出这种话?自古血浓于水,都是亲骨肉,怎么会对皇上心怀叵测?皇上,一定是有人陷害。"

"哼,别说了,谁都不傻,道理谁都会说。你们说血浓于水,但事实却重于山！你们仔细看看，罪证全都在这里！皇后，你能否给朕解释一下，叛贼刘扬当年被满门抄斩，为何还留下一个活在人世？"

郭皇后一下子明白了事情的缘由，顿时脸色煞白，瘫坐在地上，折子从她手中滑落。郭皇后强打精神，满脸恐慌地问刘秀："皇上，皇上是说，刺客真的是他？"

刘秀黑着脸没吭声。郭皇后彻底绝望了，整个人崩溃下来，浑身颤抖着说不出话，许久才嘶哑地哭诉："刘豹啊，你当初怎么说的，怎么如此忘恩负义，你为了自己，却为什么要这样狠命置人于死地？"

哭诉几句，郭皇后忽然回过神来，知道眼下不是后悔的时候，应该赶紧想办法应付就要降临的大祸。

她挪动双膝，爬到台阶下，伸手拉住刘秀的袍摆，泣声哀哀地变了腔调说："皇上，臣妾知道犯了大错，哪怕让我去死，臣妾也没什么可说的。强儿根本不知道这件事，这全是我一个人做的，请皇上千万不要迁怒于他。皇上千万不要废掉他的太子之位，看在我们夫妻多年的份儿上。皇上，太子是国家的根本，没有不可饶恕的大错，是变更不得的啊，皇上。"

刘强看到母亲这副模样，心中大为不忍，也跪着挪动到母后身边，哭诉着说道："父皇，儿臣虽然不知道母后做了什么对不起父皇的事情，但母后的为人，父皇总应该相信，不管有什么不对，可总归罪不至死吧？请父皇原谅母后这一次，母后的过错就让儿臣承担好了，父皇，求你原谅母后。"

刘秀满腹怨恨而来，可看到这对抱头哭泣的母子，虽说对郭皇后的感情并没有那么刻骨铭心，但她毕竟也是自己几个儿子的母亲，和她一同走过了自己人生的重要阶段。

刘强呢，毕竟是自己的亲生儿子，况且从内心里来讲，这孩子也并没什么不好，老实忠厚，对自己还算孝敬。

刘秀来回想想，本来准备好的一席话，又说不出口了，只好转过脸去轻轻叹息一下，挥挥衣袖，默默地走了。

二、废立皇后

刘秀走后，侍女们急忙扶起郭皇后，服侍她躺在床上，刘强呆坐在床前，一直没有离去，他挖空脑筋琢磨刚才突然而至的变化，但总也理不出个头绪，待郭皇后情绪稍微平稳下来，刘强欠着身子，迫不及待地问道："娘，这到底是怎么回事，那个刘辑和你们真有什么关系吗？"

郭皇后这才讲起压在心底的一桩往事：

第十五章 皇室后宫 爱人以德化恩怨

当初你舅外公虽说答应你父皇,归附汉军,但是凭他的性格,平日里作威作福惯了,又怎么会就这样甘心委身于你父皇权势之下?你父皇其实也知道你舅外公不会这么轻易顺从。

于是,大局定下来后,把他调派到东郡任太守。可谁知你舅外公刚到东郡后,就受到隗嚣挑唆,生起称帝之心。你父皇称帝以后,刘扬心里就有点不舒服了。他不舒服也正常,论势力他不比刘秀差,甚至开始的时候还比你父皇强;论宗氏,他跟你父皇都是景帝的七世孙,他们家还是世袭的真定王,远比你父皇这平民宗室来得尊贵;论长幼,他也是你父皇的舅老爷。现在一个为君一个为臣,他这王要跪拜原来的老百姓,舅舅要向外甥磕头,要我也会不舒服。但是不舒服归不舒服,认清形势才是最重要的,如果搞不清状态,怎么死的都不知道。刘扬决定谋反脱离你父皇。刘扬是宗室又是外戚,他谋反影响很大,其实也正好给了你父皇一个诛灭他的借口。

你父皇即位光武帝,刘扬还是被封为真定王。外甥女婿在自己扶持之下当了皇帝,刘扬这个勋臣级皇亲,即便什么也不做,也足够保其三代荣华富贵了,人生夫复何求?然而仅仅过了半年,就爆发了刘扬谋反事件。

刘扬因受隗嚣臣子诱惑,制造了一个符谶:"赤九之后,瘿杨为主。"他脖子上有赘瘤,想来惑乱民众,和绵曼县的贼寇勾结。说你父皇之后,大脖子刘扬要当皇帝。东汉自认火德,对应红色,九,即西汉皇室第九代,你父皇正好第九代。瘿,就是脖子部位的肉瘤。

别人得个大脖子病羞于见人,刘扬竟然把这玩意塑造成了"祥瑞",他通过符谶,公开叫板你父皇:大家都是汉室子弟,皇帝轮流做,你之后就该轮到我刘扬!此后,刘扬不再听从你父皇调遣,甚至关闭真定城大门,拒绝接纳你父皇派来的将军。

公元26年春,你父皇派遣骑都尉陈副、游击将军邓隆召刘扬入京,刘扬关闭城门不接纳他们。

你父皇招来耿纯,要他去平定刘扬,还给他密旨:"如果刘扬真的谋反,斩了就是,不必奏请。"

耿纯是邯郸的骑都尉,王郎起兵以后,他本想带兵去平定的,但是考虑到自己实力太弱,双拳难敌四手,好汉不吃眼前亏,他马上打包投奔了你父皇。刘扬造反,你父皇首先想到的就是他,因为他是真定本地人。他还有一层关系就是他的母亲也姓刘,跟刘扬是近亲。

刘扬一听耿纯到了,根本没放在心上,一方面他自己兵强马壮,另一方面耿纯还是自己的亲戚，是自己的晚辈。刘扬邀请耿纯进城详谈，但是耿纯以皇命只要他守在外面为由，不愿意进城，还写了一封信给刘扬，在信中耿纯言词切切，先是对刘扬一翻恭维，还说自己如何想念刘扬，希望能够和刘扬在城外营地相见。

耿纯对这封信其实也没抱多大希望，不过本着聊胜于无的态度，试一试。没想到刘扬爽快地答应了，耿纯一接到使者的回复，高兴得差点跳了起来。第二天，刘扬就带着弟弟刘让和从弟刘细及少量亲兵出城见耿纯。耿纯先执晚辈之礼把刘扬等迎进营内，尽力和他周旋，等营外的将士准备得差不多了，耿纯一声令下，众将士抓住刘扬等，直接杀了，一场轰轰烈烈的谋反就这样轻而易住被平定了。

在你父皇闻讯后，下令对你舅外公家满门抄斩。

娘不能眼睁睁地看着你舅外公家就此绝后，于是，娘就只好冒险，背着你父皇从狱中救出你舅父的小儿子刘豹，也就是那个刺客刘辑。当时在刑场上的'刘豹'，只不过是个和他长相接近的一个死囚。我也担心这件事迟早会暴露，于是便让他扮作太监模样，在后宫做些杂务。

可没想到，刘豹不听从我的劝告，暗暗把仇恨记在心里，伺机要为家人报仇。这次他不知怎么地竟和公孙述的人勾搭起来，做出这样灭九族的事。

唉，这个刘豹呀，你安分守己延续下去郭家的血脉也就是了，没想到为娘搬起石头砸自己的脚，害得我皇后位子保不住，这还是小事，害得我强儿跟着遭罪。

说着郭皇后又忍不住捂住脸抽咽起来。

第二天早朝，满朝文武百官都已到齐，刘秀在御案后边坐稳，把昨天的事情说了个大概，提出要废掉皇后的想法。大臣们对此反应相当激烈。

很显然，朝中大臣对于此事的看法已经分为两派，一派以阴氏家族为首，抓住这个千载难逢的机会，极力主张废黜郭圣通的皇后之位。另一派是以朝中公正大臣和郭家以前旧部为主，他们反对废黜郭圣通皇后之位。

刘秀原本以为轻而易举就能完成废后之事，没想到竟有这么强大的反对势力，这让他始料不及，原本坚定的心渐渐犹豫起来。

一连几天，心情分外沉闷，刘秀不自觉地又来到了南宫。阴丽华一见刘秀，没有像往常热情地上前迎接，反而扭身走进内室，坐在床边，撅着嘴巴不吭声。刘秀明白她的心思，在心里苦笑一下，跟着进来，坐在阴丽华的对面。

只见阴丽华脸色阴沉，开始密云布雨，流下两行委屈的泪眼。

刘秀凑上前来，心疼地擦着阴丽华仍红润如初的双颊，说："丽华，你有所不知，朕一直就想废黜她，实践当初的诺言，让你堂堂正正地成为大汉江山的皇后。可是，朝廷当中各种人事关系错综复杂，并非想象得那么简单。你是个明大义的女子，这些道理应该能明白。比如说，天下刚安定下来，朕就急于进行度田之事，结果怎么样，度田进行得相当艰难，不少地方为此还起了争端。如果废后一事不谨慎解决，万一地方再发动叛乱，许多勉强压抑住的矛盾乘机爆发出来，不好收拾啊！"

"好了，别说了，你当皇帝苦，我当贵人就享福？反正你总是有道理，人家说不过你，听你的还不行吗？"说着，阴丽华伏在刘秀的肩上，满脸委屈，又满心欢喜，破涕为笑。

刘秀宽慰地轻轻拍着阴丽华的后背："到底还是患难夫妻，心境总是相通的。"

说着刘秀把阴丽华扳过来，盯住她依旧娇媚的面孔，柔声说："郭皇后这次因为包庇行刺一事，不管有千万种理由，已经无法脱罪，她的皇后之位早晚要被罢黜的。你不要心急，这十八年都过来了，还在乎一时半刻吗？再说了，不是皇后，可朕喜欢你的心，朕对你许下的承诺不会忘记。"

"皇上，奴婢虽然从不过问政事，可从人们的议论中也了解到一些事情的情况。皇上自实行度田以来已经有两年了，本是为穷苦百姓着想，给老百姓减免赋税，同时又不减少国家的收入。可是，皇上是否知道，真正受到实惠的并不是老百姓，皇上的苦心给奸邪小人钻了空子。那些地方官吏无视皇上的龙威，私自贪污下发于地方救灾的财物。京城某些位极人臣的大员，尚且根本不把皇上的旨意放在眼里。远的不说，就拿常常在皇上身边的大司徒来说，皇上早在征战西蜀之际，就命韩歆实行度田，可是，韩歆在皇上离京之后，他每天都在做什么呢？奴婢偶然中曾听下人们说，韩歆整日与太子饮酒作乐，这难道不是弃皇上的威严于不顾吗？"

阴丽华知道，度田，就是丈量土地，其中也包括核实户口。度田的目的是增加政府租税和赋役的收入。当今皇上夫君刘秀于公元39年六月下颁布的"度田"诏令，要各州、郡清查田地数量和户口、年岁，以便国家对土地和劳动力控制。同时也核查豪强地主的土地人口，以限制豪强大家兼并土地和奴役人口的数量，使国家赋税收入增加。

夫君刘秀之所以"度田"，主要是针对东汉初年垦田、户口不实的情况，在掌握了一定田亩、户口数据的前提下，进行检查核实。主要包含两方面的内容：核实各地的垦田数量和清查户口。"度田"诏令下达后，各地官吏或执行不力，或错误执行诏令,使诏书在实际执行中完全走样。地方官吏在执行"度田"诏令时,"多不平均,或优饶豪右,侵刻羸弱",完全失去了"度田"的初始目的。特别是河南、南阳两地,一为京师之地,功臣居多;一为帝乡,皇亲尤众,"田宅逾制"更甚,但地方官员畏于权势,不敢认真清查。

阴丽华唠唠叨叨似乎有口无心地说着,眼光很自然地在刘秀脸上一扫,见刘秀面色凝重,似乎若有所思,阴丽华知道刘秀已经开始按照自己的话题反省朝廷里的事情,于是顿一顿,仍如拉家常一般不动声色地说:"韩歆这人很有心计,皇上那么多的儿子,为什么他偏偏和刘强那么要好?刘强是太子嘛,是未来的皇帝。将来大汉天下便是刘强的,所以尽早笼络他,讨好他。有一些开国功臣,凭借自己年高位重,骄奢淫逸,在其位而不谋其职,什么时候又认真执行过皇上所下的命令呢?皇上,你仔细想想。"

刘秀最讨厌后宫妇女谈论政事,她们每次一提到朝廷的事务,不管是对是错,刘秀总不等她们说下去,便大加呵斥。可是这一次怪了,刘秀觉得自己非但没有责怪阴丽华掺和朝廷事务的意思,还把她的话句句记进心里。他不知道,这正是阴丽华苦心琢磨出来的一番说辞。

她知道刘秀是个强人,强人自然有许多刀枪不入的地方,但也必然有许多比平常人更加软弱的死穴。阴丽华正是把握住了这一点。作为强者,作为一个亲手争夺来天下的皇帝,刘秀听到有人对自己不尊,有人甚至在等待自己死了后大展拳脚,无法不承认自己的自尊心受到伤害。

刘秀认为有利于百姓的好事应办好,度田办法如果成功,天下统一,土地重新回到百姓自己手中,百姓安居乐业,岂不天下乐哉?可刘秀这个美好的愿望迟迟实现不了,不免有些烦躁。

皇帝的威严被践踏,哪怕只是轻微的,也绝不能容忍。度田之事一拖再拖,究其原因,难道真就是韩歆等人故意不执行朕的命令吗?

从阴丽华的南宫出来,刘秀理了理头绪,就已经下定了决心,要动真格的了。此刻正是上朝时分,刘秀坐在宣德殿里,召集文武百官上朝议事。看看众人都到齐了,个个眼光游离,似乎正揣摩着自己的心思。

刘秀在心里冷笑一声,不管你们再会卖弄乖巧,这次我是铁了心,一定要把度田这件事进行到底。朕要重树皇上的威严!

大殿内寂静得令人有些窒息。刘秀端坐在御案后边,心里思谋着如何把这场戏给唱好,表面上却似乎是在闭目养神,半晌都没开口说话的意思。

大臣们互相对视,偶尔交口低声议论一句,都在猜测着,皇上一向痛快,快

第十五章 皇室后宫 爱人以德化恩怨

人快语,今天怎么啦,葫芦里到底装的什么药,是好事还是坏事。不过看他情形,大概凶多吉少。寂静的大殿开始有点骚动,嗡嗡嘤嘤的议论声此起彼伏。

又过了一会儿,刘秀终于开口了,声音出奇地平静:"大司徒,朕问问你,度田之事进行得如何了?"

这话都问过不止一次了,韩歆并没有太在意,他想,皇上可能只是随便问问,作为上朝议事的一个开场白,根本不会真正刨根问底,于是便上前一步,轻巧地说:"启禀皇上,以臣之见,度田之策还是暂停施行得好。度田似乎不大符合我大汉长期以来的习惯。自从高祖创下汉室江山,分封裂土,就渐渐形成了个不成文的规矩。土地成了地方士绅们财富与地位的象征,大臣们尚且不说,就是地方上的豪强和庄园主,他们出人出力,跟随皇上战场拼杀,用血汗赢来了这大片土地,理所当然,他们认为自己应该跟随皇上享受荣华富贵,为何又要把土地分给那些百姓?他们实在想不通,自然会产生抵触情绪。臣认为,度田还需要慢慢解决。"

"韩歆说的,果真如此?!"刘秀目光一闪,盯向站在身边的刘强。

刘强自从前天和刘秀在母后宫里见过不愉快的一面后,沉闷了许多,也战战兢兢了许多,他听韩歆如此说,来不及多想,忙躬身赶紧应答一句:"是这样的,父皇。"

见太子发了话,有几位反对度田的大臣便也大着胆子出班说道:"恳请皇上,地方上群议纷纷,继续实行度田一事,只怕……"

"只怕什么?!"刘秀大声喊道。有莽撞些的没看清刘秀脸色,没注意到大殿上不同以往的气氛,顺口回答说:"只怕会激起民变,再度引起天下大乱。"

啪的一声脆响,刘秀猛一拍桌子,腾地站了起来,宽大的御案猛地一哆嗦,龙袍一角打在御案一角的高脚笔筒上,笔筒晃动一下,哐啷掉在地上,摔了个粉碎。破裂声轰然巨响,闷雷一般炸开,仿佛整个大殿都在回荡。所有人都不禁打了个冷战,悄悄缩起了脖子,再不敢出声。

有黄门郎赶忙上来,要收拾碎片,刘秀沉着脸摆摆手,叫他们别在眼前碍事。然后挺直了胸膛,看着刚才那几个趁乱进言的大臣,大声下令说:"朕若一味依赖你们,大汉江山真的就要再度大乱了!国以民为本,民以谷为命,而你们,却全然不懂!韩歆,你身为大司徒,却抗旨不遵,办事拖拖拉拉,有损朝廷威严,朕今天就革去你大司徒之职,贬为庶民,永不录用!此外,骠骑将军杜藏、建义大将军朱祐、虎牙大将军盖延、尚书令侯霸,这四人罚俸一年,官降一品!"

见自己发布这道旨意时,许多人怕冷似的缩了缩身子,刘秀知道这下终于让他们明白了,天威不可侵犯,刘秀语气稍微缓和一点,但仍是非常严厉:"你们身为朝中大臣，却如此鼠目寸光，无法令朕不失望。要知道，民是国之根本，民乱，国还能存在吗？尔等说起来，都是百姓的父母官，一心想着自己贪图享乐，思谋着如何独自享受荣华富贵，你们以为身为功臣，就可以眼中无朕，目中无法了？度田不实行，百姓流离，盗贼又何愁不出现？天下又何愁不会大乱？莫非这就是你们所希望的？度田一事必须进行到底，如有违令者，一律当斩！"

说完，刘秀甩袖退朝。也不等黄门和宫女们搀扶，脚步咚咚地走远了。雷霆之威一浪高过一浪，直到刘秀走开了好大一会儿，朝堂上仍肃穆得鸦雀无声。

大臣们似乎还没从噩梦中惊醒过来，一个个目光呆滞，头脑一片空白。

韩歆，字翁君，南阳人，为当地名士，王莽末年天下大乱，公元23年，绿林军诸将拥立汉朝宗室刘玄为帝，建立了更始政权，韩歆作为南阳名士，被更始帝刘玄任命为河内郡太守，牧守一方。不久，韩歆的同乡岑彭被任命为颖川郡太守，但因为颖川郡当时被刘茂占据，不能上任，他只好跑到河内郡来投奔韩歆。韩歆将其收留，同守河内。

公元24年秋，刘秀率领大军在射犬一带击败农民军之后，乘势进入河内郡，收取各县。韩歆得报，准备闭门坚守，以抗刘秀。岑彭因曾在刘秀的大哥刘縯部下效力，所以极力劝说韩歆归附刘秀。可是韩歆却拒绝了岑彭的劝说。

不久，刘秀领军进至怀县，韩歆见刘秀兵强马壮，知道大势已去，开城投降。然而，当刘秀得知韩曾想带兵抵抗自己时，勃然大怒，令人将韩歆捆绑起来，按在门外鼓下，准备斩首。幸得岑彭求情，说韩歆是南阳名士，可以为刘秀效力。刘秀才赦免韩歆，让韩歆到邓禹军中做军师。

公元24年，樊崇率领赤眉军主力大举西进长安，为了争夺长安的控制权，十二月，刘秀任命邓禹为前将军，率两万余人出师西征长安，韩歆作为邓禹的军师也随军出征。

西征军一路西进，直抵安邑（今山西夏县），刘玄急令王匡、成丹、刘钧带兵救援，六月二十五日，双方在安邑城下展开了一场大战，邓禹失利，天黑后双方停战，韩歆和诸将见气势已挫，都主张乘夜退走，邓禹不从，坚持出战，大破敌军，平定河东。

占据河东郡之后，邓禹、韩歆率军继续西进，最终在长安附近与赤眉军展开大战，被击败，公元27年闰正月，邓禹只率领二十四骑逃回宜阳（今河南省宜阳县），韩歆就在其中。

西征失利之后，韩歆继续随刘秀征战，立下许多功劳，被封为扶阳侯，并先后被任命为尚书令、沛郡太守。

第十五章 皇室后宫 爱人以德化恩怨

公元37年，大司徒侯霸去世，刘秀把韩歆从沛郡（今安徽淮北市）调到京城，让他代替侯霸担任大司徒。韩歆喜欢有话直说，没有隐讳，常常让刘秀感到难以容忍。

有一次朝会，刘秀在读隗嚣、公孙述的来信之后叹道："可惜了，其实，此二人也有才。"

韩歆应声答道："亡国之君都有才！夏桀和商纣王就很有才。"

刘秀听了勃然大怒，认为他的言辞太过激。

公元39年正月，韩歆上书刘秀，说汉朝要遇到庄稼歉收出现饥民，韩歆指天画地，言辞急切。正月二十三日，刘秀正式颁诏，将韩歆免职遣送回乡。即便如此，刘秀还是觉得不解气。于是，他又下了一道诏书，派使者去路上继续追责韩歆。

按照汉法，对于有罪贬谪的官员，如果在路上被诏书责问，就是逼其认罪自杀。司隶校尉鲍永一再为韩歆求情，刘秀都没有答应。韩歆与他的儿子韩婴在路上接到责问诏书，当即伏剑自杀。

韩歆一向名气很大，死于无罪，大家都不满，刘秀也后悔了。为了弥补前过，他下诏对韩家追赐金钱、粮食，又令有司以大司徒之礼安葬，并对其家属予以安慰抚恤。

以前，他们看到的只是刘秀温和慈祥，好像心胸无边无际，能包容得了世间万物。哪会想到皇上今天如此动怒，又如此对韩歆等交情很深的大臣不留一丝情面。

大家倒吸一口冷气的同时，都暗暗对自己说，天威难测，今天算是开眼了。刘秀一阵人发雷霆，各部官员纷纷行动起来，都赶紧遵诏行事，分工深入到地方上进行度田。被降职的那四名官员也害怕地顺从皇命，比以往什么时候都上心，全国上下都大张旗鼓实行度田。

看到全国上下度田进行得很顺利，刘秀意识到自己的怒火并没有白发，对于朝臣，不但要拉，更是要压，便略感欣慰。

同时也觉得，还是阴丽华好，不但温柔体贴，还能做个贤内助。这样一想，他便对郭皇后充满了同情的同时又充满了厌恶，到底是怎样的一种心情，连自己也说不清。

紧接着度田风波的余澜未息，新的事情又提上日程。这天百官上朝奏事时，看刘秀心情不错，盼望阴丽华早一天为皇后的一方，再次提出废后的事情。这次出乎很多人的意料，刘秀不等众人开始理论，自己带头欣然同意。

见皇上明确表了态，其他准备为郭皇后争执一番的大臣，联想起上次简直要冲破大殿屋顶的震怒，立刻气馁，即使想保住郭皇后地位的郭家人，也都学会了见机行事，只怕自己万一哪句话说错，落得如韩歆那样的下场。结果这次廷议出奇的顺利，谁也没有任何异议。一件大事就这样轻易地决定下来。

建武十七年冬，光武帝刘秀下诏：

皇后怀势怨恨，数违教令，不能抚循他子，训长异室。宫闱之内，若见鹰鹯，既无关雎之德，而有吕霍之风，岂可托以幼孤，恭承明祀？今遣大司徒戴涉，宗正刘吉，持节往谕，其上皇后玺绶。阴贵人乡里良家，归自微贱，自我不见，于今三年。宜奉宗庙为天下母。异常之事，非国休福，不得上寿称庆，特颁诏以闻。

诏既颁发，群臣互相惊愕，不敢议论。郭皇后只好缴出印绶，徙启别宫。阴贵人，母仪天下。

殿中侍讲郅恽讲奏道："臣闻夫妇情好，父子尚且难言，况属在臣下，怎敢参议？但望陛下慎察可否，莫让天下贻议社稷，才能无忧！"

刘秀答道："卿能曲体朕意，朕很高兴。"暂时不更换储君，更进郭后次子刘辅为中山王，号郭后为中山太后。其他东海公刘阳以下，都进封为王。

刘秀称赞的郅恽，字君章，汝南郡西平县（今河南西平）人。郅恽先后研读了《韩诗》《严氏春秋》等书，精通天文历数。王莽代汉时，郅恽不顾自己人微言轻，上书王莽说："当今的天象表明，汉朝江山气数还长，上天告诫你，应该本分地做好臣子，可以转祸为福。你不能违天命窃王位，自己给自己找麻烦。上天是你的严父，臣民是你的孝子，父亲的教诲不能废除，子民的话不能不听，请你仔细地考虑一下。"

王莽大怒，当即下令将郅恽逮捕入狱。王莽指派宦官近臣威胁郅恽。郅恽却说："我所说的都是天文圣意，不是狂人所能编造的。"郅恽后虽经赦免，却过着逃亡的生活。

到光武帝刘秀时，郅恽客居江夏，被江夏郡守举荐为孝廉，别看郅恽官职低，这老头可倔得很。郅恽的耿直早在30年前王莽篡政的时候就已名满天下。刘秀做皇帝后，听说过他的学问和品德，本想重用，见他年老体弱，认为没多大用处，就让他做了个管城门的小官，他也不推辞，干得挺认真。

有一次，光武帝带了一批人，到洛阳郊外去打了一天猎，回城的时候，已经是深夜。皇帝的车驾到了上东门，城门早已关了。随从打猎的侍从叫管城门的开门，郅恽拒绝了。

过了一会儿，光武帝亲自策马立到桥边，吩咐郅恽开门。不料郅恽说："夜里看不清楚，不管是谁要进城，还是按朝廷的规矩不能随便开门。"光武帝只好绕道到东中门进城。

第二天，光武帝正想找郅恽责问，不想郅恽的奏章已经送上来了。奏章上说："从前文王不敢玩乐游猎，处处想着百姓，而陛下打猎却夜以继日，对江山社稷会产生什么影响呢？如果陛下不能以此为戒，实在是令臣下担忧。陛下跑到遥远的山林里去打猎，白天还不够，直到深夜才回来。这样下去，国家大事怎么办？"

光武帝看了奏章，肚子里的气就没有了，连声说："这倔老头子果然有胆量、有见识！"于是，命人赏给郅恽一百匹布，把那个管东中门的官员降了职。

刘秀肯定了郅恽敢于直言进谏的行为，不再让郅恽看守城门，而是让他做太子的老师，教太子读书。

三、改换太子

太子刘强面对废后之事，心里难受却无能为力，只能眼睁睁地看着自己的母后被人挤下皇后的位置。因为上次刺客事件和度田这件事情，自己的作为已经令父皇大为不满，如果自己这次再贸然违抗旨意，孤身替母亲求情，非但于事无补，只怕只会招来自己被废太子之位这样的结果。

眼花缭乱的争斗胜负终于分明，一切结局似乎早已注定，阴丽华无可置疑地坐了皇后的宝座。十八年的愿望和期待，终于变成了现实。南宫内，阴丽华刚刚午休起来，懒散地坐在躺椅上，观赏窗外的花木葱茏，倾听小鸟的鸣叫，心里很是舒畅。

自己多年的凤愿终于实现了，内心的喜悦无法表达，她忽然想笑，却又笑不起来。她想起新野的时光，想起刘秀在宛城在洛阳忍辱负重的时候，那时怎么会想到真的还能熬到今天？越是想到过去，就越感到如今的美好，诸多感慨也油然而生。

正在思绪万千的时候，刘阳进来给母亲问安。阴丽华看着比自己要高出一头的刘阳，忽然心头一动，感到了自己的幸福其实还有一个重要的缺憾，那就是自己的儿子刘阳还未登上太子的宝座。

而刘阳能不能登上太子宝座，直接关系到自己眼下的幸福是不是能长久。母子本为一体，两个人的幸福其实就是一回事。不过，对于刘阳登上太子宝座这个问题，因为有了初战告捷的兴奋和经验，阴丽华早已胸有成竹，脸上又多了一丝笑意。

阴丽华从躺椅上欠起身，伸出纤纤细手拉住刘阳，让他坐在自己身边，掩饰不住疼爱地说："我儿快快过来，让娘好好看看你。娘往后成了皇后，你在你父皇跟前说话的机会就更多了，你要多长个心眼，别和那边的呆子一样，要和娘一样，是自己的就抓在手里。你愿意做太子吗？"

"母后，这事怎敢乱说？"刘阳警惕地看看窗外。"这南宫内殿就你我母子两人，咱娘儿俩说几句贴己话，有什么害怕的，想什么尽管说就是。"阴丽华有意提高点声音，给刘阳壮胆。

"母后，且不说孩儿想不想当太子，所谓先入为主，现在刘强是太子，他如果不犯什么大错，父皇是绝对不会轻易废掉他的太子之位的。废黜皇后就已经吵闹得沸沸扬扬，若是再闹着废太子，父皇他……"刘阳皱了皱眉头，不无担心又有几分绝望地说。

"阳儿，什么先入为主，不是还有后来居上吗？刘强生性憨厚，天生就不是治国做君王的材料，就是皇位落到他手里，他也驾驭不了。而你就不同了，知子莫若母，你从小就行事思虑缜密，又读过兵书，练习过武艺，文治自然不在话下，就是将来需要御驾亲征，领兵打仗，也毫不含糊。我觉得，阳儿确实比那刘强更适合做太子。你没看出来？你父皇也对你万般疼爱，早有把你立为太子的意思。你不但继续和以前一样嘴巴甜些，更主要的，要尽力表现你治国的才能。另外一些事情，母后自会替你打算，相信不久的将来，我儿一定会成为你父皇的太子。"

见阴丽华把话说到这份儿上，刘阳知道事情已经成了十之七八，使劲点了点头："娘，儿明白了。"

公元43年，妖人单臣、傅镇等造反，占据原武城，劫持了该城的官吏。光武帝派臧宫率兵围剿，由于单臣、傅镇粮草充足，所以臧宫虽然把他们困在城里，又打死打伤了很多士兵，但就是攻不破城池。

这天，刘秀召集众大臣在殿内议事，刚在大案后坐定，刘秀便有些着急地开口说："妖人单臣、傅镇等造反，又有人乘势起哄，贼势迅速连成一片。朕派臧宫吴汉等人前去镇压，谁想不仅没有取胜，反而为贼兵所逼，节节倒退。你们看，昔日众贼势力强大的时候，都很快平定，现在江山一统了，倒斗不过几个蟊贼。到底是贼兵势力强大，还是朕手下的大将年老体衰了？诸位对此有什么见解，倒是说说看。"

见皇上把问题摆出来，群臣开始议论不休，各有说辞，不过大多都赞同重金收买这些叛逆之贼，少动干戈，实行安抚政策。

就在这时，刘阳忽然从人群中站出来，拱一拱手高声说道："启禀父皇，儿

第十五章 皇室后宫 爱人以德化恩怨

臣以为，各位大臣所言并不切合实际。我大汉统一大业已经顺利完成，如今全国上下，民生安乐。父皇在百姓心中已圣若神明，正如日中之太阳。如今妖人单臣、傅镇等造反，破坏国家安定，其罪极大，罪在不赦！若依了诸位大臣所议，我堂堂大汉朝廷，却要重金收买笼络这帮不成器的小贼，岂不成了笑话？所以，儿臣认为，必须对他们加以武力征服。但不要围城太紧、太急，而应让贼人可以突围，伺机一举歼灭！"

这话说得铿锵有力，又理由充足，一时把众人噎住，谁也说不出别的话来。

刘秀心里暗暗高兴，脸色却很平静，只是微微点了点头，稍候片刻才说："吾儿说得在理，好，朕就命刘阳派兵征战原武城，讨伐逆贼。"

"儿臣遵命！一定不负圣望，早日凯旋！"刘阳又是一抱拳，干脆利落地回答。

第二天，刘阳就率兵讨伐逆贼。到达原武城后，刘阳命令将士把叛贼包围在原武城内，但没有趁势攻打，而是采用攻心战，促使叛贼内部产生分裂。等到叛贼内讧起来，一部分人闹着出城另谋发展，结果真如刘阳所料，叛贼分散突围后，刘阳便趁机率众一举进攻，消灭了叛贼，取得了胜利，没费多少兵将就平定了原武城叛乱。

正如自己当堂许的愿一样，刘阳很快凯旋，觐见皇上。刘秀爱抚地把刘阳拉在身边，欣慰之情再也掩饰不住地溢于言表："吾儿这次可算立了大功，既没有浪费众多兵力，也没惊动当地百姓就达到了目的，避免了城中百姓再次遭受战乱之苦。一石三鸟，真是绝妙！吾儿刘阳不愧为大汉栋梁之才啊。倘若你生于为父那个时候，必然也是一代枭雄。"

刘强此时正好也站在身边，见父皇只顾大加赞赏刘阳，而完全不顾及自己的感觉，甚至连正眼都没瞧自己一下，心里像打翻了五味瓶，是酸是苦，自己也说不清。想到自己母亲被废掉皇后的名分，想到刚刚被立为皇后的刘阳的母亲，再看看父皇正大加赞赏的刘阳，是嫉妒，还是羡慕？更多的是一种酸酸的苦。他冥冥中预感到，自己决定何去何从的时候到了。

回到后宫后，刘强照常接受殿中侍讲郅恽的教导。郅恽之乎者也地吟哦诗文，讲述满口的伦理之学，但刘强却一句也听不进去，思绪情不自禁地飘向了窗外。

郅恽似乎看出了刘强的心思，在刘强身边坐下，慢条斯理地说："太子认为虽然只是一个普通皇子，但能重新得到皇上的赞赏，开开心心地过日子好，还是硬着头皮坚持做太子好呢？"

刘强几乎没想，立刻接过话头说："我宁愿能像从前一样，父皇、母后那样疼我，每天平平静静地过日子就足够了，我再不愿做这个太子，平白招来许多人的嫉妒，自己也整日提心吊胆。世人都说权势好，其实还是平淡逍遥更现实些。""那太子既然决定了,为什么还这样使自己痛苦下去呢?"郅恽意味深长地看他一眼。

"太傅的意思是,我主动辞去太子之位?"刘强伸长了脖子。

殿中侍讲郅恽对太子刘强说:"殿下久处疑位。上违孝道,下近危机。从前殷高宗为一代令主,尹吉甫亦千古良臣,尚因纤芥微嫌,放逐孝子。至若《春秋》大义,母以子贵,为殿下计,不如让位,退奉母氏,方为不背所生,毋亏圣教呢。"

郅恽又说:"不过太子应该知道,皇上一向仁慈,同样是亲生儿子,他又怎么舍得伤害其中任何一个呢?如果太子主动请辞,这不仅使皇上内心的矛盾得到解脱,再者,皇上知道太子为人忠厚,也会更加厚爱太子的。同时,太子现在主动请辞,总比某一天被废掉要好出许多吧。倘若把握住主动,在百姓心目中,太子刘强便是一个谦虚宽厚、注重兄弟情谊、淡泊名利的好皇子,皇上自然也会比以前更加疼爱太子的。"

刘强听了这一番话,大有感悟,立刻站起身走出门去,临出门,转身向郅恽深深一揖:"多谢老师的教益!"

从书房出来,刘强径直走向母亲中山太后的处所,想告知母后自己主动让位这个重要决定。

郭太后听刘强说完,眼眶里的泪水直打转,勉强忍着没流下来,她盯着刘强哽咽着说:"强儿,娘知道,都是娘连累了你,耽误了你的前程。要不是为娘犯下的过错,又怎么会让你心中有这种负罪感,非要自动免去太子之位呢?"

"娘,别说了,这一切都不是我的错,也不是你的错,我已经想清楚了,不管娘犯不犯错,这个事情迟早是免不了的。有这样一个结局,已经是上天照顾咱们了。当不当太子,对孩儿来说已经不重要,权力,至高无上的权力,又算什么呢?孩儿想要家族和睦,一家人和和美美地过日子,像普通百姓一样,娘。"

郭太后的泪扑簌簌地流了满脸,情不自禁地抱住了刘强,临了,她抚摸着刘强的脸有几分可惜地说:"强儿,像你这样忠厚的好孩子,原本就不该出生在帝王家呀!"

第二天早朝上,刘强主动递折子要求让贤,把太子之位让给刘阳。奏折递上后,百官立刻凑趣地纷纷进言。

"太子深明大义,与皇上父子情深,与东海王兄弟义重,这都是皇上教子有方,无不令臣等佩服!"

"皇上有这样的皇子,是皇室之福,东汉王之福,也是臣下之福啊,这段佳话定会令后世传诵效仿。"

郭皇后因对光武帝刘秀不满,以至于发展到了后来被废。郅恽作为臣下,调停于光武帝刘秀、郭皇后和太子之间。郅恽对光武帝刘秀说:"我听说夫妻之间的事情,儿子不能干涉父母,臣下更不能干涉皇上。有些话,我是不该说的,但是,还是请皇上能够恰当处理此事,以免被天下人议论。"

在郅恽的调停下,郭皇后和太子虽被废黜,但都得到了很好的归宿。太子被封为东海王,郭皇后被封为郭太后,避免了皇室之间的积怨和争斗,对于巩固当时的统治秩序起到了很好的作用。

刘秀没想到如此一个难题,就这样轻易解决了,解决得如此圆满如此不着痕迹,实在有些出乎意料。

等歌功颂德声渐渐弱下来时,刘秀顺着众人的意思,也对刘强大加赞赏,这是以前很少有过的现象。

只有刘强自己知道,这赞赏的背后,多少人付出了多少心思和泪水。没过几天,诏书颁布,宣告天下臣民,封刘阳为太子。

因为刘阳与反叛的真定王刘扬谐音,为了避免不吉利,刘阳改名为刘庄。

诏书曰:《春秋》之义,立子以贵。东海王刘阳,皇后之子,宜承大统。皇太子刘强,崇执谦退,愿备藩国,父子之情,重久违之,其以刘强为东海王。此诏。

刘强奉诏后,便缴上太子印绶,即日册立刘庄为太子。

皇太子刘庄,春秋渐高,留居东宫,刘秀为了培养自己的儿子,请桓荣为老师,桓荣对于刘庄来说,可以说是最重要的一名老师。

太子未来的皇后,是刘秀现在的皇后阴丽华一手带出来的。汉明帝刘庄的皇后是一代名将马援的女儿,马皇后从13岁进宫,就跟在阴丽华身边,有十年时间。一个女人从13岁到23岁,这十年是非常重要的。

阴丽华通过自己的言传身教,把马皇后教育得和自己差不多。性格贤良,讲究礼貌,母仪天下,成为了历史上的一代贤后。

桓荣老师确确实实带出了一个好学生,汉明帝刘庄也是一代明君,这跟桓荣老师的培养是分不开的。和刘秀为他选了这么一个好老师,也是分不开的。

第十六章
柔道治国 德行天下大风歌

一、关注民生

自新末大乱到天下再次一统,历经近20年的时间,此间百姓伤亡惨重,战死和病饿而死者不计其数,到刘秀再次统一天下之后,天下人口是"十有二存"。

为了使饱经战乱的中原之地尽快地恢复和发展,刘秀则"知天下疲耗,思乐息肩。自陇、蜀平后,非儌急,未尝复言军旅"。

刘秀勤于政事,"每旦视朝,日仄乃罢,数引公卿、郎、将议论经理,夜分乃寐"。多次发布释放奴婢和禁止残害奴婢的诏书,使得自西汉末年以来大量失去土地的农民沦为奴婢的问题得到了极大的改善,也使得战乱之后大量土地荒芜而人口又不足的问题得到了解决。实行轻徭薄税,为减少贫民卖身为奴婢,经常发救济粮,减少租徭役,发展农业生产,兴修水利。罢免贪官污吏,加强中央集权,同时,光武帝还大力裁撤官吏,合并郡县,这样极大地减轻了人民的负担。到刘秀统治的末期,人口数量达到了两千多万,比之前增长了一倍还多,经济也得到了极大的发展,历史上称其统治时期为光武中兴。其间国势昌隆,号称"建武盛世"。

刘秀平定天下,登基称帝,在位33年,念念不忘家乡,情系故土,先后多次回到故乡舂陵,祭祖、看望款待族人、乡亲。

公元41年冬天,刘秀回到自己的老家。这时候,刘秀的老家已经不再是舂陵乡了,在这之前,刘秀就已经把南阳郡舂陵乡改成章陵县,从乡到县,给家乡升一级。并且,他也向刘邦学习,免除这个县的徭役。他回去之后,修建老家的宗庙,维护祠堂,装修老房子,改成"皇帝故居"。

第十六章　柔道治国　德行天下大风歌

刘秀还去田间地头看看，当初种过地，看看自己曾经耕耘过的土地，不知他是否会有感慨。当初他牵着牛，耕耘时挥汗如雨，后来他骑着牛上了战场，才改变了命运。

刘秀随后在老家请客。当皇帝请客也方便，刘秀天天请乡亲们吃饭喝酒。刘秀在老家有好多亲戚，有几个年长的女亲戚，按辈分应该是刘秀的大婶大妈，也都前去喝酒。

她们都是看着刘秀长大的，现在看到刘秀这么有出息，心情都特别高兴，一高兴话就多，大婶大妈们说："刘小三小时候啊，很讲礼貌，很讲信用，和人打交道的时候，也不是说特别善于应酬，性格很'直柔'，很坦诚，很柔和，没想到能有今天啊！"

每逢入伏闷热天气，人们爱在村前乘凉。刘秀回家探亲，夜晚也来到村前纳凉，父老乡亲围坐满场，问长问短，谈笑聊天。这时，忽听啪哒、啪哒乱响，有的用蒲扇扫腿，有的用巴掌拍脸，打断了人们的话头。

刘秀问明这儿的蚊虫很多，叮得人难受，他便怒道："小小孽障，嘴尖心毒，不务正业，休得放肆。"经刘秀这么一训斥，多数蚊虫嗡嗡叫着飞去，以后成为"叫叫蚊子"，也有少数蚊虫不作声，总想偷偷叮人。这倒是人们防不胜防的"哑巴蚊子"。皇村前有一块打谷晒粮的场地，人称"官稻场"，其中有席子大一片地方，再没有蚊子叮人。

在历史上，凡是打江山的皇帝，给我们的印象都是一代枭雄，都是很刚的，怎么能够柔顺呢，大婶大妈所说的这个柔，就是刘秀的"老底"：她们觉得刘秀能当皇帝，太不可思议了。

刘秀听她们这么一说，一点也没生气，而是大笑。

刘秀的笑声特别爽朗："你们说得很对，我正是因为柔，才打下了天下，我不光打天下可以柔，治理天下也要用柔道。"刘秀用柔道来说自己的治国之道。

"以柔道治国"，确实是刘秀治理国家的一大特色。

还是在他建国之前出镇河北时，就首先清除苛政，理结冤狱，罢黜贪官，延揽人才，广施恩泽，取悦于民。东汉王朝建立后，刘秀面临的是"百姓虚耗，十有二存"的残破局面。为此，他顺应民心，实行宽松的统治。

为恢复被破坏了的农村经济，公元 30 年，他就下令实行"三十税一"的田赋制度。每逢突发性的自然灾害，刘秀都要下令减免徭役，对于那些鳏、寡、孤、独、笃、癃、贫而不能自给的，官府经常发给粮食。

刘秀恢复西汉赈济灾贫和抚恤鳏寡孤独废疾高年的规定，发放救济粮。还

"务从节约,并官省职","省减吏员",裁并相当于西汉时县、邑、道、侯国数四分之一的四百多县,吏职减损十分之九;废除内郡的地方武装,让地方兵吏一律退归民伍,解甲归田,裁撤郡都尉,并其职于太守,甚至连边塞亭侯吏卒也陆续免去,从而节省了大量的开支,减轻了国家的负担。

那些打仗被抢到军队中成了奴隶的,想走,谁也不能拦!否则,就以买卖人口论罪。除此之外,刘秀还注重保护奴隶的生命权。比如有这么一条:天地之性人为贵。其杀奴婢,不得减罪。过去的奴隶,主人想杀就杀,就跟对待家里养的鸡鸭一样。

刘秀说:"天地之间,人的生命是最宝贵的,杀奴隶,照样是犯罪,跟平常杀人一样。"不光不能杀,也不能对奴隶进行肉体上的伤害。

奴婢问题,是西汉末年的一个严重的社会问题。农民起义,沉重地打击了占有奴婢的豪强地主,使许多奴婢得到了自身的解放。刘秀为了政治斗争的需要,先后多次下令释放奴婢,禁止虐待奴婢。诏令规定:凡属王莽以来吏民被没为奴婢而不符合西汉法律的,青、徐、凉、益等封建割据区域的吏民被略卖为奴的,吏民遭饥乱嫁妻卖子为奴而要离去的,一律免为庶人;奴婢主人如果拘留不放,按西汉的"卖人法"和"略入法"治罪。这些改善了农民的处境,体现了农民战争对奴隶制残余的打击。

过去主人把奴隶买回来,为了防止他们逃跑,在他们身上做上记号。有的在脸上刻字,有的在身上烫符号。刻上赵家、李家,张记、王记等这就是自己家奴隶的标志,也能显示自己的身份。来人一看,家里一排奴隶全刻着符号,多排场。

刘秀就说:"烫伤奴隶是犯法的,凡是被烫伤的奴隶,都自由了,爱干什么干什么去了。"奴隶们脸上带着符号,愿去哪逛去哪逛。

刘秀这一系列法令的颁布,提高了奴隶的地位,让奴隶也得到了法律的保护,不光是缓和了社会的阶级矛盾,更重要的是增加了政府的财政收入。

奴隶过去都是不算户籍的,没户口,全都是黑人,政府收税,奴隶不算人头。把这些奴隶解放出来,社会上就有了更多的劳动力,政府也有了更多的收入。

二、 安置功臣

历史上的开国皇帝,周围都会聚集着一批一同创帝业打江山的功臣。开国皇帝与开国元勋之间往往有着十分复杂的关系,如果处理不好,就会使之或骄纵妄

第十六章 柔道治国 德行天下大风歌

为,尾大不掉,甚至危及皇权;或心存疑惧,产生二心,甚至另立旗号。在这方面,西汉初的历史留下了深刻的教训,以致韩信发出"狡兔死,良狗烹;飞鸟尽,良弓藏;敌国破,谋臣亡"的感慨,道尽了众多开国元勋的辛酸史。

刘秀是靠着血与火的激烈争战创立帝业的。在这个过程中,一大批足智多谋、骁勇善战的将军立下了赫赫战功。刘秀对这些功臣中有较高政治才能的,仍加重用,让他们参议国事。另一方面刘秀对那些虽屡建军功却缺少治国才干的功臣,不授以实职实权,只让他们享受荣华富贵,优游享乐以尽天年。

公元36年,战争基本结束了。刘秀对他的部将论功行赏,大封功臣,有二十八个主要将领成为开国功臣:

太傅高密侯邓禹

大司马广平侯吴汉

左将军胶东侯贾复

建威大将军耿弇

执金吾雍奴侯寇恂

征南大将军舞阳侯岑彭

征西大将军夏阳侯冯异

建义大将军鬲侯朱祐

征虏将军颍阳侯祭遵

骠骑大将军栎阳侯景丹

虎牙大将军安平侯盖延

卫尉安成侯姚期

东郡太守东光侯耿纯

城门校尉朗陵侯臧宫

捕虏将军杨虚侯马武

骠骑将军慎侯刘隆

中山太守全椒侯马成

河南尹阜成侯王梁

琅邪太守祝阿侯陈俊

骠骑大将军参蘧侯杜茂

积弩将军昆阳侯傅俊

左曹合肥侯坚镡

上谷太守淮陵侯王霸

信都太守阿陵侯任光

豫章太守中水侯李忠

右将军槐里侯万脩

太常灵寿侯邳彤

骁骑将军昌成侯刘植

汉明帝刘庄追思他父亲光武帝刘秀的诸位功臣，就把二十八位有功将领的画像放在南宫云台。

后人还把这些将领与神话传说的天庭二十八星宿名称相对应，这就是"云台廿八宿"：

东方青龙：角木蛟邓禹　亢金龙吴汉　氐土貉贾复

房日兔耿弇　心月狐寇恂　尾火虎岑彭　箕水豹冯异

北方玄武：斗木獬朱祐牛金牛祭遵　女土蝠景丹

虚日鼠盖延　危月燕坚镡　室火猪耿纯　壁水貐臧宫

西方白虎：奎木狼马武　娄金狗刘隆　胃土雉马成

昴日鸡王梁　毕月乌陈俊　觜火猴傅俊　参水猿杜茂

南方朱雀：井木犴姚期　鬼金羊王霸　柳土獐任光

星日马李忠　张月鹿万脩　翼火蛇邳彤　轸水蚓刘植

刘秀所封的"功臣"不只二十八将，还有三十二功臣，三百六十五食封邑者，四十五外戚恩幸者，一百三十七个刘姓贵族，计有五六百个列侯。

全国统一后，光武帝增封功臣，得三百六十五人，外戚封侯四十五人，惟宗室诸王，却为了将军朱祐建议，反降封为诸侯。如赵王刘良，由广阳徙封。齐王刘章，即刘縯长子。鲁王刘兴，刘縯子过继刘仲，三人统称为公。

长沙王刘兴，真定王刘德，即刘扬子。河间王刘邵，中山王刘茂四人，是景帝后裔。统称为侯。

封孔子后裔孔安为宋公，周公后裔高姬常为卫公，此外宗室封侯，共一百三十七人。

刘秀长期带兵打仗，厌心武事，知道天下疲耗，应休养生息，自陇蜀平定后，不是突发事件，不谈兵事。

邓禹贾复，知道刘秀欲偃武修文，不愿功臣拥众京师，便投戈讲道，修明儒学。耿弇等亦缴还大将军印绶，并以列侯就第。

朱祐曾推荐贾复端重，可为宰相，刘秀没有回答。惟移封邓禹为高密侯，使食四县。贾复为胶东侯，使食六县。李通已封固始侯，位兼勋戚，能与邓禹贾

第十六章　柔道治国　德行天下大风歌

复，参议国家大事，恩遇从隆。

其余功臣数百人，不过给予封禄，令他们安享太平，不复重用，保全功臣。

如果朝廷宴会，就召功臣参加，济济一堂，无不守礼。

刘秀有一次和功臣饮宴欢聚，他问道："如果你们没碰上时局大变动，会取得什么样的成就？"

邓禹首先说："我年轻时汉代鸟篆文铜壶曾读书求学，可以做个郡文学博士。"

刘秀认为邓禹太谦虚，就说："你是世家子弟，品德志向都很高尚，何愁不做个椽功曹？"其他的人也都一一做了回答。

马武则不假思索地说："我有勇力有胆量，可以当个守尉，专管捉拿强盗。"

刘秀听了，笑着对马武说："你呀，只要不做贼，不被人逮住，能当上一个乡村里的亭长，那就很不错了。"

从这件事可以看出刘秀与这些功臣之间的密切关系。尽管如此，刘秀仍只是奖功封侯，而不授予实际权力。

但功臣稍有过失，刘秀必加追究，如有远方进贡珍品，先赐列侯，从不悭吝。所以功臣皆怀德畏威，不生怨恨，上下相安，比那高祖时代，迥然不同。这是刘秀识量过人，良法美意，卓越古今。

平定天下后，刘秀这种厌战情绪更是非常强烈，能不打的仗，刘秀绝对不打。这也是刘秀柔道治国的一个重要的表现。在他当政的33年中，除了在建国初十几年时间里，他确实也没有发动过任何战争。

在公元51年的时候，刘秀有两名大将上书要去彻底消灭匈奴。这时候据说匈奴那边闹灾荒，闹瘟疫，死了很多人，没有战斗力了。这两名大将就想趁机出兵，把匈奴老窝给端了。他们说得也有道理，汉高祖当初都差点被匈奴给解决掉，刘秀也和匈奴打过不少仗，没吃亏也没占着便宜。

想不到，刘秀就是不同意。他在诏书上引用了《黄石公记》上面的两句话："柔能制刚，弱能制强。"一心扩充地盘，早晚会筋疲力尽的。地盘是无限的。刘秀认为，与其动用兵力，扩充地盘，不如造福于民，让老百姓过上好日子。对于匈奴，应该"柔远以德"。尽力不要来硬的去消灭他，而是用自己的德行去感化他。打仗不管谁赢谁输，都要流血。

刘秀这么一说，将领们从此不敢再说用兵打匈奴的事了。

刘秀取消了三种地方军队——材官（步兵）、骑士（骑兵）、楼船（水兵），撤消了地方军长官郡都尉，让地方士兵一律退伍还乡，从事农业生产。中央军队称南北军，由中央直接控制，重大的军事行动由京都兵担任。这样，既有利于把军权集中在中央，又能防止地方上的叛乱。

刘氏当兴，李氏为辅，刘氏当皇上后，李氏加官进爵，官至将相。公元23年二月，更始帝刘玄即位，任命李通为柱国大将军，封辅汉侯。

公元24年二月，刘玄迁都长安之后，打破汉高祖刘邦的祖训，封了十三个异姓王，其中李通封为西平王；李轶封为舞阴王，他们的另一个堂兄弟李松则出任了丞相。一时之时李氏一门权高位重，成了炙手可热的朝廷新贵。

公元25年六月，刘秀登基称帝，建立东汉政权，是为光武帝，征召李通，任命他为卫尉。

公元26年，光武帝封李通为固始侯，受任大司农。他的妻子刘伯姬进封为宁平长公主。光武帝每次出征讨伐四方，经常让李通留守京师，期间安抚民众、建造宫城、修筑学校。

公元29年春，李通取代王梁为前将军。

公元30年夏天，李通率领破奸将军侯进、捕虏将军王霸等十营击败割据汉中的延岑。蜀（国号"成家"）帝公孙述派兵援救延岑，李通等与他们战于西城（汉中郡），击败蜀军，之后回师在顺阳（南阳郡）屯田。

公元31年，当时天下大体平定，李通想避开荣誉宠信，以生病为由上书请求辞官引退。光武帝下诏命公卿群臣讨论，大司徒侯霸等说："王莽篡汉，把天下搞乱。李通身怀伊尹、吕尚、萧何、曹参的谋略，建立宏图大业，扶助神灵，辅佐以成圣德。破家为国，忘身奉主，有扶危存亡的大义。功德最高，海内都有所闻知。李通以天下平定，谦让辞位。安定不能忘记危险，应令李通带职疗疾。想返回诸侯国，不可听从。"

光武帝于是下诏让李通治疗疾病，按时工作。同年五月，光武帝任命李通为大司空。

李通以平民倡导起事，帮助成就帝业，又因宁平长公主的缘故，受到光武帝的特别亲重。李通生性谦恭，常想避开权势。素有消渴症，自从担任宰相，就请病假不理政事，连年告病回乡，光武帝每次都优待宠爱他。让他以公位回家疗养，李通再次固辞。

公元36年七月，光武帝就听从他呈上大司空印绶，特赐他以特进参与朝会。有关部门奏请封诸皇子，光武帝感激李通首倡大谋，即日封李通少子李雄为召陵侯。光武帝每次到南阳，经常派遣使者以太牢的礼仪来祭祀李守的墓冢。

公元 42 年，李通去世，谥号为恭。光武帝与皇后阴丽华亲自前临吊唁、送葬。李通死后，由其子李音继承固始侯爵位。《后汉书·李王邓来列传》有记载。

刘秀对功臣既督以洁身自爱，又与之其乐融融，难怪清初学者王夫之发出"三代以下，君臣交尽其美，唯东汉为盛焉"的赞叹了！

三、限制专权

刘秀退功臣进文吏，防止诸侯势力尾大不掉。在夺取政权的艰难历程中，"云台二十八将"是刘秀的骨干力量。没有他们，刘秀根本不可能称帝，更不可能统治全国。但是，他们并没有因此得到公卿之位，只有高密侯邓禹、固始侯李通、胶东侯贾复可与公卿参议国家大事。

刘秀不让功臣干预朝政，一个直接好处是没有让他们卷进权力斗争的漩祸中，而得以善终，后世有人把这称为"全功臣策"。对云台二十八将并不完全适用。这些人中不少都堪称儒将，像邓禹、寇恂、贾复、吴汉、祭遵等人，"皆出可为能吏，入可为大臣者"。刘秀不让他们担任宰辅，当另有深意。从秦汉武人勃起，"势疑则隙生，力侔则乱起"，刘秀是"鉴前事之违，存矫枉之志"，才不让功臣参与朝政的。

刘秀退功臣而进文吏，其意义不仅仅是"全功臣策"，也是（或者说主要是）"安国之策"。

刘秀少通经史，对此非常熟悉，尤其最后一次是他亲历目睹的。他理所当然地要对外戚关系加以调整。就像对待功臣一样，可以给予优厚的经济待遇，绝不轻易交给他们大权。

刘秀对宗室的态度极其谨慎。开始，主要是重用他们。在政权大体稳定后，则采取既重视又限制的政策。所谓重孤威是给予他们优厚的经济、政治待遇，无所事事而可衣食租税。五属之内的宗室"若有犯法当髡以上，先上诸宗正，宗正以闻，乃报决"。五属以外的宗室，也享有一定的复除特权。

限制就是不给宗室以操纵朝政之权。宗室不得参与政事，应规规矩矩地居于封国。终刘秀之世，"宗室子弟无得在公卿位者"。

公元 48 年，刘秀又"诏有司申明旧制阿附蕃王法"。按西汉武帝时曾作左官之律、附益之法，凡阿曲附益王侯者，以重法论处。

刘秀申明这一旧制，规定宗室不仅应待在封国中，还不可交结豪杰，豢养宾客。不仅服属较远的亲属如此，亲生儿子也不例外。

削弱三公州牧之权，维持诸种关系的平衡。刘秀是"退功臣而进文吏"。但在

"进文吏"的过程中，他又得考虑君权与相权、中央与地方、各级官吏之间错综复杂的诸种关系。处理这些关系时，他采取了不少措施，其中重要的有三项。

西汉常制，三公是丞相、太尉、御史大夫。刘秀借鉴西汉后期官制，将其分别改为大司徒、大司马、大司空。公元51年，大司马仍称太尉，大司徒、大司空并去"大"字，且名位略低于太尉。三公权力削弱，权力被转到少府属下的尚书台，故后世有刘秀"虽置三公，事归台阁"的说法。尚书台官员品秩低，便于控制，无异于皇帝的机要秘书。这项措施，可以暂时阻止朝廷大权旁落。

刘秀即位之初，沿袭西汉后期制度，各州设州牧。公元42年，他下令置州牧，置刺史。州牧总领一州军政大权，品秩为二千石，而刺史是监察官，品秩仅六百石。二者的权力，差别很大，推其旨意，当是防止州牧在一个比较大的范围内形成割据势力。而对郡一级主要官员，刘秀采取了扩大太守权限的做法。每郡原本有太守、都尉各一人，分掌民政、军事。公元30年八月，"省诸郡都尉，并职太守"。州郡长官职权一降一升，其目的与削三公之权、增尚书之责如出一辙，维持上下权力的平衡。

公元50年，刘秀"诏有司增百官俸，其千石已上，减于西京旧制；六百石以下，增于旧秩"。这一变动，旨在缩小中下级官吏同上层官僚俸禄差距。在任何时候，中下级官吏都占绝大多数，不从经济利益方面调动他们的积极性，任何政治经济政策都是难以推行的。

刘秀为保证汉王朝的长治久安，除了在政治领域采取的主要措施，在军事、经济、思想文化领域，他也采取了一些有利于社会稳定的政策。

四、廉政严政

刘秀是在两汉之际风云变幻中登上历史舞台的。在群雄蜂起的各路豪杰中，"无尺寸之柄"的刘秀能够翦灭群雄、重建汉室；在满目疮痍、百业待兴的东汉初年，刘秀能够拨乱反正、废旧立新；在身处种种矛盾、道德沦丧十分严重的特殊时代，刘秀能够与民更始、立法垂制。在62年的人生、36年的事业、33年的皇帝生涯中，他给历史留下了许多值得思考的问题，也给历史留下了许多可资总结的经验。

生活简朴，不事浮华，他"身衣大练，色无重彩，耳不听郑卫之音，手不持珠玉之玩"。针对秦始皇时期开始形成并愈演愈烈的"厚葬"之风，他还屡次下诏提倡薄葬。他自己也是这么躬行实践的。在为自己修造寿陵的时候，对窦融说："今所制地不过二三顷，无为山陵、陵池，才令流水而已。""勤约之风，行

第十六章 柔道治国 德行天下大风歌

于上下"。

刘秀对于那些贪赃枉法的官吏和行为，坚决打击，严厉惩处，绝不手软。公元39年，刘秀颁布诏书，清查私人所占土地数额、核查户口多少年纪大小与实际情况是否相符。这就是东汉历史上颇有影响的"度田"。但这一政策却遭到地方豪族势力不同程度的抵制。刚刚提拔为大司徒的欧阳歙，世授《尚书》，八代为博士，颇孚众望。但他在任汝南太守期间，没有按照朝廷的命令认真"度田"，并且贪赃千万。刘秀知晓后，立即将他下狱，虽有上千名儒生守候宫阙，请求宽赦，甚至还有人甘愿代他而死，刘秀仍将他绳之以法。他还下令考实二千石的官吏，有虚假谎报的，一律加以处罚，一下就杀了河南尹等守相十余人。

刘秀本来不好田猎，有一次偶然乘兴去打猎，深夜始归，上东门侯郅恽拒关不开，第二天又上了一本说："陛下远猎山林，夜以继日，如社稷、宗庙何？"刘秀看了，赐了郅恽100匹布，而贬了放他进去的东中门侯的官。

刘秀即位后，他始终严于律己，信赏必罚，因此在当时出现了不少刚正不阿的官员：御史大夫杜诗因为执法必严，光武帝任命他做了他老家南阳的太守，杜诗到任，兴利除弊，只几年的工夫，便把南阳变成了政治清平的世界；另一个执法必严的大臣就是洛阳令董宣。

董宣最初是北海的地方官，他刚一上任，当时一个大地主公孙丹准备盖房子，他请一个看相的人看风水，那个看相的说：这个房子虽然盖得很好，但是犯了克星，住进去要死人的。公孙丹听完心里非常害怕，他就问有什么办法可以破解。那个看相的说：只要杀一个人，把他埋在院子里就没有事了。公孙丹果真就让他儿子杀了一个人埋在院子里。

董宣知道这事后，就派人把公孙丹抓来，推出去杀了。

公孙丹的族人不服气，召集了三十多个亲戚朋友，拿着兵器到县衙闹事，威胁董宣。董宣以这些人勾结土匪、企图造反为名，把这三十多个人都杀了。

青州刺史以董宣滥杀为罪，把他判成死刑，送到洛阳去执行。刘秀听说这个案子后，就派人问董宣，董宣如实报告。刘秀认为董宣做得没有错，把他释放了，不久任命他为洛阳县令。

洛阳作为首都，那些达官贵人和官僚子弟根本不把一个小小的洛阳令放在眼里；但是董宣不管他们是谁，只要他们犯了罪，他都依法处置。

湖阳公主刘黄是刘秀的姐姐，刘秀为报答姐姐少年时的抚养深情，把洛阳城最好的地方狄泉赐给湖阳长公主，并在里边修建了大花园，楼台亭阁，珍禽怪兽，数不胜数。

按理说，湖阳公主还有什么不称心的呢？她寡居狄泉，看见弟弟、妹妹成双成对地出入掖庭，哪里能乐起来？富贵代替不了感情。

刘秀怜爱姐姐的孤寂，有意与其谈论朝臣的优劣，窥视其心所属。

湖阳公主说："大司徒宋弘威言德器，群臣莫能相比。"刘秀点头道："朕明白，这事，不能操之过急。"

宋弘，京兆长安人，哀帝、平帝时为侍中。赤眉军入关，遣使征宋弘，逼迫甚紧。宋弘行至渭桥，自投水中，家人救出，佯死得免。

刘秀即位，听说宋弘有节操，征拜为太中大夫。宋弘仪容端肃，正色立朝，更加敬重，迁为大司空，加封木旬邑侯。

宋弘持身俭约，所得俸禄，分赠九族，虽位列公卿，但寒素如一般吏属。

刘秀徙封其为宣平侯，采邑比木旬邑为多，宋弘依然分给族人，府无余资，以清行致称。

宋弘为人如此，婚事不大好办。

一天午后，刘秀在南宫嘉德殿单独召见宋弘，并在殿后竹帘里设席，请公主就坐。

宋弘进谒，见御座旁新置的屏风，一色是上等绢帛制成的，上面尽画仕女图，个个千娇百媚。

刘秀数次顾盼，眉目有情。宋弘肃容正坐，说："子曰：'吾未见好德如好色者。'圣训果然不错。"

刘秀面色一红，即刻令人撤了去，笑着对宋弘说："闻义则服，总算可以了吧！"

宋弘跪地回答道："陛下能从善如流，臣不胜欣喜。"

刘秀扶起宋弘，谈起朝事，应酬几句，笑着说："谚语曰，'贵易交，富易妻。'这是人之常情。"

宋弘听到这话，明白了几分，正色道："臣也听说一句谚语，'贫贱之交不可忘，糟糠之妻不下堂'。"

刘秀回顾竹帘，对湖阳长公主说："这事不好强求。"

自宋弘拒婚以来，刘秀怜惜姐姐寂寞，经常给她很多的赏赐，刘黄于是就豢养了许多的家奴，总共有好几百人。这些家奴中有几个坏家伙经常依靠公主的势力在街上为非作歹，横行不法；其中有一个竟然白天在街上杀人，由于他们藏在公主的家里，地方官员不好去捉拿，结果弄成了悬案。

有一天，公主恰巧外出闲游，那个杀人的家奴也跟在旁边。董宣因为杀人案没有了结，所以他经常守候在公主经过的地方，现在看到跟着公主的这个家奴正

第十六章　柔道治国　德行天下大风歌

是那个杀人犯，就上前拦住公主的车马，不让她过去，要抓那个人。

公主非常生气，就大声地斥责董宣。

董宣拔出佩刀，使劲朝地上一插，说："你的家奴杀了人，犯了死罪，请马上把凶手交出来。"

公主说："我的这些家奴经常不怎么出门，怎么会杀人？你不要搞错了。"

董宣听了大声地说："你的家奴大白天杀了人，许多人都看到了，你要是不相信，我可以让他们来做证。"

公主看到董宣这样说，就有些软了，她说："这个家奴很能干，我不能离开他，如果他杀了人，请你看在我的面子上，给他留个活命吧。"

董宣听了，对公主道："都是因为你平常管教不严，你的家奴才敢胡作非为，他既然杀了人，就应该偿命，你现在竟然还替他求情。"

那个杀人犯吓得直朝公主的背后躲藏，董宣命令手下人把他从车上拉下来，当着公主的面，就给杀了。

这一来，湖阳公主刘黄就气坏了。她跑到皇宫里对刘秀哭诉，请光武帝为她报仇，刘秀以为董宣欺侮了姐姐，不由得勃然大怒，就派人把董宣喊来了。

董宣来后，刘秀先责骂他冲撞了公主，然后命令左右用乱棒把他打死。

董宣对着刘秀叩了一个头道："请让我先说一句话，再杀我。"

刘秀生气地道："你还有什么可说的？"

董宣说："皇上是以德行平定了天下，使国家得到复兴，公主的家奴杀了人，我不怕得罪公主，把杀人犯杀了，是为了维护国家的尊严，皇上如果听任公主的家奴任意杀人，将来又怎么能以法治国呢？我不想被人用棒打死，我自己去死好了。"说完，他一头撞到殿上的大柱上，登时就头破血流。

刘秀知道董宣做得没有错，就让人把他拉住，不让他再撞墙，但是为了给公主一个面子，让他给公主叩个头。董宣不愿意。

光武帝就让人把董宣拉到公主的面前，强摁着他的头，逼着他给公主叩头。

董宣一屁股坐在地上，用双手撑着地，挺直脖子，就是不低头。

公主对刘秀说："你当初做老百姓的时候，经常藏逃犯，官吏哪个敢到门上来找，现在你做了天子，难道连一个小小的县令也治服不了？"

刘秀笑着对她说："做皇上和做老百姓不一样。"

说到这里，他对董宣说："强项令可以出去啦。"

不久，刘秀下诏赐他三十万钱，董宣接受后，全部散给了部下。由于董宣敢于面对达官贵人，洛阳的人没有不怕他的。

第十七章
力倡教化　布德施恩润人心

一、尊重知识

刘秀是所谓"起于学士大夫，习经术，终至大位"的人物。他懂得知识的重要，十分重视知识分子的作用。

马上纵横，取得了天下，那么如何治理天下呢？

得天下难，失天下易。刘秀重视人才，不能不慎重从政。

即位以后，闻听伏湛是汉家旧臣，一代名儒，立即征召到洛阳，主管内职，拜为司直，使其典定旧制。

得知张纯博学，亦公车相请。张纯，字伯仁，京兆杜陵人，父为成帝侍中，少袭爵位，哀帝、平帝时为侍中，敦谨守约。

建武之初，旧章多失，刘秀每有疑义，皆向张纯询问。

自郊庙、婚冠、丧葬等礼仪，张纯多所正定。刘秀敬重张纯，拜为虎贲中郎将，数次引见，一日或至四次。

没有规矩不成方圆，治天下需要必备的礼节、礼仪。

公元26年，召通《论语》《孝经》的范升。范升诣阙进宫，拜为议郎，迁博士。刘秀敬其尊贤，数语引见，每有大义，辄见请问。劳心下士，屈节待贤。

公元29年春，刘秀亲去洛阳南宫八里外的开阳门外，洒酒祭天地，破土奠基，起造太学府，敕有司限期完工。

出征途中，访得有节志士周党、王良、王霸三人，遣使者执节，公车征召。高士三人，两位隐居，只有王良一人受命为郡太守，进为大司徒司直，在位恭俭，清廉有名，妻子不入官舍，身着素服，简朴如平日。

第十七章 力倡教化 布德施恩润人心

司徒史鲍恢有事去东海,路过王良家,见一妇人穿着布裙,挎篮从田间归来,以为是王家的佣妇,上前问道:"我为司徒掾属,顺路至此,欲见王司直夫人。"

妇人说:"我就是,多谢掾属劳苦。"鲍恢惊讶万分,慌忙下拜,并问是否有家书相托。王良妻子说:"在官言官,不敢以家事相烦。"

鲍恢慨叹而回,洛阳传为美谈。

夫贤妻亦贤,妻贤夫祸少。王良因病辞归,痊愈后应征复归,取道荥阳,探访老友。

老友闭门不见,使人传语道:"没有忠言奇谋,窃居高位,岂不可耻?为什么要风尘仆仆地来回奔波呢?"

王良听了此言,沉思了半天,点头默许,遂转马头,还归故里,上表称病,不再出仕。

司直王良推荐了杜林。杜林,字伯山,扶风茂陵人。博学多闻,时人称其为"通儒"。

刘秀听说杜林到了三辅,征拜侍御史。杜林诣阙,刘秀起身相迎,对面赐坐,以经书为话题,顺其自然地谈论起来。

杜林与故旧朋友说到西州政事,引据诗文,滔滔不绝。

刘秀十分高兴,赐车马衣物。杜林因名德被重用,京都士大夫皆敬惮,推其见闻博大。

杜林在西州偶得漆书《古文尚书》一卷,甚为珍爱,虽遭祸难,书不离身。来到洛阳后,把《古文尚书》拿出来给古文大师郑兴、卫宏观看。郑兴、卫宏既服杜林的才学,又擅长古文。于是,古文流行。

杜林向刘秀荐举了同郡的赵秉、申屠刚以及陇西的牛邯等。刘秀尽皆擢用,士多归附。迁为光禄勋,内奉宿卫,外总左右中郎将及五官中郎将,周密敬慎,举荐称平。

刘秀依从杜林之议,郊祀后稷,在田间挥耒耜耕种,吏民仿效,开阡陌,垦荒野。稻谷丰收,郡邑安宁。

刘秀善于选拔人才,也十分爱护人才。他赞成"忠臣不和,和臣不忠"的观念,懂得处理其与臣吏之间的关系时只能在矛盾中求取统一。他看到一些臣吏得陇望蜀,在对经济、政治利益的追求中不知满足时,常常和将士们坦诚相见,告诫他们不要"快须臾之欲,忘慎罚之义",只有永远"如临深渊,如履薄冰,战战栗栗,日慎一日",才可以将功业"传于无穷"。

刘秀自从登基以来，始终把安民放在首位。朝廷重臣，多选用那些老诚稳重的人，像当时的蔡茂、杜林，这些人都是清廉的官员。

至于地方高级长官，他也是选用那些一向有好名声的人来担任，当时的九真太守伍延，桂林太守卫飒，卢江太守王景等人，上任以后，都能为民兴利，实行老百姓喜欢的政策。

当时有一个江陵县令叫刘昆的，有一天县里发生大火，他向火叩头，大火就熄灭了。由于他平时对老百姓仁爱有加，百姓都认为是他的仁德感天。后来他做了弘农太守，弘农地方山很多，山上有很多老虎，他到任以后，老虎都渡河到别的地方去了，地方一时大安。

刘秀听说这件事后，就把刘昆召来，问道："你以前在江陵的时候，大风竟把火吹灭了，后来到了弘农，老虎都渡河跑了，你是做了哪些好事，以至于发生这样的事情？"

刘昆回答说："这不过是偶然凑巧罢了。"

旁边的人都吃吃地笑。

刘秀赞叹道："这是真正的忠厚老实人，说话一点不滑头，如果换了别人，不是自夸，就是阿谀奉承我。"于是加封刘昆为光禄勋。

刘秀为了使地方官员清廉，他还增加官员的俸禄，提高官员的待遇，使他们在经济上和政治上都能满足，一心一意地管理地方。

刘秀在其"贵人"思想指导下，逐步形成了一个以自己为核心的武装政治集团。也显示出他在用人问题上"治平尚德行，有事赏功能"的政治远见。

大多数开国皇帝，都是马背上打江山，对知识分子是看不上的。

历史都是文化人写，没文化写不了。刘秀是明白这一点的，刘秀待知识分子，可以说是"搜书敬儒"，力倡教化。

从王莽末年，一直到刘秀统一全国，天下一直大乱，对于文化是一场浩劫。很多书，都找不到了。在当时，最重要的书就是经书和典文。经书指的是五经，典文是各种规章制度方面的书。这些经典经过了多少代专家学者的研究，很多重要研究成果都遗失在了民间。

刘秀为了找到这些研究成果，每到一个地方，还没下车，就去打听当地有什么有名望的知识分子，然后就去亲自拜访，去找书。

刘秀亲自上门去求，在全国转了一圈，回到首都洛阳。过去拉书的车是小车，书主要也都是刻在竹简上，或者是写在绢帛上。那时候一辆车拉不了多少书，学富五车没什么了不起，五车书加起来，印成简体横排，估计也就是一个书架。

关键是当时的书本来就不多。刘秀能亲自找回两千多辆车的书,不容易。很多知识分子,听说这个消息,也专门把自己藏书带到京师洛阳,捐给国家图书馆。

后来,东汉王朝一直都很重视藏书,最多的时候,比刘秀找到的多了好几倍,估计有上万辆车。非常可惜的是,这些书在东汉末年被董卓给毁了。

刘秀对知识分子非常尊敬,所以那些知识分子才愿意主动把自己的藏书贡献出来,就连那些在乱世中隐逸山林的隐士,高级知识分子,也愿意为刘秀出来做事。刘秀对知识分子尊敬的程度,可以说,在历代帝王里很少有人能达到。

二、 崇尚名节

东汉和西汉比起来,西汉的皇帝和功臣大多数都属于大老粗,东汉的时候,刘秀和手下的功臣很多都是读书人,有儒者气象,所以说,学习的气氛在东汉非常浓厚。

皇帝刘秀和大臣都知道知识的可贵,都知道知识分子的重要性。

刘秀在大年初一的时候搞朝会,皇帝的年会一般就是祭祀,吃饭喝酒,欣赏歌舞。刘秀的朝会很有新意,让大臣们搞学术辩论,互相说经辩论,而且有奖有罚。

那时的宴会,皇帝大臣都是每人一桌酒席,分餐制。有奖辩论的规则就是:如果你能驳倒对方,那么对方的酒席就归你。有一年,有个叫戴凭的侍中,在有奖辩论当中,连夺五十多席。

刘秀对知识分子高度尊重,就是要得到这个群体对东汉王朝的拥护,改变这个社会的风气。刘秀确实也做到了。

刘秀以及他的儿子和孙子,对知识分子名节的重视,前所未有。所以东汉王朝真正出现一批气节高尚的名士。如严光、马援、班彪、杜林、杜诗、宋弘、董宣等。这种名士的精神,延续到魏晋。

严光本姓庄,后人避汉明帝刘庄讳改其姓,一名遵,字子陵,会稽余姚(今浙江余姚)人。少有高名,与刘秀同游学。

严光是那种总是得一等奖学金的学生,品学兼优。等刘秀当了皇帝,就想请严光出山。刘秀打天下,有很多老同学都来帮他,比如邓禹、朱祐、强华。

这时候,刘秀就想:"打天下的时候那么危险,严光你不来帮我就算了。我得天下了,请你来帮帮我还不行吗?"结果,严光"乃变名姓,隐身不见"。

刘秀还是一心想找到他，找人画了严光的像，在全国展开了查找，在齐国的地盘，也就是今天山东一带，有人发现了严光的踪迹。说有一个男的，可能是严光，穿的是羊皮装，成天披着羊皮，在河边钓鱼。

刘秀觉得可能就是，知道严光好钓鱼，就安排了好车，让使者去请严光。使者去了三次，严光才来京都洛阳，来了之后，刘秀就把严光安排到了高档宾馆，专门有人陪着吃饭。

由于刘秀这时候还很忙，或者说他还没想好怎么才能说服严光跟随自己，知道严光这个人架子很大，所以没有亲自出面。

大司徒侯霸与严光是老相识，派人送信给严光。送信的人便对严光说："侯公听说先生到了，一心想立刻就来拜访，限于朝廷的有关制度不便，所以不能来。希望能在天黑后，亲自来向你表达歉意。"

严光说："侯君房这小子一直挺傻，现在身为三公，跟过去有点差别了吗？"

好在这使者也很会说话："位已鼎足，不痴也。"使者说："人家位子已经在这里，人就稳当了，可不傻。你想想，要是连他都傻，我不更傻啊。"

结果严光还没完，你说他不傻，那他怎么说傻话呢？严光不依不饶："皇帝要我来，请了三次，我才过来给皇帝个面子，皇帝我还没见，怎么能见他的大臣呢？"

使者一听很没面子："那好吧，不见就不见吧，你给写个回信吧，我好歹来一趟。"

严光说："我写不了，手不能书。钓鱼钓得写字手发抖，这么着吧，我说你记。"

严光就凑合说了几句话让使者记下来。严光绝对不做样子，别说大司徒，皇帝他也不怕。

严光口授说："君房先生：官位到了三公，很好。怀着仁心辅助仁义，天下都高兴，拍马屁看人脸色办事可就要身首异处了。"侯霸收到信看过，封好了再上奏刘秀。

刘秀笑着说："这狂家伙还是老样子。"

刘秀为什么会笑呢？他觉得严光还是这么可爱，估计他心想"幸好我没去，要不然真不好下台"。

话虽然这么说，刘秀还是亲自拜访了严光。当天就去了。刘秀到了严光的房间，严光睡觉不起，不知道是不是装睡。

刘秀就摸着严光的肚皮说，感慨地说："严子陵啊严子陵，难道你真的不愿

第十七章 力倡教化 布德施恩润人心

意帮我吗？到底是为什么呀？"

严光没说话，过了好半天，严光才睁开眼，说："昔唐尧著德，巢父洗耳。士故有志，何至相迫乎！"当年尧是功德无量的一个君主，但是听他说完话，巢父都得去洗耳朵。

巢父是一个知识分子，常年住树上，自个在树上设计了一个鸟巢住，所以叫巢父。尧想让巢父当官，巢父觉得这是在侮辱他："我听了这话，耳朵就脏了，我得去洗耳朵。"

严光就说："人各有志，你别逼我。不行就给我弄盆水，我也洗洗耳朵。"

在这之后，刘秀又去找过严光很多次。刘秀还曾问严光："你看我跟过去相比，怎么样啊？"

严光的回答一点也不拍马屁："陛下差增于往。"意思就是："你比过去有点进步，也只是有点进步。但不是身份地位的进步，而是你的学识，你的思想。"

俩人有时候聊到很晚，刘秀就留下来，和严光睡在一张床上。

也不知道是床小，还是天冷，晚上严光的脚都放到了刘秀肚子上，刘秀也没什么意见。

倒是第二天，刘秀的太史夜观天象，说"客星犯御坐甚急"。意思是："皇帝的星座昨天遇到了别的星星的侵犯，怎么回事我们也不知道，是不是有刺客什么的？皇上得小心。"

刘秀一听就笑了："没事，昨天晚上我跟老同学严光睡觉呢，估计就是他的脚放我肚子上的事。你别说，这星座还挺准呢。"后授谏议大夫，严光不肯屈意接受，于是归隐富春山（今浙江省桐庐县境内）耕读垂钓，后人把他垂钓的地方命名为严陵濑。

公元41年，刘秀又特下诏书召严光进京，严光不肯来。八十岁那年，在家中去世了。刘秀对此很悲伤惋惜，下诏书命令当地的县令赐给他的家人一百万钱、一千斛粮食。墓在陈山（客星山）。

严子陵这种不慕富贵，不图名利的思想品格，一直受到后世的称誉。范仲淹撰《严先生祠堂记》，有"云山苍苍，江水泱泱，先生之风，山高水长"赞语，使严光以高风亮节闻名天下。

马援曾帮刘秀消灭了隗嚣，立下大功。刘秀对马援很欣赏，喜欢和他聊天，马援总能说出许多惊人的话。如马革裹尸、老当益壮、画虎不成反类犬等，都是他的名句。

马援一心想马革裹尸。打仗上瘾，建功立业也上瘾。他有个堂弟，对他的价值观不太感冒，曾对他说过自己的价值观："人生在世，能够吃饱穿暖就行了，不用坐什么名车宝马。"

刘秀和马援聊天，有时候旁边站着皇太子，还有各个王，大家都听得很入神。尤其是说起兵法，马援更是引经据典，滔滔不绝。

刘秀都经常说："马援在用兵上，跟我的想法是完全一致的。"

刘秀可以说是用兵如神，一般的将领和他都有差距，但他对马援在用兵上高度认可，马援只要有什么计策，刘秀全都采用，可见马援在刘秀心目当中的位置。

公元33年，马援被任命为太中大夫，作为来歙的副手，统领诸军驻守长安。从新朝末年开始，塞外羌族不断侵扰边境，不少羌族更趁中原混乱之际入居塞内。金城一带属县多为羌人所占据。来歙就此事上书，说陇西屡有侵扰祸害，除马援外，无人能平。

公元35年，刘秀任命马援为陇西太守。马援派步骑三千在临洮击败先零羌，斩首数百人，获马牛羊一万多头。守塞羌人八千多，望风归降。当时，羌族各个部落还有几万人在浩亹占据要隘进行抵抗，马援和扬武将军马成率兵进击，羌人将其家小和粮草辎重聚集起来在允吾谷阻挡汉军。马援率部暗中抄小路袭击羌人营地，羌人见汉军突如其来，大惊，远远地逃入唐翼谷中。马援挥师追击，羌人率精兵聚集北山坚守。马援对山摆开阵势佯攻，吸引敌人，另派几百名骑兵绕到羌人背后，乘夜放火，并击鼓呐喊。羌人不知有多少汉军袭来，纷纷溃逃。马援大获全胜，斩首千余级。但因为兵少，没有穷追敌人，只把羌人的粮谷和牲畜等财物收为汉军所有。此战，马援身先士卒，飞箭将其腿肚子都射穿了。刘秀得知后，派人前往慰问，并赐牛羊数千头。马援像往常一样，又把这些都分给了部下。

当时，金城破羌以西，离汉廷道途遥远，又经常发生变乱，不好治理。朝廷大臣商议，要把该地区舍弃。马援持不同意见，他提出了三条理由：第一，破羌以西的城堡都还完整牢固，适于固守；第二，那地方土地肥沃，灌溉便利；第三，假如舍弃不管，任羌人占据湟中，那么，以后将有无穷的祸患。

刘秀听从了他的意见，命武威太守把从金城迁来的三千多客民全都放回原籍。马援又奏明朝廷，为他们安排官吏，修治城郭，建造工事，开导水利。鼓励人们发展农牧业生产，郡中百姓从此安居乐业。马援还派羌族豪强杨封说服塞外羌人，让他们与塞内羌族结好，共同开发边疆。另外，对武都地方背叛公孙述前来归附的氐人，马援以礼相待，奏明朝廷，恢复他们的侯王君长之位，赐给他们

第十七章　力倡教化　布德施恩润人心

印绶，并撤回马成的军队。

公元 37 年，武都参狼羌与塞外各部联合，杀死官吏，发动叛乱。马援率四千人前去征剿，行至氐道县境时，发现羌人占据了山头。马援命令部队选择适宜地方驻扎，断绝羌人的水源，控制草地，并以逸待劳。羌人水草乏绝，陷入困境，首领们带领几十万户逃往塞外，剩下的一万多人也全部投降。从此，陇右安定。

马援在陇西太守任上六年，恩威并施，使得陇西兵戈渐稀，人们也逐渐过上了和平安定的生活。一次，在靠近县城的地方，乡民们结伙械斗仇杀。人们误认为羌人要造反，惊慌失措，争先恐后涌入城来。狄道县县长闻变，赶到马援府门，请示关闭城门，整兵戒备。马援当时正与宾客饮酒，得此消息，大笑道："烧羌怎敢再来进犯我。晓谕狄道县长回去守舍，胆小怕死的，可躲到床下去。"不久，城中安定下来，才知是虚惊一场，大家愈发佩服马援。

公元 41 年，马援被征入朝任虎贲中郎将。马援关心国事。遇到该说的话，从不隐饰回避。他在陇西时，发现币制混乱，使用不便，就上书给朝廷，提出应该像过去一样铸造五铢钱。朝廷把他的建议提交三府审议。三府奏明刘秀，认为马援的建议不可行，这事就搁置起来了。后来，马援回朝，立即就去找回了自己的奏章。见奏章上批有十几条非难意见，便依据情理加以驳正解释，重新写成表章上奏。刘秀见他言之有理，采纳了他的意见，天下从此得益很多。

维氾（曾蛊惑百姓，后被杀）的弟子李广纠集徒党，攻下皖城，杀皖侯刘闵，自称"南岳大师"。朝廷派谒者张宗率兵数千人讨伐，又被李广打败，于是派出马援。马援组织诸郡兵马一万余人，击斩李广等人。

不久，交趾女子征侧、征贰举兵造反，占领交趾郡、九真、日南、合浦等地纷纷响应，公开与东汉朝廷决裂，驱除汉官，自己做起了女大王。

最初的时候，刘秀只是下诏地方官员剿平，谁知地方官却被征侧、征贰打得大败。

又过了一年多的时间，征侧、征贰的部队竟然占领了岭南六十多座城池。

刘秀不敢对这两个女匪等闲视之了，刘秀任命马援为伏波将军，扶乐侯刘隆为副将，率领楼船将军段志等南击交趾。部队到合浦时，段志去世，刘秀命马援兼领其军。于是，马援统军沿海开进，随山开路，长驱直入千余里。

公元 42 年，马援率军到达浪泊，大破反军，斩首数千级，降者万余人。马援乘胜进击，第一仗就打得征侧、征贰部大败，征侧和征贰逃到了金溪穴。

金溪穴地势险要，易守难攻。马援便派大军把金溪穴团团围住，由于北方士兵到南方，许多士兵水土不服得了病，病死的人差不多达到一半了，但是马援抱着彻底消灭征侧、征贰的决心，绝不退兵。

公元43年正月，征侧、征贰的部队弹尽粮绝，他们企图突围而出，但是被汉军一阵猛杀，全军就此覆灭。

刘秀听到捷报，封马援为新息侯。食邑三千户。马援犒赏三军，大发感慨，三军将士齐呼万岁。

接着，马援率大小楼船两千多艘，战士两万多人，进击征侧余党都羊等，从无功一直打到巨风，斩俘五千多人，平定了岭南。马援见西于县辖地辽阔，有三万两千多户，边远地方离治所一千多里，管理不便，就上书刘秀，请求将西于分成封溪、望海二县。马援每到一处，都组织人力，为郡县修治城郭，并开渠引水，灌溉田地，便利百姓。马援还参照汉代法律，对越律进行了整理，修正了越律与汉律相互矛盾的地方，并向当地人申明，以便约束。从此之后，当地始终遵行马援所申法律，所谓"奉行马将军故事"。

公元44年，马援率部凯旋。刘秀赐马援兵车，朝见时位次九卿。

马援回到京城一个多月，正值匈奴、乌桓进犯扶风，马援见三辅地区受到侵掠、皇家陵园不能保全，就自愿请求率兵出征，刘秀同意了。公元45年，马援率领三千骑兵出高柳，先后巡行雁门、代郡、上谷等地。乌桓哨兵发现汉军到来，部众纷纷散去，马援还师。

公元48年，南方武陵郡五溪蛮暴动，武威将军刘尚前去征剿，冒进深入，结果全军覆没。马援时年62岁，请命南征。

刘秀考虑他年事已高，而出征在外，亲冒矢石，军务烦剧，实非易事，没有答应他的请求。

马援当面向刘秀请战，说："臣还能披甲上马。"

刘秀让他试试，马援披甲持兵，飞身上马，手扶马鞍，四方顾盼，一时须发飘飘，神采飞扬，真可谓烈士暮年，老当益壮。

刘秀见马援豪气不除，雄心未已，很受感动，笑道："这个老头好健康啊！"于是派马援率领中郎将马武、耿舒、刘匡、孙永等人率四万人远征武陵。

出征前，亲友来给马援送行。马援对老友谒者杜愔说："我受国家厚恩，年龄紧迫余日已经不多，时常以不能死于国事而恐惧，现在获得出征机会，死了也瞑目，害怕的是一些长者家儿或在左右，或参与后事，特别难以调遣，我独为此耿耿于心啊。"

马援说这个话，是因为他知道自己已经得罪了一些人，有一次，他有病躺在

第十七章 力倡教化 布德施恩润人心

床上,梁松来看他,直走到他的床前,马援也没有起身向他答礼,等到梁松走了,他的儿子们说:"梁松是皇帝的女婿,在朝廷中很有影响,王公大臣没有不怕他的,父亲为什么不向他答礼呢?"

马援说:"我是他父亲的朋友,他虽然很尊贵,难道他不知道长幼尊卑吗?"

他的儿子们不敢再吭声。但是梁松很恨他。

马援当然也从别人的口中听说了这件事,所以他这次出征才说出这样的话。

公元49年,马援率部到达临乡,蛮兵来攻,马援迎击,大败蛮兵,斩俘两千余人,蛮兵逃入竹林中。此前,当部队到下隽时,有两条路可走,一是经壶头山,一是经充县。经壶头山,路近,但山高水险,经充县,路远,粮运不便,但道途平坦。究竟该从哪儿进发,刘秀开始也拿不定主意。耿舒,就是马援在出发时说的那些权贵子弟中的一个,想从充县出发,而马援则认为,进军充县,耗日费粮,不如直进壶头,扼其咽喉,充县的蛮兵定会不攻自破。两个人意见不一致,便上表说明情况,请皇帝裁决,皇帝同意马援的意见。

三月,马援率军进驻壶头。蛮兵据高凭险,紧守关隘。水势湍急,汉军船只难以前进。加上天气酷热难当,好多士兵得了暑疫等传染病而死。马援也身患重病,部队陷入困境。马援命令靠河岸山边凿成窟室,以避炎热的暑气。虽困难重重,但马援意气自如,壮心不减。每当敌人登上高山、鼓噪示威,马援都拖着重病之躯出来观察瞭望敌情。手下将士深为其精神所感动,不少人热泪横流。

但耿舒却在此时写信给其兄好畤侯耿弇,告了马援一状:"前次我上书建议当先进攻充县,粮虽难运而兵马得以展开使用,军人数万争先奋进。今困在壶头不得进,大众忧郁将死,实可痛惜。前次到临乡,贼无故自己到来,当时如果乘夜攻击,就可消灭掉。伏波用兵像西域的贾胡,到一处后就止步不前,因此失利。今果然困于疾疫,都如我所预言的一样。"

耿弇收到此信,当即奏知刘秀。刘秀就派虎贲中郎将梁松去责问马援,并命他代监马援的部队。梁松到前线的时候,马援已经因病死了,这给了梁松报私仇的机会,他就告马援贻误军机,还告马援上次到南方作战,曾经取得很多的珍宝。

当初南征交趾时,马援常吃一种叫薏苡的植物果实,薏苡别名药玉米。这薏苡能治疗筋骨风湿,避除邪风瘴气。由于当地的薏苡果实硕大,马援班师回京时,就拉了满满一车,准备用来做种子。当时人见马援拉了一车东西,以为肯定是南方出产的珍贵稀有之物。于是权贵们都希望能分一点,分不到便纷纷议论,说马援的坏话。但马援那时正受刘秀宠信,所以没人敢跟皇帝说。

当时没人说什么，马援这一死，这事被揪出来了。

薏苡的种子形状就跟珍珠差不多，有人就揭发："马援曾经贪污了一车从南方带来的珍珠。"

刘秀怒不可遏："好哇你马援，平常一说就是慷慨大义，马革裹尸，实际上却马革裹珍珠，趁着出差，偷偷往家搞珍珠，什么人啊这是？"

几年来，一直随着马援征战南北的马成等将，也异口同辞诬蔑马援。这都是因为马援往常讲话不大注意，才有了今日之祸。

刘秀见这么多人都这样说，就相信了这件事，他派人收回了马援新息侯的印绶，同时下诏治他的罪。

马援的家人不知皇帝为何如此震怒，不知马援究竟身犯何罪，惶惧不安。马援的尸体运回，不敢埋在原来的坟地，只买了城西几亩地，草草埋葬在那里。马援的宾朋故旧，也不敢到马家去吊唁，景况十分凄凉。

葬完马援后，马援的侄儿马严和马援的妻子儿女们到朝廷请罪。刘秀把梁松等人的信拿给马援妻子看，她才知道丈夫被人诬陷了。于是上书申冤，上了六次，刘秀才决定对他们从宽处理。

在马援的一生中，他交了许多朋友，也帮助了许多朋友，但是当他身陷冤屈时，没有人为他辩解，那些曾经在他的手下做宾客幕僚的，此时都好像哑巴一样。

只有一个马援可能都不认得的云阳县令朱勃给刘秀写了一封信，替马援申冤。他在信里说："我听说好德行的帝王，不忘别人的功劳，看到别人好的东西，不求全责备别人。所以汉高祖赦免了蒯通，并且以帝王的礼节埋葬了田横，大臣们心胸豁达，互相不怀疑。大将在外打仗，小人讲一些坏话，稍微一点过失就记下来，而大的功劳却忘记了，如果就国家的利益来说应该慎重。当初章邯害怕别人说他的坏话投降了项羽，燕将乐毅攻打即墨攻不下，并不是他不愿意攻下，可惜一些花言巧语经常伤害同仁。我听说伏波将军新息侯马援，他曾在陇西很有名，因为钦慕皇上，所以不畏生死，投奔皇上，他为了向皇上进言，经常不顾个人的安危，提出和其他大臣不一样的意见。公元32年，皇上西讨隗嚣，当时众臣都犹豫不定，马援提出了应该进兵的计策，于是平定了陇西。

等到吴汉攻下陇西，但是回来的路却被西羌阻断了，士兵缺衣少粮，处在生死之间，马援奉皇上的命令西进，他镇抚了老百姓，把大军从困苦中解救出来，保住了几乎要灭亡的城池。等到陇西和河北平定，他一个人镇守边关，每次进兵都能为国立功，遇到敌人没有打不败的：攻打先零的时候，他掉入了山谷，敌人的利箭射穿了他的腿骨，但他仍力战不退；出兵岭南的时候，很多士兵都染上了瘟疫，马援几乎要与妻子生别，但他毫不吝惜自己，最后消灭了征侧。这次他南到武陵，很快就攻下了宁乡，本来他为了立功而出师，可是他没有完成自己的誓言却死了，虽然士兵们染上了瘟疫，但是马援自己也没有生还。打仗，有人以为打得久了就应该立功，有人以为快了容易失败，其实深入不一定是对，不进兵也不一定是错，从人的常情出发，谁愿意在绝境中长待，不想回来呢？马援为国家做事二十二年了，向北他进过沙漠，向南他渡过大海，他死了以后，竟然被人冤枉。我听说《春秋》中说，有了罪但因为有功可以免除，有德行的皇帝爱护臣子有五种，像马援可以说是为国鞠躬尽瘁而死的了。"

这封信可以说是对马援一生最好的评价。刘秀看到这封信，才允许马援埋入祖坟。

后来，有人为马援鸣不平，刘秀也知道了真相，知道那是种子，不是珍珠，自己是有点过了。不过，刘秀始终也没有为马援平反，而是把平反这件事留给了自己的儿子去做。

三、发展文化

刘秀是个儒者皇帝，以儒家方略治理天下。刘秀深知，夺取天下需要勇猛和魄力，靠的是武将，而治理天下更需要远见和卓识，靠的是文吏。因而东汉建立之初，他在用武力平定天下，并采取一系列政治、经济措施来巩固政权的同时，便致力于复兴儒学，注重从意识形态领域来统一和稳定人心，造就和选拔治国之才。他下令广泛搜集、整理古代典籍，"采求阙文，补缀漏逸"，为他复兴儒学、推行教化准备条件。

兴办学校。在刘秀的大力支持下，东汉王朝被打造成了一个史无前例的文化大国。刘秀兴办学校，在京师洛阳建太学。太学就是中国古代的大学。开始就几十个人，后来发展到了几千人。

刘秀当了皇帝开始重建太学。班固在《东都赋》中就写："四海之内，学校如林。"这话虽然夸张一些，但可想而知，当时全国的学校是不少的。

刘秀即位后五年（即公元 29 年）就在洛阳城门外兴建起太学，传授经学。饱学之士，接踵而至。设立五经博士，恢复西汉时期的十四博士之学。他还亲自巡视太学，赏赐儒生。在他的倡导下，不仅中央立太学，建武年间，许多郡、县也都兴办学校，"兴庠序之教"，而民间创办的私学也如雨后春笋般兴起。无论是官学，还是私学，无论是博士，还是经生，都为儒学的传播、教化的开展进行了人才准备。

选儒生为官吏。刘秀在建国之初便注意"退功臣而进文吏"，这些"文吏"

主要是儒生，史称"光武中兴，爱好经术，未及下车，而先访儒雅"。他广泛搜求儒生，担任国家重要官职。如《易》学者刘昆、《尚书》学者欧阳歙、《春秋》学者丁恭、《诗》《论语》学者包咸，都先后被任命都尉、大司徒、侍中等重要官职。这些儒生进入政治，不仅辅助朝廷更好地制定和落实政策，而且对经学传播起到了积极作用。

东汉王朝在科技和文化上，出现了很多让中国人至今都感到骄傲的成果。比如四大发明中的造纸术，就是东汉时期发明的。

在纸出现以前，我国古代的人们曾采用过多种记载文字的材料。商朝时，人们把字一划一划地刻到龟甲和牛、羊、猪等动物的肩甲骨上，也就是我们现在所说的"甲骨文"。

随着社会的发展，人们开始运用简牍书写。简就是竹片，牍就是木片。写文章时将木头或竹子削成既平又扁的长条，按一定的尺寸截断，然后写完一片就用绳子穿一片。

竹木片编在一起体积大，分量也很重，据说秦始皇每天要批阅一百二十斤公文。这一百二十斤竹简堆在一起就很高了。

西汉时民间纺织、养蚕、缀丝很普遍。妇女们把蚕茧煮了以后，铺在帘子上浸到河里，然后用棒子砸成丝绵，把丝绵揭下来，帘上便留下薄薄的一层纤维。在缣帛被使用之后，人们发现这种制丝绵所剩的副产品，晒干了，剥下来就是一张很薄的丝绵纸。

有个名叫蔡伦的宦官，在朝廷担任尚方令。负责制造宝剑和其他器械。他善于读书，深知世上这种广泛使用的书写材料很不方便，决心寻求一种较为理想的书写材料。

于是，他一有空闲时间就到民间进行查访。劳动群众在生产实践中对自然界的改造和利用，特别是丝绵纸的产生过程，使他深受启发。他冲破了因循守旧的思想束缚，打开了对自然物质进行改造的思路。

经过反复研究，终于以麻头、破布、树皮、废鱼网等为原料，制成了一种既轻便、又经济的纸，并总结出一套完整的造纸方法。

蔡伦造的纸质地轻薄，便于携带，原料比较广泛，价格又低廉，很受欢迎。人们称他所造的纸为"蔡侯纸"。不久广泛运用，并传到国外。

除了造纸术之外，东汉的张衡发明了地动仪，还有数学方面的《九章算术》、医学方面的《伤寒杂病论》等，这些成果可以说都和文化教育的高度发达是分不开的，跟刘秀对文化教育的高度重视也是有很密切的关系的。

第十八章
泰山封禅　德配天地铸丰碑

一、命驾东巡

据《后汉书·张纯传》记载，公元54年，东汉大臣知名大儒张纯建议光武帝封禅泰山：

自古受命而帝，治世之隆，必有封禅，以告成功焉。《乐动声仪》曰："以《雅》治人，《风》成于《颂》。"有周之盛，成康之间，郊配封禅，皆可见也。《书》曰"岁二月，东巡狩，至于岱宗，柴"，则封禅之义也。臣伏见陛下受中兴之命，平海内之乱，修复祖宗，抚存万姓，天下旷然，咸蒙更生，恩德云行，惠泽雨施，黎元安宁，夷狄慕义。《诗》云"受天之祜，四方来贺"。

今摄提之岁，苍龙甲寅，德在东宫。宜及嘉时，遵唐帝之典，继孝武之业，以二月东巡狩，封丁岱宗，明中兴，勒功勋，复祖统，报天神，禅梁父，祀地祇，传祚子孙，万世之基也。

张纯的奏折，较之秦皇汉武以来的儒生之论，更具有政治伦理价值。提出"治世之隆，必有封禅，以告成功"的命题。秦始皇封禅刻石，观其辞意，是对臣下百姓而言，是告民书，不是告天书。汉武帝的封禅诏书，一片诚惶诚恐的样子，也是对臣下说的，虽然有对天说话的含意，但意在检讨，而不是"告成功"。

张纯以为，封禅虽然是"告成功于天"，但对人世之治有极大的益处。引《乐动声仪》的话"以《雅》治人，《风》成于《颂》"作为证据。因此，他要求光武帝告成功于天。既然"告成功于天"，那就应该有"成"、有"功"。于是，张纯提出第二点，光武帝的"成"与"功"。

"受中兴之命"是说刘秀振兴汉王朝，维持汉王朝刘姓系统。这种正统观念,在当时是很有影响的。光武帝在当时王莽改制和群雄纷争历史条件下,完成一统大业,又兼承刘家正统,自然被人视为英雄豪杰。所以,"受中兴之命",必然与"平海内之乱"和"修复祖宗"相联系。至于"抚存万姓,天下旷然"则是说光武帝刘秀治世有方,于人民有恩德惠泽。两者相加,自然有"成"有"功"。但更为重要的是,张纯提出了皇位继承问题,所谓"今摄提之岁,苍龙甲寅,德在东宫",就是太子问题。一般说来,古代太子居东宫。据《尔雅》,太岁在寅曰摄提格。建武三十年,太岁在东,所以说"德在东宫"。张纯以为,趁着这个机会,就光武帝本人而言,是"明中兴,勒功勋,复祖统,报天神";就光武帝的下一代而言,是"祀地祇,传祚子孙,万世之基"。可以说是两全其美,完美无缺。

张纯万万没有想到,光武帝刘秀拒绝了张纯及其同僚们的建议,刘秀很谦虚地说:"我干了三十年皇帝,干得也不怎么样,我能去欺骗老天嘛。"

泰山封禅是古代一种特殊的祭祀方式。泰山上筑土为坛以祭天,报天之功,故曰封。泰山下小山上除地,报地之功,故曰禅。

封禅的种种目的与象征,都包含着一层更为深潜的意识:沟通天人之际,协调天、地、神、人之间的关系,使之达到精神意志与外在行为的和谐统一。

封禅的意义,有点像是皇帝的述职报告。不管是祭天还是祭地,封禅就是要把皇帝的功劳向天地汇报。之所以去泰山做这个述职报告,因为泰山是五岳之首。

封禅是一种祭祀仪式,是中国古代帝王在五岳中的中岳嵩山和东岳泰山上举行的祭祀天地神祇的一种宗教式的活动,其中以在泰山举行封禅仪式的次数最多,影响最大。

泰山封禅是一种规模盛大的祭祀典礼,其隆重的程度超过了历代历朝帝王登基的仪式。质言之,任何一位皇帝都有登基即位的仪式,但并不是每位皇帝都可以在泰山举行封禅典礼。按照司马迁的说法,自古帝王即位,都想上泰山封禅,但是,想封禅是一回事,能否封禅又是一回事。

历史上第一个在泰山上搞封禅大典的封建帝王,是秦始皇。第二个封禅的是汉武帝。

刘秀是正式在泰山封禅的第三个封建帝王。历史上真正在泰山封禅的封建帝王,只有六位,除了秦始皇、汉武帝和刘秀之外,后来是唐高宗、唐玄宗和宋真宗。因为封禅的过程比较麻烦,耗费的人力物力比较大。很关键的一点,是因为

第十八章 泰山封禅 德配天地铸丰碑

皇帝封禅是很谨慎的，工作没干好，轻易不能去做这个述职报告。刘秀也不敢轻易去。

公元54年，刘秀已57岁，衰老征兆应该昭然可见。而大臣们说"今摄提之岁，苍龙甲寅，德在东宫"，岂不有点犯讳？因此，上泰山封禅只有改日奉行。这个推理是有根据的。刘秀在否决了张纯及大臣们的封禅建议后，立即东巡幸鲁，"过泰山，告太守以上过故，承诏祭山及梁父"。其间的复杂心态，是完全可以理解的。

刘秀也完全有资格享受这个荣耀。大臣们一开始上奏，刘秀没有去，是因为他还没有找到一种精神支柱。就像起兵和登基一样，他需要一个支撑点，精神杠杆才能翘起来。

起兵、登基、封禅。这三件刘秀一生中的大事，刘秀都借用了谶语。

既然如此，桓谭对谶语的反对，刘秀肯定是不能接受的。

谶语是刘秀的信仰和依赖，简称"信依"。桓谭说谶语是胡说八道，就等于说刘秀胡作非为，皇帝当得名不正，名不正则言不顺，这已经触犯了刘秀的底线。

桓谭的本职工作是议郎给事中，这个官职，要给皇帝提建议。刘秀让他干这个官，也是希望他多提一些治国平天下的良策，他确实不光会弹琴，也是一个很称职的官员。偏偏在谶语问题上，他和刘秀可以说是水火不容。

刘秀对谶语是很入迷的，自己也经常读关于谶学的书。这些书读起来很费劲，很难读懂，有一次刘秀读谶书。读得过于入迷，突然昏了过去。读到这个程度，可想而知刘秀在这方面狠下功夫。刘秀还经常用谶语去决定一些事。

有一次，刘秀准备建灵台，灵台就是古代的天文台。古代研究天文更多的是星象预测，相当于一个神台，也属于一个王朝的标志性建筑。

建灵台之前，刘秀召集大臣开会，商量建在哪个地方好。刘秀问桓谭："我准备用谶语来决定建筑的地点，你看怎么样啊？"桓谭给他上过反对谶语的奏折，他置之不理。

刘秀知道桓谭是反对谶语的，现在却问桓谭，桓谭坚持己见，说谶语不是五经上的内容，不是正儿八经的学问，而是胡说八道。

刘秀曾经读谶语读晕过去，现在桓谭反对谶语，他差点气晕过去："桓谭污蔑圣人，目无国法，推下去斩了！"

到了这一步，桓谭只好磕头求情。桓谭磕了很长时间，直到把脑袋磕出了血,刘秀才饶了他的命。当时的桓谭已经七十多岁了。

随后,刘秀就解除了桓谭在中央的职务,让他到地方去做郡丞,赴任的路上,桓谭郁闷加上劳累,病死途中。

很多史学家都认为,刘秀作为一名杰出的皇帝,在很多事情上做得非常完美,但是在对待桓谭上,却值得深思。

二、泰山封禅

最终让刘秀决定封禅的,还是谶语。

57岁的刘秀有衰老的征兆,大约还没有死亡的威胁,两年之后,他大约真的必须安排后事的时候,才开始想到泰山封禅。

由于在公元54年刘秀以坚决的态度驳回张纯等人的意见之后,大约不会再有人冒受割发和劳改的风险来建议封禅了。因此,光武帝刘秀不得不亲自下手寻找封禅的理由:

公元56年正月,上斋,夜读《河图会昌符》,上面说"赤刘之九,会命岱宗。不慎克用,何益于承。诚善用之,奸伪不萌"。感此文,乃诏松等复案索《河洛》谶文言九世封禅事者。松等列奏,乃许焉。(《后汉书·祭祀》)

这个"赤",指的是刘汉王朝的火德,火是红的,所以说"赤刘"。"之九",指刘邦到刘秀,共九代。岱宗就是泰山,杜甫的诗里写过:"岱宗夫如何,齐鲁青未了。"

其符的整体之意是刘秀应该上泰山封禅,如不利用这个机会,于皇位继承无益,若能认真利用,一切奸谋都可以防止。由此可见,刘秀上泰山封禅,是和他的皇帝宝座的牢固性密切相关的。

刘秀用勉强的口气颁布诏书:"既然上天执意要朕这样做,朕也只得服从上天的安排。此去封禅,一方面为了不违背神灵旨意,也借这个机会为天下苍生祈福,为我大汉忠臣祈福。"

诏令颁下后,刘秀紧接着任命梁松、丁邯、冯鲂等人负责封禅的具体事宜,以尽快得以去泰山封禅。

经过一段时间的准备,刘秀终于率领文武要员,声势浩大向东而去,登泰山,举行封禅大典。

这年正月二十八日,刘秀的车驾从洛阳出发,庞大的队伍蜿蜒地镶嵌在泰山身上,缓缓向前蠕动。一路上,上至刘秀及众大臣,下到羽林军官兵,都心怀万

第十八章 泰山封禅 德配天地铸丰碑

分虔诚，一次次地停下来跪拜山神、河神，又一次次地起身前行。二月九日到达山东曲阜，汉王朝的宗室和孔子的后裔朝见刘秀并表示祝贺，刘秀也到孔子故居向孔氏后裔赐酒肉。十一日从曲阜出发，十二日到达泰山奉高。刘秀来泰山封禅，随从的贵族、官员甚多。大家在山下斋戒的同时，做封禅的准备：增加山上庙观中的道士，准备石刻，安置封禅坛。封禅石料，梁松有一个长长的帐单子，刘秀以为"用石功难"，梁松不同意，坚持用新开的石料。刻文字，纪功德。

刘秀和他的大臣们经过认真的准备和虔诚的斋戒之后，终于举行封禅大典。这次封禅的仪式先在山下，后在山上，颇为别致。《后汉书·祭祀志》有简要的记载：

二十二日辛卯晨，燎祭天于泰山下南方，群神皆从，用乐如南郊。诸王、王者后二公、孔子后褒成君，皆助祭位事也。事毕，将升封。或曰："泰山虽已从食于柴祭，今亲升告功，宜有礼祭。"于是使谒者以一特牲于常祠泰山处，告祠泰山，如亲耕、貙刘、先祠、先农、先虞故事。至食时，御辇升山，日中后到山上更衣，早晡时即位于坛，北面。群臣以次陈后，西上，毕位升坛。尚书令奉玉牒检，皇帝以寸二分玺亲封之，讫，太常命人发坛上石，尚书令藏玉牒已，复石覆讫，尚书令以五寸印封石检。事毕，皇帝再拜，群臣称万岁。命人立所刻石碑，乃复道下。

鉴于秦始皇、汉武帝在泰山上封禅的仪式皆秘而不闻，史书失于记载。光武帝刘秀上泰山，随从大大增多，其仪式在史书中有记载，使我们得窥大概。

先在山下"燎祭"，其仪式如皇帝通常举行的郊祀。上山之前用"一特牲"（古代用一牛或一猪祭祀）告祠泰山。登山祭祀：更衣，升坛，尚书奉玉牒，皇帝亲封，发坛石，藏玉牒，覆盖，封石检。礼成，皇帝再拜，群臣称万岁。

立刻石碑。这其中，最关键的事物是石检、玉牒。石检，大概就是石函，中空，可放玉牒。玉牒，大概就是玉石薄片，上刻皇帝祈祷文字，后世称玉牒文。玉牒放在石检中，封好埋藏山顶祭祀坛之中。后世人所说的玉检金泥，其金泥就是封石检盖口之缝的。这一段文字，大概是记载封禅仪式超过秦皇汉武的地方。

光武帝刘秀封禅泰山亦有刻石文。其中收了多条谶纬文，如：

刘秀发兵捕不道，四夷云集龙斗野，四七之际火为主。（《河图赤伏符》）

赤帝九世，巡省得中，治平则封，诚合帝道孔矩，则天文灵出，地祇瑞兴。帝刘之九，会命岱宗，诚善用之，奸伪不萌。赤汉德兴，九世会昌，巡岱皆当。天地扶九，崇经之常。汉大兴之，道在九世之王。封于泰山，刻石著纪，禅于梁

父，退省考五。(《河图会昌符》)

帝刘之秀，九名之世，帝行德，封刻政。(《河图合古篇》)

九世之帝，方明圣，持衡拒，九州平，天下予。(《河图提刘予》)

赤三德，昌九世，会修符，合帝际，勉刻封。(《洛书甄曜度》)

予谁行，赤刘用帝，三建孝，九会修，专兹竭行封岱青。(《孝经钩命决》)

公元56年二月，光武帝刘秀登泰山封禅，马第伯作为随从参加封禅的全过程，并写下了《封禅仪记》，详细记叙了封禅时经过。

封禅车驾于正月二十八日从洛阳出发，二月九日到达山东东部的曲阜后，立即派地方官郭坚伯率领五百人去修整上泰山的道路。十日，在曲阜的皇家宗族、孔子的后人和瑕丘的丁姓人众给刘秀祝寿，接受皇帝的赏赐。他们都集中在孔子的家中，受赐酒肉。十一日，刘秀从曲阜出发，十二日便住在奉高（今泰安市东）。当天，就派遣虎贲郎将先行上山，反复检查登山道路，根据虎贲郎将的报告，增派千人修整山路。十五日，开始斋戒，皇帝在太守府的容舍斋戒，诸王贵族在太守的官署斋戒，诸侯在县令的官署斋戒，朝廷百官及孔子后裔等等皆在城外汶水边戒，太尉，太常在山虞官府斋戒。

我和七十人先到掌管泰山山林官员的住处，视察祭山神坛、旧明堂等地，然后后进入山虞的幕府；观看整治封禅用的石块。石共两块，形状宽大而平整，周圆九尺，是祭礼上用的，另有一石，是汉武帝留下的，当时用五辆佃子也运载不支，因而弃置在山下盖了一间石屋，人们称它为"五车石"。石屋四角的石柱长一丈二尺，宽二尺，厚一尺二寸，又名"立石"。又一块，用以刻文字，纪皇帝功德。

这一天一清早，便开始骑马登山。途中，往往因为道路险峻而下马，步行牵着马走，如此一会儿骑马，一会儿步行，走了一半的路程，到中观时，把马留下，步行登山。中观距山下有二十里，站在中观向南远望，田园、村舍、河流尽收眼底。北向仰望天门，好像从山谷的底仰视高峰。天门之高，如在浮云中，险峻极了，两侧高山壁立，深远奇峭，好像无路行。远看山顶上的人，端然不动，有的像枯树疙瘩，有的像白石，有的像白雪堆。长时间注视，发现他们在移动穿过树木，才知道原来是人。山路崎岖，实在无法攀登，有时僵直地躺在路旁的巨石上，好长时间才缓过劲来。幸好途中备有酒肉供享用。山涧中处处有泉水，清彻的泉水使人耳目一新。

一路上，大家互相扶持，勉力攀登，终于登上了天关（今日之南天门下）。

第十八章 泰山封禅 德配天地铸丰碑

大家以为已经到达山顶了，问问行人，才知还有十余里路程。天关两侧山崖相逼，中间最宽的地方才八、九尺，狭窄的地方仅五、六尺。抬头仰视两侧山崖上的松树，郁郁苍苍，似乎高在云中。俯视两山之间的溪谷，深不见底。站在天门之下，仰视天门，幽深遥远，好像是从洞穴的底部仰望蓝天一样。这一段路垂直陡峭，长达七里，幸而羊肠小径逶迤曲折其间，人们称为环道。道边牵以绳索，揽绳索可以攀登。我有两位随从，一人在前牵引，后人可见前人的鞋底，前人则见后人的头顶，仿佛画的人人相叠一样，说得上是胸磨巨石，手扶巨石。至此，才知道登天门之难哪！刚刚登上天门之道（即今日之十八盘）时，行十余步休息一次；随后，稍感劳累，唇焦舌燥，每五、六步即须休息一次，最后，疲惫不堪，下脚时脚不听使唤，常常踩在山涧的流水里。前面有干燥的地方，眼睁睁地看着，两条腿却迈不动。早饭之后，开始登山，到下午才到天门。

郭坚伯的部下在山上发现一具铜物，形状像钟，上有方柄，柄上有孔，不知是什么东西，有人怀疑是过去封禅的礼器。发现这个铜钟的人是汝南召陵人，名子叫阳通。过天门，东上一里左右，见到木甲。木甲，是汉武时封的神。再向东北行百余步，就是封禅祭天的地方。秦始皇的立石和石碑坊在封禅坛的南方，汉武帝的立石在封禅坛的北方。距封禅坛二十余步是北垂圆台，台高九尺，方圆三太，有东西两个台阶。官员不能登此台，只有皇帝从东边的台阶登北垂圆台。台上有坛，一丈二尺见方，上双有一方石，方石四角有石块支撑，方石四边有石阙。祭礼时，向石坛行礼拜揖。人们都放置钱物于坛上，亦不扫除。光武帝上坛见到历来人们放置的钱物、下诏书告诉臣下，说醋梨酸枣遍坛皆是，散置的钱，帛也很多。相传汉武帝封禅泰山时，他的大臣们先上山跪拜、放梨、枣、钱于道上以求福，才留下这么些东西。

东边的山峰叫日观峰，在日观峰看，据说鸡叫就能见到日出三丈。在秦观峰能望见长安，在吴观峰能望见会稽（今浙江省绍兴市），在周观峰能望见嵩山（在今河南省登封县）。山北有石室。坛以南有玉盘，盘中有玉龟。山南有胁神泉，馀之，味极清醇甘冽。太阳落山后才开始下山，在天门下环道上行不多远，因为日暮、天阴、又加小雨，就看不见道路了。只好派一人在前引路，前人有脚步声，后人才举步相随。等到到了天门之下，已经夜深人静了。

马第伯《封禅仪记》是中国最早的游记文学作品之一，是现今所能见到的最早的游记。这篇文章记录了光武帝上泰山封禅的过程，除了对这次封禅仪式的叙述外，还按照行踪，采取寓目写景法，着重描绘了泰山的峻峭，登山的艰险，

· 325 ·

景色的壮丽,刻画细腻,意境深远。

封禅的最后一项,二十五日禅梁父山,刘秀宣布要更改年号大赦天下,改年号建武三十二年为建武中元元年。

在封禅中强调刘氏皇权的正统,另一方面又重申汉高祖刘邦的"非刘氏不王"的定约。因为刘邦去世之后,吕雉掌握政权,破坏了刘邦的"非刘氏不王"的定约,将吕太后从高祖刘邦的祠庙中迁出去,以示惩罚,以示刘秀维护"非刘氏不王"的决心。光武帝刘秀使司空告祠高庙。

刘秀登泰山封禅下诏,随后起明堂,筑灵台,作辟雍,又在北郊设立方坛,主祀地抵,略与南郊祭天坛相似,惟形式不同。费了若干工役,才得告成,宣布图谶,昭示天下。

至此,泰山封禅已圆满结束,刘秀心愿也已实现。

此时,刘秀再也掩饰不住笑容,缓缓站起身,面对苍莽的群山,似乎与青天融为一体。文武百官从没见如此壮观的情景,都呆了一阵,随即黑压压地跪下参拜,异口同声高喊:"皇上万岁,万万岁!"余音在群山回荡。

从泰山回来,刘秀的心情格外轻松,但兴奋之后,或许年岁大了,又经过将近半年的奔波劳累,身体时好时坏。不过戎马半生的刘秀并没特别在意,更加勤奋于政务。

皇太子刘庄,常伺候进言说:"陛下明若禹汤,独不似黄老养性,未免过劳,愿从此颐养精神,优游自适。"

刘秀摇头说:"我乐为政事,并不疲劳呢,"话虽如此,究竟年老力衰,不堪重负,染病日剧,多方医治,仍无效。

就在刘秀封禅后的第二年,也就是公元57年二月,在洛阳南宫的前殿,刘秀走完了人生最后的历程,与世长辞,终年62岁。

在刘秀的遗诏中,似乎能听到这名伟大的帝王临终前苍老的声音:"我没有给百姓造福,后事应该像汉文帝那样,以瓦器陪葬,不以金银铜锡为饰,一切务必从简,不得浪费。"

这一年三月,刘秀被葬到了原陵,即今天的洛阳孟津。

《后汉书》评价说:帝虽身济大业,兢兢如不及,故能明慎政体,总揽权纲,量时度力,举无过事,退功臣而进文吏,戢弓矢而散马牛,虽道未方古,斯亦止戈之武焉。

赞曰:炎正中微,大盗移国。九县飙回,三精雾塞。人厌淫诈,神思反德。

光武诞命,灵贶自甄。沈几先物,深略纬文。寻、邑百万,貔虎为群。长毂雷野,高锋彗云。英威既振,新都自焚。虔刘庸、代,纷坛梁、赵。三河未澄,四关重扰。神旌乃顾,递行天讨。金汤失险,车书共道。灵庆既启,人谋咸赞。明明庙谟,赳赳雄断。于赫有命,系隆我汉。

历代对汉光武帝评价很高。

班固《东都赋》:于时之乱,生人几亡,鬼神泯绝,壑无完柩,郛罔遗室,原野厌人之肉,川谷流人之血,秦、项之灾犹不克半,书契以来,未之或纪。……于是圣皇乃握乾符,阐坤珍,披皇图,稽帝文,赫然发愤,应若兴云,霆击昆阳,凭怒雷震。遂超大河,跨北岳,立号高邑,建都河、洛。绍百王之荒屯,因造化之荡涤,体元立制,继天而作。系唐统,接汉绪,茂育群生,恢复疆宇,勋兼乎在昔,事勤乎三五。

曹植《汉二祖优劣论》:……光武秉朱光之巨钺,震赫斯之隆怒。夫其荡涤凶秽,剿除丑类,若顺迅风而纵烈火,晒白日而扫朝云也。……尔乃庙胜而后动众,计定而后行师。故攻无不陷之垒,战无奔北之卒。是以群下欣欣,归心圣德。……是以计功则业殊,比隆则事异,旌德则靡短,言行则无秽,量力则势微,论辅则力劣。卒能握乾图之休徵,应五百之显期。立不刊之遐迹,建不朽之元功。金石播其休烈,诗书载其勋懿。故曰光武其优也。

李世民:朕观古先拨乱反正之主,皆年逾四十,惟光武年三十三。

李白常常借古讽今,不管对方是何等地位和身份的人,他都会毫不留情地给予辛辣抨击。在《送岑征君归鸣皋山》一诗中,他写道:"光武有天下,严陵为故人。虽登洛阳殿,不屈巢由身。余亦谢明主,今称偃蹇臣。"在这首诗里,李白用光武帝刘秀和严子陵的关系,表达自己归隐的决心。

司马光《资治通鉴·卷六十八》:自三代既亡,风化之美,未有若东汉之盛者也。

苏轼:予观汉高祖及光武,及唐太宗,及我太祖皇帝,能一天下者四君,皆以不嗜杀人者致之,其余杀人愈多,而天下愈乱。

苏辙《栾城后集卷八》:东汉光武,才备文武,破寻邑,取赵、魏,鞭笞群盗,算无遗策,计其武功若优于高帝。

朱元璋:惟汉光武皇帝延揽英雄,励精图治,载兴炎运,四海咸安。有君天下之德而安万世之功者也。

陈栎《历代通略》:天下已定,用偃武修文,投戈讲艺,息马论道,自陇、蜀平后，非紧急不复言兵。审黄石以存苞桑之诫；闭玉关以息西域之质。数引公卿郎将讲论五经，修起太学，务用安静。广求民瘼，除王莽之繁文，还汉家之轻法，三十年间，四夷宾服，家给人足，政教清明，功业可谓盛矣。

刘秀不仅重武，而且重文。梁启超《新民说》之《历代民德升降原因表》(见《饮冰室合集》)说：汉尚气节，光武、明、章，奖厉名节，为儒学最盛时代，收孔教复苏之良果。尚气节，崇廉耻，风俗称最美。